대쥬신을 찾아서 [1]

2억 쥬신이 알아야 할 진정한 한국 역사

[1]

| 김운회 지음 |

해냄

차례 대쥬신을 찾아서 [1]

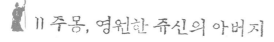

글을 마치며

다시 떠나는 여행

독자 여러분 안녕하십니까? 김운회입니다. 저는 우리의 '뿌리'를 찾아서 여러분들과 먼 여행을 떠나려고 합니다. 2004년에 『삼국지 바로 읽기』에서 '쥬신(Jüsin)'에 관해 간략히 말씀드린 바 있습니다. 그런데 그것이 충분하지는 못하였습니다. 오히려 여러 가지 의혹과 논쟁이 있어 언제 기회가 되면 '쥬신'에 대해 다시 좀 더 깊이 있는 이야기를 해야겠다고 생각했지요.

물론 제가 이 일에 뛰어든 직접적인 이유는 중국의 '동북공정(東北工程)' 때문입니다. 현재 우리나라의 상황을 보면 동북공정에 대한 대안으로 기존의 사학계가 추진하는 '고구려 지키기', '요동사(遼東史)' 개념(요동의 역사를 중국사도 한국사도 아닌 제3의 영역으로 보려는 시도), '쥬신'의 관계사(關係史)를 중심으로 보는 관점 등이 지적되고 있습니다.

저는 이미 『삼국지 바로 읽기』에서 '고구려 지키기'는 아무런 의미가 없는 시도임을 제시한 바 있습니다. 1,400여 년 전에 없어진 나라에 대한 계승권을 주장한다거나 조공·책봉에 대한 연구를 한다 한들 동북공정에 대한 해결책이 나올 수는 없습니다. 설령 발해(渤海)의 역사를 지킨다 해도 이미 1,000년 전에 없어진 나라이니 그 또한 동북공정에 대한 해결책이 되지 못합니다. 1,000년 전 국가의 토지대장이 있다한들 지금 그것이 무슨 소용이 있겠습니까? 그렇다고 지금 우리가 그 땅을 차지할 무력이 있습니까?

'요동사' 개념도 의미가 없는 시도입니다. 요동은 우리 민족의 주요 근거지인데 이것을 한국과 중국에서 분리한다니 말이 안 되지요. '요동사' 개념에서 말하는 한국은 삼한(三韓)의 개념을 근거로 하는데 이 것은 지나치게 중국의 사서(史書)만을 중심으로 개념화했기 때문입니다. 한국이라는 개념은 한반도 남단에만 있었던 삼한을 포함하여 북방계 유목민의 천손 사상(天孫思想)을 나타내는 것입니다. 이 점은 앞으로 충분히 밝혀 나가겠습니다.

'요동사' 개념이 가진 가장 심각한 문제점은 우리 민족사의 진원지 자체를 근본적으로 부정하고 있다는 것입니다. 예를 들어 고조선, 부여, 고구려, 백제 등은 모두 요동을 근거지로 하거나 요동을 주요 활동 무대로 한 국가들입니다. 특히 백제는 남부여(南扶餘)라고 하기도 하여 충실한 부여의 후손임을 밝히고 있습니다. 그런데 이 국가들이 우리와 아무 상관이 없는 요동의 국가라고 한다면 상식적으로도 말이 안 됩니다.

그러면 남은 것은 이제 쥬신의 관계사로 동북아시아의 역사를 보는 것뿐입니다. 그런데 문제는 쥬신의 관계사로 보는 동북아의 역사는 아직 체계적으로 정리되어 있지 못합니다. 다만 『삼국지 바로 읽기』에서 일부만을 정리했을 뿐입니다. 이것이 바로 이 책을 쓴 동기입니다. '쥬신'은 만주 일대에 흩어져 살던 사람들이 스스로를 부르는 이름이었으며, 숙신(肅愼)과 조선(朝鮮)의 다른 표현입니다. 쥬신은 만주에서도 17세기에서 18세기까지 사용됐던 것으로 알려져 있습니다.

그동안 동북공정에 대한 우리의 동향을 보면서 학문적인 위기일 뿐만 아니라 우리 '뿌리'가 근본적으로 요동치는 상황임을 직감했습니다.

글을 쓰기 시작하면서 제 고민은 제 힘만으로 이 일을 하기가 쉽지 않다는 것입니다. 또한 고대사(古代史)의 영역은 범위도 너무 방대하여 저 같은 '아웃사이더'가 다룬다는 것도 큰 부담이 아닐 수 없었습니다. 그러나 한편으로는 오히려 '아웃사이더'이므로 더욱 편하게 문제의 본질에 접근할 수도 있다는 생각이 들자 마음이 편해졌습니다. 바둑에서도 훈수꾼이 묘수를 더 잘 보는 것처럼 때로는 '아웃사이더'의 눈이 정확할 수도 있기 때문입니다.

쥬신의 역사를 제대로 아는 것은 우리의 참모습을 제대로 아는 것이며 동북공정을 막을 수 있는 거의 유일한 대안이라고 생각합니다.

이제 우리의 뿌리를 찾아서 먼 여행을 떠나고자 합니다.

우리 민족의 원류인 예맥(濊貊), 숙신(肅愼), 동호(東胡) 등을 검토하고 이들과 말갈(靺鞨), 물길(勿吉)의 관계는 물론 알타이 신화, 고구려, 몽골, 백제, 일본, 신라 등 국가 간의 관계를 쥬신의 관점에서 살펴볼 것입니다.

때로 제가 이야기하는 내용이 허공을 맴도는 메아리가 될지도 모르지만 '쥬신'에 대한 인식을 새롭게 할 수 있는 계기만 된다면 그것으로 제 역할은 다 한 것으로 생각합니다. 그 다음의 일은 관련 전문가들의 몫이라고 생각합니다.

쥬신과 관련하여 무엇보다 중요한 것은 좁은 한반도에서 안주하면서 같은 쥬신족들을 서로 경멸하지 말아야 한다는 것입니다. 지금은 여러 가지 이해관계가 얽혀서 원수(怨讐)처럼 지내더라도 그 '뿌리'를 알고 화해의 장으로 나갈 필요가 있습니다. 그것만이 쥬신의 미래를 기약할 수 있게 합니다.

역사를 돌아보면 형제간이나 동족간의 싸움이 더욱 처절한 경우가 많습니다. 이것은 어제 오늘만의 이야기가 아닙니다. 멀리는 부여와 고구려를, 가까이는 남한과 북한의 한국전쟁을 보면 알 수 있습니다. 아마도 한국전쟁만큼 처절하고 잔인하게 형제와 자매를 살육한 예는 인간의 역사에서 찾아볼 수 없을 것입니다.

제가 이제 하려는 일은 몽골—만주—한반도—일본에 이르는 어떤 민족적인 '집단 무의식'과 그들의 '민족적 기원'을 탐구하는 것이라고도 볼 수 있습니다. 그것을 통하여 우리가 무엇을 할 수 있는지 하는 것은 그 다음의 과제입니다.

다시 멀고도 먼 길을 함께 가 봅시다.

2006년 3월

청경(淸鏡) 김운회(金雲會)

1장

"1904년 10월 나는 우연히 문부성(文部省)으로부터 한국의 학부고문 (學部顧問)으로 부임하지 않겠느냐는 교섭을 받았다. 나는 홀로 깊이 생각했다. 이 무슨 인연인가? 천세(千歲)의 문은(文恩)에 보답〔應報〕 할 좋은 기회〔好機〕가 열린 것 같다. 신명(身命)을 걸고 맡기로 마음을 먹고 상월(霜月)의 차가운 바람〔寒風〕을 무릅쓰고 한국으로 갔다."

—시데하라 히로시(幣原坦)

"상고 시대 일본의 왕조는 끊임없이 백제와 연합했으며 신라를 공동의 적으로 보고 싸우지 않으면 안 되는 민족 유대적인 숙명을 지니고 왔 다는 것을 살피게 된다."

—미즈노 유(水野祐)

"나라(奈良)는 야마토(大和)의 지명, 도읍으로 유명하다. 나라는 한국 어로 국가라는 뜻으로 상고 시대에 이 고장을 점거하여 살던 한국 출 신의 이즈모족〔出雲族〕이 쓴 이름이다."

—마쓰오카 시즈오(松岡靜雄)

"황국 진출(皇國進出)의 대방향을 정립하고 독립할거(獨立割據)할 기 분을 가진 제번(諸番)의 무사(武士)들의 병력을 한국 정벌〔征韓〕에 동

뿌리를 찾아서

원함으로써 무사들의 눈을 해외로 돌릴 수 있다. …… 해군과 육군의
제 기술을 실질적으로 급속히 신장시켜야 하는데 이는 정한에 의해서
만 가능하고 …… 정한으로 다른 날 황국의 홍기(興起)와 만세를 보장
할 수 있다. …… 속히 방향을 정하고 사절을 조선에 보내어 그들의 무
례함을 책하고 만일 복종하지 않을 때는 죄를 열거하여 조선을 정벌하
고 크게 일본의 위신을 신장할 것을 바란다."

—기도 다카요시(木戶孝允)

 "5세기 후반 유적인 규슈 다마나(玉名) 시 후나야마(船山) 고분 주변에
서 무밭을 갈던 마을 아주머니에게 내가 한국의 전주(全州)에서 왔다
고 하자 그 아주머니는 '고향 사람이 왔다.'며 큰 무 하나를 통째로 밭
에서 뽑아 주었다."

—일본을 방문한 어느 한국 선생님의 말《조선일보》 2004.12.11.)

1.
첫세의
문은

　　사람들은 저마다 뿌리에 대해 관심을 가지고 있습니다. 그런데도 우리는 항상 중국이나 미국, 일본의 시각에서 우리를 이야기합니다. 세계화(Globalization)가 중요한 이 시대에 '뿌리'니 '민족'이니 하는 말이 무어 중요한 말일까 하고 생각하는 이도 많을 것입니다. 그런 말 자체가 시대 착오적이라고 주장하는 이도 있습니다. 물론 미국이나 중국 등 강대국 국민들이 하는 말은 아니지요.

　　우리 주변을 돌아봅시다. 그러면 당신은 한족(漢族)이라는 거의 불변하는 민족적 정체성을 가진 거대한 실체를 볼 수 있습니다. 마오쩌둥(毛澤東)의 말처럼 지구가 멸망하더라도 유일하게 살아남을 민족이 한족일지도 모릅니다. 그리고 한어(漢語) 즉 중국어는 세계 인구의 5분의 1이 사용하는 언어이기도 합니다.

　　우리가 뿌리에 대해 이야기하는 것은 학문적인 '주변성'을 의미하는 것이라기보다는 정치적 '현실성'의 문제이기도 합니다. 안타깝지만 세계 최강대국들에 둘러싸인 나라에서 중국의 이데올로기를 도와 주는 이론으로 무장하려 한다면 그것은 비극입니다. 나중에 한반도가 중국의 일개 주나 성(省)으로 전락하여 '한성(韓省)'이라는 이름을 가지게 되면 아마 정신을 차릴지도 모르겠습니다.

우리의 뿌리에 대한 이야기는 가까이는 1980년대로 거슬러 올라갑니다. 1980년대 우리나라에서는 국풍(國風)이 거세게 불었습니다. 이때 나온 말 가운데는 "공자(孔子)는 한국인이다."라든가, "신라의 수도 경주(慶州)가 중국의 장안(長安)에 있었다."라든가, 십제(十濟) 또는 비류 백제에 대한 이야기가 넘쳐났습니다. 그러나 그때에도 저는 이 같은 생각들이 지나치다고 생각했습니다. 저는 『한단고기(桓檀古記)』보다는 린유탕(林語堂) 선생의 차분한 에세이집에 더 관심이 있었지요.

1980년대 당시 한국은 신군부 독재가 기승을 부리고 대학가는 시대착오적인 주체사상파(主體思想派: 북한의 주체사상을 신봉하는 집단)가 학내를 점거하고 있는 상황이었기 때문에 그것이 제게는 더욱 심각한 문제였습니다. 당시 우리의 뿌리에 대한 관심은 오히려 현실을 호도하는 것으로 치부될 수도 있는 상황이기도 했습니다.

그러던 가운데 한국 근대사에 대해 공부하면서 과거 조선의 교육 식민 정책에 깊이 관여했던 한국사가(韓國史家) 시데하라 히로시(幣原坦)가 한 말에 상당한 충격을 받게 되었습니다. 그 글을 직접 인용해보겠습니다.

1904년 10월 나는 우연히 문부성(文部省)으로부터 한국의 학부고문(學部顧問)으로 부임하지 않겠느냐는 교섭을 받았다. 나는 홀로 깊이 생각했다. 이 무슨 인연인가? 천세(千歲)의 문은(文恩)에 보답〔應報〕할 좋은 기회〔好機〕가 열린 것 같다. 신명(身命)을 걸고 맡기로 마음을 먹고 상월(霜月)의 차가운 바람〔寒風〕을 무릅쓰고 한국으로 갔다.(「千歲の文恩」,《朝鮮學會會報》1950년 4월호)

여기서 시데하라 히로시가 말하는 천세(千歲)의 문은(文恩)이란 과

연 무엇일까? 그리고 이때까지만 해도 일본은 우리 민족과는 아무런 상관이 없으며 틈만 나면 우리 민족을 괴롭힌다고 생각하고 있었는데 이런 글을 읽으니 참으로 이상한 느낌이 들기도 했습니다. 일단 과거 백제의 대학자인 왕인(王仁) 선생과 아직기(阿直岐) 선생이 학문을 전수한 이래 지속적으로 문화적인 관계를 가져왔음을 시사하는 것으로 생각하기로 했습니다.

2. 대쥬신 제국사

대학생 시절 우리는 우스갯소리로 일본(Japan)은 거꾸로 쓰면 Napaj가 되어 '나빠유' 즉 '나쁜 나라'라는 의미의 충청도 사투리로 말하곤 했습니다. 그러나 그 의미 속에는 일본에 대한 경멸과 저주가 담겨 있기도 했습니다.

그런데 일본어를 배우면서 더욱 놀라게 되었습니다. 어떻게 일본어와 한국어는 단어만 다를 뿐 어순이나 원리가 거의 똑같을 수 있는가 하는 점 때문이었습니다. 긴 세월 동안 제게 일본은 '원수의 나라', '강도의 나라'였는데 어떻게 한국과 일본의 말이 이토록 닮았는가 하는 점이었습니다.

저는 개인적으로 이두(吏讀) 문자에 관심이 많아서 「서동요」나 「찬기파랑가」, 「처용가」, 「제망매가」 등의 향가들을 번역해 본 경험이 있는데 일본어를 배우면서 일본어가 과거 우리의 고대 문자인 이두 문자와 완전히 형식이 같다는 것에 크게 놀랐습니다. 예를 들면 일본어의 '하다(do)'는 '爲る' 또는 'する'인데 우리말로 한다면 '爲る'는 '爲다'가 되고 'する'는 '하다'가 되는 식입니다. 과거에 우리말도 '하니'를

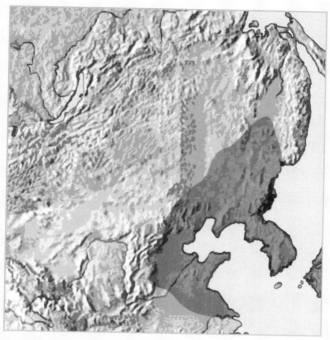

〔그림 ①〕 동이족의 영역(고교 역사 부도)

'爲니'와 같이 쓰기도 했지요.

　제가 이렇게 말하면 영국, 프랑스, 독일, 스페인 등이 모두 같은 언어
군(言語群)이니 하나의 민족이라고 주장하는 것과 무엇이 다른가 하고
말할 이도 있을 것입니다. 그러나 그것은 다릅니다. 로마 제국은 5세기
에 멸망하여 그 후 영향력이 사라지지만 동아시아의 경우 중국의 영향
력은 로마와 비교할 수 없을 정도로 절대적이며 강력하고 지속적이었
음에도 불구하고 한국어와 일본어, 몽골어, 만주어 등은 중국어와는 분
명히 다른 형태를 띠고 있다는 것이지요.

　로마 제국이 유럽에 끼친 영향과 중국이 동아시아에 끼친 영향은 비교할 수 없지요. 동아시아 지역 대부분은 한자(漢字)를 사용하지요. 그럼에도 불구하고 몽골—만주—한반도—일본은 중국어를 다만 필요에 따라 차용할 뿐 중국어 자체가 이 지역 언어에 영향을 미치진 못했습니다. 조선의 세종대왕은 말할 것도 없고 일본이나 몽골, 청나라의 황제들도 자체적인 언어 개발에 심혈을 기울였습니다. 그중 가장 성공적인 경우가 바로 조선(朝鮮)이었습니다.

한국은 1980년대 초 심각한 위기 상황을 맞았지만 1985년 소위 '삼저호황(三低好況 : 저유가·원화 약세·저금리)'을 맞이하여 경제가 새로운 중흥기를 맞이하고 있었습니다. 오랫동안 이데올로기 문제와 남북 문제에 골몰해 왔던 저는 1990년대에 접어들면서 사회 문제에 대한 관심이 다소 줄어들었습니다.

경제는 호황인 데다 올림픽 개최로 사람들의 관심은 오로지 '세계 속의 한국'이었고, 민주화의 물결이 넘치니 그나마 오랫동안 패러다임(paradigm)이나 이데올로기(Ideology) 문제에 골몰했던 제가 할 수 있는 일도 별로 없는 듯했습니다. 정치권에 발을 들여놓는 것도 별로 원하는 일이 아니었고 그저 입에 풀칠이나 하면서 '한세월을 보내야겠다.'고 생각한 것이죠. 그래서 지방에서 조그만 사업이나 하면서 세월을 보내기로 했습니다.

그러던 가운데 김산호 선생의 『대쥬신제국사』라는 책이 나왔습니다. 매우 놀라운 사실들이 있었습니다. 김산호 선생은 미국에서 만화가로 성공하여 아메리칸 드림을 이룬 분입니다. 그는 중국 여행을 하다가 우연히 "장성(長城 : 만리장성) 이북은 과거엔 모두 가오리〔고구려(高句麗)〕 땅이었지요?"라는 현지인의 말을 듣고 큰 충격을 받았다고 합니다. 그래서 그분은 미국에서의 성공을 뒤로 하고 귀국하여 여생을 바쳐 우리의 뿌리에 대한 탐구를 하시고 계십니다.

〔그림 ②〕김산호 선생의 『대쥬신제국사』에 나오는 한 장면

　이렇게 나이가 드신 분이 열정을 바쳐서 뿌리를 찾는데 저는 오히려 열정은 고사하고 하루하루 살아가기에만 급급한 자신을 발견하였습니다. 아직은 젊은 저에게 김산호 선생의 열정은 한마디로 충격적일 수밖에 없었지요. '쥬신'이라는 개념이 새롭게 다가오고 있었습니다.

　그렇지만 『대쥬신제국사』를 읽어 갈수록 한편으로는 놀랍기도 했지만 정사(正史)에도 없는 이야기들이 지나치게 상세히 기록·서술되어 있는 데에 대해 마음이 편하지 못했습니다. 물론 정사라고 해서 다 믿을 수 있는 것은 아니지만 그렇다고 해서 모두 무시할 수도 없는 일이지요.

　물론 모든 기록이 중국의 사서를 통할 수밖에 없는 현실에서 김산호 선생의 고충은 컸을 것으로 생각이 됩니다만 그 책이 일반인들 또는 지식인들에게 과연 설득력이 있겠는가 하는 생각을 하게 되었습니다. 나아가 궁극적으로 이 내용이 정말 사실일까 하는 의문이 들기 시작했습니다.

3.
구드리,
비밀의 화원

　그 즈음 한국방송공사(KBS)에서는 「삼국기 (三國記)」라는 역사 드라마를 방영했는데 삼국 시대에 한국과 일본의 정치적 역학 관계를 매우 심도 있게 묘사했습니다. 「삼국기」를 보면서 드라마의 내용이 과연 사실일까 하는 의문이 들었습니다. 특히 백제와 일본 사이의 많은 이야기들이 저를 혼란스럽게 하였습니다.

　그러다가 저는 부여(扶餘)를 여행하게 되었습니다. 부여에는 유명한 백마강(白馬江)이 있고 백마강을 바라보는 낙화암(落花岩)이 있습니다. 아름다운 곳이죠. 백제의 수많은 여인들이 꽃잎처럼 떨어져 간 낙

[그림 ③] 백마강과 낙화암

〔그림 ④〕구드리의 풍경(낙화암 안쪽의 조각 공원)

화암 위에서 백마강을 바라보고 있노라면 숨이 막힐 듯이 가슴이 미어집니다.

그런데 그곳에 '구드리(또는 구다라)'라는 곳이 실재한다는 것을 알고 아주 놀랐습니다. 구다라(くだら)는 백제를 의미합니다. 그리고 일본어에서 구다라나이(くだらない: くだら + ない)라는 말은 '가치가 없다(시시하다)'는 말입니다. 여기서 나이(ない)란 '없다'는 말이죠. 그러면 "백제의 것이 아니면 가치가 없다."는 의미인가 하는 생각을 하게 되었습니다. 물론 구다라나이는 '下らない'로 쓸 수도 있으니 제 일본어 실력으로는 그 어원을 알 수 없는 일이었습니다. 어쨌든 저는 일본이라는 나라를 다시 생각하게 되었습니다.

1990년대 중반 일본을 방문했을 때 일본에서 오랫동안 공부하고 있는 한국인 안내자 분(인류학 박사과정)으로부터 "일본의 고대사가 한국과 긴밀하다는 것을 모를 만한 일본의 지식인은 없을 것입니다. 그러나 일본은 한국을 대단치 않게 생각합니다. 그래서 일본의 고분에서 백제의 유물이 나오면 한국인들이 지나치게 기고만장하는 것이 보기 싫어서 그것을 피할 뿐이지요."라는 이야기를 들었습니다. 이 또한 제게는 충격적으로 다가왔습니다.

당시 저는 도쿄 대학에서 일본 최고의 지성이라는 그 대학 학생들에

[그림 ⑤] 일본 도쿄 대학을 상징하는 아카몬(赤門)

게 한국에 대해 물어보니 어이없게도 대개의 학생들이 한국이 어디 있는지도 잘 모르고 있었습니다. 설령 한국의 위치를 알고 있다고 해도 전혀 관심이 없었습니다. 방학이 시작될 무렵이어서 온통 유럽으로 갈 생각으로 들떠 있는 듯했습니다.

기가 막힐 일이었습니다. 일본에서 한국은 엎어지면 코 닿을 곳에 있는데 말입니다. 우리는 너무나 긴 세월 동안 일본을 증오하고 일본의 일거수일투족(一擧手一投足)에 관심을 가지고 있는데 일본 최고의 지성이라는 학생들이 한국에 대해서 모른다니 도대체 뭐가 뭔지 알 수가 없었습니다.

그렇지만 도쿄의 거리를 거닐면서 여러모로 우리나라와 많이 닮아 있다는 생각을 했습니다. 어떤 때는 마치 서울의 거리를 거니는데 갑자기 사람들이 일본말을 하여 당황스럽기까지 했습니다. 문득 외국에서 사람들을 만나면 가장 비슷한 사람이 한국인과 일본인이라는 말이 생각나기도 했습니다. 제게는 긴 세월 동안 일본은 '원수의 나라', '강도의 나라'였는데 이러한 알 수 없는 친근감은 도대체 어디서 오는 것인지 저 자신도 답답해지고 있었습니다.

나라(奈良)를 갔을 때는 그 '나라'라는 이름이 우리말의 '나라'와 같다는 말을 듣게 되었습니다. 그리고 일본의 교토나 여러 고대 유적들을 보면서 알 수 없는 친근감을 가지게 되었습니다. 마치 일본은 물건을 하나도 버리지 않은 오래된 역사의 창고처럼 우리가 오래전에 잃어버렸던 어떤 역사의 유물들을 제 눈앞에 파노라마처럼 펼쳐 내고 있었습니다.

그러다가 미즈노 유(水野祐) 교수의 책에서 "상고 시대 일본의 왕조는 끊임없이 백제와 연합했으며 신라를 공동의 적으로 보고 싸우지 않으면 안 되는 민족 유대적인 숙명을 지니고 왔다는 것을 살피게 된다.(水野祐, 『日本古代の國家形成』, 講談社, 1978)"라는 글을 읽게 되었습니다.

그렇다면 한국과 일본, 이 두 나라의 고대 숙명이 아직도 해결되지 않고 남아서 이 두 민족을 괴롭히는 것은 아닌가 하는 생각이 문득 들었습니다. 언젠가 읽은 책에서, 일본은 고려가 몽골과 연합하여 일본 정벌에 나선 것을 두고두고 한국 침략의 이유로 들곤 한다는 말이 생각났습니다. 그리고 일본 고대 조정에서는 신라와의 관계가 악화되기만 하면 세이캉론〔정한론(征韓論): 한국을 정벌해야 한다는 이론〕이 들끓었다고 합니다. 그 근거는 『일본서기(日本書紀)』의 진구황후(神功皇后)의 신라 정벌 설화라고 합니다.(日本歷史敎育者協議會, 『「天皇制」 50問 50答』, 혜안, 2001) 대학원 수업 시간에 일본 외교사 전공 교수님이 "근대 일본 지식인 치고 세이캉론자(정한론자)가 아닌 사람이 없다."라고 하신 말씀이 뇌리를 스치고 지나갔습니다.

도대체 한국과 일본, 이들의 뿌리는 무엇인지, 이들의 무의식 속에

〔그림 ⑥〕 청의 영역

있는 민족적인 갈등과 분노의 원천은 무엇인지, 그리고 '천세(千歲)의 문은(文恩),'은 무엇이고, '백제와 일본은 민족 유대적인 숙명을 지니고 왔다.'는 말은 무엇을 의미하는지 등의 의문이 끝없이 이어지고 있었습니다.

그 후 후금(後金) 즉 청나라 황제의 성(姓)은 '아이신자오뤄(愛新覺羅)'라는데 이 말의 의미는 '신라를 사랑하고 잊지 말라.'는 의미라는 것을 알게 되었습니다.〔'아이신'은 금(金)을 뜻하는 알타이어이지만 그 말을 '신라를 사랑하고 잊지 말자.'라는 한자음을 빌려서 표현한 것이죠. 결국 이 말의 음과 뜻을 합해서 해석해 보면 '경주 김씨'라는 뜻이 됩니다.〕

이 사실을 알게 된 후 저는 더 이상 견딜 수가 없었습니다. 이 모든 역사의 미스터리에 대해 무관심한 것은 스스로 용납할 수 없는 일이 되고 말았습니다. 제 가슴 속에서는 도대체 '쥬신(Jüsin)은 누구'이며 그들은 한국인이나 일본인과 어떤 관계를 가진 사람들인지에 대한 의문이 끝없이 해답을 재촉하여, 이 문제들은 제게 어떤 숙명적 과제가 되고 말았습니다.

그때부터 저는 우리 뿌리와 관련된 각종 자료들을 모으기 시작했습니다. 우리의 뿌리와 관련된 역사 다큐는 닥치는 대로 녹화하고 틈틈이 고서점가를 다니면서 조금이라도 관계 있는 책들도 사 모으기 시작했습니다. 그러는 가운데 중국의 쥬신 역사 말살 프로젝트(동북공정)가 본격적으로 시작되었습니다.

이제부터 저는 여러분과 함께 아득하고도 먼 역사 여행을 떠나려고 합니다. 다행스러운 것은 중국의 이야기가 아니라 바로 우리의 이야기라는 것입니다. 멀고 먼 옛날에 떠나온 고향의 노래를 부르는 흥겨운 마음으로 떠나 봅시다.

2장

요즘 한국 미인은 무엇이든지 큼직큼직합니다. 텔레비전을 보면 모두 하나같이 팔등신에 눈도 크고 콧대도 높고 키도 큽니다. 과학이나 의학이 발달해서인지 어떻게 하나같이 얼굴이 비슷한지 모르겠습니다.

그런데 제 기준으로는 별로 아름다워 보이진 않습니다. 미인이란 것도 기준이 문제겠죠. 워낙 미국의 세상이라 같은 미인인데도 미국적 미인에 가까우면 더 미인이라고 합니다. 원래 한국 미인은 뭐든지 작은데 말입니다.

불과 백 년 전 조선의 선비가 서울의 패션쇼를 구경했다면 아마 이렇게 한탄했을 것입니다.

"어허, 고이한 일이로다. 어찌 조선의 여인들이 하나같이 팥쥐 어미에 뺑덕 어멈처럼 생겼는고. 뒷박 이마에 눈이 부리부리한 데다 움푹 들어갔고 입술에는 고춧가루를 발랐으며 키는 부잣집 소슬 대문만 하구나. 입은 큰 궤 문 열어 논 듯하고 혀는 짚신짝 같으며 흑각(黑角) 발톱에 신은 침척(針尺)같이 크구나."

이 말을 제가 들었다면 깜짝 놀라 이렇게 둘러댔겠지요.

"선비님, 입술에 바른 것은 고춧가루가 아니라 루주입니다. 그리고 흑각 발톱이 아니라 요즘 유행하는 검은색 매니큐어라는 것입니다. 발톱을 보호하기도 하고 예쁘게 보이려고 하는 거고요. 그리고 키가 크니 발도 큰 법이죠. 그리고 눈이 부리부리한 것도 쌍꺼풀 수술을 해서 그런 거죠. 요즘 많은 여자들이 하는 것이니 별로 이상한 것도 아니지요. 너무 놀라지 마세요."

그러면 그 선비 양반은 또 이렇게 말할 겁니다.

아침 안개 속의
쥬신

"어허, 말세로다. 말세야. 눈에 칼질을 하다니? 세상에 어떤 사람이 야차(夜叉)가 아닌 다음에야 신체발부(身體髮膚)에 스스로 칼질을 해? 세상이 온통 뺑덕 어멈에 팥쥐 일색이니 장차 이 일을 어찌 할꼬?"

그나저나 한국인들이 세상에서 눈이 제일 작다고 합니다. 그러나 눈이 작기 때문에 시야가 넓어져서 활을 쏘기에 적합하다는 생각은 해 보신 적 없습니까? 말하자면 눈이 작다는 것은 초점이 짧은 카메라를 항상 휴대하고 있다는 것이지요. 그래서 쥬신족들에게는 활과 화살이 따라다니나 봅니다. 한국이 그동안 세계 양궁을 제패한 것도 이와 관련이 있을지도 모르고요.

전문가에 따르면 이 작은 눈은 북방계 유목민의 대표적인 특징이라고 합니다. 북방의 모진 추위를 이겨내기 쉽도록 실눈이 되었다는 것이지요.

그렇다면 몽골·만주 사람들이 더 눈이 작아야지 왜 한국인이 더 작냐고요? 그것은 눈이 작은(실눈) 사람들이 이동하면서 결혼하여 더욱더 작아져서 그렇답니다. 이것을 유전자 증폭 현상이라고 합니다. 이런 식으로 실눈 사람들이 한반도와 일본에 이르렀다고 합니다.

이 분야의 전문가인 조용진 교수는 실눈과 더불어 광대뼈, 속 쌍꺼풀, 검은 머리, 단두형의 머리 등이 추위에 적응된 북방계의 모습이라고 말합니다.

1.
인간의 새벽

　　인류의 기원을 아직은 알 수가 없습니다. 유전자 분석법을 토대로 한 이른바 '아프리카 가설(Out of Africa theory)'에 의하면 현대 인류의 조상은 '이브'라 불리는 여성 선조에게서 시작되었는데 한쪽은 아프리카인, 다른 쪽은 각지의 모든 인종을 포함하고 있다고 하지요. 이 부분에 대해서는 많은 연구가 진행되고 있으니 일단은 두고 볼 일입니다. 유전자 분석법에 의하면 A 지역에서 하나의 민족이 B, C, D 등 다른 곳으로 이동했을 경우, A 지역에 머물러 있는 사람들의 유전적인 변이가 훨씬 크다고 합니다.

　　아프리카 가설에 의하면 한국인과 일본인, 티베트인, 몽골인은 에스키모, 아메리카 인디언들(북방계)과 유전적으로나 언어학적으로 동일한 반면 중국 남부인(과거 중국인들이 남만(南蠻)으로 불렸던 사람들)들은 캄보디아인, 태국인, 인도네시아인, 필리핀인(남방계)과 동일하다는 것입니다.

　　일반적으로 한국인의 주된 흐름은 청동기 문화를 이룩한 알타이계 종족인데 이들이 이 땅의 선주민들인 구몽골족과 남몽골족의 일부와 융합하여 형성되었다고 보고 있습니다. 이 말을 좀 더 분석해 봅시다.

　　몽골로이드(몽골 인종)는 북몽골와 남몽골로 구분합니다. 북몽골은 다시 신몽골과 구몽골로 나눠지는데, 구몽골은 고시베리아족(Palaeo-

[그림 ①] 바이칼 호수 주변

Siberians) 또는 고아시아족(Palaeo-Asiatics)이라고도 합니다. 예를 들면 일본의 원주민으로 알려진 아이누족이나 축치족, 코리악족 등이 있습니다. 신몽골은 투르크, 위구르, 퉁구스족 등이 지적됩니다. 한국인들은 북몽골이자 신몽골에 속하며 알타이 계열이라고 합니다. 여기서 말하는 알타이는 어족(語族) 분류 때 쓰이는 말이지만 혈족을 말할 때도 관행적으로 쓰입니다.

북몽골의 중심지는 대체로 바이칼 호수 일대로 추정합니다. 북몽골이 기후의 변화에 따라 이동했을 것이고 그 일파가 한반도까지 내려왔다고 보고 있습니다. 물론 한반도 자체에도 북몽골과는 다른 선주민이 있었을 것으로 추정할 수 있습니다. 대부분의 이론가들은 남방계가 훨씬 전에 이동해 왔다 하더라도 소수이고 주된 흐름은 북방계로 보고 있지요.

참고로 학자들은 동아시아에서 발견된 인류의 화석을 보면 동북아시아형(한반도와 만주 지역), 황하·양쯔강형(중국형), 동남아시아형(인도네시아의 자바 섬 등) 등으로 나눠진다고 합니다. 즉 한반도 만주 등지의 사람들은 중국인들과는 분명히 다르다는 말이죠.

현재의 한반도와 관련해서만 말해 보면 한국어는 북방의 알타이어에 속합니다. 한국 고대 문화의 요소 중에 북방(알타이)계에 속하는 것으로는 빗살무늬토기(신석기)와 청동기 시대의 석관묘, 청동 검, 청동 거울, 청동 방울 등을 들 수 있습니다. 그러나 이에 못지않게 한국어에 있는 말 가운데 쌀, 벼, 씨, 알, 풀, 메뚜기 등 인도 고대어인 드라비다어(dravidian language)에서 유래된 것들도 400여 단어나 된다고 합니다. 다시 말해서 남방계도 벼농사와 관련된 부분에서 상당한 교류가 있었다는 말이지요. 건축의 경우를 봐도 온돌은 요동 만주 지역(북방계)의 대표적인 방한 시설인 데 반하여 한반도 남부에서 나타나는 마루는 원두막과 같은 형태로 동남아시아에서 많이 나타나는 고상주거(高床住居)에서 유래한 것임을 알 수 있습니다.

빗살무늬토기가 발견되는 문화적 벨트는 몽골—만주—한반도—일본 등으로 연결되고 있으며 이것은 중국과는 분명히 다른 독특한 문화적 벨트가 형성되고 있음을 보여 주고 있습니다. 뿐만 아니라 청동기 시대에서 철기 시대에 걸쳐 발생한 적석묘는 중앙아시아 초원 지대—알타이 지방—몽골—만주—한반도로 연결되어 있어서 빗살무늬토기의 벨트와 거의 일치하고 있습니다. 나아가 이것은 신라의 대형 적석묘와 깊은 관계가 있는 것으로 보입니다.

2.
쥬신의
아침

미술 해부학의 전문가인 조용진 교수에 따르면, 한반도의 해안 지대나 일본의 남부 지방에는 남방계 아시아인의 특징(큰 눈, 쌍꺼풀, 작은 신체, 작은 몸통, 긴 팔다리)이 나타나고 있고 한반도의 전 지역과 일본 중북부 지방에는 북방계 아시아인들의 특징(작은 눈, 홑꺼풀, 큰 몸통, 짧은 팔다리)이 나타나고 있다고 합니다. 몸통이 크고 팔다리가 짧은 것은 추위를 이기기 위해 열 손실을 최대한 줄이기 위한 것이라고 합니다.

그리고 제주도나 한국의 일부 해안 지대(목포, 장흥, 부산)의 고분에서 나타나는, 이마는 넓고 얼굴이 짧고 큰 눈을 가진 사람(남방계)들은 일반적인 일본인이나 한국인의 모습은 아니라고 합니다. 재미있는 것은 낙동강을 건너 인근 김해 지역의 고분에서 나타나는 유골은 가까운 부산 지역이나 인근 해안 지대에서 나타나는 유골과는 다른 북방계라는 것이지요. 즉 낙동강 하구까지 북방계가 들어왔다는 것입니다.

한반도를 중심으로 본다면 남북방계가 혼재하고 있지만 전체적인 주류는 북방계라고 합니다. 즉 한국인들은 언어·체질·문화면에서 북방 민족의 요소가 압도적으로 많다는 얘기입니다.(조용진, 『얼굴, 한국의 낯』, 사계절, 1999)

그렇지만 일부 학자는 한반도 도처에 산재해 있는 고인돌은 남방계의 특징이라고 주장합니다. 고인돌(돌멘)의 분포 지역은 중국의 황해 연안(랴오닝성, 산둥성, 저장성), 한반도 영산강 유역과 제주도, 일본의 규슈 지방, 인도차이나 전역, 인디아(인도) 남부 등인데 이것은 남방계의 이동 경로를 보여 준다고 합니다. 뿐만 아니라 고인돌의 이동 경로는 벼농사 문화의 이동과 일치한다는 것이지요.

[그림 ②-1] 고인돌 분포 지역(김병모, 『고고학 여행』)

〔그림 ②-1〕에서 보면 마치 남방계가 만주와 한반도, 일본에까지 나타나 전체적으로 이 지역을 장악한 듯합니다. 그러나 실제로 그렇지는 않습니다.

최근의 연구에 따르면 한반도에 번성한 고인돌을 포함한 거석 문화의 원류에 대해서는 대체로 북방 기원설(동북아시아에 널리 퍼져 있는 상자식 돌관에서 원류를 찾는 학설), 남방 기원설(남방의 벼농사 문화와 함께 전해짐), 자생설(북한) 등의 세 가지 견해가 있기 때문입니다.(정수일 『고대 문명 교류사』, 사계절, 2001)

참고로 거석(巨石)이란 선사 시대에 만들어진 큰 돌로 만든 기념물 또는 상징물로, 원래 유럽 대서양 연안 지대에서 발견된 거석 분묘나 원시 신앙과 관련된 여러 형태의 거석 유물을 가리키는 말이었으나 범위가 확대되어 세계 여러 곳에서 발견되는 거석 유물을 통틀어 거석 문화권의 범주에 넣고 있습니다. 정수일 교수에 따르면, 거석 문화는 대체로 신석기 시대에 출현하여 청동기 시대를 거쳐 철기 시대 초기까지의 긴 세월 동안 생존해 온 매우 역사가 긴 문화라고 합니다. 거석 유물은 유럽―지중해 연안―인디아―동남아시아―동북아시아―남태평양의 이스터 섬에 이르기까지 광대한 지역에 널리 분포되어 범세계적 문화권을 이루고 있습니다.

정수일 교수는 고인돌(돌멘)의 남방 기원설을 반박하면서 산둥(山東) 반도에는 약간의 고인돌이 발견되지만 벼농사 문화의 원류에 해당하는 양쯔강(長江) 유역 회하(淮河) 하류에서는 거의 발견되지 않고 고인돌에서는 주로 청동기가 출토된다는 점 등을 들어서 고인돌의 남방 기원설을 일축하고 있습니다. 앞으로 볼 수 있겠지만 청동기는 쥬신의 대표적인 브랜드입니다.

오히려 일반적으로 말하는 동이(東夷)나 북적(北狄) 즉 쥬신족의

[그림 ②-2] 거석 문화권(정수일, 『고대 문명 교류사』)

영역에서 고인돌이 나타나고 있습니다. 또한 고인돌은 청동기와 더불어 쥬신의 대표적인 브랜드의 하나일 수도 있습니다. 이 점을 살펴볼까요?

현재 세계에는 대략 55,000여 기의 각종 거석 유물이 있지만 그 가운데 고인돌은 수가 적다고 합니다. 거석 유물이 많다고 알려진 아일랜드에 고인돌이 1,500기 정도 있는데 한반도에는 약 40,000기(북한에 14,000~15,000기)가 집중되어 있습니다. 정수일 교수에 따르면 고인돌 즉 거석 문화의 중추에 한반도가 있다는 것이지요. 즉 고인돌이 집중적으로 발견되는 요동(중국 동북 랴오닝), 한반도, 일본 서부의 규슈 지역 등을 '동북아시아 돌멘권'이란 하나의 거석 문화 분포권으로 묶을 수 있다고 합니다.(정수일, 「거석 문화사에 우뚝 선 고인돌」, 《한겨레》 2004. 7. 5.) 이곳은 앞으로 보게 될 쥬신의 중심 영역이기도 합니다.

고인돌은 타이완, 인도네시아, 인디아로 어느 정도 연결되고 있지만 적석묘(積石墓)와 석관묘(石棺墓)는 한국, 만주, 몽골, 스키타이 지역으로 또한 넓게 분포되어 있습니다. 즉 북방계가 이 지역을 크게 압도하고 있습니다. 다만 요동이나 산동 지역이 이들 문화가 서로 합류하는 곳이라 기원을 찾기가 다소 어렵습니다.

대체로 북방 문화가 남방 문화를 압도한 것으로 보입니다. 먼저 이점을 신화나 묘제 양식으로 살펴봅시다.(유전학적 부분은 다음 항목에서 다루지요.)

한반도를 비롯한 몽골·만주 지역에 나타나는 건국 신화는 크게 천손 신화(天孫神話 : 단군 신화, 부여의 해모수 신화), 난생 신화(卵生神話 ; 고구려 고주몽, 신라 박혁거세와 김알지 및 석탈해, 가야 김수로왕) 등으로 나눌 수 있습니다. 천손이란 하늘의 자손이라는 의미로 이들이 하늘에서 내려와 나라를 세운다는 얘기가 바로 천손 신화입니다. 이에 비하여 난생 신화는 알[卵]이나 상자에서 나온 아이가 자라서 나라를 세우는 것을 말합니다.

대체로 보면 천손 신화는 주로 알타이계 북방 지역의 유목민 또는 기마 민족의 신화로 몽골—만주—한국—일본으로 이어지고 난생 신화는 인디아—태국—타이완—한반도 등에 분포하고 있습니다. 몽골—만주—한반도—일본의 경우를 보면 천손 신화가 난생 신화에 비해 일찍 나타나고 있고 후대로 갈수록 천손 신화와 난생 신화가 융합되는 형태를 보이고 있는 점이 매우 특이하다고 할 수 있습니다.

즉 천손 신화와 난생 신화가 한국 고대 국가 성립 과정에서 모두 나타납니다. 그러나 난생 신화는 북방계 천손 신화에 의해 압도되어 있습니다. 천손이 알로 태어나는 형태를 띠고 있어서 천손 난생 신화(天孫卵生神話)라는 표현을 쓰기도 합니다. 중국이나 동남아의 경우 난생은 지신(地神)인 뱀[蛇]의 알로 여겨지는 데 반해 요동—만주—한반도 지역에서의 난생은 천신(天神)인 태양·하늘과 관련이 있는 새[鳥]나 말[馬]의 알에서 태어나고 있습니다.〔참고로 말하면 이집트, 메소포타미아, 인도, 그리스, 카렐리아, 중국, 폴리네시아 등에는 세계 창조에 대한 신화가 있는데 이들 신화에 따르면 세상은 태초에 대양에 살던 뱀이 낳은 알에서 태어났다고 합니다.(아리엘 골란 지음, 정석배 옮김, 『선사 시대가 남긴 세계의 모든 문양』, 푸른역사, 2004)〕 이 지역의 난생은 다른 지역과는 다른 형태를 띠고 있는 것이지요.

말하자면 경제적 기반은 벼농사로, 정치적 기반은 천손 사상이 바탕이 되었을 수도 있다는 얘기입니다. 그래서 한국말에는 특히 농사와 관련하여 인디아나 동남아 등지의 흔적이 많이 남아 있죠. 그러나 한국어의 근본 구조는 북방계입니다.

한반도의 남단에서 발흥한 신라의 경우에도 그 시조인 박혁거세(朴

赫居世)는 천마(天馬)의 알에서 나옵니다. 여기에는 북방 기마 민족(쥬신족)의 성수(聖樹)인 버드나무[양산(楊山)]가 나오고 그들의 영웅 신화(영웅의 탄생과 죽음)에 빠짐없이 등장하는 새가 나옵니다. 박혁거세의 박(朴)은 음을 빌린 말인데 '바가지[瓠]' 또는 '밝다[明]'는 의미이고 혁(赫)도 '붉다' 또는 '붉은빛이 나다'는 의미로 모두 태양을 나타내지요. 즉 천손 사상을 유지하면서 난생 설화를 적절히 섞어서 만든 신화이지요.

제가 보기에 천손 사상이라도 토착 세력의 도전을 일시에 물리칠 경우에는 신화에 알이 등장하지 않고 토착 세력 때문에 세력을 키우는 데 상당히 힘이 들거나 점차 세력을 키워 정치 권력을 장악한 경우 등을 알로 묘사한 것이 아닌가 생각됩니다. 왜냐하면 알이라는 것은 처음에는 아무런 힘이 없지만 점차적으로 성장하고 새롭게 변신하여 강력한 존재가 되는 것을 의미하기 때문이죠.

즉 여기서 말하는 알이라는 것은 남방계 신화와는 다른 새로운 탄생을 의미하기 때문입니다. 다시 말해서 알이라는 것은 남방으로 이주한 북방민들이 천손이라는 고유의 이데올로기(ideology)를 유지하면서 현존하는 문화의 외피(外皮)인 난생 신화를 덮어쓰고서 '재탄생(re-birth)'한 것을 의미하죠. 유목 민족인 천손족이 실제로 다스려야 할 사람들은 결국은 난생 신화를 믿는 농경민이 아닙니까?

북방 유목민들이 천손 사상을 가지게 되는 것은 어쩌면 당연할지도 모릅니다. 몽골의 겔과 같은 이동식 가옥[yurt]은 가운데 지붕[천창(天窓) : 하늘로 향하는 창]이 눈과 비가 올 때를 제외하고는 항상 하늘로 열려 있습니다. 그리고 이동식 가옥을 지탱하는 '마루'(마루[宗]는 북방어입니다.)는 하늘과 교통하는 매개체지요. 겔을 지탱하는 기둥은 하늘과 연결되고 과거·현재·미래의 축으로 여겨지기 때문에 함부로 만지거나 기대어서도 안 되지요.(김의숙, 「몽골 민속 생활 의례 고찰」, 『몽골 민속 현장 답사기』, 민속원, 1998) 부부가 성관계를 가지는 것도 하늘이 내려다보고 있죠. 이들에게 태양이나 하늘은 바로 생활이자 신앙의 대상입니다.

이해가 안 되시면 여러분들도 야외에서 잠을 한번 자 보세요. 텐트 안에서 자는 것 말고 밖으로 나와서 자 보라는 것이죠. 그렇지 않으면 겔처럼 가운데가 뚫려 있는 텐트에서 자 보세요.

캄캄한 밤 벌판에서 아무런 잠자리 도구도 없이 자 보면 어느샌가 하늘을 둥둥 떠다니는 자신을 느낄 수 있습니다. 처음에는 벌판 위에 있다고 생각되지만 하늘을 계속 바라보면 어느 순간 하늘 여기저기를 떠다니게 됩니다. 겔에서의 생활이 바로 이런 것이겠죠.

그러니까 나 자신과 하늘을 하나로 느끼게 되고 나중에 죽더라도 마음의 고향인 하늘로 돌아간다고 믿는 것이죠. 물론 그 인도자는 새입니다. 재미있는 것은 한국인들이 신조(神鳥)로 보는 것은 철새들입니다. 한국의 솟대(꼭대기의 새)나 일본의 도리(とり)도 같은 맥락을 표현하는 것입니다. 한국의 솟대 위의 새들〔삼족오(三足烏)나 오리, 원앙, 기러기와 같은 철새〕은 모두 북쪽을 바라보고 있습니다. 왜냐하면 한국인들의 원래 고향이 추운 북쪽 지방이기 때문입니다.(김병모, 『고고학 여행』)

멀리 떠나온 고향, 고향은 환경이 어떠하든 그리운 곳이죠. 그래서 잠시 겨울을 피해 온 철새들에게 고향 소식을 물어보고 봄이 되어 고향으로 돌아가는 새들에게 간절한 소식을 전하는 대상이 바로 한국의 솟대이지요. 이 솟대는 쥬신 샤먼의 지팡이 머리 장식이기도 합니다.

난생 신화가 나타나는 지역은 타이완(파이완족), 인도네시아(자바족), 태국(타이족), 인디아(군다족) 등으로 동남아 농경 민족에 퍼져

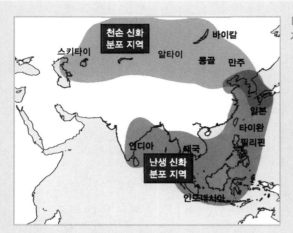

〔그림 ③〕 천손 신화와 난생 신화 분포
지역(김병모, 『고고학 여행』)

있습니다. 이에 비해 천손 신화 체계는 몽골, 부리야트, 에벤키, 스키
타이 지역의 여러 종족 등 주로 북방 유목 민족들에게서 나타나죠. 이
것을 그림으로 나타내면 〔그림 ③〕과 같습니다.

〔그림 ③〕을 보면 매우 중요한 세 가지 사실을 알 수 있습니다.

첫째, 난생 신화는 고인돌과 같은 지역에 분포하고 있다는 것이지
요.(물론 앞서 본 대로 다른 견해도 있긴 합니다.) 나중에 살펴보겠지만
천손 신화는 적석묘와 석관묘의 분포와 대체로 일치하고 있는데 한반
도 남단의 신라 왕들의 무덤은 대부분 적석묘라는 것입니다. 이상하
죠? 이 부분은 최근에 여러 연구가 이루어져 있습니다. 신라 부분에서
검토하기로 합시다.

둘째, 한반도의 경우에는 난생 신화든 천손 신화든 중국하고는 아무
런 상관이 없다는 것이죠. 뿐만 아니라 몽골―만주―한반도―일본
등에 이르는 어떤 신화적인 요소도 중국과는 별로 상관이 없다는 말이
지요. 〔그림 ③〕에서 보면 중원을 포함한 중국 지역만 빼고 나타나는

것이 천손 신화와 난생 신화이지요. 따라서 국가 또는 민족을 기원적으로 본다면 중국이 이 지역에 대해 종주권을 주장할 하등의 권리나 이유가 없다는 것입니다.

셋째, 만주·한국·일본은 북방의 천손 사상과 남방 신화의 혜택을 흠뻑 받은 땅이라는 것입니다. 즉 북방계의 문화가 남방계의 문화를 압도하면서 새로운 형태로 꽃이 핀 지역이라는 것입니다. 그리고 이 문화는 중국과는 거의 상관이 없다는 점이죠. 일부 학자들이 좋아하는 대로 중국식으로 말하면 이 지역은 '북적(北狄)'과 '남만(南蠻)'이 융합하여 생성된 민족이겠죠? 정말이지 중국과는 거리가 멀군요.

이상의 사실만으로도 (앞으로 나올 많은 이야기는 차치하고) 중국이 추진하는 동북공정은 얼마나 허황된 논리인지 알 수 있습니다.

자, 봅시다. 신화도 다르고, 민족의 기원도 다르고, 인종도 다르고, 문화와 습속도 다르고, 언어도 다르고, 경제적인 기반이나 산업도 다르고 정치적으로 어느 일방의 지배-피지배 관계가 된 것도 아니고〔순수 한족(漢族) 정권은 한(漢)—송(宋)—명(明) 정도고 대부분 정권은 쥬신에 의한 정치 권력이죠.〕, 역사의 무대도 다른데 무슨 근거로 중국은 몽골—만주—한반도 북부 지역 전체를 중국의 영역으로 포함시키는가 말입니다.

요즘 식으로 심하게 말하면 중국은 쥬신(주로 만주와 몽골)의 식민지였기 때문에 만주와 몽골이 중국 땅이라는 식의 논리입니다. 다시 말하면 인디아가 한때 영국의 식민지였기 때문에 '영국도 인도의 땅'이라는 식의 논리지요. 말이 되나요?

그런데 여기서 우리는 심각한 문제 하나를 발견합니다. 우리는 스스로 우리 내부에 있는 천손 난생 신화를 일부러 숨기려 한다는 것이죠. 이것은 우리가 가진 중국 문화에 대한 지나친 짝사랑 때문입니다. 그래서 우리는 천손 난생 신화를 야만적이고 원시적인 설화나 신앙 체계로 몰아가고 있는 것입니다.

예를 들면 「선녀와 나무꾼」은 쥬신의 신성한 시조(始祖) 신화 가운데 하나임에도 불구하고 한국에서는 선정적인 이야기로 풀어 가고 있습니다. 우리 문화의 고유성을 비중국적(非中國的)이라고 하여 감추려고 하는 엉뚱하고 삐뚤어진 소중화주의(小中華主義)가 수백 년 이상 학계의 주류를 형성하고 있었기 때문입니다.

3.
말 한마디로
천 냥 빚을 갚는다?

우리 속담에 "말 한마디로 천 냥 빚을 갚는다."는 말이 있습니다. 기가 막힐 이야기죠. 천 냥이라면 요즘 돈으로 10억 원 이상은 될 것이고 그 많은 빚을 지려면 별일이 다 있었을 텐데 혀 한 번 잘 놀리면 성큼 빚을 탕감해 준다는 게 말이 됩니까? 그만큼 한국인들은 감정적으로 행동한다는 말이지요. 한마디로 한국인들은 신중하거나 노련함과는 거리가 멀고 이성적이지 않다는 얘기입니다.

한국인들이 감정적이란 말은 오른쪽 뇌가 발달했다는 말이죠. 또한 허벅지가 짧기 때문에(북방계는 춥기 때문에 눈을 헤치면서 걷기 쉽도록 발달되었다고 합니다.) 가무음곡(歌舞音曲)을 즐긴다고 합니다.

진수의 『삼국지』에는 "부여인들은 길을 갈 때 밤이든 낮이든 노인 어린이 할 것 없이 모두 노래를 부르기 때문에 하루 종일 노랫소리가 끊이지 않는다.(『三國志』「魏書」扶餘傳)"고 합니다. 사실 한국의 '노래방'과 일본의 '가라오케'도 그저 나온 것이 아닌 듯합니다.

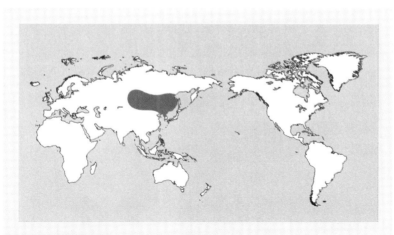

〔그림 ④〕 짧은 허벅지를 가진 사람들의 분포(조용진, 『얼굴, 한국인의 낯』)

　그렇다면 춤은 어떨까요? 한국인들이 추는 춤은 다른 나라에 비해 상당히 어려운 것이 많다고들 합니다. 잘 모르는 제가 보기에도 팔등신의 서양 미녀들이 춤을 추는 것을 보면 조금은 불안해 보이는데 한국의 무용수들은 허벅지가 짧아서인지 춤을 안정감 있게 추더라고요. 조용진 교수는 한국인들의 짧은 허벅지를 '조선무 다리'로 표현했는데 적절한 표현일 수도 있겠네요. 그런데 그 '조선무 다리'가 나타나는 지역을 그려 보니 〔그림 ④〕와 같이 되었습니다.

　어떤가요? 몽골—만주—한반도—일본에 이르는 지역으로 나타나고 있습니다. 이 지역에 거주하는 사람들의 전체 체격 조건이 같다는 말이죠.

　그러면 체질은 어떨까요? 체질도 마찬가지랍니다. 체질적인 특징이 상통하는 지역도 다음과 같이 나타나고 있습니다.

　지금까지의 이야기와 앞서 말한 신화를 함께 생각해 보면 한반도의

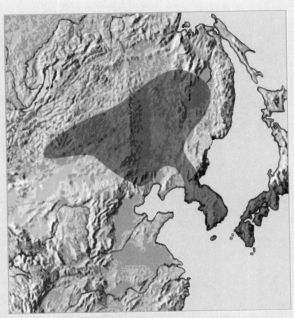

[그림 ⑤] 체질이 상통하는 지역(조용진, 『얼굴, 한국인의 낯』)

경우에는 북방계가 소수의 남방계를 압도한 것으로 볼 수 있습니다. 그리고 북방계의 인구가 증가하자 남방계의 일부는 일본이나 오키나와 등지로 이주하는 일도 생기게 되었다는 것입니다. 뿐만 아니라 북방계가 남방계에게 폐결핵을 전염시켜 남방계 인구가 격감하고 일부는 북방계에 밀려서 한반도를 떠나게 되었다고 합니다.(조용진, 『얼굴, 한국인의 낯』)

4. 쥬신을 찾아서

한반도에서 북방계가 남방계를 압도했다는 것을 유전학적인 연구나 분석을 통해 다시 확인해 보도록 합시다.

김욱 교수(단국대)는 Y염색체를 이용하여 한민족의 뿌리를 크게 두 갈래로 정리했습니다. 즉 한국인들의 70에서 80퍼센트는 북방계이고 나머지 20에서 30퍼센트는 남방계이며 기타 일부 유럽인과 다른 그룹이 섞여 있다고 발표하였습니다. 한국인은 동아시아인 집단 가운데서도 일본인과 만주족과 가장 가까운 유전적 유사성을 지니고 있고 남방계의 경우에는 베트남인 등과도 가까운 특성을 지니고 있습니다.

일본의 마쓰모토 교수(오사카 대학)는 몽고 인종을 특징 짓는 유전자 결합이 네 가지가 있는데 그중에서 몽고 인종의 혈청에 있는 Gmab3st 유전자로 아시아계 인종의 계통성을 알 수 있다고 합니다. 마쓰모토 교수에 따르면 Gmab3st 유전자는 바이칼호 북쪽의 부리야트족(칭기즈칸의 종족으로 알려짐: 몽골 쥬신)이 100명 중에서 52명으로 가장 많고 한국인(반도 쥬신)은 41명, 일본(열도 쥬신)은 45명인데 반해 중국인(한족)은 화북(華北) 지방이 26명, 화남(華南) 지방은 9명이라고 합니다. 따라서 몽골—만주—한반도—일본에 이르는 지역이 이 민족의 이동과 밀접한 관계가 있음을 보여 줍니다. 그리고 혈액형의 경우에도 북방계는 A형과 B형이 많고 남방계는 O형이 많다고 알려져 있는데 한국이나 일본은 A형과 B형이 많다고 합니다.

따라서 몽골—만주—한반도—일본 등에 이르는 광범위한 지역에 유전학적으로 아주 비슷한 사람들이 거주하고 있음을 쉽게 알 수가 있는 것이지요. 우리가 몽골을 방문했을 때 느끼는 알 수 없는 그 친근감이 바로 여기에서 나오는 것이겠죠.

이홍규 교수(서울대 의대)는 「유전자로 밝혀 보는 한민족의 뿌리」라는 글을 통해서 "한국인의 주류는 바이칼호에서 온 북방계 아시안"(《신동아》 2002년 1월호)이라고 주장합니다. 이홍규 교수는 한국인들의 질병을 추적해 가다가 이 같은 결론에 도달했다고 합니다. 이홍규 교수는 현재 한국인의 70에서 80퍼센트가 북방계, 20에서 30퍼센트는 남방계라고 합니다.

이제 이런 사실들을 토대로 한반도의 상황을 살펴봅시다. 한반도에서는 일부 남방계가 살고 있다가 북방계가 이들을 압도했다고 했습니다. 구체적으로 보면, 북방계가 압록강 연안 지역(예맥·숙신의 무대)

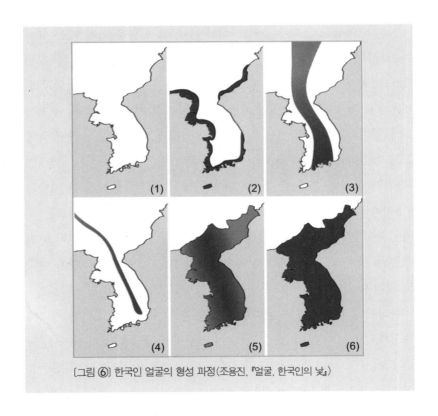

〔그림 ⑥〕 한국인 얼굴의 형성 과정(조용진, 『얼굴, 한국인의 낯』)

에서 대각선 방향으로 김해 지역(과거의 변한·가야 지역)에까지 이르고 있다는 것입니다.([그림 ⑥] 참고)

그림에서 보면 (1)은 빙하기로 사람이 별로 없는 것을 나타냅니다. (2)의 경우는 12,000에서 8,000년 전으로 남방계 신석기인들이 주로 해안 지방으로 들어온 것을 표현하고 있습니다. (3)은 동부 시베리아로부터 북방계가 내륙 지방을 통하여 집중적으로 내려왔다는 것이죠. (4)는 극소수의 서부 시베리아인들이 유입되고 있습니다. (5)는 6세기에서 7세기 혼혈과 지역별 유전자의 상승 작용으로 한국인들의 현재 모습이 이루어졌다는 것이고 (6)은 미래의 일로, 앞으로 수많은 유전자의 교류를 통하면 실질적인 한국인의 모습은 희석되어 한국인들의 얼굴이 형성되는 루트는 찾기 어렵게 될 것이라는 말입니다.

여기서 (3) 동부 시베리아로부터 북방계의 유입, (4) 서부 시베리아인들의 유입 과정을 고고학자 김원룡 교수의 견해를 통해서 한번 살펴봅시다.

김원룡 교수의 견해에 따르면, 예니세이 지방에서 나타난 카라스크 문화인(황인종으로 알타이 지방에서 북향한 퉁구스족)들이 한반도로 유입되는 모체였다고 합니다. 카라스크 문화 다음에는 다카르 문화가 성립되는데 이때는 BC 7세기경으로 이 문화는 주로 중국의 춘추전국 시대와 일치하고 있습니다.

다카르 문화는 말이 운송 수단이 되면서 뛰어난 기동력으로 남부로 진출하여 오르도스 흉노(匈奴)에게로 뻗어 갔다고 추정합니다.(오르도스는 『삼국지』에 나오는 여포의 고향이죠.) 뿐만 아니라 이 시기를 전후하여 흑해 북쪽 해안에 새로이 등장한 스키타이 동물 미술도 가미되어 특수한 시베리아 청동기로 발전합니다. 바로 이 문화의 주인공들이 오르도스의 주인이었던 흉노들이라는 얘깁니다. 이들은 빠른 기동력을

〔그림 ⑦〕 청동 문화의 수용

이용하여 현재의 중국 땅은 물론이고 한반도까지 큰 정치적인 변화를 주게 되었다는 것이지요. 한반도와 중국 및 동북 지방을 아우르는 청동 문화는 스키타이—다카르—오르도스 청동 문화라는 것입니다.(김원룡, 『한국 문화의 기원』, 탐구당)

물론 김원룡 교수의 견해와 다른 여러 가지 견해가 있기 때문에 아직 많은 연구가 필요합니다. 따라서 이 부분은 확실한 내용이 밝혀지는 대로 다시 거론하기로 하고 일단 여명기의 알타이의 역사는 이 정도로 하고 넘어가는 것이 좋겠습니다.

지금까지의 다소 긴 분석은 다음과 같은 내용을 말하고 있습니다.

첫째, 초기 한반도의 정착민들은 소수의 남방계로서 주로 해안을 따라 이동한 것으로 볼 수 있습니다. 그리고 한반도에 이주한 북방계는 주로 동부 시베리아 지역(동몽골·만주)에서 한반도로 이주해 왔으며 이들이 소수의 남방계를 압도하고 한반도의 주류 민족으로 성장해 왔습니다. 일부이지만 몽골 서부 지역 또는 서시베리아 계통의 유목민이 김해 지역(과거의 변한·가야 지역)까지 유입되기도 했습니다.(이 사람들은 신라의 역사에 깊은 영향을 미칩니다. 이 부분은 신라 부분에서 다시 거론하겠습니다.)

둘째, 만주·한반도·일본의 경우 중국과 신화나 민족 기원, 인종, 문화, 습속도 다르며, 언어나 경제적 기반, 산업이 다르며 정치적으로도 어느 일방의 지배-피지배 관계가 아니며 역사의 무대도 다릅니다. 따라서 중국이 만주·한반도(북부) 지역에 대한 종주권을 주장하는 것(동북공정)은 아무런 근거가 없습니다.

셋째, 만주·한국·일본은 북방계 문화와 남방계 문화의 혜택을 흠뻑 받은 지역이라는 것입니다. 즉 이 지역은 북방계의 문화가 남방계의 문화를 압도하면서 새로운 형태로 문화의 꽃이 핀 지역이라는 것입니다. 그리고 이 문화는 중국과는 거의 상관이 없다는 점이죠.

이상의 내용으로 보면 우리는 완벽하지는 않지만 과거 한반도에서 어떤 민족들의 이동이 있었는지 그리고 그 문화와 기원은 어떠했으며 어떤 성격을 가지고 있었는지를 추정할 수 있습니다. 또한 그것은 중국의 동북공정(쥬신사 말살 정책)이 얼마나 허황된 논리에서 전개되고 있는지를 보여 주기도 합니다. 한반도를 구성하는 민족은 주로 알타이를 중심으로 몽골·만주에 이르는 북방계의 민족이면서 이들의 특성이 지금 한국인들의 모습에까지 나타나고 있다는 것입니다. 이와 같은 내용은 앞으로 우리가 살펴볼 머나먼 쥬신의 역사를 알아 가는 데도 매우 중요한 점을 시사하고 있습니다.

3장

제가 문제를 하나 내겠습니다. 다음 그림에 나타난 숫자는 무엇일까요? 아래의 그림은 '히스토리 채널'에서 방영된 것입니다.(「빼앗긴 영토 사라진 역사, 영원의 땅 티베트」 히스토리 채널 2005. 3. 6.)

그런데 그림에 나타난 숫자는 도대체 종잡을 수가 없습니다. 중국과 친한 나라의 순서 같기도 하고 아닌 것 같기도 하고 말입니다. 멀리 싱가포르까지 있는 것으로 보아 무슨 해상 교역로와 관련된 그림 같기도 합니다. 중국 주변의 나라들을 포괄하고 있기 때문에 무슨 경제 협력 지구 같기도 합니다. 그러나 중국의 경제 수준으로 우리와 경제 협력 지구를 만든다는 것도 말이 안 되는 것 같기도 합니다. 그러면 도대체 무엇일까요?

놀라지 마세요. 정답은 1950년대 중국 중학교 교과서에 실린 지도로 중국이 앞으로 회복해야 할 영토라고 합니다.

이와 같이 중국은 한국

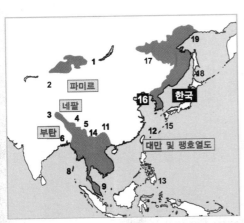

〔그림 ①〕황당한 그림(한국은 16)

중화의 그늘

의 역사뿐 아니라 영토 전부를 빼앗아 가려고 하는데도 한국은 아무런 대응도 하지 않고 있습니다.

이상한 것은 일본이 빠져 있다는 것입니다. 중국은 일본에 대해서는 자신이 없는 모양입니다. 일본도 중국에 열심히 조공(朝貢)을 했는데도 말입니다. 그런데 왜 우리는 여기에 포함됩니까? 과거 역사의 관성이 붙어서 일까요?

1974년은 공산당 중국이 국제 무대에 처음으로 등장하는 날이었습니다. 1974년 유엔 특별 회의에서 덩샤오핑은 다음과 같이 말했습니다.

만일 중국이 어느 날 빛을 바꾸어서 초강대국으로 변화하고 패권 국가로 자처하면서 세계 곳곳에서 다른 나라 사람들을 모욕하고 침략하며 수탈한다면 세계 인민들은 마땅히 중국에 사회제국주의라는 모자를 씌워야 하며 그 사실을 폭로하고 반대해야 한다.

그 후 덩샤오핑은 1979년 1월 미국을 방문하고 미국과 수교했습니다. 그는 미국을 방문한 최초의 중국 지도자였습니다. 이 같은 중국의 건강함은 대체 어디로 갔을까요? 단순히 오늘의 중국 지도자들이 대장정(大長征)의 어려움을 겪지 못했고 경망스러워서일까요?

1.
검은색과
흰색

제가 쥬신의 역사를 이야기하려 하자 어떤 사람들은 "말도 안 돼. 옛날에는 중국인이나 한국인이나 무엇이 다른가? 다 몽골로이드(황인종)이지."라고 합니다. 사실 맞는 말입니다. 한국인이나 중국인이나 무엇이 다르겠습니까? 그렇게 치자면 유태인이나 아랍인은 또 무엇이 다릅니까?

그런데 갑자기 이렇게 말하고 나니 좀 이상합니다. 세기의 과학자 아인슈타인(Albert Einstein)이나 세기의 미녀 엘리자베스 테일러 (Elizabeth Taylor), 천재 영화 감독 스필버그(Steven Spielberg)가 펄쩍 뛸 소리죠. 스필버그는 이렇게 말할 겁니다.

"김 선생, 당신 말조심해. 그 악질적인 테러리스트 아랍인과 우리 유태인이 같다니 그게 말이나 돼? 우리는 신(神)이 선택한 민족이야. 이거 왜 이래."

제가 말을 잘못했나 봅니다. 그렇지요. 다르지요. 유태인과 아랍인은 분명히 다릅니다.

유태인은 모든 인간은 하느님으로부터 구원을 받을 수 있다고 합니다. 그런데 그 자격은 유태의 율법(律法)을 지키는 사람이라야만 하는데 이 율법이란 게 너무 유태의 고유 풍습에서 나온 것들이라 저 같은 사람은 지키기가 좀 곤란합니다. 바로 이웃에 사는 아랍인들도 지키기 어려우니 저는 오죽하겠습니까? 안타깝지만 저는 유태인들의 하느님으로부터 구원받기는 틀렸습니다.

이제 다시 중국에 대한 이야기로 돌아갑시다. 제가 한 가지 물어보겠습니다. 중국인들 즉 한족들은 언제부터 한족이라는 의식을 가졌을까요?

이 의문은 대단히 중요합니다. 왜냐하면 아주 먼 과거로 돌아가면 구체적인 의미에서 민족 개념이 있을 리가 없죠. 또 뤄양(洛陽) 사람과 베이징(北京) 사람들이 뭐 그리 다르겠습니까?

생각해 보세요. 세상이 온통 백지(白紙)라면 무슨 구분이 있겠습니까? 그런데 누군가가 검은 점을 찍으면서 세상은 검은색과 흰색으로 나눠지는 것이죠. 그리고 그 검은 점이 점점 뚜렷해지고 커질수록 흑백의 구분이 더욱 분명해집니다.

2.
화하의
시작

중국인들이 어디에서 왔는지 아직은 알 수가 없다고 합니다. 기록에서 보면 중국 민족은 스스로를 '화(華)', '하(夏)' 또는 '제하(諸夏)'라고 합니다. 이것은 쥬신족들이 스스로를 부를 때 '제신(諸申)'이라고 한 것과 대조됩니다.('제하'를 아는 사람은 많아도 '제신'이라는 말을 아는 한국인은 드뭅니다.)

그러나 '화' 또는 '하'라는 종족은 구체적으로 어느 민족인지를 아직까지 밝혀 내지 못하고 있습니다. '화'는 화산(華山)의 이름에서 나왔고 '하'는 하수(夏水)에서 나왔다고 하는 견해도 있습니다. 어떤 경우는 '화'라는 말은 '과(夸)'라는 음에서 나왔으며 이것은 산둥(山東) 지방의 사람들이 스스로를 부르는 말인 '과'에서 비롯되었다고 하기도 합니다.(章太炎,『태염문록(太炎文錄)』)

그런데 이 '과'라는 말은 '자랑하다'라는 의미가 있으므로 '자랑스러운 사람' 또는 '자랑할 만큼 훌륭한 사람'이라는 의미가 됩니다. '과'의 현대 발음은 〔kuā〕로 납니다. 이 발음을 계속 따라해 보면 '화(華〔huá〕)'에 가까운 발음으로 납니다. 만약 중국인이 산둥인을 지칭한다면 그것은 중국인들이 인디아—동남아 등을 거쳐 산둥 반도에까지 이른 남몽골임을 의미합니다. 그런데 우리가 일반적으로 지칭하는 중국의 중심지는 산둥이 아니라 뤄양과 장안(현재의 시안)을 포함한 현재의 허난성(河南省), 허베이성(湖北省), 안후이성(安徽省) 등의 지역입니다. 따라서 이 부분에 대해서는 앞으로의 연구를 지켜봐야 할 것 같습니다.

그런데 중국인들이 오늘날과 같은 한족이라는 민족적 정체성을 가지게 된 것은 언제부터일까요? 일단 그 말에서 보면 한 나라 인 듯한데요.

그렇습니다. 한 나라 때 중국의 통일이 이루어지니까요. 아니, 한 나라 때 통일을 하다니 그러면 진시황(秦始皇)의 진(秦) 나라는 어떻습니까? 이 점을 좀 더 분석해 봅시다.

한족이라는 민족적 실체가 형성되는 기점은 일단 진 나라로 봐야 할 것 같습니다. 춘추전국 시대를 통해 통일의 기운이 무르익게 되었고 결국은 진 나라에 의해 통일이 되어 중국 민족의 1차 통합이 이루어집니다. 이것은 중국인이 형성되는 중요한 계기가 됩니다. 또한 진 나라 때 축조하기 시작한 만리장성은 여러 가지 면에서 중국인과 주변 민족들 간의 경계가 되는 것이기도 했습니다.

그러나 진 나라의 통일은 불완전한 통합이었습니다. 기본적으로 진 나라는 중국인들의 대표성을 가지지 못했으며 태생적으로 북방의 유목민에 가까운 특성을 지니고 있었기 때문입니다. 바로 이 때문에 한족들은 진 나라의 통일을 중국의 통일로 보지 않는 것입니다.

중국 민족의 2차 통합은 한 나라 때 이루어집니다. 한 나라에 의한 천하 통일은 중국 역사에서 대단히 중요한 의미를 가지고 있습니다. 근원적인 의미에서 보면 중국 민족의 진정한 통합은 이 한 나라 때부터라고 보면 됩니다.

진 나라는 엄격한 법 집행으로 사람들의 원성을 사게 됩니다. 그래서 이에 반발하는 여러 가지 사회적 소요가 있었고 결국 유방(劉邦)에 의해 진 왕조는 끝이 나게 됩니다. 당시 진 나라의 수도를 점령한 유방은 "여러분들은 가혹한 진 나라의 법률 때문에 오랫동안 고생하였습니다. 이제 진 나라의 법은 없습니다. 법은 단 3조 정도면 족합니다. 사람을 죽이거나, 사람을 상하게 하거나, 남의 물건을 도적질하는 것만 벌하겠습니다."라고 했습니다. 이것이 유명한 법삼장(法三章)입니다.

한 나라를 건국한 유방(劉邦)은 후일 명 나라의 태조인 주원장(朱元璋), 중화인민공화국의 건설자인 마오쩌둥(毛澤東)과 더불어 한족 부흥(漢族復興)의 대표적인 영웅이 됩니다. 한 나라는 중국 역사상 한족에 의해 통일되었고 가장 오래 지속된 왕조로서 무려 400여 년 동안 통일과 안정을 이룩하며 찬란한 중국 문화를 꽃피웠습니다. 따라서 한 나라는 이전까지 지역별로 다양하게 발전해 온 문화를 융합하여 중국 고전 문화(古典文化)를 완성한 왕조라고 할 수 있습니다.

이런 의미에서 중국인들은 한 나라가 '중화의 뿌리'라고 생각하고 있지요. 우리가 중국인들을 '한족(漢族)' 또는 '한인(漢人)'이라고 하고, 중국어를 '한어(漢語)', 중국 문자를 '한문(漢文)'이라고 하는데,

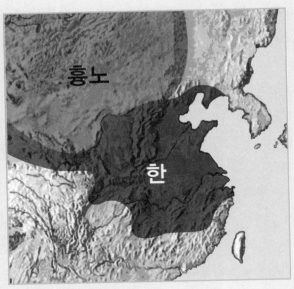

[그림 ②] 한 나라의 영역

이것은 한 나라가 중국사에서 매우 중요하고 결정적인 영향을 미쳤다는 것을 보여 줍니다. 물론 한 나라도 엄격한 의미에서 보면 전한(前漢)과 후한(後漢)이 서로 다른 창업자에 의해 건국되었기 때문에 다른 왕조로 볼 수도 있지만 후한이 전한을 계승했다는 강한 국시(國是)를 가지고 있었기 때문에 후한과 전한을 합쳐서 그저 한 나라라고 보면 됩니다.(김운회, 『삼국지 바로 읽기』 참고)

3. 한족의 탄생

한(漢) 제국이 건설되고 중국인들이 한족(漢族)이라는 의식을 가진 것이 동아시아의 역사에서 어떤 의미를 가질까요? 간단히 말하면 이전의 하족(夏族) 또는 제하(諸夏)라고 불리던 민족이 좀 더 큰 차원에서 한 나라의 깃발 아래 모여 민족적 동질성을 가지게 되었다는 것입니다.

그러면 이전에는 그렇지 못했습니까? 그렇지요. 이전에는 주로 뤄양—장안 등에 이르는 지역을 중원(中原) 즉 세계의 중심이라고 했고 양쯔강 남쪽이나 황하 이북 지역을 중국이라고 생각하지는 않았습니다.

춘추전국 시대까지도 중국의 영역은 작았지요. 예를 들면 사마천의 『사기(史記)』에 "(초 나라 왕이) 나는 야만적인 오랑캐〔蠻夷〕라서 중국의 호시(號謚)와 같을 수 없다.(『史記』「楚世家」)"라든가 "진(秦) 나라는 중국 제후들의 회맹(會盟)에 참여하지 못하고 오랑캐〔夷翟〕로 간주되었다.(『史記』「秦記」)"라는 말이 나오는 것으로 보아 춘추전국 시대에는 중국의 서북방에 위치했던 진 나라나 양쯔강 유역에 있던 초 나라 등을 제외한 황하 유역의 국가들을 중국이라고 불렀던 것으로 추정됩니다.

즉 한 나라 이전에는 황하 이남이나 장안의 동쪽, 장강의 북쪽 등 작은 지역을 중원(中原)이라고 하여 중국의 본류라고 생각했다는 것이지요. 그런데 엉뚱하게 오랑캐로 생각되던 진 나라의 진시황이 천하를 통일하자 양상이 좀 바뀌었죠.

『한서(漢書)』에는 "진시황은 오랑캐들을 물리치고 장성(長城)을 쌓아서 중국의 경계로 삼았다.(『漢書』「西域傳」)"라고 씌어 있습니다. 물론 이 장성은 엄밀히 보면, 오늘날의 만리장성을 그대로 의미한다고

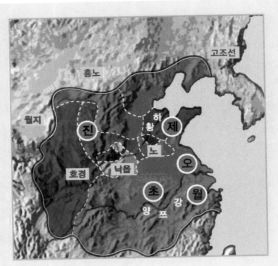

[그림 ③] 춘추전국 지도

보기는 어렵지만 일단 중국이라는 역사적 무대를 지정하고 있는 것은 분명합니다.

진시황의 업적은 두 가지 점에 있어서 한족에게는 (그가 오랑캐라고 해도) 지대합니다. 하나는 춘추전국이라는 복잡한 정치 국면을 하나의 나라로 통합한 것이고 다른 하나는 중국의 영역을 물리적으로 지정하기 시작함으로써 중국인이라는 민족적 실체가 서서히 태동하게 된 것입니다.

그나저나 참으로 아이러니한 일입니다. 오랑캐가 한족을 통일하여 한족의 실체가 서서히 태동했다니 말입니다. 그런데 이 진시황은 지금까지 '폭군(暴君)의 대명사'로 인식되고 있습니다. 이것은 이후 중국

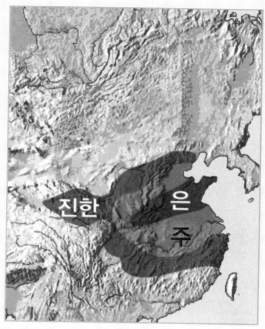

[그림 ④] 중국 영역의 확대(은—주—진한)

역사에서도 하나의 운명처럼 나타나는 현상이기도 합니다. 예를 들면 오랑캐의 대명사인 청태조(아이신자오뤄누르하치)나 청태종(아이신자오뤄홍타이치)이 현대 중국의 영역을 만들어 주었지요. 어쨌든 진 나라와 한 나라의 등장으로 한족의 실체와 영역은 서서히 윤곽을 드러냅니다.

[그림 ④]는 은 나라와 주 나라, 진 나라, 한 나라 등을 거치면서 확장되고 있는 중국의 영역을 보여 주고 있습니다.

그런데 여기서 주목할 것은 한족의 탄생과 더불어 중화 사상(中華思想)이 나타나고 있다는 것이지요. 중화 사상은 '한족에 의한 천하의 지배 질서'를 이론적으로 구체화한 것입니다.

한 나라 때에 와서 이전의 단편적 수준에 있던 중화 사상이 보다 구체화되고 정교해지기 시작합니다. 한 나라 이전의 이론가가 주로 공자(孔子)나 맹자(孟子)였다면 한 나라 때는 가의(賈誼: BC 200~168)나 동중서(董仲舒: BC 179~104)가 그 역할을 합니다. 그리고 한무제(漢武帝)가 강력한 국력을 바탕으로 이들의 이론을 현실화합니다. 이로써 초기 중화 사상의 골격이 완성된 것이지요.

그 후 중국의 영역은 확대일로를 걷게 됩니다. 즉 삼국 시대에 이르러 중국은 황하 중상류 지역뿐 아니라 그 지역에서 일어난 국가도 지칭하게 되었습니다. 그리고 당 나라 이후 중국의 개념은 지속적으로 확대 팽창되어 왔습니다.

4. 쥬신, 오랑캐 되다

그런데 이 한족의 탄생이 주변 민족에게는 어떤 영향을 주었을까요? 간단히 말하면 한족의 탄생 및 구체화와 더불어 주변 민족은 확실히 오랑캐로 다시 태어나게 됩니다.

즉 이전에는 자신들이 오랑캐인지도 몰랐는데 한 나라가 등장하여 한족의 실체가 명확해지면서 확실히 오랑캐가 된 것이죠. 이것은 마치 가만히 있다가 이교도(異敎徒)가 된 아랍인들과 비슷합니다. 어이가 없는 일이죠.

이전에는 뤄양과 장안 그리고 산둥의 일부 등 중원이라고 불리는 좁은 지역에 살던 극소수의 화하족(華夏族)들이 다른 민족을 오랑캐라고 하다가 이후로는 중국의 영역을 일정하게 표시하고는 그 이외의 민족을 몽땅 오랑캐로 취급한 거죠.

그러면 이들이 오랑캐가 된 과정을 살펴봅시다. 『논어(論語)』는 다음과 같이 말합니다.

오랑캐들에게 임금이 있는 것은 제하(諸夏) 여러 나라에 임금이 없는 것보다 못하다.

무슨 말인지 모르겠네요. 세계의 성인(聖人)이라는 분이 하신 말씀치고는 좀 심합니다. 그의 제자인 맹자(孟子)는 한술 더 뜹니다.

나는 중국 사람[夏]이 오랑캐[夷]를 변화시켰다는 말은 들었어도 오랑캐가 중국인을 변화시켰다는 말은 듣지 못했다.(『孟子』「滕文公篇」)

그리고 『예기(禮記)』에서는 오랑캐는 불변하는 고유한 성격이 있는데 이들은 모두 독특한 거처와 음식, 의복 등이 있으며 서로 말이 통하지 않으며 기호도 다르다고 합니다.

예를 들면 동쪽에 사는 오랑캐를 이(夷)라고 하는데 이들은 머리를 풀어헤치고[被髮] 몸에는 문신(文身)을 새기고 음식물을 날로 먹었다고 합니다.(『禮記』「王制篇」) 한 나라 무제 때 동중서(董仲舒)의 말처럼 오랑캐는 중국을 예(禮)로서 대할 수가 없고 중국도 오랑캐에게는 예절로 대할 수 없다는 말과 일맥상통합니다.

『춘추좌전(春秋左傳)』에는 "서쪽 오랑캐[융(戎)]나 북쪽 오랑캐[적(狄)]는 승냥이나 이리 떼와 같다."고 합니다. 사람이 아닌 것이죠.

이렇게 되다가 이젠 확실히 오랑캐의 모습이 구체화됩니다.

즉 중국인들은 북방 유목민들을 서융(흉노, 강), 북적(흉노, 선비),

[그림 ⑤] 사이(四夷: 중국 주변의 오랑캐들)

동이(숙신, 예맥) 등으로 나눕니다. 그런데 흉노, 선비, 예맥 등은 이들 부족이 스스로를 부르는 명칭이 아니라 중국인이 분류하기 편리한 대로 임의로 부여한 것입니다. 또한 대부분은 인간 이하를 지칭하는 욕입니다.

예컨대 일반적으로 우리 민족을 지칭하는 것으로 알려진 '예맥(濊貊)'이란 '똥오줌이 묻은 더러운 (승냥이 같은) 짐승'이라는 뜻인데 간단히 얘기하면 '똥고양이'인 셈이죠. 세상의 어느 부족이 자신들을 그렇게 부르겠습니까? 그리고 선비(鮮卑)란 동물 무늬가 있는 허리띠(세르베: 에가미 나미오 교수의 고증), 흉노(匈奴)란 '입심 좋은 노예', 물길(勿吉)은 '기분 나쁜 놈(재수 더러운 놈)'이라는 뜻입니다.

중국인은 사방의 오랑캐를 이렇게 나누지만 실제로는 북적(北狄)이나 동이(東夷)는 구분하기가 어렵습니다.(이 점은 앞으로 상세히 분석해 보겠습니다.)

이와 같이 한족이라는 실체가 역사상에 나타나자 동아시아는 여러 가지 변화가 생깁니다. 이것을 한번 정리해 봅시다.

첫째, 중국의 영역이 일정하게 그리고 점진적으로 팽창하기 시작합니다.(중국인들은 한 나라 때 중국 동부 해안 지대의 쥬신 문화와 장강을 중심으로 번성했던 초 나라의 문화를 하나의 용광로 속에 밀어넣습니다. 이어 위진남북조 시대를 거치면서 소위 남만(南蠻)이라고 불렀던 남방 지역을 한족화(漢族化)하는 작업을 강행합니다.)

둘째, 한족의 실체(ethnic identity)가 명확해질수록 주변 민족들은 중국 역사의 무대에 확실히 오랑캐로 등장합니다. 즉 이전까지는 역사적 자료로서 민족적 실체가 불분명했던 민족들이 한족 사가(史家)들에 의해 정교하게 만들어지기 시작합니다. 그리고 그 민족들은 확실하게 한족의 오랑캐가 된 것이죠.

셋째, 한족의 등장은 다시 주변 민족들의 민족 의식(民族意識)을 자극합니다. 역사적으로 보면 중국의 이 같은 책동에 가장 강력하게 저항한 것은 몽골 쥬신입니다. 그래서 몽골 쥬신은 아직까지도 견고히 민족적인 실체를 유지하고 있지요.

넷째, 동아시아의 민족과 그 민족이 건설한 국가가 역사의 주요 행위자(actor)로 등장하는 계기가 됩니다.

즉 동아시아의 각 민족적 정체성은 한 나라 이후부터 견고하게 구축되기 시작합니다. 산둥, 뤄양, 장안 등에 살았던 사람들을 중심으로 자신들은 한족이라는 생각이 굳어지면서 그 주변 민족을 더욱 비하하게 되고 주변 민족들에 대한 차별화 작업을 강행합니다. 이 과정에서 한족들의 입맛에 맞도록 주변 민족들에 대한 분류 작업도 가속화됩니다. 이 모든 일이 문자(文字)가 없어서 생긴 일입니다.

　한편으로는 주변 민족들의 민족적 자각이 일어납니다. 이제 중국의 오랑캐 즉 주변 민족들은 다음의 세 가지 중 하나를 택하지 않으면 안 되는 상황으로 내몰립니다.

　ⓐ 중국과 동등하게 행동하여 적대적 관계를 지속함.(고구려, 몽골)
　ⓑ 중국의 질서 속에 편입하여 적당한 독립 상태를 유지함.(조선)
　ⓒ 중국에 완전히 동화되어 실체가 사라짐.(남만)

　그동안의 역사를 보면 주로 ⓐ→ⓑ→ⓒ의 방향으로 진행되었습니다. 중국은 가히 '민족을 먹는 하마'라고 할 수 있습니다.

5. 민족을 먹는 위대한 하마, 중화주의

　　　　　　　도대체 중국인만큼 수천 년에 걸쳐 민족적 실체를 견고히 유지하는 민족이 세상에 또 있을까요? 그런데 희한한 일은 한족들이 항상 중화 백성과 오랑캐로 세상을 보더니 최근 갑자기 중국은 다민족 국가(多民族國家)이며 모든 오랑캐도 중화인(中華人)이라고 선언하고 나선 것입니다. 중국은 그들의 스승인 공자나 맹자의 말을 무시하고 오랑캐들을 모두 한족이라고 선언하고 있지요. 중화주의의 실제 창시자인 동중서가 들었다면 기절할 일이지요. 그뿐입니까? 중화의 영웅인 악비(岳飛: 1103~1141)나 문천상(文天祥: 1236~1282) 등이 들었다면 땅을 치고

통곡할 일입니다.

황하 유역 화하족의 문명 중심지를 '중국(中國)'이라 부르고 그곳에 사는 사람들을 중국인이라고 하는 전통은 세계 역사상 유래가 없을 정도로 지속적이고 견고하게 유지되어 왔습니다. 물론 중국이라는 말은 세상의 중심을 의미하는 보통 명사이지만 신해혁명 이후 '중화민국(中華民國)' 즉 중국이라는 이름으로 역사의 전면에 나서게 되었습니다. 이것을 가능하게 한 사상은 바로 중화주의(中華主義)입니다.

중화주의 즉 중화 사상은 쉽게 말해서 중국 민족이 천명(天命)을 받아서 세계를 통치할 수 있는 권한을 부여받았다는 중국 고유의 천하사상(天下思想)이라고 할 수 있습니다. 이러한 사고 체계는 이미 주(周) 나라 때에도 나타나고 있습니다. 그러나 주 나라가 차지한 영역이 협소하고 그것이 오늘날 중화 사상을 대변할 정도라고 보기는 어렵지요.

이 같은 천명 사상(天命思想)은 맹자에 의해 더욱 체계화되고 이론화됩니다. 그 후 한 나라가 중화 사상을 실현하는 현실적인 정치 세력으로 등장하게 됩니다.

한 나라 초기의 대표적인 정치가이자 석학인 동중서는 『춘추번로(春秋繁露)』에서 "하늘〔天〕은 우주의 주관자이며 한 나라가 무도한 진 나라를 벌한 것은 하늘로부터 천명(天命)을 받았기 때문이며 따라서 한 나라의 황제는 이 같은 하늘의 뜻(천명)을 대리 수행하는 존재 즉 천자(天子)가 된다."고 하였습니다.

즉 한 나라의 황제는 하늘을 대신하여 하늘의 뜻을 수행하는 대리자라는 것이지요. 그 후 이러한 생각은 그대로 계승되어 오늘날까지 면면히 이어지고 있습니다.

그런데 말이 좀 지나칩니다. '재주는 곰이 부리고 돈은 중국놈이 번다.'고 하듯이 아무리 오랑캐지만 중국을 최초로 통일해 준 사람에 대해 지나치게 폄하하고 있습니다.

진시황(秦始皇)이 천명을 받지 않았으면 어떻게 통일을 할 수 있었겠습니까? 진 나라의 멸망은 다른 각도에서 봐야 합니다. 당시의 중국은 매우 다양하고 이질적인 문화를 가지고 있었는데 진 나라가 이를 보다 빨리 하나로 통합하려다 생긴 일이지요. 한 나라 고조 유방(劉邦)은 말로만 통일을 했지 실질적인 통일은 150년 뒤의 한무제(재위: BC 141~87)에 의해 이루어집니다.

이런 의미에서 보면 진시황은 오랑캐지만 중화 영웅에 들어가야 할 판입니다. 그런데 동중서의 말은 진시황이 천명을 받기는커녕 천벌(天罰)을 받을 자로 묘사하고 있습니다.

어쨌거나 중화 사상 또는 중화주의는 한 나라 때 중국 민족의 정체성을 가장 체계적으로 정립하고 실천화합니다. 이런 점에서 동아시아 민족 형성의 분기점을 한 나라 이후라고 보는 것이 타당할 것입니다.

그런데 여기서 한 가지 의문이 생깁니다. 중국인 말고 다른 민족은 천명을 받을 수 없는가 하는 점입니다. 원래의 이론대로라면 '수신제가치국평천하(修身齊家治國平天下)'에 한족이 따로 있고 오랑캐가 따로 있을 리 있겠습니까?

결론적으로 말하자면 그것은 불가능합니다. 덕(德)이 있는 자가 천명을 받는 것인데 이 덕이라는 것은 기본적으로 중국인들의 고유 신앙이나 관습을 토대로 한 것입니다.(이춘식,『중화 사상의 이해』, 신서원, 2002) 따라서 중국인들이 말하는 덕을 가지려면 중국인이 되지 않으면 사실상 불가능합니다.

안된 일이지만 중국을 통일하여 한족을 만들어 준 진시황과 세계의 주인이었던 원 나라 태조(칭기즈칸)나 중국 영역을 최대로 확장해 준 청태조(아이신자오뤄누르하치)도 천명을 받을 수는 없지요. 오랑캐에게 덕이 있을 리가 있겠습니까? 나사렛 같은 촌구석에서 인물이 나오겠습니까?

중화주의는 중국인에 의한 세계 통치의 정통성을 옹호하고 그 일원성(一元性)을 천명하는 통치 이념이 됩니다. 여기에 다시 송 나라의 성리학(性理學)이 가미되면서 인식론적인 단계로까지 발전합니다. 성리학이 가미된 중화 사상은 한족들을 골수 중화 민족주의자로 만들 수 있었으며 온갖 시련에도 수천 년 동안 민족적 실체를 유지하는 바탕이 된 것입니다. 그런데 사학계 일부에서 말하듯이 우리와 함께 중국도 국사(國史)나 민족(民族)을 해체하자고 권고를 해요? 중국을 몰라도 한참 모르거나 참으로 순진한 생각입니다.

중화 사상에 따르면 천명을 받은 중국의 황제를 중심으로 세계의 중심에 중화가 형성되고, 그 주변국은 이 중화와의 의리에 기반한 문화적 군신 관계를 형성함으로써 천하의 질서가 만들어진다는 것입니다.

성리학에 따르면 천명을 받은 중국의 황제(천자)는 세상의 중심인 중국 민족과 천제(天帝)를 연결해 주는 사람으로 반드시 천명을 성실히 수행하고 주변의 제후국을 문화(文化)로 감화시키며 상호 신뢰를 바탕으로 한 지역별 국가 자치제의 완성을 추구해야 합니다. 또한 제후국들은 중국의 황제를 신뢰하고 본받아서 의사(擬似) 중화국(中華國)의 건설에 매진하여 천하의 평화를 달성해 가야 합니다.

그러니 주변 나라들은 중국에 조공(朝貢)을 하거나 하지 않거나 모두 중국의 신하국입니다. 설령 오랑캐들이 중국을 지배한다고 해도 그들은 그저 무도(無道)한 놈들일 뿐이지 중화가 사라진 것도 아니죠. 결국은 중화가 승리하게 되어 있습니다. '이승기필패론(理勝氣必敗

論)'이 바로 그것이죠. 『삼국연의』에 나타난 유비(劉備)의 불패 사상(不敗思想)도 같은 맥락입니다.(김운회, 『삼국지 바로 읽기』 유비 편 참고) 중국의 입장에서는 주변 민족은 이미 2,000년 전에 한족에게 복종하고 살아가야 할 의무만 갖고 있는 것이죠.

이제 세상에는 중국에게 복종하고 있거나 앞으로 복종할 신하국밖에 없는 것이죠. 참으로 아큐(루쉰, 『阿Q正傳』의 주인공) 식의 자아 도취적 논리입니다.

이 같은 중화 사상을 한족이 아닌 민족으로서 가장 성실하게 수행하여 '중국보다 더 중국적인 나라'가 된 것이 바로 한반도의 조선 왕조입니다. 따라서 항상 소중화(小中華)를 자처합니다. 그러다 보니 요즘 시끄러운 동북공정에 대해서도 아무 말도 하지 못하는 것입니다. 중국으로서는 확실한 머슴 하나를 옆에 둔 셈입니다.

그러나 우리가 아무리 소중화(小中華), '새끼 중국'을 자처한다고 해도 중국인이 그것을 제대로 봐 줄지가 의문입니다. 역사적으로 중국인은 오랑캐를 사람으로 생각한 예가 없기 때문입니다.

6.
오랑캐 길들이기: 기미부절

한족이라는 민족적 정체성의 형성은 여러 각도에서 동아시아의 역사에 문제를 일으킵니다. 그 점을 정리해 봅시다.

첫째, 중국의 영역이 지속적으로 확대되면서 북방 유목민과의 충돌이 잦아집니다. 민족적 갈등이 심화되는 것이지요.

둘째, '중국'이나 '한족'의 개념이 '사이(四夷: 중국의 주변에 존재하는 네 방향의 오랑캐)'의 상대 개념(相對槪念)으로 사용되었다는 것입니다.

셋째, 중화주의로 인하여 중국의 주변 민족은 사사건건 내정 문제(內政問題)에 간섭을 받게 되었다는 것입니다.

가장 단적인 예가 하늘을 숭배하는 유목민들이 마음껏 하늘에 제사를 지내기도 어려워졌다는 것입니다. 『예기(禮記)』에 "천자는 하늘에 제사하고 제후는 사직에 제사를 하며 천자는 어느 곳이든지 명산대천을 골라서 제사를 지내지만 제후는 자신이 다스리는 곳의 명산대천에서만 제사를 할 수 있다.(天子祭天地·諸侯祭社稷. 天子祭天下名山大川 諸侯祭名山大川在其地者: 『禮記』「王制篇」)"라는 말이 있습니다.

즉 중원의 주인만이 하늘에 제사를 지낼 수 있다는 말이지요. 중국 주변의 여러 나라들은 이 문제 때문에 골치가 아팠을 것입니다. 한편으로는 중국에 대한 적대감이 쌓이겠지만 다른 한편으로는 무의식적으로 중화 사상에 동화될 수밖에 없겠지요. 어쨌거나 세력이 약한 중국 주변 민족들은 중국의 눈치를 보면서 제천 의식을 하거나 아니면 쉬쉬해 가면서 적당히 제천 의식을 하는 경우도 많았겠지요. 힘은 강자(强者)의 정의(正義)가 아닙니까?

한족의 주변 민족들에 대한 비하(卑下)는 한편으로는 역사 서술의 비대칭성(非對稱性)이 공고화되고(즉 주변 민족에 대해서는 정확한 근거도 없이 불평등하게 함부로 비하한다는 말이죠.) 다른 한편으로는 주변 민족들이 한족에 대한 적개심을 가지게 합니다.

대표적인 민족이 몽골입니다. 오죽하면 몽골인들은 같은 계열의 요(遼) 나라인들이 중국인들의 흉내를 내자 이들을 '중국 혼혈인' 쯤으로 여기면서 비하하여 지금도 중국을 요 나라라고 하겠습니까?(이 부분은 뒤에서 다시 상세히 설명하겠습니다.) 그러나 모든 민족이 중국에게 적개심을 가진 것은 아닙니다. 특이하게도 조선 후기의 지배층들은 자발적으로 중국을 '부모의 나라'로 섬깁니다. 중국의 국력을 감안하면 이해가 안 되는 것은 아니지만 아부가 너무 지나치지 않습니까? 중국은 참 행복한 나라입니다.

한족은 스스로를 주변 민족과 철저히 구별함으로써 주변 이민족을 변방의 야만족으로 대합니다. 주변 민족(오랑캐)의 역사를 중화 민족의 역사로 포괄하기에는 이질성(異質性)이 너무 많다는 것이 한족의 기본적인 역사 인식(歷史認識)입니다.

한족의 주변 민족에 대한 일관된 정서는 기미론(羈縻論)으로 표현할 수 있습니다. 『한서』에 "중국과 오랑캐 사이의 관계란 기미부절(羈縻不絶)의 관계만 있을 뿐이다.(『漢書』「陳湯傳」)"라는 말이 있습니다. 즉 오랑캐와는 기본적으로 상종할 수 없는 존재이지만 때로 중국에 위협이 되므로 그대로 둘 수는 없고 말이나 소처럼 고삐를 끼워 두어야 한다는 말이지요.

참으로 엄청난 말이 아닐 수 없습니다. 기미론이 가지고 있는 뜻은 중국인을 제외한 백성은 모두 동물과 다를 바 없기 때문에 예(禮) 또는 회초리로 엄하게 다스려야 한다는 것입니다. 주변 민족은 위험하고 성가신 존재이므로 적당히 고삐를 메어 두었다가 중국을 위해 필요할 때 적절히 사용한다는 것이죠.

7.
지나친 생각들

지금까지 본 대로 한 나라는 중국 역사의 호수입니다. 마치 로마가 유럽사의 호수였듯이 말이죠. 그런 점에서 쥬신의 역사에도 호수가 있습니다. 그것이 바로 고구려지요.

쥬신의 역사에서 고구려가 중요한 이유는 고구려사가 쥬신족 역사의 일부였기 때문만이 아닙니다. 고구려는 쥬신족의 구성과 민족적 일체성을 곧추세우는 데 중요한 역할을 했기 때문입니다. 고구려는 몽골을 파생시키고, 대조영의 고려(발해)나 왕건의 고려에 의해 그대로 계승되고 있습니다. 한반도의 고려는 조선으로 이어졌고 대조영의 고려(발해)는 금(金)으로 계승이 된 것이죠. 또 금은 후금(後金: 청)으로 계승됩니다.(이 부분은 앞으로 충분히 설명할 것입니다.)

쥬신의 역사 기행에 앞서 중화 사상과 관련하여 한 가지 짚고 넘어갈 것이 있습니다. 우리가 사료에 의해 어느 정도의 검정이 가능한 민족이나 역사적 공동체를 논할 때는 한 나라 이후를 두고서 보는 편이 타당하다는 것이죠.

그런 의미에서 '공자(孔子)는 동이족(東夷族)'이니 '강태공(姜太公)은 한국인'이니 '충신 백이(伯夷)와 숙제(叔齊)가 동이족'이니 하는 말은 아무런 의미가 없는 것입니다. 즉 한 나라 이전에 나타나는 쥬신의 역사나 중국의 역사는 큰 의미를 둘 수가 없다는 말이죠.

여기에는 현실적인 이유도 몇 가지 있습니다.

첫째, 한 나라 이후 역사에 대한 정리가 대단히 체계화되고 객관화되어서 역사적인 사료 등에 대한 신뢰도가 상당히 높아졌기 때문입니다. 따라서 역사적 사실에 대한 검정이 어느 정도 가능해졌다는 것이죠. 우리가 상상으로 역사를 볼 수는 없는 일이지요. 좋건 싫건 간에 사료가 없거나 확인이 불가능한 것을 두고서 학술 논쟁을 해 본들 무슨 의미가 있겠습니까? 그리고 그 바탕에서 이루어진 어떤 이론도 수용하기는 어렵습니다.

둘째, 한 나라 이후 중국과 주변 오랑캐의 개념이 견고해졌기 때문입니다. 즉 한 나라 이전에는 중국이라는 개념이 모호하고 그 영역 또한 협소할 뿐 아니라 한족이라는 민족 개념이 모호한 상태이므로 한족과 비한족의 구분이 사실상 어렵습니다. 앞서 보셨다시피 양쯔강 남부나 현재의 베이징 지방도 중국과는 무관한 지역이었기 때문입니다.

이런 점을 감안한다면 한 나라 이후에 씌어진 역사서들의 내용은 전부는 아니더라도 어느 정도의 검정은 가능하다는 얘기지요. 이른바 중국의 이십오사(二十五史)는 세계에서 가장 방대한 역사서로 중국 역사의 정사(正史)로 인식되고 있습니다. 이 이십오사는 물론 중국인의 기준에서 서술되어 전적으로 신뢰하기는 어렵다고 하지만 여러 가지 면에서 대단히 중요합니다.

즉 이십오사에는 같은 책에서도 다른 각도로 여러 군데에서 분석해 놓기도 하고[기전체(紀傳體)의 특성], 다른 사서(史書)들에 다시 나타나기도 하고, 시대에 따른 변화 추이를 보기가 용이할 뿐만 아니라(사서가 시기별로 편찬되므로) 나름대로는 투철한 직업 의식과 소명 의식을 가진 엄정한 사관(史官)에 의해 기록되었기 때문에 서로 비교하기도 용이하고 신뢰할 만합니다. 그래서 한 나라 이후에 나타나는 역사적 사실은 어느 정도 추적이 가능합니다.(물론 정사라 하더라도 이전의 책들을 서로 베낀 것이 많아 정확성이 떨어지는 경우도 있습니다. 특히 한족들은 주변 민족에 대해서는 대충 서술하는 경우가 많지요.)

그동안 쥬신의 역사에 대한 연구자들은 지나치게 과거로 올라가서 역사를 기술했는데 그것은 분명히 잘못된 일입니다. 예를 들면『한단고기』(정신세계사, 1999)에 한국 시대는 3301년이고 "신시 말기에 치우천황이 있어 청구를 개척하여 넓혔으며 18세를 전하여 1565년을 누리더라."라고 되어 있습니다. 이렇게 정확한 수치를 기술한다는 것이 도대체 어느 사료를 근거로 어떻게 가능하겠습니까?

한 나라 이전 사료들의 진위 여부를 판단하는 것도 문제지만 한 나라 특히 동중서(董仲舒) 이전에는 중화 사상도 불완전하고, 중국인(한족)들의 실체가 불분명한 데다 자료가 제대로 없기 때문에 중국인들보다도 실체가 더 모호한 쥬신의 역사를 정리하고 판단한다는 것은 힘든 일입니다. 한 나라 이전에 제대로 된 민족 개념이 있다고 보는 것도 잘못입니다. 과학적인 고증과 분석을 기반으로 해야 할 학문이 목소리만 크다고 될 일은 아니지요.

8. 현대 중화 패권주의의 미래

그러면 지금까지 견고하게 유지된 중화주의는 현대 사회에서는 어떨까요? 앞에서 본 것처럼 전체 동아시아 나아가 세계가 중국의 오성홍기(五星紅旗)의 깃발 아래 신하의 예를 갖추어 무릎을 꿇을까요?

중국은 외형적으로 보면 덩샤오핑의 개혁과 개방에 크게 성공한 후 국방력이나 경제도 빠르게 성장하고 있고 국력도 매우 강대해 보입니다. 미국과 어깨를 나란히 할 정도라고 말하는 사람도 적지 않습니다. 과연 그럴까요?

중국은 겉보기와는 달리 내부적으로 많은 문제를 안고 있습니다. 이 점을 간단하게 요약해 봅시다.

첫째, 현대 중국의 경제 성장은 외국 자본의 유입에 의한 부분이 많고 자체적인 성장 동력을 제대로 확보하지 못한 상태입니다. 현재 중국의 임금(wage)은 지속적으로 상승하고 있으며 향후 10년 이내에 외국 자본(foreign capital)이 더욱 값싼 지역으로 자본 이동을 강행할 경우 심각한 실업 문제가 발생할 위험성이 큽니다.

둘째, 중국의 동남 해안(상하이, 산둥, 광둥, 푸첸, 텐진)을 제외한 대부분 지역의 개발이 미진합니다. 특히 내륙과 서북부의 미개발 상태는 심각한 수준입니다.

셋째, 중국의 3퍼센트 정도가 최상층 그룹을 형성하면서 극심한 빈부 격차가 발생하고 있습니다. 13억 인구 가운데 4000만이 최상층이고 6000만에서 7000만 정도가 중산층이며 나머지 10억 이상이 매우 빈곤한 상태입니다. 이것은 잦은 소요 사태로 나타나고 있습니다.

넷째, 심각한 관료주의의 병폐에 시달리고 있으며 갈수록 격렬하게 진행되는 자본주의화는 불가피하게 언론의 자유와 민주화를 요구하게 되어 장기적으로 공산당 일당 독재 체제로서는 버티기 힘든 상황이 올 것입니다.

다섯째, 소수 민족 문제가 심각하게 발생할 수 있습니다.

여기에 동북공정과 같은 무리한 프로젝트를 추진함으로써 천 년의 혈맹(血盟)인 한국과 같은 주변 민족과의 갈등이 심화되고 있는 것도 중국의 오판(誤判)으로 보여집니다. 최근에 벌어지고 있는 중국의 동북공정은 노회(老獪)한 중국인답지 않게 일을 추진한 대표적인 사례로 기록될 것 같습니다.

[그림 ⑥] 중국 역대 통치자(좌로부터 마오쩌둥, 덩샤오핑, 후진타오)

　동북공정의 가장 큰 문제점은 고구려의 역사를 집어 삼키려는 무모함이라기보다는 중국이 동아시아의 상황을 오판하고 있다는 것입니다. 중국은 다소의 경제 개발에 도취되어 그 스스로가 과거 한무제(漢武帝)의 힘을 가졌다고 오판하고 있는 듯합니다. 이것은 중국 통치자들의 강인하고 신중했던 장정 세대(長征世代)가 끝이 났음을 보여 주는 대목이기도 합니다.

　중국은 보다 신중할 필요가 있습니다. 중국의 지도부는 소련이 몰락한 것도 미국과의 경제 전쟁에서 패배했기 때문임을 직시해야 합니다. 미국의 지속적인 저유가 정책으로 석유 수출에 의존하던 소련 경제가 심각한 재정 적자에 봉착한 데다 미국의 SDI(Strategic Defence Initiative: 별들의 전쟁) 프로젝트의 추진으로 소련의 숨통을 눌러 버린 것이 소련 붕괴의 원인이었다는 지적을 생각해 볼 필요가 있지요.

　군사적인 측면이나 전략적으로 중국은 일본과 미국, 타이완, 한국에 의해 봉쇄되어 있습니다. 중국이 일본이나 미국의 영향력에서 벗어나 태평양이나 동남아시아로 나가기는 매우 어렵습니다. 아마 중국은 동남아의 화교 세력을 이용하여 이 같은 문제를 극복하려 하겠지만 그것도 쉬운 일은 아닙니다. 경우에 따라서는 일본을 자극하는 것은 일본의 재무장을 초래하여 중국으로서는 도저히 감당하기 힘든 상황이 벌어질 수도 있습니다. 타이완도 단기간에 중국의 주요 시설과 인프라스트럭처를 초토화시킬 수 있는 공군력을 가지고 있습니다.

중국은 현재 경제 성장률도 매우 높은 나라로 외부적으로 크게 발전하고 있긴 하지만 석유를 포함한 많은 자원을 필요로 하기 때문에 세계 석유 시장과 그 수송로를 완벽히 장악하고 있는 미국은 언제든지 중국을 압박할 수 있는 위치에 있습니다. 2005년 현재, 중국은 제2의 석유 수입 국가이기 때문에 극심한 재정 적자 상태의 중국으로서는 고유가를 견디기가 쉽지는 않을 것입니다. 중국은 하루 600만 배럴의 석유를 소비하고 있으며 1990년대는 세계 석유 총생산량의 5퍼센트를 소비했지만 지금은 거의 10퍼센트를 상회하고 있는 실정입니다.

이 같은 점으로 미루어 볼 때 아직까지는 중화 패권주의가 팍스아메리카나(미국을 중심으로 한 국제 질서)를 지향하는 미국의 아메리카니즘과 충돌하기에는 요원한 상태입니다. 이 점을 중국의 지도부가 인식해야 합니다.

중국의 후진타오 주석은 미국과 심한 군사적 신경전을 벌이기도 하고 미국의 눈치를 보면서 석유 자원의 확보를 위해 치열하게 움직이고 있지만 그것은 오히려 미국으로 하여금 중국을 가상 적국으로 인식하게 하는 원인을 제공하기도 합니다. 이 같은 이유 때문에 현대 중국의 중화주의 즉 중화 패권주의는 단기간에 실현되기는 어려울 것입니다.

그러나 답답한 것은 바로 한국입니다. 청 나라 말기 중국이 열강에 의해 핍박을 받으면서도 한족 관료 리훙장(李鴻章)을 중심으로 오직 한반도에만 확실한 종주권을 행사하려 했던 것을 우리 모두 기억해야 합니다. 정말이지 한국은 중국의 동네북이군요.

4장

20여 년 전의 이야기입니다. 어느 유명한 카페를 들어서니 프론트 위에 크고 멋있는 액자가 눈에 들어왔습니다. 그 위에는 금박으로 쓴 영어 글씨가 있었죠. 그 액자가 뭐냐고 물으니 주인은 카페에 단골로 오는 미국인 병사가 주고 간 것이라서 걸어 두었노라고 자랑스럽게 이야기했습니다.

그래서 무슨 글이 있는지 유심히 살펴보니 한국인들은 잘 모르는 욕설로 가득했습니다. 일반적인 한국인들은 그저 미국의 욕 중에서 'God damn.(천벌받을 놈)' 정도만 알던 시절이니 그 뜻을 알 리도 없었겠지요. 주인에게 그 이야기를 해 주었더니 당장 떼어내겠다고 했습니다.

6개월 후 다시 그 가게에 가게 되었습니다. 그런데 아직도 그 액자가 붙어 있었습니다. 그래서 다시 주인에게 그 이야기를 꺼냈더니 주인은 짜증을 냈습니다. 정확한 이유는 알 수 없었지만 자꾸 잔소리를 하는 듯도 하여 그냥 그 가게를 나오고 말았습니다. 한국에서는 모난 돌이 정을 맞지 않습니까?

그런데 이런 일을 그냥 웃어 넘겨 버리기엔 너무 자주 발생하는 것이 문제입니다. 예맥(濊貊)의 경우도 그렇습니다.

한족은 과거에 쥬신을 '예맥'이라고 했지요. 예맥은 쥬신이 스스로를 부르던 이름을 한자로 표현한 것인데 그것이 가관입니다. 예맥은 '똥오줌이 붙은 표범이나 삵괭이 같은 짐승'이라는 뜻입니다. 말하자면 '똥고양이' 정도가 될 것입니다. 아무리 오랑캐라도 좀 좋은 말로 표현해 주면 어디가 덧납니까? 미국(美國)은 '아름다운 나라' 라고 하면서 말입니다.

'똥고양이'와 단군 신화

    만약 예맥이라는 말이 이 민족 스스로가 불렀던 이름이라면 어떤 의미에서는 이 민족의 가장 고귀한 어떤 내용을 담은 말일 수도 있습니다. 즉 쥬신의 뿌리를 찾아가는 데 매우 중요한 단서를 품고 있을 수도 있다는 말이지요. 그런데 그것을 의도적으로 '똥고양이'라고 부르며 비하했다니 기가 찹니다.

    그런데 만약 이 '똥고양이'라는 말에 쥬신의 단군 신화가 숨어 있다면 어떻겠습니까?

1. 단군 신화

쥬신의 이야기를 하기에 앞서 일단 신화의 세계를 간단히 살펴봅시다. 신화는 언어가 모호해서 분석해 봐야 얻을 것이 별로 없을 수도 있습니다. 그러나 우리가 이를 무시할 수 없는 것은 신화란 기나긴 역사적 사실을 간단하고 가벼운 설화로 윤색한 것일 수도 있으며(즉 시간의 압축을 통해 역사적으로 있었던 많은 사건을 간략히 표현한 것일 수도 있고) 그 민족의 집단 무의식을 표현한 말일 수도 있기 때문입니다.

단군 신화를 잘 아시죠? 그래서 저도 새삼스럽게 단군 신화를 미주알고주알 이야기하고 싶지는 않습니다. 다만 '똥고양이' 이야기를 하려니 단군 신화를 언급하지 않을 수가 없네요. 우선 『삼국유사』의 내용을 간략히 살펴봅시다.

옛 기록에 이런 이야기가 있다. 옛날에 하느님[환인(桓因)]의 여러 아들[서자(庶者)] 가운데 환웅(桓雄)이 인간 세상에 관심이 많았다. 아버지는 아들의 뜻을 알고, 가장 큰 산들을 내려다보니 인간 세계를 널리 이롭게 할 만하였다. 그 가운데 태백산(太伯山)을 택하여 천부인[天符印: 하늘의 위력과 영험(靈驗)을 상징하는 부적과 도장] 세 개를 주어 내려가서 이곳을 다스리게 하였다. 환웅은 무리 삼천 명을 거느리고, 태백의 산꼭대기에 있는 신단수(神檀樹) 아래로 내려와 이를 신시(神市)라 일렀다. 이분이 환웅천황이다. 풍백(風伯), 우사(雨師), 운사(雲師)를 거느리고 곡식, 수명, 질병, 형벌, 선악 등을 주관하면서 인간의 삼백예순 가지나 되는 일을 맡아 인간 세계를 다스리고 교화시켰다.

이상의 내용은 『고기(古記)』에 나온다고 하는데 그것이 무엇인지는 알 수가 없습니다. 아마 『삼국유사』를 저술할 당시에는 『삼한고기(三韓古記)』나 『단군고기(檀君古記)』와 같은 책이 있었을지도 모르죠.
　단군 신화의 첫 머리에 나오는 내용의 요점은 천손족(天孫族)이라는 것입니다. 사람들이 스스로 천손족이라고 믿을 때는 두 가지의 의미가 있습니다. 하나는 스스로 고귀한 존재라는 의식을 가지기 위한 것이고 또 다른 하나는 특정 지역에 오래 머무르지 않고 이동하는 민족 즉 유목민을 의미할 수도 있습니다. 실증적으로 많은 동북아시아 유목민들이 이 같은 신화를 가지고 있지요.

그런데 단군 신화에서 특이한 것은 흔히 농경 문화를 상징한다는 풍백 · 우사 · 운사라는 말이 나온다는 것입니다. 여기에는 몇 가지 가능성이 있습니다.
　첫째, 풍백 · 우사 · 운사 등은 치우(蚩尤)의 신하로 나타나기 때문에 그것을 표현한 말일 수 있습니다. 치우는 중국에서도 자신들의 조상 중 하나로 보기도 하지만 일반적으로는 '구려(句麗)의 왕'이라고 하여 쥬신과 관계가 깊다고 봅니다.(물론 고유 명사는 아니겠지요?) 중국의 쉬슈성(徐旭生) 교수는 1940년대에 이미 '치우는 동이족'이라고 철저히 고증했습니다.(徐旭生, 『中國古代史的傳統時代』) 『사기』에는 황제가

〔그림 ①〕 단군 신화가 표현된 것으로 알려진 무씨 사당 벽화

신농씨(神農氏)와 싸워 이기고 천하를 제패할 당시에 치우는 풍백·우사·운사를 보내어 황제를 곤경에 빠뜨렸다고 되어 있습니다. 후일 황제는 치우와 탁록(涿鹿)의 들에서 결전하여 승리했다고 합니다.(『史記』「五帝本紀」黃帝) 일반적으로 치우는 맥족(貊族)의 수장으로 보고 있습니다. 참고로 치우〔chīyóu〕라는 말도 욕설이므로 앞으로 다른 명칭을 찾아봐야 합니다. 치우라는 말에서도 알 수 있듯이 치우는 한족의 조상이 아니죠. 아무리 정신이 나갔어도 입만 벙긋하면 늘 예의(禮儀)니 도덕(道德)이니 하는 중화 백성이 자기 조상을 '버러지 같은 놈(치우)'이라고 했겠습니까?

둘째, 단군 신화는 농경 문화와 유목 문화의 접점 지역에서 발생했을 것으로 추정할 수도 있습니다. 이미 앞에서 보았듯이 베이징—요동—만주—한반도—일본에 이르는 지역은 유목 문화와 농경 문화의 융합이 나타납니다. 따라서 단군 신화는 주로 베이징과 요동 지역이나 중부 만주 지역에서 발생했을 것이라고 짐작할 수 있습니다. 참고로 부여는 반농 반목(半農半牧) 국가입니다.

셋째, 설령 풍백·우사·운사가 농경과 관계 있다 하더라도 유목민들은 동아시아에서 철기(鐵器)를 가장 먼저 사용했기 때문에 이 말은 철기와 깊은 관련이 있을 가능성이 있습니다. 왜냐하면 진정한 의미의 농경은 유목민들이 전해 준 철제가 농기구로 만들어져서 보급된 후라고 봐야 하기 때문입니다.

철제 농기구의 보급이야말로 대규모 농경이 시작된 가장 큰 원동력입니다. 뒤에서 보겠지만 불의 신 염제(炎帝)는 황제에게 패배하여 중국의 변방으로 밀려나 '농업의 신'이 됩니다. 그리고 만주 지역은 철기가 아니면 사실상 농경이 불가능합니다. 그런데도 부여는 농경을 발달시켰죠? 그 기반이 바로 발달된 철기 문화라는 것입니다. 뿐만 아니라

〔그림 ②〕 유목 문화와 농경 문화의 접합(제2장 참고)

한반도도 농경에 적합한 지역이라고는 할 수 없지요.

　우리가 여기서 반드시 생각하고 넘어가야 할 것이 있습니다. 그동안의 연구자들은 대부분 풍백·우사·운사를 농경 문화의 상징처럼 이야기하는데 풍백·우사·운사가 반드시 농경 문화를 상징하는 것이 아닐 수도 있다는 것입니다. 단군 신화에서 보더라도 환웅의 경우 농경을 지도하거나 가르쳤다는 말이 전혀 없습니다.

　또한 중국의 신화를 보면 풍백·우사·운사는 농경보다는 주로 전쟁에서 큰 역할을 하고 있습니다. 치우는 "황제가 우리를 물로 공격하려 하니 풍백과 우사는 비와 바람을 일으켜 적을 공격하라."고 합니다.(정재서, 『이야기 동양 신화』, 황금부엉이, 2004) 이것은 치우 또는 치우족들이 변화무쌍한 기후를 잘 알고 이용했다는 말이겠지요. 치우의 라이벌이었던 황제 또는 황제족은 주로 물로 공격했다고 하니 그들은 치수(治水)에 능했다는 말이지요.

　어쩌면 우리가 '풍백·우사·운사 = 농경'이라는 등식에 너무 오랫동안 갇혀 있었을 수도 있습니다.

　사실 유목민만큼이나 기후의 변화에 민감한 사람들은 없습니다. 바람을 풍백으로 가장 높이 칭한 것도 유목 사회와 관련이 있습니다. 유목 생활은 심하게 바람의 영향을 받습니다. 특히 시베리아에서 불어오는 겨울바람은 엄청난 고통을 줍니다. 수많은 가축들이 얼어 죽고 겔(천막)도 날아갑니다. 그러나 농경 민족일 경우에는 겨울에는 농사가 끝나서 가족끼리 모여 여가를 즐깁니다.

　오늘날에도 내몽골이나 몽골 지역에서는 바람이 심하면 물가나 다른 안전한 지역으로 이동합니다. 번개도 유목민들에게는 치명적인 결과를 초래합니다. 주변에 큰 건물이 없으니 초원이나 겔(천막)에 바로 내리꽂히기 때문이죠.

이와 같이 농경인들처럼 치산치수(治山治水)를 할 수 없는 유목민들은 천재지변에 매우 취약합니다. 그렇기 때문에 유목민들의 시력은 상상하기 힘들 정도로 좋고, '바람에서 묻어 오는 비의 냄새'도 맡을 정도로 기상 현상에 민감합니다. 그만큼 기후가 자신의 생존과 직결되기 때문이죠.

한 가지 분명한 것은 환웅은 농경 문화 그 자체를 가지고 간 것은 아니라는 것입니다. 환웅은 씨앗을 가지고 간 것이 아닙니다. 다만 의술과 금속 문화를 가지고 간 것입니다.

"풍백 · 우사 · 운사를 거느리고 곡식, 수명, 질병, 형벌, 선악 등을 주관하면서"라는 말은 고도의 문명이라는 것을 말해 주고 있지요. 그리고 이들이 무력만으로 지배하지는 않았다는 의미죠.

이 문명은 황제(黃帝) 시대 이후 고도의 농경 문화가 중원에서 꽃필 때까지 중국을 지배했을 것으로 추정됩니다. 그러니 "은(殷)은 동이(東夷)의 국가"라는 말이 나오는 것이죠. 『사기』에는 "은 나라는 오랑캐[이(夷: 쥬신족)]가 세운 국가이고 주 나라는 우리 화하족(華夏族: 중국인의 조상)이 세운 국가(殷曰夷周曰華)"라고 기록되어 있습니다.

다음 내용을 다시 살펴봅시다.

때 마침, 곰 한 마리와 범 한 마리가 같은 굴에서 살았는데 늘 사람이 되기를 빌자 신이 신령한 쑥 한 심지와 달래를 주면서 이것을 먹고 백 일 동안 햇빛을 보지 않으면 사람이 된다고 하였다. …… 곰이 삼칠일(三七日) 동안 몸을 삼가자 여자의 몸이 되었다. …… 웅녀(熊女)는 자기와 혼인할 사람이 없었으므로 항상 단수(檀樹) 밑에서 아이 배기를 빌었다. 이에 환웅이 잠시 몸을 바꿔 결혼해 주었더니 웅

녀는 임신하여 아들을 낳아 이름을 단군이라 하였다. …… 단군 왕검
은 평양성(平壤城)에 도읍을 정하고 비로소 조선(朝鮮)이라 일컬었
다. 또다시 도읍을 백악산(白岳山) 아사달(阿斯達)로 옮겼다.

여기에도 몇 가지의 중요한 상징물들이 나타나고 있습니다. 즉 ① 쑥
과 달래, ② 곰, ③ 조선, 아사달 등이 나타나는데 이것 또한 단군 신화
주인공들의 속성이나 특징을 찾아낼 수 있는 하나의 근거가 됩니다. 즉
초기 쥬신의 역사를 밝히는 단서가 될 수도 있다는 말이지요. 이 점을
좀 더 구체적으로 짚어 봅시다.

첫째, 쑥과 달래는 의약품이므로 보다 발달된 의료 기술을 의미합니
다. 쑥은 현대에서도 식용으로 사용되기도 하며 복통·토사(吐瀉)·지
혈제로 쓰이고, 냉(冷)으로 인한 생리 불순이나 자궁 출혈 등에 사용
할 뿐만 아니라 여름에 모기를 쫓는 재료로도 사용하여 들판에서 잠을
쉽게 잘 수 있도록 합니다. 요즘도 쑥찜 또는 쑥뜸을 한 번이라도 제대
로 해 본 사람이면 다른 의약품들은 눈에 들어오지 않는다고 합니다.

달래 역시 약재로 여름철 토사나 복통을 치료하고, 지혈제는 물론
종기와 벌레에 물렸을 때 쓰며 협심통에도 좋다고 합니다.

쑥과 달래의 현대적 의미는 바로 의료 기술입니다. 그리고 샤먼(단
군)의 중요한 역할 가운데 하나가 병에 대한 치료입니다. 사실 병을 치
료하는 것보다 더 좋은 문화적 감응은 없습니다. 만약 곰 토템 부족들
이 천손족에 반했다면 의료 기술 때문일 것입니다. 여기서 치우천황이
염제(炎帝)의 후계자였다는 점을 생각해야 합니다. 염제는 신농(神農)
으로도 부르는데 그는 직접 모든 풀을 먹어 보면서까지 그 약성(藥性)
과 독성(毒性)을 시험했다고 합니다. 허준의 『동의보감』이나 오늘날
한국이 세계 최고 수준의 바이오(Bio) 공학과 의료 기술을 가지게 된

것도 그저 된 것이 아니지요.

둘째, 곰[熊]이 등장한 문제입니다. 이 곰은 당연히 곰 토템을 가진 선주민 부족을 말하겠지요. 만주에는 곰과 관련된 수많은 이야기가 있습니다.(이 부분은 다시 검토합시다.) 그런데 위의 내용으로 보면 유목민들이 보다 발달된 문화를 가지고 와서 토착민들과 융합했다는 말이 되지요.

유목민은 정보를 대단히 중시합니다. 그들에게 정보는 바로 사활이 걸린 문제이기 때문이지요. 그래서 그들의 인사도 '니하오(你好: 잘 지내셨어요?)' 식이 아니라 "(당신이 온 곳에서) 뭐 새로운 소식 있습니까?[Сонин сайхан юу байна?(소닝 새항 요 밴?)]"라는 형태로 주로 다른 곳의 정보를 물어 봅니다. 지평선 너머 적이 있는지 파악하거나 새로운 목초지가 있는지 봐야 하기 때문이죠.

그리고 이들은 상업을 중시합니다. '중농주의'와 '쇄국(鎖國)'의 원칙을 고수한 한족과는 분명히 다릅니다. 원(몽골) 제국은 교역 루트를 철저히 보호한 대표적인 왕조였지요. 세계적인 무역 대국과 정보 통신 강국 가운데 동양에서는 한국(Korea)과 일본(Japan)밖에 없지요? 이것 역시 역사적 전통이 있는 것입니다. 한국은 상업을 중시할 때만이 세계적인 국가로 발돋움할 수가 있었습니다.

셋째, 아사달, 조선, 평양 등에 관한 것입니다. 아사달과 조선은 앞으로 지겹도록 나올 것이니 평양만 간단히 보고 넘어가죠.

단군 신화에서 말하는 평양이란 현재 북한의 평양을 말하는 것은 아닙니다. 평양은 넓고 평평한 땅을 의미하는데 양주동 선생이나 박시인 선생의 연구에 따르면 베이징 지방의 옛 이름이라고 합니다.(박시인, 『알타이 신화』) 더욱 놀라운 것은 『삼국유사』에 "평양성을 맥국(貊國)이라고 한다."고 기록되어 있습니다. 그리고 이 지명은 국내성(만주 즙

안현)—평양(현재의 평양)에 이르기까지 동일하게 나타나고 있다고 합니다. 쉽게 말해서 평양이라는 지명이 베이징→만주 즙안→평양(한반도 평안도)에서 계속 나타난다는 얘기죠.

이것은 유목민들의 중요한 특성입니다. 어떤 곳에 살다가 불가피하게 이동해야 하는 유목민의 경우에는 땅을 들고 다닐 수는 없으니 자신의 뿌리나 토템과 관련된 신성한 지명을 가지고 다닌다는 것이죠. 즉 민족의 세계를 들고 다니는 것입니다. 언제 다시 돌아올 수도 없으니 땅에 대한 집착도 없지요. 앞으로 이런 경우는 자주 보시게 될 것입니다. 아리수(한강의 옛 이름)가 대표적인 경우입니다.('아리수를 아십니까?' 참고) 그런데도 요즘 한국인과 일본인들은 세계적으로 부동산 투기를 가장 많이 하고 있습니다. 늦게 배운 도둑질이 무섭다고 쥬신, 참 많이도 변했군요.

그런데 이것도 알아 둡시다. 이렇게 유목민같이 이리저리 움직여 다닐수록 동족(同族)과 혈연(血緣)에 대한 집착이 강하다는 사실을 말입니다. 아무리 날라리 한국인이라도 인종 전시장인 미국에 가서 '한국인'임을 새롭게 깨닫게 되는 경우가 많지 않습니까? 그리고 유전자 분석법의 견지에서도 A 지역에서 하나의 민족이 B, C, D 등 다른 곳으로 이동했을 경우, A 지역에 머물러 있는 사람들의 유전적인 변이가 훨씬 크다고 합니다. 자, 다시 돌아갑시다.

단군 조선이 처음으로 도읍한 곳이 베이징 인근이라는 점은 매우 중요합니다. 현재의 베이징은 중국의 수도이지만 아주 오랜 옛날 베이징은 탁록(涿鹿), 탁군(涿郡)으로 동부 알타이, 만주, 한반도의 문화나 민족이 중국으로 들어가는 통로였던 곳이기 때문입니다.

결국 쥬신의 뿌리는 알타이를 거쳐 허베이(河北)로 들어가서 황하의 중류에 터전을 잡는가 하더니 화하족(華夏族)에게 밀려서 베이징→요동→만주→한반도·일본 등으로 계속 밀려나고 있습니다.

이제 태평양 바다밖에 없어서 더 이상 밀려날 곳이 없는 데다가 동북 공정으로 한반도 북부(북한)까지도 위태롭게 되었습니다. 정말이지 쥬신의 위기가 이처럼 심각한 적도 없네요. 고구려가 왜 고토(故土)를 회복하자는 국시(國是)를 가졌는지 짐작이 가지요?

『삼국사기』에 고추모(高雛牟)가 북부여에서 일어나 해모수를 제사하여 일부 새로 편입된 영토를 '다물도(多勿都)'라고 했는데 여기서 말하는 '다물'은 고구려어로는 옛 땅을 되찾는다는 의미입니다.(麗語謂復古舊土) 여기서 말하는 '구토(舊土)' 즉 이들의 옛 땅이 어디인지는 이제 굳이 말하지 않아도 알 수 있겠죠?

2. 예맥과 치우천황

한족들은 쥬신(Jüsin)족을 '예맥'이라고 했지요. 예맥은 쥬신이 스스로를 부르는 것을 한자로 표현한 것으로 단지 한자음(漢字音)을 빌려 표현한 말이죠. 그런데 그동안 대부분의 사람들이 이것을 오물을 의미하는 예(濊)와 이상한 짐승〔貊〕으로만 이해했다는 것이지요.

우스운 말이지만 의서(醫書)로 유명한 『본초강목(本草綱目)』이나 『설문(說文)』, 『남중지(南中志)』 등에 이 맥(貊)이라는 짐승에 대해 상세히 나와 있어 우리 민족이 맥이라는 짐승(상상의 동물)과 무슨 큰 관련이 있는 것처럼 생각하는 사람들이 대부분이었습니다. 그게 아니지요.

맥(貊)이라는 말은 주(周) 나라 때의 문헌에도 나올 정도로 연원이 깊습니다. 『상서(尙書)』에는 "화하(華夏)와 오랑캐들(華夏蠻貊 : 『尙書』武成)"이라는 말이 나오는데 여기에서 말하는 오랑캐는 만맥(蠻貊)으로, 만은 야만인들로 주로 남쪽 지방 사람을 말하고 맥은 황하 북방의 거주민을 가리키는 말로 생각됩니다. 그리고 『주례(周禮)』에서는 "사방에 오랑캐가 있는데 8종의 야만족, 7종의 민족(闔族: 주로 광둥, 푸젠 등 남중국 지역의 거주민), 9종의 맥족, 5종의 서역 오랑캐와 6종의 북방 오랑캐가 그들이라.(四夷八蠻七闔九貊五戎六狄之民: 『周禮』職方氏)"고 하여 맥족이 매우 광범위한 영역에 거주한 것으로 나타나 있습니다. 공자는 "천자의 이름이 중국에서 넘쳐 널리 오랑캐에게도 미치고 있다.(『禮記』中庸)"라고 합니다. 이때에도 역시 북방 오랑캐 전체를 맥으로 보고 있습니다.

따라서 맥이라는 말은 황하 이북 지역에 광범위하게 살았던 사람들을 지칭하는 말로 보입니다. 다음 장에서 분석하겠지만 기록상(『荀子』, 『戰國策』, 『史記』, 『漢書』, 『說文』 등)으로 나타나는 이들의 거주 영역도 황하 이북의 광범위한 지역을 말하고 있기 때문입니다.

그러면 이제부터 예맥이라는 말에 대해 체계적으로 분석해 봅시다. 예맥이라는 말은 쥬신의 고유어를 한자어로 나타낸 말이기 때문에 예맥이라는 말에 접근하기 위해서는 무엇보다도 예맥의 원래 발음을 추적해 가는 것이 급하겠죠? 그래서 일단은 한어(漢語: 중국어) 발음을 알아봅시다.

그러면 여러분은 또 의문이 생길 것입니다. 현대 중국어의 발음으로 과거의 발음이 추정되는가라고요. 맞습니다. 그렇지만 이마저도 하지 않으면 아예 포기할 수밖에 없지요. 그러니 일단은 이런 분석, 저런 분석을 다 해 봐야 합니다. 그리고 여기에는 또 다른 이유도 있습니다.

현대 중국의 표준어(만다린어)는 요동(遼東) 지역의 한어(漢語)입니다. 당연한 말이지만 청 나라가 중국을 통치하면서 요동의 한족들을 파트너로 삼았던 것입니다. 요동 지역의 중국어는 만주어와 교류도 많았고 만주 쥬신(청)의 입장에서는 이들의 언어가 비교적 이해가 쉬워서 청 나라의 상용어가 된 것이죠. 만다린어를 만주어로 봐야 한다는 견해도 있습니다. 따라서 현대 중국 표준어에는 만주어의 발음이 잘 보존되어 있는 경우도 있습니다. 참고로 현재 한국(Korea)의 한자음은 중국의 옛날 발음에 상당히 가깝지요? 그래서 이 둘을 적당히 비교해 보면 말의 근원을 어느 정도 알 수도 있습니다.

먼저 맥에 대해 알아봅시다.

맥은 중국어로 하오[hāo], 허[hè], 모[mò] 등으로 발음이 되는데 듣기에 따라서 예(濊)의 발음(휘[huò], 휘[huì] 또는 웨이[wèi])과도 유사합니다. 그런데 알타이어에서는 'ㅎ'과 'ㅅ'의 교환 현상이 자주 일어납니다.(『춘향전』 판본 중에도 '향단이'를 아예 '상단이'라고 적힌 것이 많지 않습니까?) 그러면 예나 맥이나 모두 [쉬], [쇠이], [쇠], [서] 등으로 들리기도 합니다. 이것은 모두 '시' 또는 '쇠', '서'에 가까운 소리입니다. '시' 또는 '쇠(서)'는 여러 가지 의미가 있죠. 그 가운데 중요한 것만 정리해 봅시다.

① 금속 즉 구리, 쇠[鐵: iron] 등의 여러 가지 금속
② 하늘을 나는 새[鳥: bird]
③ 해 뜨는 곳 동쪽(東: east), 예를 들면 새파람
④ '시'(해), '히'(해) 또는 '히'(해) 즉 태양(太陽)

맥의 발음 가운데 하오[hāo], 허[hè] 등에 주목해 보면 일단 맥이라는 말은 쇠[鐵] 또는 태양과 관계가 있는 것으로 추정할 수 있죠.

이렇게 보는 또 다른 이유는 맥을 『관자(管子)』에서는 '뵈(亳: [bò])'라고 하고 있고,『춘추』,『좌전(左傳)』,『사기』 등에는 '복' 또는 '밝(發: [bàk] 또는 [fā])' 등으로 나타나고 있습니다. 즉 밝다라는 뜻이죠. 이것은 바로 해(태양)의 밝음을 의미하는 것으로 불여[불(해)+여(무리, 민족): 부여]라는 말과도 다르지 않습니다.

그래도 맥이라는 말에서 맥[mæk] 또는 모[mò]라는 발음도 신경이 쓰입니다. 이 부분에 대해 북방 민족을 연구하는 학자들 가운데는 돌궐의 쿨테긴(Kül Tegin) 비문에 나오는 복클리(Bökli)라는 말에 주목합니다.

일본의 모리 마사오(護雅夫)는 비문에 남아 있는 돌궐 카한 시조의 장례식에 참석했던 사신 가운데 '해 뜨는 곳'으로부터 파견된 복클리 초원의 사절을 고증했습니다. 모리 마사오에 따르면 복클리는 맥의 나라라는 것입니다.(護雅夫,「いわゆるBökliについて─民族學と歷史學と間」,《江上波夫教授古稀記念論文集》民族·文化篇, 東京, 1977, 229~324쪽)

여기서 복클리는 '복(Bok=Mok: 종족명)+엘리(eli: 나라)'로 분석되는데, Bok(Mok)이 맥의 음역이라는 것이죠. 즉 맥이 복(Bòk) 또는 복[bàk]으로 발음된다는 말이지요. 이 말이 결국 '복' 또는 '밝(發: [bàk] 또는 [fā]─shining, bright)'입니다.

이 분석을 사서를 통하여 다시 검정해 봅시다.『한서』에는 "북으로는 맥인과 연 나라 사람들이 매우 용맹스러운 기병[효기(梟騎)]을 보내와서 한 나라를 도왔다.(北貉燕人來致梟騎助漢:『漢書』「高祖紀」)"는 기록의 주석에 "맥은 (한 나라의) 동북방에 있으면서 삼한에 속한 것은 모두 맥족이며 그 발음은 밝 또는 막[원문에는 막객(莫客)]"이라고 합니다.(師古曰貉在東北方 三韓之屬皆貉類也 音莫客反:『漢書』「高祖

紀」) 여기서 이 '貊客'은 맥을 한자로 나타낸 것인데 현대음으로 보면 대체로 뮉[mòk?]으로 발음되며 이 발음은 '밝'과 '맥' 사이의 발음으로 생각됩니다.

전설적으로 보더라도 맥이라는 동물은 철이나 구리를 먹고 산다고 합니다. 따라서 맥이란 똥고양이를 부르는 말이 아니라 철기를 사용하는 힘이 센 민족이라고 볼 수 있습니다. 그런데 왜 한족들은 이들을 비하했을까요?

그것은 고대 중국인이 철기로 무장한 유목민에게 큰 고통을 당했거나 오랫동안 지배받았음을 의미할 수도 있습니다. 전설 같은 이야기이기도 하지만 맥은 치우천황과도 깊은 관련이 있겠지요.

치우천황은 '불의 신'인 염제(炎帝)의 후계자로 현재의 중국 산둥성 일대에 거주하던 구려의 임금인데 동두철액(銅頭鐵額) 즉 구리로 된 머리와 쇠로 된 이마를 가지고 모래와 쇳가루를 먹고 산다고 하지요? 그리고 과거의 화하족(한족의 전신)을 크게 괴롭힌 사람으로 알려져 있죠. 여기서 염두에 두어야 할 것은 쇠와 구리입니다. 쇠는 예맥의 예나 맥과 발음이 비슷하고 구리는 고구려(高句麗) 또는 구려(句麗)와 비슷하죠?(이 부분은 뒤에 다시 상세히 다룹시다.)

『서경』에는 "구려족의 임금을 치우라고 한다."(『書經』「孔傳」)라고 씌어 있으며 『사기』에는 "구려(九黎) 임금의 호가 치우(蚩尤)이다."라고 되어 있습니다.

『사기』에서는 "제후가 모두 다 와서 복종하고 따랐기 때문에 치우는 지극히 횡포하였지만 천하에 이를 벌할 자가 없었다."고 말하고 있습니다. 이것은 철기를 바탕으로 한 신무기 체계를 기존의 제후들이 이길 수 없었다는 말입니다. 그러니 맥족들은 쇠를 숭배할 수밖에 없었습니다. 물론 이것은 전설적인 내용입니다. 다만 이 전설 안에 녹아 있는 의미를 맥(貊)이라는 관점에서 본 것이죠.

치우를 연구하는 학자들은 치우가 당시 중국의 변방에 살던 대장장이 집단이며 그 우두머리 샤먼(무당: 박시무당)일 것으로 추정하고 있습니다. 고대에는 무당이 대장장이를 겸하기도 했다고 합니다. 왜냐하면 불을 다루어 금속을 정련하는 기술은 무당의 특별한 능력으로 여겨졌기 때문입니다.(정재서, 『이야기 동양 신화』, 황금부엉이, 2004)

지금도 칭기즈칸의 종족으로 알려진 부리야트족에서 가장 서열이 높은 사람은 샤먼이고 그 다음이 대장장이랍니다. 이 부분을 좀 더 알아봅시다. 정재승(봉우사상연구소장) 선생의 『바이칼 여행기』에는 다음과 같은 내용이 있습니다.

겨울 바이칼 곳곳에서 보이는 자작나무숲과 부리야트 원주민의 전통적인 말 숭배 관념, 그리고 신라 고분에서 발견된 자작나무 위에 그려진 하늘로 솟구치는 말 그림 등 …… 부리야트인들의 전통 풍속을 보면 어릴 때 이름을 개똥이, 소똥이 등으로 비천하게 부른다는데 이는 오래 살라고 하는 기원에서 그렇게 한다는 것이다. 우리도 옛적에는 똑같았다. 좀 특이한 얘기는 전통 부리야트 마을의 제일 웃어른은 샤먼(무당, 영적 지도자)이었고, 그 다음은 대장장이였다 한다. 바로 얼마 전 타계한 전통 샤먼은 정말로 도력이 뛰어났는데 사람의 병을 고치는 의술이 매우 높았고, 한번 사람을 보면 무슨 병이 있는지, 무엇하는 사람인지를 단숨에 알아냈다고 한다.

철기 제련 기술은 요즘으로 치면 최고의 신기술입니다. 그 비밀을 종족의 우두머리가 관리하는 것은 지극히 당연한 일이죠. 세계 최고의 음료 회사인 코카콜라의 제조법도 그 상속자들에게만 전수된다고 하지 않습니까?

　이런 점으로 보면 단군 신화란 치우가 황제에게 패배한 후 민족적 이동이 일어난 상황을 묘사한 것일 수도 있습니다.

　신화에 따르면 화하족의 시조로 간주되는 젊은 황제(黃帝)는 불의 신 염제에게 대항하여 판천(阪泉: 베이징 근방)에서 큰 전쟁을 일으켰고 염제를 격파합니다. 이에 염제의 후계자인 치우는 그 복수를 위해 모든 군대를 동원하여 황제와 탁록(涿鹿)에서 결전을 벌입니다. 치우는 황제를 아홉 번이나 이기지만 마지막에 가서 패배합니다. 황제는 지남차(指南車)라는 수레를 만들어 치우천황을 격파했다고 합니다. 황제는 치우를 즉각 처형하고 그 주검조차도 따로 떼어 묻었다고 합니다. 그만큼 두려움이 컸던 것이죠. 이 판천·탁록 대전의 패배로 동방 신들의 후손은 남방으로 또는 중국의 동북방으로 옮겨갔다는 것이죠.(정재서, 앞의 책)

〔그림 ③〕 치우천황(한국 응원단인 붉은 악마의 상징물, 실제로는 한족에 의해 나쁘게 왜곡된 그림임.)

그런데 중국의 신화는 자비로운 신농을 격하시키고 치우를 악신과 괴물처럼 묘사하고 있다는 것입니다. 화하족의 시조인 황제의 정당성을 주장하기 위한 것이죠. 쉽게 말해서 한족의 조상인 황제가 야만족인 치우(버러지)를 물리침으로써 위대한 중화 문명이 탄생했다는 얘기입니다. 이런 현상은 한 나라 이후부터 특히 심해집니다. 앞에서 한 나라 이후부터 중화 사상이 체계화되고 한족이 형성되었다고 한 말을 기억하시기 바랍니다.

사마천의 『사기』나 중화 사상의 대표적 이론가의 한 사람인 가의(賈誼)의 『신서』 등에서는 염제가 제후들을 침략하고 나쁜 짓을 저질러 황제가 징벌한 것이라고 합니다. 치우천황이나 그의 형제들도 대부분 흉악한 모습으로 그려져 있습니다. 대부분이 구리 머리에, 쇠로 된 이마에, 모래로 식사를 했다는 것이죠. 경우에 따라서는 사람의 몸에 소의 발굽, 네 개의 눈에 여섯 개의 손, 이마 양쪽에 솟아난 뿔 등을 가진 형태로 묘사됩니다.

치우가 황제에게 패배한 탁록은 현재의 베이징 서쪽 산 지역 또는 톈진(天津) 지역이라고 합니다. 물론 전설상으로는 탁록 대전이 BC 2000~3000년대의 사건이라고 하는데 이 시기를 믿기는 어렵겠죠.

이옥의 연구에 따르면, 맥족(貊族)이 중국 사서에 처음 나타나는 것은 BC 7세기경인데 이때 이들의 거주지는 산시(陝西), 허베이(河北)이라고 합니다. 그 후 이들은 BC 5세기경에 산시(山西), BC 3세기경에는 송화강 유역으로 이동한 뒤 다시 남하했다고 합니다.(이옥, 『고구려 민족 형성과 사회』, 1984) 그러면 BC 7세기에서 BC 5세기경에 맥족은 탁록을 통과한 것이기 때문에 이 시기에 화하족과의 결전이 있었던 것으로 추정됩니다. 참고로 중국 본토에서는 일반적으로 BC 600년에서 500년경부터 철기 시대가 시작된다고 하는데 탁록 대전과도 관계

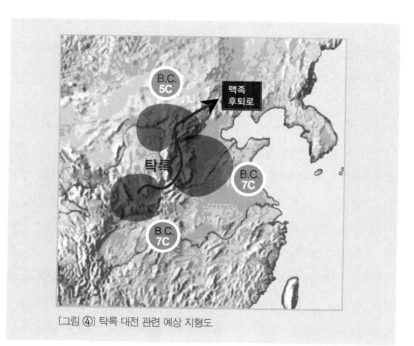

〔그림 ④〕 탁록 대전 관련 예상 지형도

가 있겠지요.(〔그림 ⑤〕 참조)

이제 맥에 대해 좀 더 심층적으로 접근해 봅시다.

북방 민족의 역사를 오랫동안 연구한 박원길 교수는 맥의 원래 명칭이 코리(Khori) 또는 꾸리(구리)라고 주장합니다. 여기서 나온 말이 고구려지요. 고구려라는 말의 뜻에 대해서는 여러 가지 견해가 있지만 크게 보면 '(해가 비치는) 고을(나라)' 또는 '구리〔銅〕'와 같은 금속을 의미한다고 합니다.

알타이 연구에 평생을 바친 박시인 선생은 다음과 같이 분석합니다.

거란(契丹)이란 이름이 의미하는 쇠〔빈철(賓鐵)〕도, 금 나라의 쇠

〔金〕도 다같이 '새 아침'의 새〔新〕라는 말에서 온 것이며 몽골(蒙兀)이란 이름이 의미하는 은(銀)도 쇠의 일종이다.(박시인, 『알타이 신화』, 청노루, 1994)

보세요. 고대 역사에서 쥬신과 관련된 민족들은 하나같이 아침 해(태양)나 쇠 또는 금속과 관련이 있지요? 금속은 쥬신의 토템입니다.(무생물과 자연 현상 토템은 토템 문화 후기에 발생했을 것으로 추정할 수 있습니다.) 토템은 뒤르켐의 말처럼 '씨족의 상징과 표식(標式)이자 신(神)'으로 다른 씨족으로부터 자신을 구별하는 상징이죠. 오늘날 태극기 등의 국기(國旗)와 같은 것이죠.

토템도 부족이 분화될 때 다양한 형태로 분화되지만 가장 중요한 원형은 가지고 갑니다. 예를 들면 유서(劉恕)의 『통감외기(通鑑外紀)』에 기록된 내용으로 보면 중국 일부 부족의 재생(再生) 토템 가운데 청룡(青龍), 적룡(赤龍), 백룡(白龍), 흑룡(黑龍), 황룡(黃龍) 등이 나오는데 이것도 일종의 토템의 분화로 원형인 용이 색으로 나눠진 경우지요. 또 인디언 모히칸 가운데 칠면조족은 칠면조, 병아리, 학 등으로 나눠지기도 하죠. 쥬신의 경우 해, 구리, 쇠, 은, 금, 불 등으로 나눠지는 것도 같은 이치지요.

토템은 구성원들을 단단히 결합시키는 기능을 하여 부족의 역량이 흩어지거나 감소되는 것을 방지합니다. 만약 같은 토템이면 서로 친척 또는 형제로 간주하는 것이죠. 사회가 아무리 발전하고 문명화되어도 토템 표식은 어딘가 남아 있다는 것이죠. 한국의 대통령을 상징하는 문양이 봉황이죠? 중국 황제는 용이고요.

결국 해(식: 太陽)에서 쇠(금속: 금·철·은·구리)와 불〔火〕이 나오고 또 그 해에서 아침〔朝〕이나 동쪽〔東〕, 밝음〔明〕 등이 나온 것이죠. 이제 이 맥에 대해서 이해가 되시죠?

다음으로 예(濊)라는 말을 분석해 봅시다.

예(濊)라는 말은 한자의 뜻 그대로 똥물〔糞尿水〕의 뜻일까요? 어떤 바보가 스스로를 똥물에 비유하겠습니까?

예(濊)의 발음은 휘〔huò〕, 휘〔huì〕 또는 웨이〔wèi〕 등으로 나타나 맥(貊)보다는 오히려 '쇠'나 '쇠(서)'에 더 가까운 소리가 납니다. 전문가들에 따르면 웨이〔wèi〕 보다는 휘〔huò〕, 휘〔huì〕가 고대 발음에 가깝다고 합니다.(유 엠 부찐, 『고조선』, 소나무, 1990) 그동안의 연구를 토대로 보면 예는 크게 쇠 또는 관련된 금속(구리, 은, 금)이나 해 뜨는 곳, 부족의 중심지인 나라라는 뜻 등으로 요약될 수 있습니다. 이 점을 하나씩 살펴봅시다.

첫째, 예(濊)라는 말은 '쇠'('쇠' 또는 '서')라는 말을 한자음으로 표현한 것으로 볼 수 있습니다. 이 말이 쇠라는 말이라면 우리가 맥을 분석한 것과 같은 결론이 나오므로 더 말할 것이 없지요. 만약 그렇다면 예와 맥은 다른 민족이 아니라 같은 민족이라는 말이 됩니다.

둘째, 예라는 말은 '쇠'라는 말로 동쪽 또는 '태양이 뜨는 곳'을 나타낸다고 볼 수 있죠. 즉 '쇠'라는 말은 아사달, 아사다라, 아사나, 서라벌, 쇠벌, 서울, 도쿄(신라의 수도이자 현대 일본의 수도), 일본(日本: 해 뜨는 나라)이나 조선(朝鮮: 태양의 처음 빛이 비치는 나라)과 같은 말이죠. 아사달(阿斯達)은 몽골어나 거란어로 '확 트인 밝은 벌판이나 장소(나라)'를 뜻하는 '아사다라(Asa-tala)'와 유사합니다. 참고로 5세기 중엽 아사나(阿史那) 부락은 처음으로 돌궐(突厥: 투르크)이라고 불렸는데 그 이유는 금산(金山: 알타이산)의 형태가 투구〔두무(兜鍪)〕와 흡사하다고 하여 그 지역 사람들을 돌궐이라고 불렀다고 합니다.(『周書』卷50「突厥傳」)

셋째, 언어적으로 보면 '예(濊)'로부터 카라(kala)라는 말이 나올 수 있는데 이 말이 나라[國]를 의미할 수 있다고 합니다. 고구려의 구려 또는 고려나 가라(加羅), 가야(伽倻), 한(韓: 일본의 훈음 ガヵ), 열하, 랴오닝성 일대에 널려 있는 카라(喀喇), 카사(喀佐) 등의 지명도 모두 이 카라(kala: 濊)가 변형 정착된 것으로 볼 수 있다고 합니다. 여기서 말하는 카라는 '부족의 중심지'로 이 말에서 나라(Nkla : 國)가 나오는 것을 쉽게 유추할 수 있다는 것이죠.(곽창권, 『한국 고대사 탐색』, 일선 출판사, 1987) 이 분야에 대한 연구가 더 진행되는 대로 다시 소개하도 록 하지요.

여기서 첫째 항목과 둘째 항목을 한반도에 국한시켜 다시 한 번 살 펴봅시다.

『세종실록(世宗實錄)』에 "강릉(江陵)은 본래 예(濊)의 옛 나라로 철 국(鐵國)이라고도 한다.(『世宗實錄』「地理志」江陵條)"라고 하죠. 예 (濊)를 철국이라고 한 것은 철(鐵)의 훈(訓)이 '쇠' 또는 '서'이기 때문 이죠. 또 같은 책(鐵原條)에 "철원(鐵原)은 원래 고구려의 찰원군(鐵原 郡)인데 고려 태조가 동주(東州)라 하였다."는 것이죠. 즉 철원(쇠의 벌 판)이 동주(해 뜨는 곳)로 둔갑한 것을 이제는 쉽게 이해가 되죠. 앞서 말한 대로 철(鐵)의 훈이 '서'나 '쇠(서)'이기 때문입니다. 간단히 말하 면 쇠[鐵]와 해[日], 동쪽[東]이 서로 구별 없이 섞여서 동시에 사용되 고 있다는 말입니다.

즉 쇠, 해, 동쪽은 동일한 이미지를 표현하고 있으며 함께 사용되고 있 다는 말입니다.(여기에 새[鳥]가 추가됩니다.)

뒷날 반도 쥬신의 국가 이름이 된 조선(朝鮮)은 만주족들이 스스로 를 부르던 '쥬선' 또는 '쥬신(Jüsin)'이나 아사달, 아사다라, 서라벌, 서

벌, 서울, 도쿄, 일본 등과 그 뜻이 일치합니다.(이 쥬신 또는 조선에 대한 명칭 분석은 숙신(肅愼) 편에서 다시 이야기합시다.)

결국 예(濊)라는 말은 '태양이 비치는 나라' 또는 '태양의 아들[天孫族]들이 사는 곳' 또는 '쇠를 잘 다루고 태양을 숭상하는 민족'이라고 할 수 있겠지요. 그런데 여기서도 맥과 마찬가지로 철기와 해가 들어가 있습니다.

따라서 예맥이라는 민족은 철기로 무장하여 전투력이 강성하고 스스로를 하늘의 아들[天孫族]이라고 믿는 민족이라고 일단 정리할 수 있겠습니다. 다만 분명히 해 두어야 할 것은 해(또는 불)와 아침, 쇠가 함께 따라다닌다는 사실입니다. 그리고 이 말은 전설적인 제왕이자 쥬신의 영웅이었던 치우천황과 깊이 관련되어 있다는 것을 알 수 있습니다.

그래도 이런 분석만 가지고는 좀 부족한 듯합니다. 철기와 천손이라는 말로 정리하기에는 다소 단순한 감이 있죠.

3. 단군 신화의 본질

지금까지 '예'와 '맥'을 따로따로 분석했습니다. 그 결과 '예'나 '맥'이나 '철기로 무장한 강력한 천손족'이라는 의미가 되었지요. 그 말로 봐서 이들은 태양을 숭배하고 새[鳥]를 중시하는 민족으로 볼 수 있습니다. 그러나 따지고 보면 '예'나 '맥'이나 별로 다르지 않다는 점도 알 수 있죠. 이제 예맥을 동시에 두고 분석해 볼까요?

고증학자인 이병도는 '예'와 '맥'을 따로 보아서는 안 되고 예맥을 합쳐서 중국말로 '휘마[Houei-mai]'의 고대음 'ㅋ휘마[Khouei-mai]'를 따서 곰 토템, 신성을 의미하는 '고마'를 나타낸 것이라고 하였습니다. 간단히 말해서 '예맥 = 곰'이라는 말입니다. 이 분석도 일부 타당성이 있습니다.

왜냐하면 시베리아 지역이나 한국어, 일본어에 이 어휘가 아직 살아 있습니다. 즉 시베리아의 에벤키족은 곰을 '호모뜨이'라고 하고 한국 어에서는 '곰'이라고 합니다. 또 일본어에서 구마(くま)는 곰[熊]을 의미하고 고마(こま)는 말(또는 망아지)을 의미합니다. 말이나 곰은 모두 예맥과 깊은 관계가 있는 말이죠.

일반적으로 위[上] · 크다[大] · 신(神) · 신성(神聖)을 뜻하는 고어인 곰(감) · 검 · 금, 일본어의 가미(かみ: 神) · 가무(かむ), 곰 · 신을 뜻하는 아이누어(語)의 '카무(Kamui)' 등은 모두 비슷한 뜻으로 곰에서 유래했다고 보고 있습니다. 일본에서는 고려 · 고구려를 고마(コマ)라고 합니다.(곽창권, 앞의 책) ; 『두산 대백과 사전』) 검다[黑]는 것도 여기서 나온 말일 수도 있죠. 일본어로는 구로(くろ), 몽골어로는 카르(kar), 터키어로는 카라(kara)라고 합니다. 그리고 한국과 일본에 있는 곰과 관련된 고대 유적을 상기하기 바랍니다.

결국 이 '쿠마'는 '크고 신성하다'는 의미를 지니고 있는데 만주 일대는 곰 토템이 널리 퍼져 있습니다. 오늘날에도 이것은 쉽게 확인할 수 있습니다.

흑룡강 주변에서 살아가는 종족으로 울치족(ульчи: 오로치족)은 그 대표적인 경우라고 할 수 있습니다. 울치족은 어린 곰을 잡아다가 고이 기르고 나중에 자라면 곰을 강변까지 끌고 가서 죽여서 그 고기로 잔치를 벌입니다. 이 곰을 죽일 때 궁수(弓手)는 단 한 발에 아무런 고통 없이 죽여야 하고 그 광경을 보면서 울치족의 여인들은 한없이 슬피 웁니다. 그러고 난 뒤 곰의 머리뼈는 땅에 묻고 나머지 고기는 전부족이 나눠 먹고 잔치를 벌이지요. 울치족들은 이 과정을 마치 자신의 조상인 곰이 죽으면서 자신의 살을 후손들에게 먹인다고 생각하는 것이죠. 이들에게 곰은 인간과 가장 가까운 동물로서 단지 짐승 가죽을 쓰고 있을 뿐 과거에는 인간이었다는 것이죠.(곽진석,「시베리아 오로치족의 신화와 신앙에 대한 연구」참고)

그런데 울치족(오로치족)의 유적과 한반도 남동 해안 지대에서 발견되는 일부 유적들(암각화)이 거의 같다는 것이지요. 참고로 곰 토템은 주로 만주 지역과 연해주 태평양 연안 지역에만 집중적으로 나타난다고 합니다.

이상의 내용을 토대로 분석해 보면 예맥이란 대체로 곰을 신성시하는 민족의 흔적을 간직한 철기나 구리로 무장한 강한 전투력을 지닌 민족이거나, 선주민인 곰 토템 부족과 후에 이주한 같은 계열의 청동기 부족이 융합하여 형성된 민족이거나, 같은 민족이라도 신석기에서 청동기로의 변화에 따른 토템의 진화로 (이데올로기적인 변화가 일어나) 스스로 하늘의 자손으로 부르는 민족 또는 '해 뜨는 동쪽의 밝은 나라(또는 그 나라 사람)' 또는 '태양 또는 하늘의 자손(천손족)'이라는 말입니다.

여기서 주의해야 할 점은 예맥이 이 가운데 어느 하나에 한정되었다기보다는 여러 가지가 복합적으로 융합되었다는 것입니다. 왜냐하면 초기에는 예와 맥이 따로 쓰이다가 어느 시기에는 다시 합쳐지기 때문입니다.〔예를 들면 예맥은 『한서』·『삼국지』·『후한서』에 이르면 예(濊)와 맥(貊)으로 따로 불려지기도 하고 때로는 예맥으로 불렸다는 말이죠.〕

처음에 곰 토템 부족이 청동기를 받아들이면서 새로이 만들어지는 금속(가령 철)의 이름을 부족이 가장 신성시하는 단어(곰)를 차용했을 경우도 생각할 수 있습니다. 그래서 예(濊)나 맥(貊)이 쇠 또는 해(태양)을 상징하지만 예맥은 곰[熊]과 유사한 발음이 나올 수 있는 것이지요. 이것은 곰 토템 부족이 청동기 문화인들에게 단순히 흡수 통합된 것이 아니라 (시차가 다르게 이주한) 같은 계열의 민족이라는 의미이기도 합니다.

간단히 정리를 해 볼까요? 예맥은 예(쇠: 철, 태양, 동쪽, 새 등), 맥(밝음: 태양의 찬란함)으로 분석이 되고 예맥은 곰이라는 말과 흡사합니다. 일본에서는 아직도 고구려를 고마(コマ) 즉 곰이라고 부르죠.

그것이 결국 단군 신화입니다.

따라서 단군 신화란 철기를 잘 다루는 민족[예(濊)나 맥(貊)]이 시베리아에 흩어져 사는 광범위한 (같은 알타이 계열의) 곰 토템 부족과의 융합 과정[예맥(濊貊)의 등장]을 신화로 표현한 것이죠. 바로 이것이 우리가 찾아가는 고대 쥬신(ancient Jüsin)의 실체입니다.

환웅도 그런 말이 아닐까요? 환웅을 한번 다시 써볼까요? '환(桓: 하늘족·천손족) + 웅[熊: 곰 토템 부족]'이 되지 않습니까?

이것만은 알아둡시다. 아침, 쇠(금속 제련: 금, 은, 철, 구리 등), 해(태양)이라는 말은 쥬신에게 항상 따라다닌다는 것입니다. 또한 금속의 제련과 세공은 농경에 비해 상당한 손재주(섬세한 기술)를 요구합니다. 한국인, 일본인들이 세계 최고의 손재주를 가진 것도 이와 무관하지 않습니다. 그래서 세계 최고급 반도체 기술이나 IT 기술을 가진 것이겠지요. 따라서 아직도 치우와 황제의 싸움은 끝나지 않은 것이죠.

이상의 이야기를 통해 중국인들이 쥬신의 뿌리를 '똥고양이'이라고 부른 말 속에 포함되어 있는 수많은 비밀을 어느 정도는 파악할 수 있

었으리라 생각합니다. 이제 예맥이라는 민족과 사서에 나타나는 다른
민족들과는 어떤 관계가 있는지 알아봅시다.

5장

 이런 동요 들어 보셨죠?

"예솔아!" 할아버지께서 부르셔
"예." 하고 대답하면
"너 말구 네 아범."
"예솔아." 아버지께서 부르셔
"예." 하고 달려가면
"너 아니고 네 엄마."

　　　　　　　　　　　　　—김원석의 동요, 「내 이름」

 이 동요의 마지막 부분에서는 아버지나 어머니를 내 이름으로 부르는
　　　　　것은 내 이름 어디에 엄마와 아빠가 들어 있기 때문일 것이라고 합니다.
우스운 말이지만 저는 초등학교 2학년 때까지도 어머니의 이름을 몰랐습
니다. 들은 적이 없었거든요. 아버지의 이름은 알았지만 어머니의 이름은 알
지 못했지요. 조금이라도 총명한 구석이 있었으면 초등학교에 가기 전에 알
아 두거나 학교에 가지고 가는 서류라도 유심히 보면 알 수도 있는데 말입니
다. 그런데 저는 그런 쪽에는 관심이 없었던가 봅니다. 어머니 말씀에 따르
면, 당시에 저는 하루 종일 앉아서 그림만 그리더랍니다.

예맥＝동호＝숙신: 범 쥬신

그런데 어느 날 갑자기 "엄마의 이름은 뭘까?"라는 생각이 들었습니다. 그래서 어머니께 여쭤 봤습니다. "엄마 이름은 뭐야?" 그랬더니 어머니는 웃으시면서 "엄마 이름? 엄마 이름은 '엄마'지." 하셨습니다. 어머니는 늘 이런 식으로 넘어가기 일쑤였고 저는 아마 다른 방법으로 어머니의 이름을 안 것 같습니다.

생각해 보면 우리의 어머니들은 당신의 이름으로 세상을 살기보다는 주로 '갑돌이 엄마', '평양댁', '갑수 형수', '영철이 마누라' 등으로 인생을 살아오셨습니다. 이것은 그동안 우리 어머니들의 지위가 낮았던 탓이겠지요. 우리의 어머니들은 세상에서 가장 고귀한 일을 해왔지만 당당하게 살지 못하고 항상 다른 사람의 이름에 가려서 세상을 살았던 것입니다.

1.
중국 장님,
예맥 코끼리 만지기

우리의 뿌리와 깊이 관련이 있는 민족은 예맥·숙신(肅愼)·동호(東胡)입니다. 이 세 민족은 아직도 안개 속에 있습니다. 이번에는 예맥을 중심으로 하나하나 살펴보도록 합시다.

연구자에 따라서 예(濊)는 소싱안링(小興安嶺) 산맥 동부 지역에 맥(貊)은 소싱안링 산맥 서부 지역에 거주하였다고 하기도 하고 예는 부여, 맥은 고구려라고 하기도 합니다. 때에 따라서 예와 맥은 따로 있기도 했지만 합류하여 하나의 나라를 만들기도 했습니다. 일반적으로 맥족이 예족을 지배하였다고 합니다만(서병국, 『동이족과 부여의 역사』, 혜안, 2001) 기록에 나타난 형태는 예(濊) 또는 예맥(濊貊) 또는 맥(貊) 등의 형태로 나타나고 있어 예와 맥은 분리해서 생각하기보다는 하나의 민족으로 간주하는 편이 좋을 듯합니다.

그동안의 연구에 따르면 청동기 시대 이래 중국 동북 지역과 한반도에 걸쳐 동질적 문화를 향유한 집단을 예맥이라고 불러 왔습니다. 예맥은 주변의 여러 가지 생태적 정치적 조건에 따라 여러 종족으로 이합집산(離合集散)을 되풀이합니다.

예맥족은 중원(中原)의 문화와는 다른 독자적 문화를 형성했는데 비파형 청동검 문화의 고조선이 성립되기도 했으며 중국의 세련되고 발달된 문화를 만나면서도 그 문화에 동화되지 않고 독자성을 유지합니다. 예맥의 중심은 고조선과 부여지요. 부여는 고구려와 상당 기간 공존하면서 예맥 문화권을 유지하는 핵심적인 역할을 수행합니다. 참고로 『삼국지』에는 부여왕이 사용한 도장에 예왕지인(濊王之印: 예왕의 도장)이라고 새겨져 있었다고 합니다.(『三國志』「魏書」東夷傳)

그런데 우리는 예맥에 대해 오해하는 경우가 많지요. 그저 '고조선＝예맥'이라는 식으로 말입니다. 마치 예맥 전체가 고조선을 구성한 듯이 말입니다. 그러나 그것이 아닙니다.

앞에서 나온 구맥(九貊)이라는 말에서 보듯이 예맥은 광범위하게 분포하면서 예맥의 상당수가 특별한 국가를 구성하지 않고 자유롭고 독자적인 유목 또는 수렵 생활을 한 것으로 보입니다. 소싱안링 산맥 동부 지역에서는 국가의 발달이 미약하고 소싱안링 산맥 서부 지역에서는 국가의 발달이 활발했음은 역사가 증명하고 있습니다. 단지 예맥의 일부가 고조선을 구성한 것이죠.

우리는 그동안 기원 전후 또는 한 나라 전후의 동북아시아에는 동호·예맥·숙신의 세 민족이 서로 대립하면서 살아간 것으로 배우고 가르쳐 왔습니다. 그리고 이 점에 대해서 아무런 반발도 없이 수용했습니다.

우선 그동안 어떻게 배워 오고 가르쳤는지를 한번 봅시다.

한국의 사학계에서는 일반적으로 한국인은 북방의 예맥족과 남방의 한족(韓族)이 융합되어 형성된 것으로 보고 있습니다. 만주의 중부와 서남부, 한반도 동북부에 살고 있던 예맥족은 다시 고조선을 세운 조선족과 부여·고구려·옥저·동예를 세운 부여족으로 나누어 볼 수 있다고 합니다.

또한 일반적으로 만주 서부〔요서(遼西) 초원 지대〕는 동호(東胡)의

[그림 ①] 일반적으로 보는 동북아시아의 민족

근거지로 오환·선비계(鮮卑系)이고 몽골계이며, 동부 만주의 삼림 지대(소싱안링─장백 산맥)는 숙신·읍루의 후예이고 후에 만주족으로 불리는 말갈·여진의 거주지이며, 송화강─요하 유역의 중부 만주 평원(소위 동북 평원)과 훈강(渾江)─압록강─대동강 일대의 산악 지대는 바로 고조선과 부여·고구려인들을 포함하는 예맥의 근원지라고 보고 있습니다.

이상의 내용은 어느 책을 봐도 대동소이합니다. 이것을 지리적인 위치에 맞춰 개략적으로 나타내면 [그림 ①]과 같이 되겠지요.

그런데 [그림 ①]을 보면 이해하기 힘듭니다. 동호, 숙신, 예맥을 무슨 기준으로 나눌 수 있는가 하는 점입니다.

단순히 중국의 사서에 나오기 때문인가요? 그동안 우리가 너무 오랫동안 어떤 관념에 갇혀 사물을 제대로 보기 힘들었던 것은 아닐까요?

〔그림 ①〕을 보세요. 우리가 일반적으로 보는 동호는 결국은 고조선의 영역과 일치하는 지역인데 왜 별도로 나눕니까? 또 이곳은 후일 고구려가 모두 통합한 지역입니다. 도대체 무슨 근거로 이렇게 나눌 수 있는지 궁금합니다. 갑자기 새로운 민족이 이주해 온 흔적도 없는데 말입니다.

〔그림 ①〕에서 보면 고조선의 영역은 동호＋예맥이 아닙니까? 좀 더 구체적으로 볼까요?

고조선의 영역을 알 수 있게 하는 것 가운데 하나가 비파형(요령식) 동검의 출토지라고 합니다. 비파형 동검은 한반도의 청동기 문화 형성에 결정적인 영향을 주었으며 이것은 한족들이 만든 청동검과는 달리 칼의 날과 자루가 각기 따로 주조된다고 합니다.

이 분야의 전문가인 미국 덴버 대학의 여성 인류학자 사라 넬슨 교수는 "비파형 동검은 한반도뿐 아니라 요동 반도와 발해만 연안에서 풍부하게 발견되지만 만리장성 이남의 중국 본토에서는 발견되지 않는다."고 말합니다.(Sarah M. Nelson, 『*The Archaeology of Korea*』, 1993)

〔그림 ②〕는 비파형 동검 출토지와 고조선의 중심지, 세력 범위(영역) 등을 나타낸 것입니다. 이것을 보면 〔그림 ①〕에서 말하는 동호와 예맥의 영역이 고조선의 중심지였다는 것을 알 수 있습니다. 즉 고조선은 요하를 중심으로 요서 및 요동에서 발생한 나라인데 그것을 왜 동호와 예맥으로 다시 나눕니까? 일반적으로 알려진 동호 지역과 고조선의 중심 지역 부분에서 같은 종류의 비파형 동검이 집중적으로 나오고 있지 않습니까? 유적으로만 말하면 고조선은 차라리 동호(요서)에서 나온 것이라고 봐야겠지요.

[그림 ②] 비파형 동검 분포 지역과
일반적으로 알려진 고조선의 세력 범위

앞 장에서 말한 대로 쥬신의 중심지가 허베이→베이징→요동→만
주→한반도→한반도 남부·일본 등으로 이동하고 있다는 점을 항상
상기하기 바랍니다.

그런데 여기서 한 가지 반드시 짚고 넘어갈 사항이 있습니다. 고조
선이나 부여는 강력한 국가 체제를 갖추었다고 보기는 어렵다는 것입
니다.

한국의 재야 학자(在野學者)들 가운데는 흔히 요동 만주 지역에서도
한족(漢族)처럼 강력한 중앙 집권적 제왕이 출현한 것으로 묘사하는
경우가 많습니다. 『한단고기』 같은 책들이 다 그러합니다. 그러나 그
것은 이 지역의 인구와 지리적 특성을 모르고 한 말입니다.

무엇보다도 유목이나 수렵은 무계획적이고 자연 환경에 큰 영향을
받으므로 생산이 매년 일정하지 않아 제대로 성장하기 어렵죠. 더구
나 인구 증가도 한계가 있어 사회가 정체되기 쉽습니다. 또한 유목 국
가에서는 혈통적으로 가까운 씨족이 모여서 부족을 이루고 부족이 모

여 국가를 이룹니다. 유목 사회가 국가를 형성할 때는 그들 부족들 가운데 가장 유력한 부족장이 군주가 되는 것이 보통입니다. 즉 유목 국가의 특징은 부족 연합 국가라는 것이죠. 이 점은 중앙 집권적 통치 체제를 지향하는 중국의 정치 제도와는 근본적으로 다릅니다.(농경 사회는 농경을 위한 각종 토목 공사에 필요한 노동력의 집중과 통제를 위한 강대한 권력이 필요합니다. 뿐만 아니라 농경 사회는 사람들이 정착하여 모여 살기 때문에 인구 이동이 적으므로 중앙 집권 체제의 형성이 용이합니다.)

더구나 만주 일대는 매우 광대한 지역이지만 인구가 극히 희소합니다. 유목의 특성상 많은 인구가 특정 지역에 모여 살기가 어렵기 때문입니다. 그래서 지역적으로 인구를 나누기 시작하면 수십, 수백 종의 부족이 생깁니다. 그리고 강력한 중앙 집권적 국가 체제로 통치하기도 불가능하지요. 왜 그럴까요?

이것은 근본적으로는 경제적 이익이나 효과가 없기 때문입니다. 즉 국가 체제를 구성해 오는 경제적 편익(benefit)보다는 비용(cost) 발생이 너무 크다는 말이지요.

생각해 보세요. 지금부터 거의 2,000년 전에 현재의 남한(한반도 남단)보다 열 배 이상 큰 곳에 수만, 수십만 정도가 여기저기 흩어져 살았다면 그런 곳을 어떻게 통치하겠습니까? 또한 그 비용은 어떻게 감당하겠습니까? 어디에 행정 중심지를 세우고 어떻게 군대를 주둔시킵니까? 겨우 칼이나 창 정도가 무기인 시대에 흩어져 살면서 전투력이 왕성한 유목민을 제대로 통치할 수 있겠습니까? 뿐만 아니라 유목민들의 성격은 매우 독립적이어서 간섭받기를 싫어하지요.

한 나라 때 기원 전후로 실시된 인구 조사에 따르면 만주의 총인구는 100만 명 수준이며 인구 밀도도 1.31명/km^2에 불과했다고 합니다.

이 시기는 지금 우리가 고찰하고 있는 시대지요. 1201년에는 3,643,975명, 14세기 후반기에는 300만 명, 1491년에는 435만 명(인구 밀도 5.42명/km²)이었다고 합니다.(趙文林 · 謝淑君, 『中國人口史』, 北京: 人民出版社, 1988) 또한 17세기 청 태조(아이신자오뤄누르하치)가 명 나라의 대규모 침공(30만 명 규모)을 격파하기 위해 최대로 동원한 군대는 고작 2,3만도 채 되지 않습니다.(이것은 만주 쥬신 부분에서 다시 분석합시다.)

그리고 인구 100만 또는 300만이라 하더라도 대부분은 일정 지역에 모여 살았을 것이므로 이 인구 밀도 자체도 허수(虛數)일 가능성이 높지요. 그래서 흔히 만주를 '바람이 스쳐가는 땅'이라고도 합니다.

뿐만 아니라 이들은 유목민이기 때문에 붙박이 농경민과는 달리 이동성이 강하고 그 행동 반경은 대단히 넓습니다. 농경민의 입장에서 보는 유목 민족과 실제 유목 민족과는 많이 다르다는 점을 인식할 필요가 있습니다. 일반적으로 알려진 바로는 유목민은 농경민이 사용하는 토지의 열 배에서 스무 배 정도를 사용한다고 합니다.

그런데 유목민들에 대한 이해가 부족한 한족 사가의 눈에는 이들이 요서 지역에서 출몰하면 동호(東胡)가 되고 요동 지역에서 출몰하면 예맥이 되어 버리겠죠? 그러다가 한참 밀려가서 연해주에 나타나면 읍루(挹婁)가 됩니다. 실제로 유목민들이 요서 지역에서 연해주까지 가는 길은 사흘도 걸리지 않는데 말이죠.

따라서 한족 사가들은 분명히 다른 종족으로 보고 기술하더라도 실제 상황은 다를 수밖에 없습니다. 이 분야의 전문가들에 따르면 알타이 산맥에서 압록강까지 가는 데 말을 타면 2주 정도밖에 걸리지 않는다고 합니다. 그런데 만약 농경민이 이 길을 걸어서 간다면 평생을 가도 도착하지 못할 겁니다. 따라서 유목민의 특성을 전제하지 않고 유목민의 역사를 기술한다는 것은 마치 장님이 코끼리를 만지는 식이 될 수밖에 없습니다.

또한 〔그림 ①〕에 나타나는 숙신·읍루도 실제와는 좀 다릅니다. 숙신이 반드시 만주 동부와 연해주에만 출몰한 것이 아니기 때문이죠. 숙신은 현재의 산시성(山西省)과 베이징에서 블라디보스토크에 이르기까지 여기저기에서 출현합니다.

읍루는 그 민족적 계열이 가장 혼란하여 동북아시아 전체 역사를 혼란에 빠뜨립니다. 분명한 것은 읍루를 해명해야만 쥬신의 비밀이 풀린다는 것입니다.

결론부터 말하면 우리가 흔히 인용하는 진수의 『삼국지』에 나오는 읍루는 숙신이 아니라 아이누(Ainu)족과 같은 고아시아족을 의미합니다. 즉 숙신과 일정한 교류를 가진 정도의 아이누족(또는 길약족)이라고 봐야 한다는 것이죠. 그리고 『진서(晉書)』에 나타나는 '숙신씨는 일명 읍루'라는 식의 표현은 읍루에 대한 혼란을 크게 가중시킨 서술이죠. 이 때문에 숙신은 오히려 안개 속에 갇히고 만 것입니다.

다시 말해서 숙신 대신 사용한 읍루가 아닌 아주 엄격한 의미에서 말하는 읍루는 예맥 계열이 아니라 아이누족입니다. 게다가 아이누족이 살고 있는 연해주(두만강 동북부)에서 태평양 북부 연안에 이르는 지역은 근대까지도 인구가 극히 적어서 사실상 민족으로 분류하기도 어려울 정도의 인구 규모입니다. 이 부분은 '숙신 편'에서 다시 깊이 다루겠습니다.

예맥, 동호, 숙신 등이 '같다'는 말보다는 '구별이 안 된다'는 표현이 더욱 적합할 것 같습니다. 왜냐하면 이들의 분포 범위가 지나치게 넓은 데다 인구는 극히 희박하면서도 이동 범위가 넓어 여기저기서 출몰하는 데 반해서 그 특성이 별 차이가 없다는 것입니다.

그럼 이제부터 이에 대한 증거를 제시하겠습니다.

일단 몇 가지를 먼저 얘기해야겠네요. 동북아시아의 선사 시대 인종 분포를 살펴봅시다. 예맥은 기존의 학계에서 사용하는 말인데 저는 이를 범쥬신으로 표현해 보았습니다.

[그림 ③]은 그동안의 고고학적 발굴 성과를 담은 것으로 보입니다. 아이누족들은 예맥과는 분명히 다르게 묘사되어 있군요. 그렇죠? 그러면 다시 [그림 ③]과 우리 민족의 체질상 공통성을 담은 [그림 ④]를 비교해 보시죠.

거의 똑같지요? 신기하지 않습니까? 하나는 역사적 사료에 의한 그림이고 다른 하나는 생물학적인 체질을 분석한 그림인데 그 분포 유형이 거의 일치하니 말입니다. 물론 현재의 베이징이나 요동 반도 부근에는 한족(漢族)의 이주와 동화(同化)가 심하게 일어난 지역이라 과거의 흔적은 많이 사라졌음을 보여 줍니다. 뿐만 아니라 아이누 분포 지역은 제외되어 있습니다. 이미 말씀한 대로 아주 엄격한 의미에서의 읍루(아이누)가 거주한 지역이 제외되어 있죠?

그리고 무엇보다도 주거 문화나 장례 습속은 민족의 이동에도 불구하고 잘 바뀌지 않는 대표적인 문화입니다. 장례 습속은 다음 기회에 보도록 하고 주거 문화를 살펴봅시다.[참고로 요동 지역의 역사 전문가에 따르면 고조선 문화와 중국 문화가 확실히 다른 부분은 묘장 문화(墓葬文化)라고 합니다.(김한규, 『요동사』)]

쥬신의 대표적 주거 문화는 구들 즉 온돌(溫돌)입니다. 학자들은 구들이 고조선·부여나 고구려(손진태 선생·최남선 선생의 견해)에서 나왔을 것으로 추정하고 있습니다. 그렇지만 그 이전에 이미 구들이 개발되었을 가능성도 있습니다.

물론 구들(온돌)은 그리스나 로마에서 발생했다는 설도 있긴 합니다만 쥬신의 주거 문화와는 여러 가지 면에서 거리가 있어 이를 제외하면 ①중국 서북부 산시성 또는 ②동호(東胡), ③ 만주 등에서 기원했다고 보고 있습니다. 즉 대표적인 쥬신의 주거 문화라는 말이죠.

온돌은 인류가 개발한 최고의 난방 시설 중 하나입니다. 어떤 사람들은 온돌 시설만 알았어도 아메리카 대륙에 이주했던 초기 미국인들이 그렇게 많이 얼어 죽지는 않았을 것이라고 합니다.

구들(온돌)은 한반도 전역에 분포하고 있으며 중국 북부와 여진족이 살았던 선양(瀋陽) 일대에도 분포되

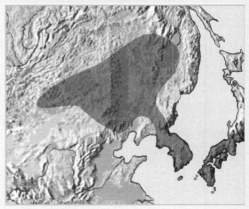

〔그림 ③〕 선사 시대의 동아시아 인종 분포

〔그림 ④〕 체질이 상통하는 지역(조용진, 『얼굴, 한국인의 낯』)

어 있습니다. 선양 지역은 바로 고조선이나 고구려의 중심 영역이죠. 온돌 유적이 발견되는 곳 가운데 가장 오래되었다고 할 수 있는 지역은 랴오닝성(遼寧省) 푸순시(撫順市) 연화보 유적인데 고조선 시대의

유적으로 알려져 있습니다. 이곳은 바로 요하 중류 지역으로 고조선의 중심지이죠. 바로 동호 지역인 셈입니다.

구들(온돌)에 관한 최초의 중국 기록은 5~6세기경에 저술된 것으로 보이는 『수경주(水經注)』라는 문헌으로, 토은현 진궁산의 절 건물에 온돌을 사용한 방법을 구체적으로 묘사하고 있습니다. 그런데 여기서 말하는 토은은 지금의 베이징 동남 방향에 인접한 땅으로 전문가들은 중국에서의 온돌의 남방 한계를 표시하는 것이라고 합니다.

10세기경에 저술된 『구당서(舊唐書)』에는 일반적으로 가난한 고구려 사람들이 "반드시 산곡에 의지하여 집을 짓고 사는데 모두 띠풀로 지붕을 이고 겨울에는 긴 구덩이[長坑]를 만들어 그 구덩이 아래에 불을 때어 방을 덥힌다.(冬月皆作長坑下然溫火亂取暖: 『舊唐書』「高麗」)" 라고 되어 있습니다. 송 나라 때 서몽화의 『삼조북맹회편(三朝北盟會編)』을 보면 숙신의 후예로 알려진 여진 사람(만주 쥬신)들의 주거를 기술한 것으로 "기와가 없고 집 둘레에는 목상이 둘러져 있으며 그 아래서 불을 때는데 구덩이를 통해 방을 덥힌다. 그리고 그 덥힌 방에서 잠도 자고 식사도 하고 생활도 한다."라고 합니다.

뿐만 아니라 숙신·여진이 세운 금 나라의 기록인 『대금국지(大金國志)』에도 "흙으로 방바닥을 만드는데 그 아래에서 불을 때어 덥히고 그 위에서 침식기거(寢食起居)를 한다."고 하고 청 나라 초기 저작물인 고염무의 『일지록』을 보면 중국의 동북부 만주 일대는 온돌이 널리 보급되었음을 알 수 있죠. 이 분야의 전문가들은 온돌 문화권의 범위를 북쪽으로는 만주 흑룡강 상류로부터 서쪽으로는 중국 북부 지역 즉 허베이(河北)·산시(山西)까지, 동쪽으로는 두만강·연해주까지, 남쪽으로는 한반도 끝까지로 추정하고 있습니다. 몽골에서도 겔 바닥에 난방을 하고 있습니다. 현재 몽고를 중심으로도 온돌에 관한 유적들이 발견되고 있습니다.

이와 관련하여 한국인들이나 몽골인들은 양반다리(가부좌)를 하고 앉아서 휴식을 취하는데 이런 자세는 쥬신족이 아니면 하기 힘들다고 합니다. 특히 한국인과 결혼한 중국 사람은 양반다리가 견딜 수 없는 고통이라고 말합니다. 유럽인이나 미국인도 마찬가집니다. 이 자세는 온돌 문화에서 발달한 것이라고 할 수 있죠.

이상의 이야기를 통해 일단 체질과 같은 생물학적 특성과 시간이 흘러도 잘 변하지 않는 주거 문화에 있어서 예맥·동호·숙신은 다르지 않다는 것을 아시겠죠? 그럼 이제부터 다시 하나씩 좀 더 깊이 살펴봅시다.

2. 예맥 = 동호 = 숙신

예맥이 쥬신 역사의 본류라는 것은 여러 사서에도 나타납니다. 일단 그것을 정리해 두고 넘어갑시다.

선진 시대에는 발(發)을 맥(貊)에 대신하여 사용했고(김한규, 『요동사』, 문학과지성사, 2004), 한(漢) 나라 때에는 조선(고조선)을 맥과 동일시합니다. 그런데 고조선은 맥의 일부에 불과합니다. 후한대(後漢代)에 이르러서는 고구려를 맥과 동일시하기도 하고(『後漢書』 4 「和帝紀」), '부여는 본래 예의 땅'이라고 하기도 하고(『後漢書』 85 「東夷傳」), 동예를 가리켜서 예맥으로 칭하기도 합니다.(『三國志』 「東夷傳」) 『후한서』에서는 "예(濊), 옥저(沃沮), 고구려가 본래 조선 땅에 위치해 있다.(濊及沃沮句麗本皆朝鮮之地也: 『後漢書』 「東夷列傳」)"고 합니다.

예맥은 중국의 한 나라 이전에는 마치 맥과 예가 요동을 동과 서로 나누어 차지하는 것처럼 서술되다가 한 나라 이후에는 예맥이라는 말을 보편적으로 사용하고 있습니다. 예를 들면 『한서』에는 예맥 조선(濊貊朝鮮)이라는 말이 등장합니다.(『漢書』卷24「食貨志」) 앞서 본 대로 예와 맥은 하나의 범주로 봐야 합니다.

예맥이라는 종족은 『관자(管子)』에서 처음으로 나타나는데 그것은 허베이 동북 지역에 거주하는 종족을 의미했습니다. 따라서 지리적으로 보면 당연히 선비나 동호 등도 모두 이들로 볼 수 있습니다. 이 점을 좀 더 구체적으로 살펴봅시다.

『순자(荀子)』에는 "진(秦) 나라 북쪽으로는 호(胡)와 맥(貊)이 접하고 있다.(『荀子』强國)"고 되어 있습니다. 다시 말해서 진 나라의 북쪽 가운데 서부는 흉노〔호(胡)〕, 동부는 맥(貊)과 접하고 있다는 말이지요. 이 시기는 진 나라가 중국을 통일하기 전이므로 맥의 위치가 오히려 현재의 내몽골이나 오르도스, 황토 고원과 가까운 곳에 있었음을 보여 주고 있습니다. 『사기』에는 진 나라 때 승상 이사(李斯)가 진의 2세 황제인 호해(胡亥)에게 올린 글에 "저는 (진시황을 보필하여) 북으로는 호맥(胡貊)을 쫓아 버리고 남으로는 백월(百越)을 평정하여 진 나라를 강대하게 만들었습니다.(『史記』「李斯列傳」)"라는 구절이 있습니다. 결국 한 나라 이전에 맥은 내몽골이나 오르도스, 황토 고원에 있었음을 보여 줍니다.

진 나라가 중국을 통일할 즈음(BC 3세기 말)의 영토는 "동으로는 바다와 조선(朝鮮)에 이르고 있다.(『史記』「秦始皇本紀」)"라고 합니다. 이를 보면 당시 이미 예맥이 요동 지역에 광범위하게 자리를 잡고 있음을 알 수 있습니다. 당시 조선은 진 나라의 침공을 두려워하여 복속을 하려 했지만 조회는 하지 않았다고 합니다.(『魏略』) 진 나라(BC

221~206)는 건국한 지 20년도 되지 않아서 멸망하고 말지요.

진 나라를 이은 한 나라가 건국(BC 202)될 즈음에는 맥이 현재의 베이징이나 요동 반도 즉 요동 지역에 가까이 있었음을 말하는 기록이 나타납니다. 예를 들면 『한서』에는 "북으로는 맥인과 연 나라 사람들이 매우 용맹스러운 기병〔효기(梟騎)〕을 보내와서 한 나라를 도왔다.(北貉燕人來致梟騎助漢：『漢書』「高祖紀」)"라고 씌어 있습니다. 이 부분에 대해서 『한서』의 주석에는 "북맥이라는 것은 나라(應劭曰北貉國也)"라고 하고 "맥은 (한 나라의) 동북방에 있으면서 삼한에 속한 것은 모두 맥족이라고 합니다.(師古曰貉在東北方 三韓之屬皆貉類也 音莫客反：『漢書』「高祖紀」)

중국식으로 말한다면 연 나라가 현재의 요동 반도 지역이므로 연 나라 지역을 제외한 북쪽이란 사실상 동이와 북적을 포괄하는 말입니다. 즉 동호도 예맥의 한 일파라는 것이지요. 『설문(說文)』의 "동방의 맥(貊)은 발 없는 벌레〔치(豸)〕에서 나왔다."는 말에서 보듯이 맥은 시간이 지나면서 동으로 이동해 갔음을 알 수 있습니다. 뿐만 아니라『한서』의 다른 기록으로도 확인이 됩니다.

즉 『한서』에 따르면 예맥은 오환(烏桓)·선비(鮮卑)라는 이름으로 등장하여 중원에 위협을 주는 존재로 나타납니다.(『漢書』「紹帝紀」) 그런데 오환·선비는 동호의 대표적인 민족이 아닙니까? 결국 동호(東胡)나 예맥을 구별하기 어렵다는 말이죠.

동호는 『사기』에 처음 나타나는 말로 "연 나라 장수인 진개(秦開)가 동호를 기습하여 공격하니 동호는 천여 리의 땅을 빼앗기고 말았다.(『史記』「匈奴列傳」)"라고 되어 있습니다. 따라서 이것은 연원이 짧은 말로 경우에 따라서는 예맥을 대신하는 말로도 사용된 것으로 보입니다.

구체적인 예를 들어봅시다. 위진남북조 시대에 이르면 『위서(魏書)』에서는 특히 오환(烏丸)은 요동 만주 지역에 있던 사람들의 총칭이라고 하고 있습니다.(其諸方雜人來附者 總謂之烏丸 各以多少稱酋 庶長 分爲南北部 復置二部大人以統攝之:『魏書』卷113「官氏志」) 그런데 『위서』에는 잡인(雜人)이라는 말이 나옵니다. 한족(漢族)들이 잡호(雜胡)나 잡이(雜夷) 취급을 하는 바로 잡인 오환이 누구입니까? 바로 범쥬신(Pan-Jüsin)이 아닙니까? 기분이 나쁘군요.

맥(貊)은 중국의 고대 전적에서 야만족의 대표적인 종족으로 묘사되어 왔습니다. 예를 들면 『시경』에 "(저 멀리) 추족과 맥족이 사는 곳까지 북쪽 나라 모두 다스리기 위해 왕께서 소공을 제후로 봉하셨네.(王錫韓侯 其追其貊 奄受北國:『詩經』「韓奕」)"라든가 "회수의 오랑캐와 맥족과 같은 야만족 그리고 남쪽의 야만인에 이르기까지 그를 따르고 복종하지 않는 자 없으니(淮夷蠻貊 及彼南夷 莫不率從:『詩經』「閟宮」)"라든가 하는 말이 나오는 것으로 보아 중국인들이 볼 때 맥은 그저 중국의 북방 또는 동방에 사는 오랑캐입니다. 쉽게 중국식으로 말하면 맥족 즉 예맥이란 동이(東夷)와 북적(北狄)을 합쳐서 부른 말로 보입니다.

『논어(論語)』에서 공자는 다음과 같이 말합니다. 즉 공자가 구이(九夷)의 땅에 살기를 원하자〔子欲去九夷〕 사람들이 말하기를 "그곳이 얼마나 지저분한데 사시기를 바랍니까?"라고 합니다. 그러자 공자는 "군자가 그곳에 산다면 그 더러움이 문제인가?(君子居之 何陋之有)"라고 하였습니다.(『論語』「子罕篇」)

그동안 상당수의 한국 학자들은 이 말에 감읍하여 이를 토대로 여러 가지 억설(공자가 '구이'를 그리워한다거나 '구이'가 그만큼 살만하다거나 아니면 공자도 한국인이라거나)을 주장하기도 했지만 큰 의미를 둘

필요는 없습니다. 그저 역설적인 표현법에 불과한 듯합니다.

이 글을 인용한 이유는 공자가 구이를 아끼고 사랑한다는 말을 하려는 것이 아닙니다. 다만 구이는 일반적으로 보면 예맥족의 총칭으로 볼 수 있기 때문에 한번은 주목할 필요가 있다는 말이죠. 참고로 『한서』에는 "사맥(四貊)이 모두 복속하였다.(『漢書』卷22「禮樂志」)"는 말이 있고 다른 문헌에서도 "제맥(諸貊)"이라는 말이 나옵니다. 이 말이 후일 제신(諸申: 쥬신)이라는 말로 대체되고 있습니다.

그동안 많은 연구로 몽골—만주—한반도에 거주했던 여러 종족들이 동일한 민족 또는 동일한 기원을 가진다는 것을 보여 주는 연구와 증거가 발굴되고 있습니다. 이 점을 구체적으로 살펴봅시다.

유 엠 부찐은 "맥족의 분포 지역은 오늘날의 요서(遼西) 지역(그 이전 시대에는 산둥 반도의 일부 지역 포함), 요하 중상류의 계곡, 요동(遼東) 반도 한국의 서북부 해안 지대를 포함한다. 그리고 예족은 지린(吉林)의 남부 및 동북 만주 지역이다."라고 정리하고 있습니다.(유 엠 부찐, 『고조선』, 소나무, 1990)

북한학자 리준영은 맥족은 고대 중국 사서에 나타나는 고리국(槀離國)의 구성원이며 이 고리국이 바로 북부여라고 하며(이준영, 「고구려 국가의 기원에 대하여」,《력사과학》1964년 4월호), 북한의 탁월한 사가인 리지린 선생은 이들이 동호(東胡)라고 합니다.(이지린·강인숙, 『고구려 역사』, 평양: 1976.)→이지린·강인숙, 『고구려 역사』, 서울: 논장출판사, 1988. 영인본, 38~54쪽) 이 말은 맥족의 지역적인 분포나 문화적인 특성이 동호와는 구별하기 어렵다는 말이지요.

간단히 말하면 '동호=맥(예맥)'이라는 것입니다.

좀 더 구체적으로 리지린 선생은 『고구려 역사』에서 BC 3세기경에 "연 나라 장수 진개(秦開)가 동호를 침입함으로써 맥족이 멸망"했으며 당시의 잔존 세력들이 집단적으로 동부 지방 즉 송화강(흑룡강의 최대 지류) 유역으로 이동했다고 주장합니다. 또 그들이 세운 나라가 고구려이며 그 시기는 대략 BC 232년경(BC 3세기)이라고 합니다. 앞에서 제시한 "연 나라의 장수 진개가 동호를 습격하여 격파하니 동호는 천여 리의 땅을 빼앗겼다.(『史記』「匈奴列傳」)"는 말을 상기하기 바랍니다.

리지린 선생의 연구에 따르면 황해 연안과 발해만 한반도에 거주했던 종족인 조이족(鳥夷族)과 예맥족이 융합하여 기원전 2000년경에 숙신이 나타났다고 하고 있습니다.(리지린, 『고조선 연구』, 1963) 여기서 리지린 선생이 지적하는 시기는 의문스럽지만 예맥족과 숙신족도 구분이 대단히 어렵다는 점을 분명히 지적한 것입니다.

간단히 말하면 '숙신 = 맥(예맥)'이라는 것입니다.

실제로 숙신은 한(漢) 나라 이전에는 허베이 지역과 남만주 지역에서 나타나고 있고, 한 나라 이후에는 흑룡강과 연해주를 중심으로 나타나고 있습니다. 그런데 한 나라 이전 숙신의 영역은 고조선의 영역과 대부분 겹치고 있으며, 조선(朝鮮)과 숙신이 같이 나오는 기록이 없어 숙신은 조선의 다른 표현이라고 보는 것이 타당합니다.(이 부분은 '숙신 편'에서 다시 논의합시다.)

이 점은 대단히 중요한 지적입니다. 왜냐하면 그동안 우리는 동호나 숙신을 예맥과는 다른 별개의 민족으로 보고 있었기 때문이죠. 또 그렇게 열심히 가르쳐 왔습니다. 마치 동호나 숙신의 피가 한 방울이라도 튀면 죽을병이라도 생길 것처럼 말이죠. 그리고 동호에서 거란(契丹)이 나온 것으로 말하는데 사실 따지고 보면 이들과 몽골(蒙兀)은 민족적으로 다르지 않고 거란 또한 고구려를 구성한 민족과 다르지 않죠. 이 점은 앞으로 하나하나 구체적으로 밝혀 갈 것입니다.

지금까지의 논의를 보면, 일반적으로 말하듯이 만주 서부는 동호,

동부 만주의 삼림 지대는 숙신, 중부 만주 평원에서 대동강은 예맥이라는 식으로 보는 것은 분명히 잘못입니다.

왜냐하면 이 민족들이 소재한 위치가 뒤죽박죽인 데다 서로 섞여 있어서 도대체 분간이 되지 않고 여기저기서 이들이 서로 다르지 않다는 기록이 보이기 때문입니다. 무엇보다도 이들을 다른 종족이나 민족으로 나눌 수 있는 근거가 희박하다는 것이죠.

같은 주거 문화, 유사한 장례 문화, 같은 토템, 같은 무속에 언어도 같은 계열이고 생물학적 체질과 체격 조건도 같은데 다만 자연 환경 변화에 따른 생활양식이 약간 다를 뿐입니다.

예를 들면 버드나무를 신목(新木)으로 숭배하는 사상은 흉노, 몽골, 거란, 선비, 여진, 고구려 등에서 모두 공통으로 나타나고 있습니다.(江上波夫, 「匈奴の祭祀」, 『ユウラシア古代北方文化』, 東京: 1948) 참고로 선비, 오환 등도 동쪽과 푸른색을 숭상합니다. 실제로 『삼국지』, 『요사(遼史)』 등에 나타나는 오환·선비(동호)의 습속은 현대 한국인과도 매우 흡사합니다. 태백산(장백산 또는 백두산)은 거란, 숙신, 예맥 모두에게 성산(聖山)입니다. 대표적인 보르항산이죠.

또한 예맥이 단순히 만주 중부에서 대동강 지역에 이르는 곳에서만 살아온 것은 아닙니다.

앞에서 말한 예맥의 신화(단군 신화)로 파악해 보더라도 중국의 베이징 부근으로 밀려난 예맥이 요동—만주—연해주 지역의 곰 토템 민족들과 융합하면서 쥬신이 형성되었다는 것으로 추정할 수 있죠.

곰 토템 지역으로만 보더라도 유라시아 아메리카형(시베리아 산림 지대에서 광범위하게 나타남: 야생의 곰을 종족의 수호령 또는 수렵신으로 간주)과 아이누형(연해주에서 북해도에 걸쳐 나타남: 곰을 사육하여 의례적으로 죽여서 나눠 먹지만 곰을 조상으로 간주) 등이니 이 지역들은 사실상 만주와 한반도 북부에서 북해도에 이르는 태평양 주변의 모든 지역을 의미하고 있지요.

이 같이 주장하는 또 다른 이유도 있습니다.

맥(貊)이라는 명칭은 중국의 사서로 보면 서주(西周) 시대 이후에 나타났다가(『詩經』「大雅 韓奕篇」) 위진남북조(魏晉南北朝) 시대에는 소멸되고 있기 때문입니다.

그렇다고 어느 날 갑자기 예맥이 없어졌을까요? 그것은 아니지요. 이들의 명칭이 역사 자료에서 사라진 후 말갈이나 물길(勿吉: 기분 나쁜 놈), 읍루(挹婁: 아이누 같은 놈들) 등이 대신하고 있으니까요.(그 이유는 다음 장에서 상세히 서술하겠습니다.) 그리고 이 명칭이 요동의 서부에서부터 지속적으로 동쪽으로 이동하여 동해(東海: 동예 지역)까지 이르고 있습니다.

그러므로 그동안 우리가 동호나 숙신을 예맥과는 다른 별개의 민족처럼 본 것은 2,000년 역사 연구의 가장 큰 잘못이며 이것이 우리가 쥬신의 실체를 제대로 파악하는 데 실패하게 만든 근본 요인입니다.

예맥과 동호·숙신은 초기에는 허베이 및 중국 동북 지역에, 후기에는 요동—만주 지역에 거주하는 민족을 의미했습니다. 이들이 바로 우리가 찾아가려는 쥬신의 실체지요. 한족식(漢族式)으로 말하면 북적(北狄)과 동이(東夷)를 두루 포괄한 민족입니다. 이들은 농경민처럼 특정 지역에서 산 것이 아니라 여기저기 이합집산(離合集散)하며 살아 갔습니다.

〔그림 ⑤〕 곰 토템 관련 지도

3. '똥고양이' 입양하기

이제 예맥이 한국과 중국 양국의 역사 전쟁에서 왜 중요한 문젯거리가 되는지 알아봅시다.

우리 학계에서는 예맥을 한민족(한국인) 구성의 뿌리로 이해하고 이들이 남방의 한(韓)과 더불어 한민족을 형성했다고 주장합니다. 그러나 동북공정을 주도하는 현대 중국의 학계에서는 예맥을 한족의 구성 요소로 보고 있습니다.

저는 왜 그런지 알 수가 없네요. 왜 중국인들이 그동안 '똥고양이〔濊貊〕'로 부르면서 가까이 하면 마치 큰일이라도 생길 듯이 더럽게 생각하다가 이제 와서는 이 '똥고양이'를 입양하여 자기네 민족이라고 부산을 떨고 있는지 말입니다. 사람도 아닌 '똥고양이'를 하나의 가족으로 생각해 준다니 중국인들은 참으로 인도적(人道的)입니다.

현재 한국과 중국이 모두 예맥을 공통된 민족 구성원으로 이해하고 있으며 그것이 역사 전쟁으로 번지고 있는 것이지요. 그러나 중국 학계의 시각은 지금까지 살펴본 대로 역사적인 근거가 희박합니다. 오랫동안 중국은 예맥을 '똥고양이' 오랑캐라고 간주해 오다가 최근에야 군이 이들을 한족의 영역으로 억지로 구겨 넣으려고 하는 것입니다.

그렇다면 예맥이 분명히 한족과는 다른 종족이라는 것을 밝히면 모든 문제가 해결될까요? 그것은 아닙니다. 왜냐하면 예맥이 기원 전후로 여기저기서 나오다가 슬그머니 자취를 감춘 후 숙신, 읍루, 물길, 말갈, 질위, 여진 등의 명칭이 요동과 만주 일대에서 나타나고 있기 때문입니다.

요동과 만주 지역을 중심으로 하는 예맥족의 역사는 위진남북조 시대 이후에는 없어집니다. 그런데 우리가 우리 민족을 자꾸 예맥이라고만 하면 우리는 길 잃은 '역사의 고아'가 되어 버리는 것입니다.

예를 들어봅시다. 부산 출신 김복순 씨는 신의주 출신의 최영철 씨와 결혼하여 최예솔이라는 아이를 두고 있다고 합시다. 옆집에 사는 아줌마는 김복순 씨를 '예솔 엄마'라고 하고 슈퍼마켓 할머니는 '부산댁', 최영철 씨는 '솔아'라고 부릅니다. 그리고 김복순 씨의 초등학교 동창인 정연희 씨는 '복순아'라고 부릅니다.

사람들은 한 사람을 각기 '예솔 엄마', '부산댁', '솔아', '복순아'라는 다른 명칭으로 부르고 있습니다. 그렇다고 '부산댁'과 '솔이 엄마'가 다른 사람입니까? 이렇게 다르게 부르는 것은 김복순 씨의 사정이 아니라 김복순 씨를 부르는 사람들의 개인적인 사정이나 지위 또는 친분 관계

등에 따라 결정되는 것입니다.

예맥은 중국인들이 함부로 기록하고 내뱉은 말에 불과합니다. 중요한 것은 역사의 '지속성'입니다. 예맥의 이름이 역사의 기록에서 사라지고 또 다른 이름으로 다시 나타나면 그것을 추적하는 것이 옳지요. 단순히 예맥이라는 민족의 일부가 고조선을 구성하였다가 역사에서 사라져 예맥은 만주에 흩어져 소멸하고 일부는 한반도 남단에 흘러 들어왔다고만 이해하여 그들의 영역이 현재 한국의 경상도·전라도·충청도 등이니 그곳만이 그들의 역사 영역이라고 한다면 크게 잘못된 것이지요. 그들은 전라·경상·충청뿐만 아니라 요동과 만주에서도 멀쩡히 잘살고 있는데 말이죠.

요동·요서·만주 일대에 머물던 모든 예맥족이 고조선이 망하자 일부는 만주로 가서 소멸하고 나머지는 모두 한반도로 올 수 있습니까? 기차가 있습니까? 고속버스가 있습니까? 황해 바다를 건너올 페리호가 있습니까? 설령 그것이 있다 한들 이들을 어떻게 다 데려온단 말입니까?

더구나 예맥이 사라진 텅 빈 요동과 만주에 동호, 숙신, 읍루, 물길 등이 새롭게 등장하는데 이 많은 인구가 타임머신이나 공간 이동도 없이 갑자기 어디서 왔단 말입니까?

따라서 예맥이 사라진 자리에 숙신, 읍루, 물길 등이 새롭게 등장한 것이 아니라 바로 그 민족이 그 민족이라는 것입니다. 이름만 바뀌고 있을 뿐이지요.

4.
거란과 선비와
우리가 같은 민족이라니

이쯤 했으면 '예맥＝숙신＝
동호'라는 점은 충분히 이해했
을 것입니다. 물론 숙신과 관련해서는 '숙신 편'에서 궁금증을 해소해
드리겠습니다. 그래서 저는 이런 숙신·동호·예맥 등을 일컫는 범칭으
로 '범(凡) 쥬신(Pan-Jüsin)' 또는 '원(原) 쥬신(original Jüsin)'이라는
용어를 써야 한다고 보지요.

제가 앞서 거란의 원류인 동호의 영역이 고조선의 영역과 일치한다
는 점은 말씀드렸죠? 그리고 체질이나 체격도 일치하고('아침 안개 속
의 쥬신'), 주거 문화(온돌)나 토템도 일치('똥고양이와 단군 신화')한다
고 말씀드렸죠? 그렇다면 그 동호에서 거란이 나왔다는 것은 아실 테
니 일단 거란의 역사서인 『요사(遼史)』를 봅시다.

『요사』에는 "(거란 수도인 중경의 동부 관문인) 동경 요양부는 본래
조선의 땅이라.(東京遼陽府本朝鮮之地: 『遼史』「地理志」2)"라고 합니
다. 그리고 일반적으로 알고 있는 바와는 다르게 "요 나라는 조선의 옛
땅에서 유래했으며 고조선과 같이 팔조범금(八條犯禁) 관습과 전통을
보존하고 있다.(遼本朝鮮故壤 箕子八條之敎 流風遺俗 蓋有存者: 『遼史』
卷49)"고 하고 있지요.

앞으로 보겠지만 요 나라야말로 정치적인 군장과 종교적인 수장을
겸하는 단군왕검식 통치를 보여 준 대표적 경우입니다.

『요사』에 따르면, 요 나라의 태조는 "천명을 받은 군주는 마땅히 하
늘을 섬기고 신을 경배한다.(受命之君 當事天敬神: 『遼史』「耶律倍
傳」)"라고 하여 샤머니즘을 국교(國敎)로 숭상한 나라라고 할 수 있습
니다.(島田正郎, 『遼朝官制の硏究』, 1979)

이런 점을 보면 차라리 현대 한국인은 동호의 후예라고 해야 할 것입니다.

앞서 본 대로 리지린 선생의 연구는 예맥족과 숙신, 선비는 구분이 불가능함을 보여 주고 있습니다. 그렇다면 고구려와 선비의 연관성에 대해 간략하나마 알아봅시다.

고구려나 몽골은 기원적으로 타브가치(拓跋鮮卑) 즉 선비족(鮮卑族)과 밀접한 관계가 있습니다.(이때 사용된 '치(chi)'는 몽골계 언어의 인칭 대명사입니다. 예를 들면 장사치, 벼슬아치 등의 치와 같은 것이죠.) 이 점은 몽골이나 북방 유목민을 연구하는 전문가들이 지적하고 있는 부분입니다. 참고로 선비라는 말이 어디서 나왔는지에 대해서는 뭐라 말하기는 어렵습니다. 시라토리 구라키치(白鳥庫吉) 교수는 사비라는 만주어가 '상서(祥瑞)롭다'는 의미이므로 기린과 같은 성스러운 동물일 가능성이 크다고 했습니다만 에가미 나미오(江上波夫) 교수는『유라시아 고대 북방 문화』에서 가죽 허리띠에 붙어 있는 동물 모양 버클의 음역에 불과하다고 고증했습니다.

타브가치는 흔히 탁발선비(拓跋鮮卑)라고 기록된 민족으로 북위(北魏)를 건설했는데 고구려·몽골과는 직접적으로 관련이 있습니다. 이들의 원주지가 맥족이나 몽골과 겹칠 뿐만 아니라 (같거나 인근 지역) 언어나 풍속도 거의 같다고 합니다.(박원길,『유라시아 초원 제국의 샤머니즘』, 민속원, 2001)

북위의 역사서인『위서』에는 사신이 와서 북위의 세조(世祖)에게 민족 발상지를 설명해 주자 세조가 그곳에 사람을 파견하여 축문을 새겼다는 기록이 있습니다.(『魏書』「烏洛侯傳」) 그런데 내몽골 자치구 후룬뷔일멍(呼倫貝爾盟) 어룬춘(鄂倫春) 자치기(自治旗) 아리하(阿里河)진 서북 10킬로미터 지점에 있는 천연 동굴에서 이 축문 비석이 1980년

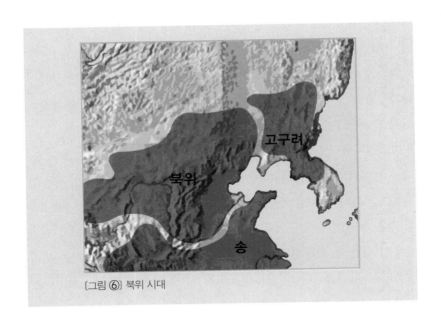

〔그림 ⑥〕 북위 시대

7월 30일에 발견되었다는 것이지요.(박원길, 『유라시아 초원 제국의 샤머니즘』) 이 비석은 아리하 즉 아리수(阿利水) 인근에서 발견되었는데 바로 이 강의 이름이 고구려의 시조가 건너간 강과 같은 이름이죠. 서울을 끼고 흐르는 한강(아리수)과도 같은 이름입니다. 이 부분은 다음 장에서 상세히 다루지요.

북위(386~535)는 북중국을 통일(439)하여 고구려와 이웃하고 남방으로는 한족의 송 나라(420~479)와 대치합니다. 북위의 역사서인 『위서』에 따르면 장수왕의 부음(494)을 듣고 북위의 효문제는 "오호, 슬픈 일이로다. 내가 직접 문상 가지는 못하더라도 이곳에서나마 애도를 표하고자 하니 제단을 마련하고 상복을 준비하도록 하라."라고 합니다.(帝爲高麗王璉 擧哀於城東行宮:『魏書』; 高祖 紀第七下:『魏書』) 이 기록은 『삼국사기』와 일치합니다.(王薨 …… 魏孝文聞之 制素委貌 布

深衣 擧哀於東郊:『三國史記』「高句麗本紀」長壽王 七十九年)

　　그러나 북위는 중국을 통치하는 과정에서 지나치게 한족 문화를 수
용함으로써 지도층 내부에 큰 반목과 갈등이 일어나기도 합니다. 후일
요(遼) 나라도 북위의 전철을 그대로 밟습니다. 이것은 유목 문화와 농
경 문화가 충돌할 때 생길 수밖에 없는 갈등이기도 합니다.

　　어쨌든 예맥의 대명사인 고구려가 선비족과 같은 계열의 민족이라
는 것을 알 수가 있습니다.

　　결국 동호·선비·예맥은 앞으로 나올 숙신·물길·말갈과 서로 다른
민족이 아니라는 것이죠. 그저 쥬신인 것입니다. 그 명칭들이 현란한
욕으로 만들어져 여러 종족으로 탈바꿈한 것은 전적으로 한족의 사가
(史家)들에 의한 것일 뿐이지요. 그리고 그것은 철저히 농경민의 시각
을 반영한 말이라는 것입니다.

5. 요약 합시다

　　그동안 우리는 한국인은 북방의 예맥족과 남방의 한
족이 융합되었다고 알고 있었습니다. 여기서 말하는
한족(韓族)이라는 개념을 삼한(三韓)식으로만 해석하는 것도 문제입
니다. 그리고 동호, 숙신, 말갈, 물길, 거란, 선비 등과 우리는 전혀 다
른 민족이라고 가르치고 배워 왔습니다. 그러나 예맥은 사서에서 곧
사라져 잊혀지고 맙니다. 예맥이 다른 이름으로 바뀌어 간 것에 불과
한데 말이죠. 예맥은 지속적으로 다른 명칭으로 바뀌는데 그것에 대한
고려가 전혀 없습니다. 그러다 보니 숙신이나 말갈, 여진 등은 우리와
아무 상관 없는 민족으로 이해할 수밖에 없는 것이죠.

예를 들면 김복순 씨는 변함이 없는데 사람들은 '예솔 엄마'와 '부산 댁'을 완전히 다르게 보고 있는 것입니다. 이를 알기 위해서는 '예솔 엄마'와 '부산댁'이 어디에 사는지를 알면 됩니다. 만약 이사를 갔다면 '예솔 엄마'가 움직일 때 '부산댁'이 어디로 움직이는지 관찰하면 되 죠. 뿐만 아니라 '예솔 엄마'와 '부산댁'의 인상 착의와 행동 양식 및 거주지를 파악하면 '예솔 엄마'와 '부산댁'의 관계는 금방 알 수가 있 습니다.

또한 한족이라는 말도 그 근원이 무엇인지 제대로 모르고 있습니다. 한(韓)이라는 말을 경상도·충청도·전라도 지방의 사람들을 가리키는 말로 착각하고 있지요. 그저 중국의 사서에 나오는 것을 앵무새처럼 인용하고 있는 것입니다.(이 점은 '환국(桓國)·한국(汗國)·한국(韓國)' 부분에서 다시 상세히 분석할 것입니다.) 그러면서도 이들은 기원후 5세 기경에 고구려로 통일되는 것은 인정합니다.

앞서 본 대로 이러한 분석은 역사를 얼마나 단편적으로 보고 있는가 를 말해 줍니다. 한국 사학계의 생각 가운데 받아들일 만한 것은 고구 려에 의해 여러 쥬신이 통합되고 있다는 사실뿐입니다. 답답한 일이 아닐 수 없습니다.

이제 지금까지의 논의를 요약해 봅시다.

첫째, 예맥은 쥬신 역사의 뿌리이자 여명기 쥬신을 형성하는 기초가 되었고 동호와 숙신과 구별이 되지 않는다는 것입니다. 즉 예맥=동호 =숙신이라는 말입니다. 여기서 아이누는 제외됩니다.

둘째, 한반도에 사는 쥬신(한국인)이 역사의 여명으로 보는 고조선 은 예맥의 나라이지만 고조선이 예맥을 모두 포괄한 것은 아닙니다. 이 점을 혼동하면 안 됩니다. 따라서 예맥의 일부가 단지 한반도 남단으로 내려왔다고 해서 그들만이 예맥의 전부라고 생각해서는 안 됩니다.

셋째, 예맥이라는 말은 단순히 고조선 사람만을 의미하는 것이 아니라 중국의 동북방에 거주했던 민족에 대한 일종의 범칭(凡稱)이기도 했다는 것입니다. 이 명칭은 위진남북조 시대를 거치면서 점차적으로 사라지면서 물길·말갈·여진이라는 이름으로 다시 등장합니다. 따라서 예맥이라는 민족과 물길·말갈·여진 등을 다르게 봐서는 안 된다는 것입니다. 사는 곳이 같고 생물학적 특성과 체질이 같고 문화가 같은데 도대체 왜, 무엇이 다르다는 것입니까?

넷째, 예맥·동호·숙신은 쥬신을 구성하는 3대 구성 요소로 고구려는 그 성장 과정에서 이들을 통합하여 이들에게 보다 강한 일체감을 부여했다는 것입니다. 마치 한(漢) 나라가 중국인들에게 한족(漢族)이라는 일체감을 부여했듯이 고구려 역시 쥬신에게 고려 또는 쥬신이라는 일체감을 생성하게 했다는 것입니다.

예맥·숙신·동호를 포괄하는 말로는 '원(原) 쥬신' 또는 '범(凡) 쥬신'이라는 표현이 가장 타당할 것입니다. 앞으로는 우리 민족의 원뿌리에 대해 욕설을 사용하지 말고 이 용어들을 사용하기를 권고드립니다.

이제 예맥이 어떤 방식으로 초기 쥬신의 역사를 형성하는지 살펴봅시다.

6장

'아리수(阿利水)'를 아십니까? '아리'는 '(깨끗하고) 큰'이라는 뜻이므로 '아리수'는 큰 강을 의미합니다. 바로 서울의 심장부를 가로지르는 한강(漢江)의 옛말이 '아리수'라고 합니다. 강 이름으로는 매우 아름다운 이름입니다.

한강은 그 길이만도 400킬로미터가 넘는 큰 강입니다. 한강은 남한강과 북한강의 둘로 나뉘며 남한강을 본류로 하는데 강원도에서 시작하여 광대한 충주호(忠州湖)에 27억 5000만 톤의 물을 채우고 서울로 흘러갑니다.

한강은 공업 용수·농업 용수뿐 아니라 서울·춘천·원주·제천·충주 등 유역 도시의 먹는 물을 제공할 뿐 아니라 전력을 생산하기도 하여 가히 '민족의 젖줄'이라고 할 수 있습니다.

[그림 ①] 아름다운 한강의 모습

'아리수'를 아십니까

　그런데 최근 한강과 관련하여 웃지 못할 해프닝이 벌어졌습니다.

　2004년 3월 24일 서울시는 지난 2001년부터 페트병으로 공급하고 있는 서울의 수돗물에 대해 그 이미지를 고급화하기 위해 명칭을 '아리수'로 변경했습니다. 그때까지 서울시가 공급하는 페트병 수돗물은 거의 6, 70만 병에 이르고 있었습니다.

　그런데 그해 9월 소동이 벌어졌습니다. '아리수'라는 명칭을 두고 서울시 의원과 벤처 기업 사이에 논쟁이 벌어진 것이죠. 서울시 의원 중 한 사람이 '아리수'가 『일본서기』 등에 나오는 '아리나례하(阿利那禮河)'에서 유래했으며 일본의 삼한정벌론(三韓征伐論)을 정당화하려고 군국주의자들이 광개토대왕비문을 조작하면서 사용했던 말이라고 주장했습니다.

　이에 대해 아동용 한글 교육 사이트인 '아리수 한글'이라는 벤처 기업은 이 시의원을 규탄하면서 "'아리수'가 일본에서 유래됐다는 주장이 아무런 고증 없이 보도되었으며 '아리수'가 한강의 옛 이름이라는 사실은 국내 학계에서 이미 확인되었다."고 강조했습니다.

　국립국어연구원의 『표준국어대사전』에도 아리수는 한강의 옛 이름으로 고구려 시대에 한강을 '아리' + '수'라고 하였다고 되어 있습니다. 그러면 이 부분을 좀 더 알아봅시다.

　한강은 한사군(漢四郡) 시대나 삼국 시대 초기에는 대수(帶水)라 불렸다고 합니다. 그런데 한강의 이름을 '아리수'라고 한 것은 영락대제비(광개토대왕비)에서도 확인이 됩니다.

영락대제비는 고구려의 건국 신화와 세계(世系) 및 영락대제의 행장(行狀), 영락대제의 정복 활동과 그 성과, 영락대제 능에 대한 관리 방법 등의 세 부분으로 되어 있으며 가장 중요한 부분은 정복 활동과 성과 부분입니다. 여기에는 모두 여덟 개의 정복 기사가 적혀 있죠. 영락대제비에도 한강을 아리수라고 기록하고 있습니다.

영락 6년(673) 병신년에 왕이 친히 군을 이끌고 '부여의 잔당들(백제)'의 근거지인 여러 성들을 토벌하였다. …… (토벌한 여러 성들의 이름 나열) …… 그러나 '부여의 잔당'들은 의(義)에 복종치 않고 감히 나와 여기저기서 대항하여 싸우니 이에 왕이 크게 노하였다. 왕은 '아리수(阿利水)'를 건너 정병(精兵)을 보내어 그 성들을 압박하자 …… '부여의 잔당'들은 개구멍(근거지를 낮추어 부른 말)에 숨어 들어가 있다가 잔당의 우두머리(백제 아신왕)가 도저히 견디지 못하여 옷감 천 필과 남녀 천 명을 데리고 나와서 바치면서 왕에게 항복하고, 이제부터 영구히 고구려왕의 머슴이 되겠다고 맹세하였다. 태왕(왕)은 이런 허물을 은혜로서 용서하고 뒤에 순종해 온 그 정성을 기특히 여겼다. 이에 왕은 58성(城) 700촌(村)을 획득하고 잔당 우두머리의 아우와 대신 10인을 데리고 수도로 개선하였다.

〔原文〕以六年丙申, 王躬率□軍, 討伐殘國. …… 殘不服義, 敢出百戰, 王威赫怒, 渡阿利水, 遣刺迫城. □□〔歸穴〕□便〔圍〕城, 而殘主困逼, 獻出男女生□一千人, 細布千匹, 王自誓, 從今以後, 永爲奴客. 太王恩赦□〕迷之愆, 錄其後順之誠. 於是得五十八城村七百,將殘主弟幷大臣十人, 旋師還都.

이 비문에서는 백제에 대해 '잔(殘)'이라는 말을 사용하고 있는 것도 눈여겨봐야 합니다. 백제를 의미하는 말인데 부여의 잔당이란 뜻입니다. 즉 당시 부여는 힘도 없이 사실상 고구려의 보호국(속국)에 불과했지만 그 잔당들이 여기저기서 부여를 만들어 고구려에 대항하고 있었으니 이것을 성가시게 생각한 데서 나온 말일 것입니다. 그렇지만 노골적으로 부여를 비난하여 '부여의 잔당'이라고 하지 못한 것은 고구려 역시 부여의 후예이기 때문입니다. 저는 다만 당시 사정을 좀 더 정확히 전달하기 위해 '부여의 잔당'이라고 번역한 것이지요. 이 부분은 백제(반도 부여) 편에서 상세히 다루겠습니다.

어쨌든 한강을 '아리수'라고 분명히 기록하고 있습니다. 또한 『삼국사기』 (권25)에서도 한강을 '욱리하(郁利河)'라고 칭하고 있는데 이 '욱리'의 발음은 '유리[yùli]'로 결국 아리수와 유사하게 발음됩니다.

그 후 백제가 동진(東晉)과 교류하고 중국 문화를 수입하면서부터 한강은 중국식 명칭인 '한수(漢水)'가 되었다고 합니다.

천 년 이상의 세월 동안 한강은 '아리수'라는 아름다운 이름을 버리고 한강이라는 이상한 이름으로 지금까지 불리고 있습니다. 이 모두가 '새끼 중국인'을 자처하는 소중화주의자들 덕분이라고 봐야겠지요? 이들은 우리 민족을 상징하는 강 이름조차도 '한강'이라고 바꾸어 버렸죠. 서울도 '한성(漢城)'이라고 부르죠.

참, 못 말리겠습니다. 이렇게 지독한 사대(事大)·중화주의자(中華主義者) 들이 세상 어디에 있겠습니까? 이들은 한국이 중국의 식민지가 되면 두 손을 들어 환영할 사람들일지도 모릅니다. 치유가 불가능할 정도로 마음의 병이 깊은 것이죠. 정말 세대가 바뀌어야 하는 게 아닌지 모르겠습니다.

지금이라도 늦지 않았습니다. 한강(漢江)을 '아리수'라고 바꾸어야 합니다. 만약 혼란이 심하다면 한강의 한문(漢文) 표기를 중단해야 하고 한('한'이란 크다는 순우리말)가람으로 바꾸어야 합니다. 그러면 여러분 가운데 어떤 분은 이렇게 말씀하실지도 모릅니다.

"김 선생, 좀 지나치게 굴지 마. 한강이라는 지명은 벌써 1,500년도 넘게 사용되어 왔어. 그런데 이제 와서 그 이름을 고쳐라 마라 하는 것이 교양이 있는 소린가 말이야?"

옳으신 말씀입니다. 혼란이 심할 수 있겠지요. 그러나 제가 한강을 아리수로 불러야 한다고 하는 데는 두 가지의 이유가 있습니다.

하나는 우리 몸속에 뿌리 깊은 새끼 중화주의를 경계하려 함이고 다른 하나는 이 '아리수'라는 말 안에는 엄청난 쥬신(Jüsin)의 비밀이 숨겨져 있기 때문입니다.

1.
아리ㄱ 오손(Arig-Usun)

칭기즈칸의 나라 몽골의 시조인 아름다운 성녀(聖女) 알랑 고아에 관해 『몽골 비사』는 다음과 같은 이야기를 전해 줍니다.

알랑고아의 아버지 코릴라르타이-메르겐은 사냥을 잘하는 사람입니다. 코릴라르타이-메르겐은 아름다운 여인 바르고진을 아리ㄱ 오손(Arig-Usun: 청결한 강이라는 뜻)에서 만나 알랑 고아를 낳습니다.

그런데 코릴라르타이-메르겐을 시기하는 사람들이 많습니다. 코릴라르타이-메르겐이 사냥을 하지 못하도록 계속 방해하는 무리들이 나타납니다.

코릴라르타이-메르겐은 사람들을 모아 코릴라르(Khorilar)라는 씨족을 만들어 성스러운 산 보르칸으로 이동합니다. 성스러운 보르칸 산은 땅이 좋고 사냥감이 풍부한 곳입니다.

여기서 말하는 코릴라르는 코리족(Kohri)에서 갈라져 나온 부족의 명칭이라고 합니다. 이 명칭은 주몽이 코리 부족에서 일단의 지지 세력을 이끌고 남으로 이동하여 나라를 세운 뒤 국명을 코리의 한 나라임을 나타내기 위해 고(高: 으뜸) 구려(Kohri)라고 부른 것과 거의 일치하는 내용입니다.

『몽골 비사』에는 세 개의 몽골 기원 설화가 실려 있습니다. 맨 앞에 있는 늑대 설화는 돌궐의 것을 모방한 것이지만 나머지 두 개 즉 코릴라르타이-메르겐의 이동 설화와 알랑 고아의 설화는 몽골 고유의 설화라고 합니다.(박원길, 『북방 민족의 샤머니즘과 제사 습속』, 국립민속박물관, 1998) 뒤에서 언급하겠지만 알랑 고아 설화는 고구려의 유화부인(柳花夫人) 이야기와 거의 같은 내용이고 코릴라르타이-메르겐은 한역하면 고주몽(高朱蒙)입니다. 활의 명인이라는 것이죠. 그리고 메르겐은 신라의 마립간(麻立干)과 같은 말이라는 견해도 있습니다.

쥬신의 마음의 고향인 바이칼 호수에는 30개에 가까운 섬이 있고 그중 가장 큰 섬이 바로 '알혼섬'입니다. 칭기즈칸의 무덤이 있다고 알려진 곳이기도 합니다. 그곳에는 우리 민족과 관련된 이야기가 넘쳐납니다.

'알혼섬' 사람들의 말로는 이곳이 바로 코리족의 발원지로 부리야트족의 일파가 먼 옛날 동쪽으로 이동하여 만주 부여족(扶餘族)의 조상이 되었고 후일 고구려의 뿌리가 되었다고 합니다.(제가 보기에 이들이 말하는 민족의 발생 기원이나 민족 이동의 방향은 약간 차이가 있습니다. 이 점은 앞으로 계속 분석할 것입니다.) 부리야트족은 칭기즈칸의 종족으로 알려져 있죠. 김병모 교수에 따르면 이 종족이 한국인과 유전 인자가 가장 가까운 종족이라고 합니다.

그런데 이상한 것은 이 사실을 한반도에 사는 우리만 모른다는 것입니다. 그렇지만 이 얘기는 동몽골이나 바이칼 지역에서는 상식이라고 합니다. 이 지역에서는 동명왕을 코리족 출신의 고구려칸(Khan)이라

[그림 ②] 바이칼 호수에 있는 알혼섬에서 본 풍경

부른다고 합니다.(정재승,《조선일보》2003. 9. 25.)

다시 생각해 봅시다. 이 이야기들을 왜 우리만 모르는지. 일부러 피하는 걸까요? 조선 후기의 성리학자들처럼 중국이 '부모의 나라'여서 그런가요? 그래서 중국에 누가 될 만한 것은 무엇이든지 숨긴다는 것입니까? 아니면 과거에는 영광스러웠지만 이제는 별 볼일 없다, 뭐 그런 걸까요? 그런데 '뿌리를 찾는 일'은 볼 일이 있고 없고의 문제가 아니잖아요?

정재승 선생에 따르면 '알혼섬' 바다는 바이칼호에서 가장 수심이 깊고 풍랑이 센 곳으로 옛날부터 이곳 뱃길을 항해하는 상인에 의해 몸을 던지게 되는 부리야트 심청의 인당수가 있다고 전해지고 있다고 합니다. 이 비극적인 아가씨는 '알혼섬'의 바이칼 인당수에 몸을 던지자 금빛 비늘을 가진 물고기로 다시 환생하여 신들의 세계에서 영원히 살게 되었다고 합니다.

이 지역에서 전해 오는 또 하나의 유명한 이야기 중 하나가 「나무꾼과 선녀」입니다. 이 이야기는 알타이 산맥을 중심으로 중앙아시아와 내몽골, 티베트, 만주, 한반도 지역까지 광범위하게 분포되어 있지만 바이칼호가 그 원류라는 점이 학계의 중론이라고 합니다.(이 부분은 다른 장에서 상세히 분석할 것입니다.)

2. '아리수'를 아십니까?

영락대제비(광개토대왕비)에 '아리수'가 나온다는 것은 이미 이야기했습니다. 그런데 이 '아리수'가 고구려의 건국 신화에도 나온다는 것이죠.

『삼국사기』와 『삼국유사』에 따르면 고구려의 시조인 고주몽(동명성왕)은 대략 개루부 출신(『舊唐書』)으로 2,000년 전 동부여를 떠나 졸본으로 가서 나라를 건국했다고 합니다.

고주몽은 원래 부여 사람으로 동부여를 출발하여 보화산(寶花山)을 거쳐 엄리대수(奄利大水)를 건너 제사, 묵골 등을 만나 졸본(현재의 환인)에 이르렀다고 합니다.(『三國史記』「高句麗本紀」)

여기서 문제가 되는 부분은 바로 엄리대수입니다. 대수(大水)는 문자 그대로 큰 물 즉 강(가람)을 의미합니다. 그러면 엄리[yǎnlì]는 무엇일까요? 두 가지 각도에서 분석해야 합니다. 하나는 그 뜻이 무엇인지 다른 하나는 그 위치가 어디인지 말이죠.

첫째, 엄리는 '야리[yǎnlì]'에 가까운 발음이 납니다. 신채호 선생은 엄리를 큰 강을 의미하는 '아리가람'을 한자음을 빌려서 표시한 말이라고 합니다.(신채호, 「조선사연구초」, 『丹齋申采浩全集』(下), 1982) 즉 '아리수'라는 말이죠.

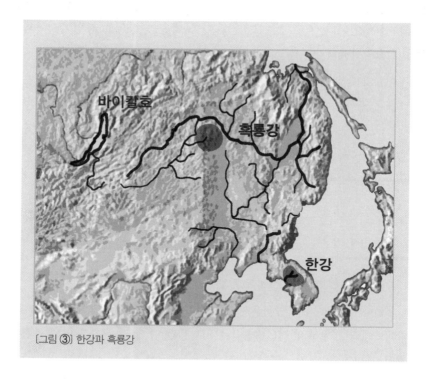

〔그림 ③〕 한강과 흑룡강

　둘째, 일본의 저명한 사학자 시라토리 구라키치(白鳥庫吉)는 엄리대
수를 흑룡강으로 보았습니다.(白鳥庫吉, 『塞外民族史硏究』(下)) 그럴
수밖에요. 엄리대수는 양쯔강과 같이 큰 가람을 의미하죠. 만주와 몽
골에서 큰 강을 의미하는 것은 흑룡강밖에는 없습니다. 흑룡강은 아무
르강 또는 몽골어로 에르군네무렌(Ergünne-Muren)이라고 합니다.
　어, 그러면 흑룡강도 '아리수'가 되는군요. 어허, 한강과 흑룡강의
원래 이름이 같다니 이상한 일입니다. 무려 천여 킬로미터나 떨어진
두 강의 원래 이름이 같다고 하니 말입니다.

3.
압록강과 '아리ㄱ 오손'도 '아리수'라고요?

그런데 한발 더 나아가 만주 지역에 대한 여러 가지 연구를 진행했던 시라토리 구라키치는 압록강도 엄리대수라고 했습니다. 일단은 한강과 흑룡강 사이에 있는 강이 압록강이니 너무 멀리 떨어져 있지는 않아 다행이죠.

압록강에서 '압록(鴨綠)'도 앞에서 본 엄리와 마찬가지로 '야뤼(鴨綠〔yālù〕)로 발음이 되고 있습니다. 이렇게 보면 시라토리 구라키치의 견해도 틀린 말은 아닌 것 같습니다.

뿐만 아니라 시라토리 구라키치는 엄리대수의 다른 명칭으로 '아리수'(阿利水: 아리 강), 오열수(烏列水: 아오리에 강), 무열수(武列水: 우리에 강) 등을 지적했습니다.(白鳥庫吉,「黑龍江の異名について」,『塞外民族史研究』(下))

이형석(한국하천연구소 대표)에 따르면, 주자(朱子)는 천하에 황하, 장강, 압록강 등 세 개의 큰 강이 있고 그 가운데 여진이 일어난 곳이 압록강이라고 했다고 합니다. 『동국여지승람(東國輿地勝覽)』, 『신당서(新唐書)』와 『구당서(舊唐書)』 등에 의하면 압록강은 물색이 오리 대가리처럼 파랗다고 하여 지어진 이름이라고 합니다. 압록강의 다른 이름으로는 안민강(安民江), 요수(遼水), 청하(淸河), 아리수(阿利水), 패수(浿水) 엄수(淹水), 엄리수(淹梨水), 엄체수(淹遞水), 시엄수(施淹水), 욱리하(郁里河), 비류수(沸流水) 등으로 기록되어 있고 중국에서는 '야루(yalu)', 또는 '아리, 야루장'이라 부른다고 합니다.

그래서 압록강도 아리수라고 불려졌다는 것을 알 수 있습니다. 물론 만주족(만주 쥬신)의 고향이기도 합니다.

여기서 잠시 정리를 합시다. 흑룡강을 '아리수'라고 하더니 이제 압록강도 '아리수'라고 했죠?

그런데 이것만이 문제가 아닙니다.

칭기즈칸의 선조들이 떠나온 '아리ㄱ 오손(Arig-Usun)'이라는 말로 돌아가 봅시다.

'아리ㄱ 오손'이라는 말에는 문제의 그 '아리'가 또 들어가 있죠? 즉 '아리ㄱ + 오손(물 또는 강)'에서 오손이란 강이라는 뜻이므로 결국은 수(水)로 바꿀 수 있죠? 그렇다면 '아리ㄱ 오손(Arig-Usun)'도 결국은 '아리수'가 됩니다.

그런데 칭기즈칸의 원제국(1217~1368)은 13세기에 나타나는데『몽골 비사』의 이야기는 훨씬 이전의 이야기죠. 그리고『몽골 비사』에서 말하는 '아리ㄱ 오손'은 '아리수'라는 것은 알겠는데 정확한 위치는 추적하기가 어렵죠.

그런데 선비족의 원주지 가운데서도 또 '아리수'가 나타난다는 것입니다. 즉 타브가치(탁발선비)는 북위(北魏: 386~493)를 건설한 민족인데 이들의 원주지(原住地)가 원 제국의 건설자 몽골의 원주지와 겹치고(같거나 인근 지역) 있을 뿐만 아니라 언어나 풍속이 거의 같습니다. 앞서 말씀드린 대로 타브가치는 고구려와도 밀접한 관련이 있습니다.

북위의 역사서인『위서(魏書)』에는 사신이 와서 북위의 세조(世祖)에게 민족 발상지를 설명해 주자 세조가 그곳에 사람을 파견하여 축문을 새겼다는 기록이 있습니다.(『魏書』「烏洛侯傳」) 그런데 앞서 본 대로 1980년에 이 기록이 발견되었는데 그 장소 가까이에도 '아리수'가 있다는 것이지요.

그 축문이 발견된 장소는 내몽골 자치구인 후룬뷔일멍(呼倫貝爾盟)

어룬춘(鄂倫春) 자치기(自治旗)의 천연 동굴인데 이 동굴이 바로 아리하(阿里河)진 서북 10킬로미터 지점이라는 것이죠.(박원길,『유라시아 초원 제국의 샤머니즘』, 민속원, 2001) 이 지역은 대체로 대싱안링 산맥과 소싱안링 산맥이 만나는 지점이라고 할 수 있습니다. 〔그림 ④〕는 이 지역의 위치를 표시한 것입니다.

그렇다면 북위 제국을 건설한 타브가치의 한 무리들이 결국은 후일 요 나라나 원 나라를 건설한 것으로 볼 수가 있죠.

그런데 〔그림 ④〕를 보면 부여를 기점으로 마치 서로 대칭하고 있는 형상을 하고 있습니다. 만약 부여에서 출발했다면 한 무리는 서쪽으로 한 무리는 남쪽으로 가서 '아리수'와 닮은 강가에서 터전을 잡다 보니 우연하게도 비슷한 거리를 이동했을 수도 있겠군요.

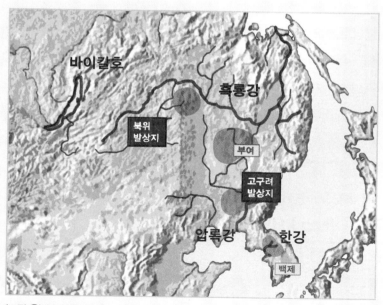

〔그림 ④〕 북위의 발상지

지금까지 분석을 해 보니 이상한 일이 생겨났지요. 서울을 끼고 도는 한강도 '아리수'이고 압록강과 흑룡강도 '아리수'이며 『몽골 비사』에서 칭기즈칸의 선조들이나 선비족(鮮卑族)이 떠나온 고향도 '아리수'입니다.

그렇지만 이제 이 이야기는 그동안 제 글을 열심히 읽으신 분이라면 다 아시는 내용입니다. 앞('똥고양이와 단군 신화')에서 '단군 신화'에 나타나는 평양이라는 지명이 원래는 베이징 부근 지역을 의미하는 것이었으며, 이 지명이 베이징→만주 줍안(集安)→평양(평안도)에서 계속 나타난다고 이야기한 바 있죠?

전문가들에 의하면 유목민들은 어떤 곳에 살다가 불가피하게 이동해야 하는 경우, 그 땅을 들고 다닐 수는 없으니 자신의 뿌리나 토템과 관련된 신성(神聖)한 지명을 가지고 다닌다고 합니다.

즉 유목민들은 이동할 때 자기 민족의 소중하고 아름다운 세계를 들고 다닙니다. 다시 돌아올 수도 없기 때문이지요. 또한 땅에 대한 집착도 없지요. 이것은 유목민들의 중요한 특성입니다. 하지만 이렇게 떠도는 민족일수록 뿌리에 대한 집착은 한층 강하다는 사실만은 알아둡시다.

4. 땅 이름, 강 이름을 들고 다닌다니?

그러면 여러분 가운데 어떤 분은 참지 못하고 이렇게 따질 것입니다.

"김 선생, 그런 게 어디 있어. 당신 말이야. 운이 좋아서 평양이나 한강 정도는 찾아냈겠지. 예맥은 그렇다 치고 그러면 당신이 우리와 족보(族譜)가 같다는 동호(東胡)도 그런 게 있어?"

좋은 지적이십니다. 앞에서 지적한 북위가 바로 동호입니다.

다른 경우도 마찬가지지만 동호로 분류되는 선비 · 오환(烏桓)일 경우에도 이런 것은 많이 발견되고 오히려 그 때문에 현재의 우리 민족과 직접적인 연관이 있다는 것도 알 수 있게 해 주는 증거가 됩니다. 그러면 좀 구체적으로 볼까요?

왕침의 『위서』에는 오환의 영혼의 안식처로 '붉은 산〔적산(赤山)〕'이 나옵니다. 『후한서』에는 오환은 본래 동호(東胡)이고 그 오환의 명칭은 오환산(烏桓山)에서 유래했다고 씌어 있습니다.(『後漢書』「烏桓傳」) 그런데 재미있는 것은 이 오환산이 여기저기서 나타나고 있다는 것이죠.

요 나라 때는 오주(烏州)에 오환산이 있었고(『遼史』「地理志」), 청 나라 때 학자가 쓴 책에서는 아로과이비(阿魯科爾泌)부 오란령(烏蘭嶺) 서북쪽 백여 리 지점에 오료산(烏遼山=烏丸山)이 있다고 합니다.(張睦, 『蒙古遊牧記』) 청 나라 말기의 학자 정겸(丁謙)은 오환(烏桓)이 몽골어의 울라간(Ulagan)의 음역이라고 추정하기도 했습니다.(丁謙, 「烏桓鮮卑傳地理考證」, 『蓬萊軒地理學叢書』浙江圖書款叢書, 1915) 그런데 여기 나타나는 오환산들의 거리가 많이 떨어진 것으로 봐서 오환산이 여기저기 있었다는 말이 됩니다. 마치 '아리수'처럼 오환산도 유목민들이 그 지명을 들고 다닌 것입니다.

『요사(遼史)』에 따르면 요 나라의 성종(聖宗)은 오환산(적산)이 위치한 경주(慶州) 부근에 말을 세운 후 그 아름다움에 감탄하면서(愛其奇秀) "짐이 죽으면 이곳에 마땅히 묻혀야겠군.(吾萬世後當葬此:『遼史』「地理志」)"이라고 했다고 합니다. 따라서 오환산이란 죽으면 돌아가는 산이라고 볼 수 있지요. 이 산은 쥬신의 마음의 고향이자 조상님들과 그 신령들이 살고 있는 곳입니다. 참고로 말씀드리면, 오환인들이 병들었을 경우에는 주로 쑥뜸과 달군 돌로 아픈 부위를 문질렀다고 하는군요.(『魏書』) '단군 신화' 이야기가 생각나지요?(이 부분은 '똥고양이와 단군 신화'를 참고해 보세요.)

그런데 여기서 말하는 오환의 '붉은 산'은 바로 쥬신의 성산부르항산(Burkhan Khaldun) 또는 불함산(不咸山)과 흡사한 말이라는 것을 쉽게 알 수 있습니다. 이 부분에 대한 상세한 분석은 박원길 교수의 책(『유라시아 초원 제국의 샤머니즘』, 68~72쪽)을 참고로 하면 됩니다.

몽골 전문가 박원길 교수에 따르면 현재 몽골에서도 지명 조사의 결과 부르항이 여기저기서 나타나 다양하게 분포되어 있다고 합니다. 부르항산의 특징이 버드나무가 자라며 사람들의 출입이 가능한 나지막한 산이라는 것이지요. 『몽골 비사』에서는 "주변에 수풀이 우거지고 사냥감이 많은 곳(9·102·103절)"이라고 합니다. 그런데 이 같은 특징이 오환의 거주지 곳곳에 나타나는 붉은 산과 자연 환경적 특성이 거의 일치한다는 말입니다.

이와 같이 민족이 이동할 때 그 땅 이름도 가지고 다니는 경우는 비단 쥬신의 역사에만 나타나는 것은 아니지요.

앵글로색슨(Anglo-Saxon) 민족의 경우에도 영국의 요크(York=Yorkshire)를 미국에 옮겨온 것이 바로 뉴요크(New York) 아닙니까? 캐나다의 뉴잉글랜드(New England)도 영국의 잉글랜드(England)를 옮겨 놓은 것이고, 오스트레일리아의 뉴사우스 웨일즈(New South Wales)도 영국의 웨일즈(Wales)를 옮겨다 놓은 것이죠. 미국의 버지니아나 오스트레일리아의 빅토리아와 퀸즈랜드, 뉴질랜드의 퀸즈타운(Queens town) 등은 모두 영국 여왕을 기리는 땅 이름이죠?

그렇다면 이 지명만으로도 민족의 역사 일부를 볼 수 있을 것입니다.

구체적으로 범 쥬신은 한족의 지속적인 압박으로 허베이→요동→만주→북만주 등으로 이동하여 부여가 건설되었고 다시 북만주(길림

또는 농안 지역)→압록강 중류(고구려)·어룬춘 아리하(몽골)→한반
도 중부 '아리수' 유역 등지로 이동해 갔음을 알 수가 있습니다.

어쨌거나 한족들의 압박이 거세지자 다수의 쥬신이 북만주로 이동하
여 흑룡강을 제2의 근거지로 삼았을 것이라는 말입니다. 그래서 저는
흑룡강을 원(原) '아리수'라고 부릅니다. 흑룡(黑龍)이라니 기분이 좋
지 않군요. 마치 적(敵)그리스도나 사탄과 같은 느낌을 주는 말이군요.

'아리수'라는 이름을 토대로 쥬신의 이동 방향을 추정해 보면 〔그림
⑤〕가 됩니다.

한족의 압박으로 여기저기서 쥬신들이 '아리수'(흑룡강)로 몰려옵니
다. 여러 곳에서 쥬신이 밀려오다 보니 이주민과 원주민 사이에 갈등

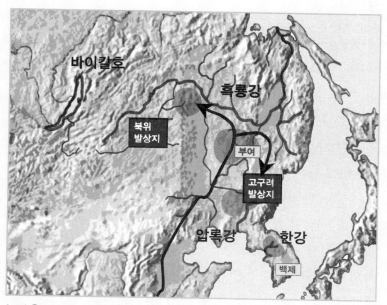

〔그림 ⑤〕 아리수의 명칭으로 본 범쥬신 이동 경로

이 생길 수밖에 없겠지요. 그래서 신구 세력의 갈등이 생기게 되자 신세력 또는 개혁 세력들이 '아리수'를 떠났고 그들이 옮겨간 곳에 흐르는 강에도 '아리수'라는 이름을 붙입니다. 쉽게 말해서 유목민들의 특성상 이들이 부여의 본래 '아리수'를 찾아간 것이 아니라 자신이 살아야 하는 곳의 강 이름을 '아리수'라고 한 것입니다.

따라서 강 이름만으로 판단해 보면, 선비(북위)나 몽골, 고구려 등은 부여에서 기원했다는 것을 알 수가 있습니다. 한 무리는 후일 북위(北魏)나 원(元) 제국을 건설한 몽골로, 또 한 무리는 고구려로 내려온 것이죠.

5. 누가 한강을 아리수로 불렀을까?

그렇다면 여기서 의문이 생깁니다. 서울을 끼고 도는 한강을 '아리수'라고 부른 주체는 도대체 누구인가 하는 것입니다. 고구려요? 제가 볼 때는 아닙니다.

이 말은 부여의 세력이 남하하여 잃어버린 '아리수(현재의 흑룡강 또는 아무르강)'를 재현한 것입니다. 흔히 말하는 백제인 즉 '반도 부여인(扶餘人)'들을 말합니다. 사실 유사하지요. 서울의 한강은 흑룡강(아무르강)보다 폭은 좁지만 대도시를 끼고도는 큰 강임에는 틀림이 없습니다. 파리의 센 강이나 런던의 템즈 강에 비할 바가 아니지요.

결국 지금까지 이야기한 것은 동호를 포함한 예맥족의 이동과 깊은 관련이 있습니다. 그러면 이 같은 예맥족의 이동 원인을 고조선을 기점으로 간단히 살펴봅시다. 한족 세력이 요동으로 몰려온 것은 크게 세 가지 흐름이 있습니다.

첫째, 기원전 3세기 초로 연(燕) 나라의 장수 진개(秦開)가 고조선을 침공하여 무려 2,000여 리나 되는 고조선의 땅을 빼앗았다는 기록이 있습니다. 이 침공으로 고조선의 영토가 많이 축소되었으며 세력이 매우 약화됩니다.

둘째, 진(秦)·한(漢) 교체기에 위만(衛滿)을 비롯한 사람들이 대거 동쪽으로 밀려온 일입니다. 결국 위만이 고조선의 정권을 장악하게 되지요.

셋째, 한무제(漢武帝) 때 대규모의 군대를 파견하여 고조선을 멸망시키는데 이때 한 나라는 고조선 지역을 다스리기 위하여 네 개의 군〔낙랑(樂浪), 현도(玄菟), 진번(眞番), 임둔(臨屯)〕을 두려고 계획합니다. 이 가운데 실질적인 것은 현도와 낙랑이라고 합니다.

고조선이 멸망하고 고구려가 세워지기까지 요동과 만주 즉 쥬신의 고토를 이끈 나라는 부여입니다. 부여는 국가의 안전을 고려하여 북쪽에 위치했으며 반농반목(半農半牧) 국가였습니다. 일반적으로 부여는 기원전 3세기 이전부터 있었던 국가로 알려져 있습니다. 부여는 지린(吉林) 북쪽에서 북류 송화강을 따라서 동쪽으로는 장광재령(張廣才領), 서쪽으로는 요하에 이르기까지 만주의 가장 광활하고 넓은 평원 지역의 대부분을 차지한 나라입니다.

부여국을 건국한 동명왕은 고구려·백제는 물론이고 발해에까지 그 이름이 나타나는 것으로 보아 부여는 쥬신의 뿌리와 깊이 연관이 되어 있음을 알 수 있습니다. 부여는 안전한 곳에 터전을 잡고 한 나라와의 불편한 관계를 피하면서 600년에서 700년 정도의 역사를 유지합니다.

이제부터는 위의 내용을 바탕으로 예맥의 이동을 사서를 통해 보다 구체적으로 알아봅시다.

7장

아담이 그 아내 하와와 동침하매
하와가 잉태하여 카인을 낳고 이르되
내가 여호와로 말미암아 득남하였다 하니라
그가 또 카인의 아우 아벨을 낳았는데
아벨은 양 치는 자이었고 카인은 농사하는 자이었더라.
세월이 지난 후에
카인은 땅의 소산으로 제물을 삼아 여호와께 드렸고
아벨은 자기도 양의 첫 새끼와 그 기름으로 드렸더니
여호와께서 아벨과 그 제물은 열납하셨으나
카인과 그 제물은 열납하지 아니하신지라
카인이 심히 분하여 안색이 변하니
여호와께서 카인에게 이르시되
네가 분하여 함은 어찜이며
안색이 변함은 어찜이뇨
네가 선을 행하면 어찌 낯을 들지 못하겠느냐
선을 행치 아니하면 죄가 문에 엎드리느니라.
죄의 소원은 네게 있으나 너는 죄를 다스릴지니라.
카인이 그 아우 아벨에게 고하니라
그 후 그들이 들에 있을 때에 카인이 그 아우 아벨을 쳐 죽이니라.
여호와께서 카인에게 이르시되 네 아우 아벨이 어디 있느냐

카인과 아벨

그가 가로되 내가 알지 못하나이다.
내가 내 아우를 지키는 자이니까.

—「창세기」4장 1절~9절

위의 글은 유명한 '카인과 아벨' 이야기입니다. 이 이야기는 아주 오랜 과거부터 존 스타인벡(John Ernst Steinbeck: 1902~1968)의 「에덴의 동쪽(The east of Eden)」에 이르기까지 널리 입에 오르내리고 새로 씌어지기도 했던 주제입니다. 에덴의 동쪽이란 카인이 아벨을 죽인 후 여호와를 떠나 살게 된 땅을 말합니다.

일반적으로 카인은 농기구를 만들어 농사를 짓던 농경민이고 아벨은 유목민이라고 추정합니다. 그래서 이 설화는 유목민인 히브리인들이 농경민에게 당한 박해를 의미한다고도 하지요.

그러나 살인(殺人)은 인간의 가장 큰 죄(罪)에 해당하는데 그것이 바로 형제에게 행해졌다는 것이 더 슬픈 일이지요. 그런데 이러한 일은 여기서 끝이 나는 것이 아니라 보복이 되물림된다는 것입니다.

이와 관련하여 재미있는 것은 자연계에도 '카인과 아벨의 효과'가 있다는 것이지요. 즉 물새는 한 번에 알을 두 개씩 낳는데 먼저 알에서 나온 새끼는 나머지 알들을 눈에 띄지 않는 곳으로 밀어내 버린다고 합니다. 그런데도 어미 새는 그렇게 쫓겨나간 새끼를 그냥 굶어죽게 내버려둔다는 것이죠.

그런데 그 카인과 아벨의 끝없는 싸움이 2,000여 년 전 부여와 고구려에서 비롯되었고 만약 그것이 아직도 끝나지 않았다면 어떻겠습니까?

1.
알타이에서
장백으로

이번 장에서는 예맥을 종합적으로 정리하고 다음 주제로 넘어가 쥬신의 모습을 알아가도록 합시다.

앞서 맥(貊)이라는 명칭은 서주(西周) 시대 이후에 나타났다가 위진 남북조(魏晉南北朝) 시대에는 소멸했고 그 명칭이 요동의 서부에서부터 지속적으로 이동하여 동쪽으로는 동해(東海)에까지 이르고 있다고 했습니다. 또한 중국의 한(漢) 나라 이전에는 마치 맥과 예가 따로따로 서술되다가 한 나라 이후에는 예맥(濊貊)이라는 말을 보편적으로 사용하고 있다고 지적했습니다.

예맥이라는 종족명은 『관자(管子)』에 처음 나타납니다. 그런데 이때 말하는 예맥은 허베이(河北)의 동북부 지역의 거주민을 의미했습니다. 즉 현재의 베이징으로부터 요동—만주 일대에 이르는 지역입니다. 그 후 한 나라 때의 문헌 사료에 빈번히 나타납니다.

이 같은 내용을 종합한 이옥(李玉)의 연구에 따르면 맥족(貊族)이 중국 사서에 처음 나타나는 것은 BC 7세기경인데 이때 이들의 거주지는 산시(陝西), 허베이이라고 합니다. 그 후 이들은 BC 5세기경에 산시(山西), BC 3세기경에는 송화강 유역으로 이동한 뒤 다시 남하했다고 합니다.(이옥, 『고구려 민족 형성과 사회』, 교보문고, 1984)

맥족이 나타난 시기에 대해서는 견해 차이가 있을 수 있으나 BC 3세기경 송화강(흑룡강 최대 지류) 유역에 출현한 것에는 학자들 간에 이견이 없습니다. 그런데 바로 이 지역이 앞 장에서 보았던 원조(原祖) '아리수' 유역이군요.

또한 우리말에서 나라[國]라는 말은 강변을 의미하는 ᄂᆞᄅ[나루(津)]라는 말과 어원이 동일합니다. 이 말은 일본의 '나라(奈良)'와도 동일합니다. 모두 물가(해변, 강가)와 관련이 있습니다. 특히 일본의 '나라'는 바다를 끼고 있지만 그 바다가 마치 큰 강과도 같아서 분위기가 거의 비슷하지요. 그래서 하내(河內) 즉 '가와치'라고도 합니다.

지병목은 소수[小水: 혼강(渾江)]에 거주하던 소수맥(小水貊)이 구려별종(句麗別種)이라는 말에 주목하여 맥족의 원명은 구려(句麗)이고 이들이 후에 고구려를 건국했다고 합니다.(지병목, 「고구려 성립 과정고」, 『고구려사 연구』, 1995) 북한 학자 리준영은 맥족은 고대 중국 사서의 고리국(槀離國)의 구성원이며 이 고리국이 바로 북부여이고(이준영, 「고구려 국가의 기원에 대하여」, 《력사과학》 1964년 4월호, 28쪽), 리지린 선생은 이들이 동호라고 합니다.(이지린·강인숙, 『고구려 역사』, 서울: 논장출판사, 1988, 영인본, 38~54쪽) 즉 리지린 선생은 동호 = 맥이라고 보고 있습니다.

이미 앞에서 보았듯이 리지린 선생은 BC 3세기경에 연 나라가 동호를 침입함으로써 맥족이 멸망했으며 당시의 잔존 세력들이 집단적으로 동부 지방 즉 송화강(흑룡강의 최대 지류) 유역으로 이동했다고 합니다. 또 그들이 세운 나라가 고구려이며 그 시기는 대략 BC 232년경이라고 합니다. 물론 이 시기에 대해서는 앞으로 더 많은 연구가 기대되지만 BC 3세기경에 원조 '아리수' 지역(아무르강: 흑룡강)이 새로운 근거지가 된 것은 분명합니다.

[그림 ①] 나라(奈良)의 위치와 풍경

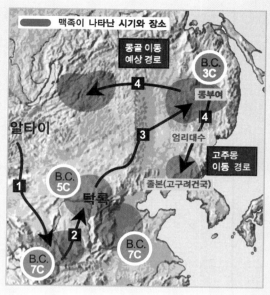

이상의 내용을 요약해 보면 맥족은 우리가 지리적으로 알고 있는 동호 지역과 부여 지역에 이르는 광범위한 지역에 분포하고 있었고 이들은 만리장성 북쪽에 주로 거주하다가 한족이 강성해지자 지속적으로 동부로 이주하고 있습니다. 이상의 내용을 그림으로 표현해 보면 〔그림 ②〕와 같이 됩니다.

그림에서 보는 바와 같이 맥족은 알타이 지역에 거주하던 흉노의 일파로 알타이에서부터 이동한 것으로 생각됩니다. 물론 이렇게 한 방향이 아니라 일부는 송화강 쪽으로 동시에 내려왔을 수도 있습니다. 그런데도 〔그림 ②〕와 같이 표현한 것은 중국 사서들의 기록에 나타난 이동 경로를 표시한 것입니다.(참고로 말하면 알타이에서 동쪽인 송화강변으로 남하한 사람들은 중국과의 접촉이 없어 기록에 남을 리가

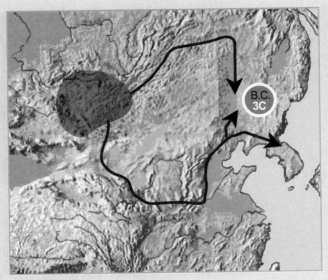

〔그림 ③〕 쥬신의 합류

없지요.)

　그런데 〔그림 ②〕에서 BC 3세기는 대단히 중요한 시점이라고 할 수 있습니다. 이전에 남쪽으로 내려왔던 쥬신(〔그림②〕에서 1, 2)이 다시 북쪽으로 옮겨 가서 송화강(흑룡강 최대 지류) 유역으로 들어가(〔그림 ②〕에서 3에 해당) 훨씬 이전부터 지속적으로 알타이에서 남동쪽으로 내려왔던 쥬신들(〔그림 ③〕 참고)과 BC 3세기경에 합류합니다. 그래서 비로소 '쥬신'이라는 하나의 역사 공동체를 형성합니다. BC 3세기가 중요하다는 것은 바로 그 때문입니다.(물론 기록상에 BC 3세기이므로 실제는 훨씬 이전일 가능성도 큽니다만 일단 사서의 기록대로 본 것입니다. 문자적 기록은 실제 상황보다도 늦은 경우가 많지요.)

　어떤 의미에서 한족의 압박이 이들의 합류를 촉진한 것이죠. 또 이런 합류의 과정이 '단군 신화'라는 형태로 나타난 것으로도 보입니다. 이것을 그려 보면 〔그림 ③〕과 같습니다.

〔그림 ③〕을 보면 BC 3세기에 새로운 역사 공동체 즉 '쥬신'이 구성되고 있음을 알 수 있습니다. 그런데 쥬신이 이동하는 과정에서 한족의 영향력도 지속적으로 이동해 와서 이 시기에 이르면 요동 지역까지 한족 사가들이 요동·만주 지역의 민족들을 일일이 자신의 입맛에 맞게 나누기 시작했다는 것이죠. 사람들은 같은데 이들 한족 사가에 의해 민족이 나눠지기 시작한 것입니다.

이 부분을 고고학적으로 간단히 살펴봅시다. 그러면 당시의 사정을 좀 더 소상히 알 수 있으며 〔그림 ③〕과 같이 기존의 산시(陝西·山西)—허베이(河北)—베이징(北京)—요동 방향뿐 아니라 알타이 동부를 돌아서 흑룡강·송화강으로도 쥬신이 이동했음을 보여 줄 수 있기 때문이죠.

신석기 때 요서 지역에 주로 나타나는 홍산 문화(紅山文化: BC 4000~3000)는 중국 문명인 황하 유역의 앙소 문화(仰韶文化)와 용산 문화(龍山文化)와는 성격이 확실히 다릅니다. 그런데 흔히 중국인들을 앙소 문화의 후예라고 합니다. 따라서 쥬신은 홍산 문화의 후예라고 할 수 있습니다.

홍산(紅山)=적산(赤山)=붉은 산=보르항산(Burkhan Khaldun) 등의 관계가 성립됩니다.

홍산 문화에서 나타난 토기는 한반도의 것과 유사한 반면 중국 본토의 신석기 토기 형태와는 상당히 다릅니다. 이 홍산 문화는 청동을 사용하는 형태로 발전하여 하가점〔夏家店: 내몽골 적봉(赤峰) 하가점촌〕하층(下層) 문화(BC 2000~1500)로 이어집니다.

그런데 같은 지역에서 나타나는 하가점 상층(上層) 문화(BC

1000~300)는 이전과는 다르게 유목 문화의 특징이 많이 나타나고 있다는 것이죠. 즉 이전과는 달리 스키타이 동물 문양 등 유라시아 초원 지대와의 교류를 보여 주는 많은 유물들이 나타난다는 것입니다. 우리가 앞서 이미 본 비파형 동검은 바로 이 하가점 상층 문화에서 나타나죠.

여기서 잠시 봅시다. 일반적으로 하가점 상층 문화의 시기와 지역은 동호의 존속 기간과 지역이 거의 일치한다고 보고 있습니다. 따라서 중국인들은 인심을 써서(?) 요동 지역은 고조선(古朝鮮)의 문화로 요서 지역은 동호(東胡)의 문화로 생각해 오기는 합니다만 요서와 요동의 문화적 차이가 무엇이 있는지는 알기 어렵습니다. 그래서 애초에 동호＝예맥이라고 한 것이죠. 구체적으로 봅시다.

그동안의 발굴 과정에서 나타난 주요 특징은 돌무덤에서 출토되는 것은 청동 검과 청동 거울 등이 마치 하나의 조를 이루고 있고 한반도, 요서, 요동 지역에서의 합금 비율이 일치한다는 것입니다. 따라서 비파형 동검은 동일한 세력의 기술 정보를 바탕으로 만들어진 것이며 이들은 결국 하나라는 것이죠.

또한 한반도 중남부 지역에 비파형 동검의 발달된 형태인 세형 동검이 나타날 즈음 일본 열도에서는 야요이 문화가 시작됩니다. 이 시기는 연(燕) 나라가 세력을 키우면서 고조선을 압박한 때이기도 해서 쥬신의 청동 문화가 한반도—일본 쪽으로 내려가기 시작한 것으로 보입니다.(조진선, 「세형 동검 문화의 전개 과정 연구」, 전남대학교 박사학위 논문(2004) 참고)

나아가 홍산 문화—하가점 상하층 문화의 특성(빗살무늬 토기, 민무늬 토기, 고인돌, 비파형 동검)은 요서—요동—만주—한반도—일본 열도에도 광범위하게 나타나고 있으므로 범 쥬신(몽골 쥬신—만주 쥬신—반도 쥬신—열도 쥬신)의 영역과도 일치합니다.

　BC 3세기경에 형성되는 쥬신이라는 공동체의 역사적 특성은 매우 복합적이고 다양하지만 유목 문화의 특성이 강하게 나타나고 있고, 서역의 발달된 문화를 수용하고 한족의 문화를 일부 엿보면서도 자신의 고유한 전통 문화를 견고히 유지했고, 농경과 유목, 수렵, 어로 등의 다양한 경제적 기반을 가진 사회나 국가들이 등장했으며, 신화의 경우도 요동과 만주 및 한반도 등을 중심으로 남북방계가 혼합되어 나타나고 있다는 점 등으로 요약할 수 있습니다.

　그러나 이 과정에서 쥬신의 일부 세력들은 요동과 만주·한반도 땅에 중국 문화에 대한 강한 동경을 심기도 했다는 점입니다. 그 후 쥬신의 역사에서는 일부 세력이 철저히 한화 정책 또는 친한족 정책을 수행함으로써 쥬신의 내부에서 갈등을 겪게 됩니다. 이것은 기본적으로는 쥬신족 내부의 갈등이기도 하지만 한족들의 이이제이(以夷制夷) 정책의 성공적인 정착 과정이기도 합니다. 부여와 반도 부여(백제: 말기는 제외), 요 나라와 북위, 신라(통일기), 한반도의 조선 등이 대표적인 경우지요.

　고조선 역사를 오랫동안 연구한 유 엠 부찐은 알타이족인 예맥의 구(舊)발상지는 몽골 알타이와 랑산(狼山) 산맥 사이이며(알타이 산맥 부근), 신(新)발상지는 장백 고원(백두산 부근)으로 보고 있습니다. 그 증거로는 간쑤성(甘肅省)의 고분에서 출토된 두개골과 랴오닝성(遼寧省) 적봉(赤峰)의 고분에서 출토된 두개골이 유사하다는 점을 들고 있습니다.(유 엠 부찐, 『고조선』, 소나무, 1990)

　앞서 본 대로 쥬신과 한족의 전설적인 대규모 전쟁인 탁록대전(涿鹿大戰: 연대 미상)으로 쥬신은 요동으로 이동했을 가능성이 크며 요동을 중심으로 번성한 것이 고조선이겠죠? 그 후 다시 한 나라의 압박으로 동만주나 송화강으로 이동해 간 것으로 보입니다. 당시 기록들의 연대를 신뢰하기는 어렵지만 치우천황은 청동기에서 철기 시대로 넘어가는 시대의 인물로 볼 수 있기 때문에 중국에서 철기가 발달된 시기가 BC 5~7세기경으로 추정되는 것을 고려한다면 이 시기 요동의 변화를 충분히 알 수 있죠. 물론 전설상으로는 탁록대전이 BC 2000~3000년대의 사건이라고 하는데 이 시기를 믿기는 어렵습니다. 물론 과거의 시간 개념은 오늘날과는 많이 다릅니다. 아담은 930세에 죽었다고 하니까요.

몽골학을 전공한 박원길 교수는 예맥에서의 맥족의 원래 이름은 '코리'라고 합니다. 즉 『위략(魏略)』이나〔『위략』에는 고리(槀離: 중국식 발음으로 읽으면 '까오리')〕『몽골 비사』의 기록처럼 맥족의 원래 명칭은 모두 코리를 음역한 것이라는 말입니다. 특히 몽골은 『몽골 비사』에서 몽골의 기원이 이 코리족의 일부임을 분명히 하고 있습니다. 사실 몽골 문화 가운데 한국인들과 유사한 것이 많고 외모나 체격 등도 구별할 수 없을 정도로 많이 닮았습니다.

윤내현 교수(단국대)도 이와 유사한 견해를 피력했습니다. 현재 몽골인들의 주류 종족은 보르치긴족이라고 합니다. 칭기스칸을 배출한 종족이죠. 윤내현 교수는 이 보르치긴족이 몽골로 이주해 가기 전 북만주 어르구나하 유역에 거주했던 종족이었다는 것이죠. 그런데 고대 북만주 지역은 고조선의 영토였다는 점에 주목하면 이들은 결국 고조선을 구성한 종족이라는 말이 된다는 것이죠. 그 후 고조선이 붕괴된 후 이 지역은 동부여의 영토가 되었습니다. 따라서 보르치긴족은 한민족의 한 갈래이거나 아주 가까운 지역에 거주했던 사람들로 한민족에서 갈라져 나갔을 수도 있다는 말이지요. 여기에서 몽골과 코리족들은 형제 또는 자매라는 말이 나오는 것이지요.(몽골에 관해서는 '몽골, 또 다른 한국'에서 다시 상세히 분석하겠습니다.)

2. 쥬신의 새벽

『사기(史記)』(흉노전)나 『산해경(山海經)』에 연 나라가 맥국을 쳐서 내몰았다는 내용이 있는데 그 시기는 BC 3세기경입니다. 부여와 고구려는 고리국(藁離國)에서 나왔고 맥국은 결국 고리국의 별칭이겠지요.(고리국이라는 말을 반드시 기억해 두어야 합니다).

다시 말하면 쥬신은 '고리국→부여→고구려'라는 건국의 방향이 나타납니다.(물론 이 고리국은 예맥 전체를 포함한 나라는 아니지요.)

그런데 여기서 한 가지 짚고 넘어갑시다. 진수의 『삼국지』에 따르면 "예(濊)는 현재 동부에 연한 함경도 지방의 사람들을 일컫는 말(『三國志』「東夷傳」)"이라고 합니다.(마치 숙신 내지는 읍루로 들리지요?) 즉 예는 남쪽으로는 진한(辰韓)과 북쪽으로는 고구려, 옥저 등에 인접해 있다고 하거든요.(『三國志』「東夷傳」) 그런데 역시 같은 책 『삼국지』에는 부여의 경우 "나라 안의 오래된 성을 예성(濊城)이라고 불렀다.(『三國志』「東夷傳」)"라는 말이 있습니다. 그래서 많은 연구자들은 부여의 국호가 사용되기 전에 부여인들은 스스로를 '예'라고 불렀을 것이라고 보고 있습니다.

우리 민족과 관련하여 가장 처음 체계적인 기록으로 나타나는 책이 바로 『삼국지』「위서(魏書)」입니다. 그런데 예에 대한 기록을 보면 몇 가지의 중요한 사실을 알 수 있습니다.

첫째, 현재의 지린(吉林)·하얼빈 일대의 부여도 예라고 불렀고 현재의 함경도 지방 사람들도 예라고 불렀다는 것입니다. 다시 말해서 예의 범위가 한반도 북부에서 흑룡강(아무르강)에 이를 정도로 광대한 영역의 거주민을 나타내는 총칭으로 사용되었다는 말이 됩니다. 나중에 보겠지만 이 명칭은 말갈이나 물길을 지칭하는 지역의 범위만큼이나 넓다는 것입니다.

둘째, 부여(扶餘)는 맥(貊)족이 건설한 나라인데 그들이 과거의 성을 예성(濊城)이라고 했다는 것은 맥족이 예족을 통합했거나 아니면 하나로 융합되었거나 원래부터 같은 민족일 수도 있다는 것입니다. 따라서 부여는 예족과 맥족이 결합하여 형성된 국가라고 볼 수 있겠지요. 현재 남북한의 학자들은 나중에 나타난 맥족이 선주민이었던 예족을 동화·통합했다고 보고 있습니다.

셋째, 한 나라 이후의 기록은 대체로 예맥족을 하나의 범주로 두고 있기 때문에 결국 예맥족의 활동 범위는 함경도에서 흑룡강에 이르는 지역이고 이 지역에 거주하는 사람들을 바로 예맥으로 볼 수 있다는 것입니다.

BC 3세기경에 흑룡강 중류(송화강) 지역에서 '고리'족이 등장하는 것은 대부분의 사가들이 인정하는 부분입니다. 앞서 말한 대로 몽골은 고리족에서 분리된 종족의 일부로 추정되는데 이점은 일본의 역사학자 시라토리 구라키치(白鳥庫吉)의 연구와 일치합니다.(시라토리 구라키치는 몽골—고구려—탁발선비(타브가치)의 원주지가 흑룡강 중상류 일대인 데다가 그들의 언어가 매우 유사하다는 점을 고증하였습니다. 그리고 이 지역 일대에서 많은 관련 유적들이 나타나고 있습니다. 이 점은 뒤에서 다시 다루겠습니다.)

그리고『몽골 비사』의 기록을 보면 고리족과 고리족의 일파인 몽골의 이동로를 예측할 수 있습니다. 몽골은 이후 4세기 후반 북위를 건

[그림 ④] 송화강의 풍경들

설하고 11~12세기경 흑룡강 상류(오논강: Onan)까지 진출했고 13세기에 크게 발흥합니다.(박원길,『유라시아 초원 제국의 역사와 민속』, 민속원, 2002)

따라서 중국인들은 흑룡강을 포함한 만주 전체 지역과 요동 및 한반도 북단의 지역민들을 예맥이라고 불렀다는 것이죠. 다시 말해서 알타이에서 남진한 흉노의 일파 가운데 하나인 맥족은 한족과 끊임없이 투쟁하면서 요동과 만주로 밀려가 동북지방에 산재하고 있던 부족들과 융합하여 예맥이라는 민족으로 거듭나고 일부는 국가 체제를 갖추어 갔을 것이라는 말이죠.(그리고 앞에서 우리는 동호, 선비 등과 예맥을 구분할 수 없다는 것을 이미 보았습니다.)

예맥은 경우에 따라서 예로 또는 맥으로 되어 있기도 하는데 이것은 아마도 예맥이 워낙 넓은 지역에 분포하고 있기 때문일 것입니다. 결론적으로 말하자면 동북아시아의 정치적 상황(초기 쥬신의 역사)은 아래와 같이 진행되어 간 것으로 추정됩니다.

〔그림 ⑤〕 함경도에서 하얼빈까지

① 맥족은 고리국을 건설―맥국의 별칭이 고리국(?~?)
② 고리국의 일부 세력이 분파되어 부여(?~494)를 건설―예맥의
   융합
③ 부여국의 일부 세력이 남쪽과 서쪽으로 이동
④ 남쪽으로 이동해 간 예맥족은 일찌감치 고리국(고구려:?~668)을 건설
⑤ 서쪽으로 이동해 간 예맥족은 북위(386~535)를 건설
⑥ 북위를 건설한 예맥의 일부가 후일 몽골 제국(1271~1368)을 건설

다시 한번 상기해 봅시다. 한 나라 때 고조선(요동 지역)을 맥족과
동일하게 보고 있고 후한(後漢)에 이르러서는 고구려(백두산 부근)를
맥과 동일시(『後漢書』 4「和帝紀」)하고 있죠? 그런데 "부여는 본래 예

(濊)의 땅(『後漢書』85「東夷傳」)"이라는 부분들을 생각해 보면 제가 드리는 말씀이 틀리지 않았다는 것을 알 수가 있습니다.

기록을 제외하더라도 건국 신화에서 보듯이 고구려와 부여는 하나의 갈래에서 비롯되었다고 볼 수 있습니다. 다만 고구려와 부여는 같은 예맥족이라도 신구 세력 간의 갈등이나 거주 지역의 차이로 국가의 성격이 다른 형태를 띠게 된 것이라고 추정할 수 있습니다.

그러면 이제부터 '카인과 아벨' 그 끝없는 보복의 세월, 즉 고구려와 부여의 천 년의 악연(惡緣)에 대해 이야기해 봅시다.

3. 카인과 아벨 동족상잔의 뿌리

이야기를 시작하기 전에 우선 부여에 대해 간략하게 알아봅시다. 부여는 고조선, 고구려와 상당 기간 공존하면서 예맥 문화권을 유지하는 핵심적인 역할을 수행합니다. 한 나라 때는 예맥을 고구려와 부여를 지칭하는 말로 사용했습니다. 고구려와 부여는 그 점에 있어서 단순히 요동의 국가라고만 보면 안 되지요. 왜냐하면 부여와 고구려는 쥬신족에게는 '역사의 호수(湖水)' 같은 나라이기 때문입니다.

마치 한 나라가 중국사의 호수이고 로마가 유럽사의 호수였듯이 쥬신의 역사(Jüsin history)에 있어서도 고구려와 부여는 예맥이 모두 거쳐 가는 하나의 호수였습니다. 로마의 역사와 다른 점은 고구려와 부여는 끝없이 계승되어 왔다는 것이죠. 여기서는 일단 부여만 간략히 보고 넘어갑시다.

『삼국지』에 따르면 부여의 위치는 다음과 같습니다.

"부여는 장성(長城)의 북쪽에 있고 현도(玄菟)에서 천 리가 떨어져 있다. 남으로는 고구려와 접해 있고 동으로는 읍루(挹婁), 서로는 선비(鮮卑)와 접하여 있다. 북으로는 약수(弱水)가 있고 지방은 2천 리가 되며 호수(戶數)는 8만이다.(『三國志』「魏書」東夷傳)"

부여의 터전은 대체로 현재의 눙안(農安)에서 하얼빈(哈爾濱)에 이르는 지역으로 보이고 약수는 송화강으로 추정이 됩니다. 특히 현재의 하얼빈 바로 남쪽에 위치한 쌍청(雙城) 아래에 금 나라의 발상지인 아르추꺼(阿勒楚喀)시가 나오는 것으로 보아 대체로 그와 같이 추정할 수 있는 것이지요. 『삼국지』에 나타난 부여에 대한 평가는 비교적 긍정적입니다.

부여와 비교해 보면 고구려에 대한 중국 사서들의 평가는 형편없습니다. 물론 고구려가 중국의 북방에서 강대한 세력으로 자리 잡고 있었기 때문이겠죠. 특히 쥬신족에게 밀려서 양쯔강 남쪽으로 밀려간 한족의 남조(南朝: 동진·송·제·양·진(317~589)) 국가들의 입장에서 고구려는 매우 두렵고 성가신 나라였을 것입니다.

예를 들어 『삼국지』에는, 고구려는 좋은 밭이 없어 농사를 지어도 식량이 부족하고 "성질이 사납고 약탈과 침략을 좋아한다.(『三國志』「魏書」東夷傳)"고 씌어 있습니다. 『남사(南史)』에도 "고구려 사람들은 흉폭하고 성질이 급하고 노략질을 좋아하며(人性凶急喜寇) 그 풍속은 음란하여(其俗好淫) 형이 죽으면 형수를 취한다.(兄死妻嫂)"고 씌어 있습니다.(『南史』「列傳 東夷 高句麗」) 이러한 분석은 농경민의 시각을 반영한 것으로 보입니다. 즉 형사취수(兄死妻嫂)는 농경민에게는 있을 수 없는 일이겠지만 유목민들에게는 불가피한 경제적인 의미를 가지고 있기 때문입니다. 게다가 농경민과 달리 유목민은 많은 사람들이 함께 모여 서로 얼굴을 맞대고 사는 것이 아니지 않습니까?

이와 같이 한족 사가들의 고구려에 대한 서술은 부여와 비교해 볼

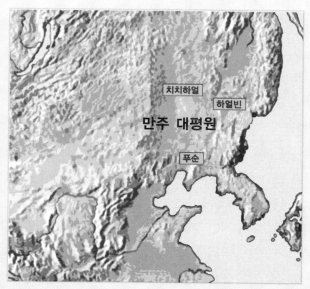

[그림 ⑥] 만주 대평원

때 매우 신랄하다고 볼 수 있습니다. 물론 부여 부분에 대해서 "(부여의 경우) 형이 죽으면 형수를 아내로 삼는데 이것은 흉노의 풍습"이라고 하고 서술하고 있습니다. 그러나 고구려의 경우에는 여러모로 사납고 음란하게 묘사되어 있습니다. 아마도 고구려가 이주한 지역이 평야 지대가 없는 산악 지대라 식량을 자급하기 힘들었기 때문에 주변 지역을 정복하기 시작한 데서 이 같은 평가가 나왔을 것으로 생각됩니다. 즉 고구려가 부여를 기반으로 형성되었다고 해도 고구려와 부여는 서로 다른 입장에 있었던 것으로 보입니다.

농업과 목축을 동시에 할 수 있었던 부여와 달리 대부분 산악 지대였던 고구려는 일찍부터 전쟁을 통한 식량 확보라는 국가 정책을 선택할 수밖에 없었습니다.(그러나 오히려 이 같은 특성으로 고구려가 동북아의 패권 국가(覇權國家)로 성장할 수 있는 배경이 되었을 것입니다.)

결국 같은 계열의 종족이라도 부여로서는 고구려의 성장을 위협적으로 느낄 수밖에 없었기 때문에 부여는 고구려나 주변 민족을 견제하기 위해 중국과 긴밀히 협조했습니다.

안타까운 일이지만 고구려와 부여의 싸움은 이후 수백 년 아니 천년 이상이나 계속되는 동족상잔(同族相殘)의 뿌리라는 것입니다. 부여는 고구려와의 대립에서 패배하지만 다시 반도 부여[백제(百濟)]로 통합되어 고구려와 처절한 동족상잔의 전쟁을 계속합니다.

고구려의 천 년의 적인 부여는 346년 전연(前燕)의 침입으로 사실상 와해되었고 410년 고구려에 조공을 하지 않자 영락대제(광개토대왕)는 부여를 대대적으로 정벌합니다. 결국 이름만 남아 있던 부여는 494년 고구려에 의해 패망합니다. 6세기 이후 더 이상 공식적으로 부여는 존재하지 않지요.

쥬신의 역사에서 가장 치열한 형제간의 싸움은 부여와 고구려의 그것입니다. 이를 단적으로 증명해 주는 것이 반도 부여(백제) 왕들의 전사(戰死)입니다. 고려나 조선 시대를 보면 국왕이 전사한 경우는 없지요. 그런데 백제는 사정이 다릅니다.

반도 부여(백제)의 책계왕(責稽王: 재위 286~298)은 고구려가 대방군을 공격했을 때 군사를 보내 대방을 도운 까닭에 피살당합니다. 즉 책계왕은 고구려가 한족의 대방군을 공격했을 때 대방을 도왔고 이 때문에 고구려의 분노를 사게 되어 결국 298년 낙랑군과 맥인(貊人: 고구려군)이 쳐들어와 피살됩니다.(古尒薨, 卽位. 王徵發丁夫, 葺慰禮城. 高句麗伐帶方, 帶方請救於我. 先是, 王娶帶方王女寶菓, 爲夫人. 故曰 帶方我舅甥之國, 不可不副其請. 遂出師救之, 高句麗怨. 王慮其侵寇, 修阿

旦城·蛇城, 備之 十三年, 秋九月, 漢與貊人來侵, 王出禦, 爲敵兵所害, 薨: 『三國史記』「百濟本紀」) 책계왕의 아버지는 고이왕(古爾王)이고 왕비는 대방왕의 딸이었습니다. 이 부분에 대해서는 '백제 편'에서 상세히 살펴보지요.

책계왕을 이은 분서왕(汾西王: 재위 298~304)도 낙랑 태수의 자객에 의해 살해됩니다.(七年 春二月, 潛師襲取樂浪西縣. 冬十月, 王爲樂浪大守所遣刺客賊害, 薨.: 『三國史記』「百濟本紀」) 이에 맞서서 반도 부여(백제)의 복수전도 치열하게 전개되어 결국은 반도 부여(백제)의 근초고왕(近肖古王)이 고구려의 고국원왕(故國原王)을 죽입니다. 그렇지만 또다시 장수왕에게 도성을 함락당하고 개로왕(蓋鹵王: 재위 455~475)은 피살됩니다. 개로왕은 고구려의 압박에 대해 외교적인 노력으로 이를 극복하려 합니다. 개로왕은 위 나라에 조공을 하며 고구려를 토벌해 줄 것을 요청했으나 위 나라가 들어주지 않자 조공을 끊기도 합니다.

국왕(國王)이 전쟁에서 죽는 것 자체가 일어나기 힘든 일인데 대부분은 고구려와의 전쟁 또는 복수전에서 목숨을 잃고 있습니다.

왜 이처럼 형제간의 투쟁이 치열할까요? 이들은 형제들인데 말이죠. 왜 이 기나긴 카인과 아벨의 싸움이 계속될까요? 물론 그 경제적 기반의 차이 혹은 같은 지역에서의 경쟁 관계 때문이기도 하겠지요. 그런데 그것만으로 이 길고 처절한 동족상잔을 설명하기엔 부족한 듯합니다.

이제 고구려와 부여의 실제적인 상황을 그 내부에서 좀 더 깊이 살펴볼 필요가 있습니다.

부여나 고구려의 건국 신화에 따르면 부여는 북방의 고리(槀離)라는 나라에서 나왔습니다. 고리국 왕의 시녀가 하늘의 아들을 낳았는데 그 이름이 동명(東明)이었죠. 그런데 고구려는 부여에서 나왔습니다. 고구려의 시조는 주몽인데 그의 어머니는 하백(河伯)의 딸이었죠. 그러다가 주몽은 부여의 핍박을 받아서 부여를 탈출하여 나라를 건국합니다.

『위서(魏書)』에 따르면 "부여 사람들은 주몽이 역심(逆心)을 품을 수도 있으니 주몽을 죽이자고 청하였으나 …… 부여의 신하들이 주몽을 죽이려 하자 주몽의 어머니는 '이 나라 사람들이 너를 죽이려 하므로 너는 지혜와 재주가 있으니 멀리 다른 곳으로 가서 업을 도모하도록 해라.' 라고 했다.(『魏書』「高句麗傳」)"라고 합니다.

사정이 이러니 고구려와 부여의 사이가 좋다면 그게 오히려 이상하죠. 고구려는 부여에서 나왔지만 부여를 가장 싫어할 수밖에 없겠지요. 여기서 고구려가 부여에서 나왔지만 부여와 등을 돌리고 스스로 고리(고구려)라고 한 이유를 알 수 있습니다.

신화에서 보면 고리국(Kohri)에서 부여가 나온 것이고 그 부여에서 다시 고구려가 나왔지요. 즉 A(고리)→A′(부여)→A″(고구려=고리국=A)라는 형태가 됩니다.

물론 부여는 고리국과 사이가 좋지 않을 것입니다. 갈등이 심하니 그곳에서 뛰쳐나왔겠지요. 마찬가지로 고구려도 부여와는 사이가 좋지 않았지요? 고구려가 부여로부터 떨어져 나간 것이 신구 세력의 갈등 같은 것이라면 엄밀한 의미에서 부여와 고구려는 치열한 경쟁 관계에 있겠죠?

그렇다면 고구려는 원래 부족으로 돌아가서 자신들이 고리국(槀離國)의 정통성을 가졌다고 주장하는 것이 오히려 부여를 제압하는 더 큰 논리가 되는 것이죠. 사실 따지고 보면 모두가 다 고리국의 일파이기 때문입니다. 고구려의 입장에서는 고리국으로 회귀하는 것이 오히려 더욱 강력한 정통성을 가질 수 있게 하는 힘이 될 수 있겠지요.

고리국을 축으로 하여 고구려와 부여의 싸움이라는 것도 결국 이런 것입니다. 그래서 신화도 공유(共有)하는 것이고 그 정통성을 차지하기 위한 극렬한 투쟁이 진행되는 것입니다. 마치 호랑이가 개보다는 고양이를 더욱 미워해서 잡아 죽이듯이 말입니다.『삼국지』에서 원소(袁紹)의 부인(유씨 부인)과 그 아들 원희(袁熙)가 원소의 여러 명의 첩들과 그 첩들의 자식을 죽여서 얼굴을 짓이기는 등 필설로 하기 힘든 잔인한 짓을 한 기록이 남아 있습니다.(김운회,『삼국지 바로 읽기』삼인, 2004) 이런 극심한 갈등과 악행(惡行)의 원인은 이들이 서로 경쟁 관계에 있기 때문이죠.

사자는 사회적 동물로 그 무리가 4마리에서 40여 마리 정도라고 하는데 암컷을 중심으로 사회를 유지합니다. 그런데 우두머리 수컷 사자가 바뀌는 과정에서 암사자들은 극심한 스트레스를 받지요. 외부에서 새로 들어온 수컷 사자는 이전의 다른 수컷들의 자식들을 모두 죽여 버리기 때문입니다. 장기적으로 자신의 안정된 지위를 확보하고 자신의 유전자(새끼)를 좀 더 안정된 환경에서 자라게 하기 위한 행동이지요. 이것은 가까운 사이에서의 경쟁 관계가 얼마나 무서운 결과를 초래하는지 보여 주는 하나의 사례입니다.

종교도 그렇지 않습니까? 종파 내에서 서로 이단시(異端視)해서 벌이는 싸움이 그 종교와 다른 종교와의 관계보다 더 극렬합니다.

그러나 이처럼 치열한 경쟁 관계보다 더 중요한 것이 있습니다.

동질적인 집단은 그 무의식 내부에 하나로 통합하려는 의지가 있습니다. '하나[統一]'가 되고자 하는 열망이 강할수록 싸움이 치열해지는 것이죠. 만약 이질적인 집단이라면 통합해도 그 이질성 때문에 오랫동안 존속하기가 어렵지요. 그러나 동질적인 집단은 합쳐짐으로써 '규모의 경제 효과'가 나타나 안정성(安定性)과 생존율(生存率: 외부 환경에 효과적으로 대처)이 높아져 훨씬 더 오래 존속할 수 있습니다. 그래서 합쳐지려는 본능(本能), 좀 더 고상하게 표현하면 동질적인 집단 내부에는 보다 높은 하나로 통합하려는 의지(意志)가 있다는 말이지요.

생각해 봅시다. 역사상 한국전쟁(1950)만큼 형제 자매간에 벌어진 잔인한 살육은 없었다고 제가 말씀드렸죠? 그 말은 결국 한국인들이 하나로 통합하려는 의지가 역사적으로 가장 강했다는 말이 됩니다. 즉 카인과 아벨이니 더 치열하게 싸운다는 것이죠.

결국 부여는 고리국의 전통을 따르지 않고 이를 벗어나 중국과의 교류를 통해 보다 발전된 문화를 습득하는 한족화(漢族化) 정책을 시행한 반면 고구려는 고리국의 전통을 중시하여 반한족적(反漢族的) 정책을 시행했습니다. 부여가 철저히 친한족적(親漢族的)인 정책을 추진했다면 고구려는 철저히 쥬신적인 전통을 고수한 나라였습니다. 따라서 이 두 나라는 결코 화해할 수 없는 길로 가고 있습니다. 쥬신의 비극(悲劇)도 태동하고 있는 것이죠.

이 처절한 동족상잔이 시작될 즈음 중국은 어떻게 이들(쥬신)을 요리했을까요? 이제 그 점을 살펴봅시다. 먼저 『한서』를 통해서 보죠.

왕망(王莽)이 고구려를 징발하여 오랑캐들을 정벌하려고 하였는데 고구려인들이 이에 따르지 않았다. 이에 따라 고구려인들을 강박하자 그들은 오히려 요새 밖으로 달아났다. …… 요서(遼西)의 대윤(大尹) 전담(田譚)이 이를 추격하다가 오히려 피살되었다. 주군(州郡)에서는 이 모든 책임이 고구려후(高句麗侯)인 추(騶)에 있다고 하였다. 엄우(嚴尤)가 아뢰어 말하기를 '맥인(貊人)이 난동을 피우는 것은 역심이 있어서이니 이를 평정하는 것이 마땅합니다. 부여의 무리들은 유순하지만 흉노는 아직도 정벌하지도 못하였고 부여·예맥이 다시 활동하면 큰 우환거리가 됩니다.'라고 하였다. 그러나 왕망은 이를 따르지 않았고 예맥이 큰 반란을 일으키자 엄우에게 명하여 이들을 정벌하게 하였다. 엄우는 고(구)려후 추를 유인하여 오게 한 후 추의 머리를 베어 장안에 전하였다.(『漢書』卷99「王莽傳」始國四年)

위의 기록은 여러 가지 점에서 매우 중요한 의미를 가지고 있습니다.

첫째, 왕망이 흉노를 정벌하기 위해 고구려군을 동원하려고 했다는 사실입니다. 중국의 전통적인 이이제이(以夷制夷) 전술을 파악할 수 있는 부분입니다.

둘째, 예맥을 고구려를 지칭하는 말로 사용하고 있다는 점입니다. 즉 우리가 눈여겨볼 대목은 바로 '부여·예맥' 이라는 부분입니다. 이 말은 쥬신 역사의 여명을 밝히고 고구려를 예맥으로 불렀던 증거의 하나가 되기 때문에 중요합니다.

그러나 그 이상으로 중요한 비밀이 숨겨져 있습니다.

즉 우리가 보아온 대로 부여는 예맥이 이룩한 국가인데 부여를 예맥으로부터 분리시키고 있지요?

중국인들은 예맥을 동북쪽 오랑캐의 범칭으로 사용하다가도 일단 분명히 구별되는 국체(國體)가 형성되면 그것을 그들의 민족으로부터 분리시켜 하나의 민족으로 새롭게 분류하는 것이죠. 예를 들면 예맥으로부터 부여를 분리시킨다는 말입니다. 그러면서 부여가 마치 예맥과 대립하는 것처럼 묘사하여 부여와 예맥을 서로 다른 민족으로 분류하기 시작하는 것이죠.

이것은 예맥족의 문제가 아니라 중국인들의 예맥족에 대한 시각을 반영하고 있다는 점이 문제입니다. 여기에 대부분의 비중국계 사가들,

특히 어설픈 한국의 사가들이 지적(知的)으로 농락당하고 말지요. 이것은 고도의 정치적 술수와도 연결됩니다. 이 점들을 한번 살펴봅시다.

일찌감치 국가 체제가 발달한 중국의 경우에는 교섭 당사자가 필요합니다. 따라서 어느 부족이든지 국가 체제를 갖춘 민족을 분명히 하여 교역이나 조공 관계를 확립하려고 시도합니다. 또한 같은 민족이라도 국가 체제를 갖추지 못한 사람들과 이들을 분리시킴으로써 '분할통치(Divide & Rule)'의 효과를 노릴 수도 있습니다.

즉 이미 만들어진 국가와 같은 민족(같은 민족이나 국가를 만들지 못한 상태로 유목 생활을 하는 사람들)들과의 관계를 불편하게 만듦으로써 동족(同族) 간의 갈등을 유발하여 한족의 안전을 보장한다는 말입니다. 그 대표적인 사례가 바로 고구려—부여라는 것이지요.

『삼국지』시대에는 위 나라가 요동 지역에 신경 쓸 겨를이 없었기 때문에 요동 땅은 사실상 공손씨(公孫氏)의 독립 왕국이었습니다. 공손씨는 나라의 안정을 위해 지속적인 대비를 하는 한편 고구려를 공격해야 했는데 이때 부여를 협력 파트너로 삼았습니다. 부여는 이후에도 조조(曹操)의 위(魏) 나라가 고구려를 침공할 때도 적극 협력합니다. 이것은 같은 민족이라도 정치적인 변화나 역학 관계에 따라 움직이고 있음을 볼 수 있습니다. 중국을 축으로 해서 말이지요. 현재 한국과 일본의 관계도 마찬가지지요.

결국 고구려—부여의 영역을 합하여 고찰해 보면 대체로 압록강—두만강을 중심으로 하여 북으로는 흑룡강(송화강) 이남으로 볼 수 있습니다. 문제는 소싱안링 산맥과 압록강—두만강에 이르는 지역은 대부분 산지이므로 경제 활동이 매우 어려운 반면 현재의 하얼빈—쌍청—아르추꺼 등지에서 북으로는 치치하얼(齊齊哈爾) 남으로는 푸순(撫順)에 이르는 곳은 광대한 만주 대평원(동북 평원)이 있어 민족 통합을 달성한 종족이 강대해지는 것은 시간 문제라는 점이지요. 그리고 이것은 중국 역사의 가장 큰 변수로 변환됩니다.

결국 예맥은 몽골·만주·한국·일본의 뿌리가 되는 민족입니다. 바로 범 쥬신 또는 원 쥬신(original Jüsin)이죠. 이제는 다시 예맥만큼이나 안개 속에 갇혀 있는 숙신(肅愼)을 찾아갑시다.

8장

1970년대 중반 고등학생 시절 민족 사학자 한 분이 "조선(朝鮮)은 숙신(肅愼)에서 나온 명칭"이라고 쓰신 글을 읽고 놀랐습니다. 그러나 한편으로는 몹시 기분이 나쁘고 숙신했습니다. 경상도 사투리로 '숙신하다'는 말은 '어수선하고 혼란스럽다'는 뜻입니다.

우리같이 문명화했고 오랜 역사와 전통을 가진 나라가 어떻게 오랑캐이며 미개인들에게서 나왔다는 것인지 말입니다. 당시 우리나라는 비록 형편없이 가난하기는 했지만 5,000년 역사를 가진 자랑스러운 단일 민족이라는 자부심 하나로 똘똘 뭉쳐 있었는데 말입니다. '숙신하다'라는 것은 사람에게 사용하기조차 경멸스러운 말인데 그런 족속이 우리의 조상이 된다니 이해할 수가 없었습니다.

당시 사회의 풍조는 한국 것이면 대체로 수준이 낮고 뒤떨어진다고 생각했습니다. 그래서 노래조차도 엘비스 프레슬리(Elvis Presley)나 사이먼·가펑클(Simon & Garfunkel)의 미국 팝송이나 니콜라 디바리(Nicola Di Bari)의 칸초네, 에디트 피아프(Edith Piaf)의 샹송 등을 들으면서 힘겨운 입시 전쟁에서 잠시나마 위안으로 삼았습니다. 우리가 지은 마음의 집은 항상 아름다운 벌판에 있는 그림같이 하얀 미국식 집이었습니다. 크게 유명하지도 않은 영국 가수 클리프 리처드(Cliff Richard)가 와서 이화여대에서 공연을 했을 때는 아주 난리가 났습니다. 요즘의 오빠 부대는 저리 가라 할 정도였지요. 지금부터 3, 40년 전의 이야기였습니다.

숙신이
조선에서 나온
아홉 가지 이유

우리가 숙신의 후예라는 생각은 그냥 잊기로 했습니다. 오랑캐이자 미개인과 소중화 백성이 같을 수는 없기 때문이었습니다. 그런데 이상하게 발음이 비슷하다는 생각만은 떨쳐 버릴 수가 없었습니다.

그리고 저는 최루탄(催淚彈) 연기 자욱한 대학으로 들어갔으며 숙신은 기억 속에서 멀어져 갔습니다. 많은 세월이 흐른 뒤 운명적으로 다시 '숙신'을 만나게 되었습니다.

1.
'코리'인가
'쥬신'인가?

우리 민족과 관련하여 가장 많이 나타나는 명칭은 예맥과 숙신입니다. 그런데 이 숙신의 문제는 고대 동아시아 역사상 가장 복잡한 문제로 남아 있는 부분입니다. 연구자들은 숙신을 도대체 어떻게 봐야 하는지 답답해하기도 합니다.

숙신[쑤썬]은 그 발음을 보면 조선[짜오썬 또는 쭈썬]이라는 말과 비슷합니다. 현재의 중국음과 과거의 중국음은 차이가 있지만 우리말의 한자음이 중국 고대음에 가까우므로 숙신과 조선은 오히려 비슷하게 들립니다. 현대 중국어가 주로 요동·허베이 지방의 한어(漢語)를 기반으로 성립되었다는 점을 감안하면 완전히 무시하기는 어렵겠죠.

중국 학계에서는 과거 예맥족의 말을 '예맥어'로 표시하고 있지만 1945년 이후 남북한의 언어학계에서 예맥어를 대신하여 과거 부여 사람이 사용한 원시 부여어(原始扶餘語)와 고대 요동·반도에 걸쳐 사용한 원시 한어(原始韓語)로 표시하고 있습니다. 원시 부여어나 원시 한어는 어간이 같아서 경상도 사투리나 전라도 사투리 같은 방언(方言)의 차이만이 있을 뿐이라고 보고 있습니다.(權兌遠, 「古代 韓民族의 石塚文化系統」, 《道山學報》 제9집)

조선이나 숙신이라는 말은 아직도 베일에 싸여진 말입니다. 많은 연구자들이 이 말이 어디에서 왔는지 찾고 있지만 아직 아무도 속 시원한 대답을 내 놓지 못하고 있습니다. 그동안 조선과 숙신의 기원을 잡으려 할수록 마치 무지개처럼 멀어져 가는 느낌도 듭니다. 하나의 문제를 해결하면 또 다른 하나의 문제가 생기기도 합니다.

조선이라는 말은 우리 민족을 말하는 어떤 고유어를 한자로 표현한 듯한데 그 원음(原音)이 무엇인지 알기는 어렵습니다. 그동안 조선에 대한 순 우리말 이름에 대한 연구가 있었고 그것 가운데 하나가 '쥬신'입니다. 왜냐하면 이와 유사한 말[직신(稷愼)·숙신(肅愼)·식신(息愼)]이 중국 고대 사료에 많이 나타나고 있기 때문입니다. 그러나 이에 못지않게 많이 나타나는 말은 코리(Khori) 또는 까오리, 구리, 고구려 등입니다.

요즘도 한국에 들어오지 못하고 만주, 연해주, 중앙아시아로 떠돌고 있는 우리 동포를 고려인(高麗人) 또는 조선족(朝鮮族)이라고 하지 않습니까? 그러고 보면 우리 민족을 가리키는 고려와 조선이라는 말은 참으로 끈질기게 살아 있음을 알 수 있습니다.

이 두 개의 말 즉 코리(Korea : 고려)와 쥬신(Jüsin : 숙신·조선) 가운데 어느 말이 우리 민족의 범칭(凡稱)으로 타당할지 이제 본격적으로 논의해야 합니다. 먼저 숙신·조선이라는 말을 분석해 봅시다.

2. 숙신과 조선

그동안 민족의 여러 스승들은 조선이라는 말의 어원을 숙신에서 찾았습니다.

신채호 선생은 조선의 어원은 숙신이라고 합니다. 그러니까 조선의 고어(古語)가 숙신이라는 것이지요. 『만주원류고(滿洲源流考)』에는 숙신의 옛 이름은 '주신(珠申)' 또는 '주리진(朱里眞)'이며 이것은 관경(管境)을 가리키는 만주어라고 합니다. 구체적으로 신채호 선생은 『만주원류고』를 토대로 조선의 원래 발음은 주신이고 그 뜻은 "주신(珠申)의 소속 관경(管境)"이라고 했습니다. 여기서 말하는 '관경'이란 우리 쥬신 민족이 살고 있는 온 누리를 말합니다.

정인보 선생도 은 나라·주 나라 시대부터 등장한 숙신이 식신(息愼)·직신(稷愼)·주신(珠申) 등으로 기재되었음에 근거하여 이런 형태로 '조선(朝鮮)'이라는 나라 이름이 성립되었을 것으로 추측했습니다.(정인보, 『조선사 연구』(上), 서울신문사, 1946)

조선에 대한 말의 기원을 오랫동안 연구했던 러시아의 L. R. 콘체비치도 조선이라는 말이 숙신에서 나왔다고 했습니다. 콘체비치는 사료에 나타나는 고대 조선족과 숙신족의 인구 분포가 지리적으로 서로 일치하고 있다는 점, 사료상으로 동이(東夷)에 속한다는 점, 숙신과 조선족의 종족 형성 과정이 유사하고 새라는 공동의 토템을 가지고 있다는 점, 두 민족 모두 백두산을 민족 발상지로 보고 있다는 점 등을 지적하고 있습니다.(L. R 콘체비치, 『한국의 역사적 명칭』, 모스크바, 1970)

또한 안호상 선생은 조선이라는 명칭은 한국의 고유 명사에서 유래했거나 선비족(鮮卑族)의 명칭에서 유래했거나 숙신족의 명칭에서 유래되어 그 파생어가 직신(稷愼) 혹은 주신(珠申)이라고 했습니다.

안호상 선생의 견해를 보면 숙신·동호·예백에 대한 구분이 전혀 없음을 알 수 있습니다. 즉 조선이라는 말은 일반적으로 예맥을 표현하는 말인데 동호는 선비·오환을 지칭하는 말이고 숙신은 후일의 만주족을 의미하는 말입니다. 그런데 안호상 선생은 이 세 가지를 하나의 범주로 두고 있습니다. 안호상 선생의 견해를 좀 더 살펴봅시다.

안호상 선생은 아사달에서 유래한 아시밝(첫 빛: 태양이 처음 나타난 장소)을 중국어로 묘사한 것이 조선이라고 합니다. 따라서 '밝', '숙신', '직신' 등은 모두 이 말에서 나온 파생어라는 것이죠.(안호상, 「나라 이름 조선에 대한 고찰」,《아세아 연구》Ⅷ-2, 서울, 1965) 즉 조선이란 '첫 빛' 즉 언젠가 태양이 처음 나타난 장소를 의미하는 고대 한국어인 '아시밝'을 중국어로 표현한 것이라는 말입니다.

이것은 당시 '아사달', '아시밝' 또는 '아사타라', '아이신(金)' 등으로 표현되던 지역이나 그 지역에 사는 사람들이 '쥬신'이라는 국제적으로 사용할 수 있는 보편적인 명칭을 가지게 되었다는 것을 의미합니다.

그러나 아직까지는 보편적 명칭이라면서 왜 이렇게 조금씩 다른지에 대한 의문이 남습니다.

지금은 한국을 '코리아(Korea)'라고 하여 현재의 국제어(international language)인 영어로 국명을 표기하지만 이것도 일관성이 없기는 마찬가집니다. 세계 여러 나라에서는 코리아를 꼬레, 꼬레아 등으로 부르지 않습니까? 심지어는 '솔롱고스'라거나 '한꾸어(韓國)'라고 하기도 합니다. 따라서 쥬신에 대해서도 조선, 숙신, 식신 등으로 다양하게 나타난다는 말입니다. 즉 본래의 말에 대한 발음을 한자로 묘사하는 과정에서 여러 형태가 나타나는 것은 당연한 일이지요. 마치 고려를 코리아, 꼬레, 꼬레아 등으로 묘사하듯이 쥬신을 조선(朝鮮), 숙신(肅愼), 직신(稷愼), 식신(息愼), 밝(發) 등으로 묘사했다는 것이죠. 그러다 보니 이 모두가 서로 다른 사람들로 보이는 것입니다.

리지린 선생은 『고조선 연구』에서 '숙신' 또는 '조선'이라는 말이 고조선족의 명칭이며 고대 한국어로 수도(首都) 또는 '나라'를 의미한다고 지적했습니다. 이 말은 대단히 타당한 견해라고 생각합니다. 즉 제가 사용하는 쥬신이라는 말은 '태양의 첫 빛이 비치는 나라(해 뜨는 나라)'라

〔그림 ①〕 올림픽에서 남북한 선수단의 공동 입장

는 뜻이고 이 말은 그대로 '서라벌(서울)'이라는 말과 동일하지요. '서라벌'에서 원래 발음이 '서'라는 말은 동쪽, 해 뜨는 곳이라는 말이고 벌이란 벌판 즉 넓고 평평한 땅이죠. 게다가 과거의 국가는 도시를 중심으로 하여 촌락을 지배하는 형태였으므로 '수도=나라'라고 인식하고 있었기 때문에 리지린 선생의 견해는 더욱 설득력이 있습니다.

3.
숙신이 조선에서 나온
아홉 가지 이유

이상의 견해들은 우리 민족의 기원을 밝히는 데 매우 귀중한 말씀들입니다. 그렇지만 여러 스승들의 견해들을 곰곰이 살펴보면 의문스러운 점이 있습니다. 즉 과연 "조선의 고어가 숙신인가?" 하는 점입니다.

왜냐하면 숙신이라는 말이 아사달이나 아사밝을 표현하기엔 다소 약하기 때문입니다. 숙(肅)이라는 글씨는 '장엄함'을 나타내기 때문에 태양 숭배와 무관하지는 않겠지만 조(朝)보다는 확실히 의미가 약합니다. 뿐만 아니라 숙신에서 사용된 숙이라는 글자는 신조(神鳥)를 의미하는 숙(鷫)의 약자로 사용되었을 수도 있기 때문입니다.

제가 보기엔 숙신의 고어(古語)가 오히려 조선(朝鮮)이라는 것입니다. 즉 숙신이라는 말은 조선에서 나왔으며 이 말은 조선을 표현하는 여러 가지 말 가운데 하나였다는 것이지요. 왜 그럴까요? 이 점을 하나씩 살펴봅시다.

첫째, 조선이라는 말이 숙신이라는 말보다도 훨씬 이전부터 있었다는 일반적인 인식이 있다는 것입니다. 『삼국유사』에는 단군이 나라를 열고 세운 나라가 바로 조선인데 이때가 요(堯) 임금과 같은 시대라고 되어 있습니다.

『삼국유사』에 따르면 『위서』에 이르기를 '지금으로부터 2,000년 전에 단군 왕검이 아사달에 도읍을 정하고 새로 나라를 세워 국호를 조선이라고 불렀으니 이것은 고(高: 요 임금을 말함)와 같은 시기였다."라고 합니다. 그래서 그 시기는 대체로 BC 2333년경이라고 하기도 하지만 이것을 신뢰하기는 어려울 것입니다. 그러나 이것은 조선이라는 말이 매우 오래전부터 있었다는 말을 하고 있는 것입니다.

둘째, 조선이라는 말이 숙신이라는 말보다는 훨씬 범위가 크다는 것이죠. 즉 단군 신화가 동호·숙신을 포함한 예맥족 전체를 포괄하지는 못한다 하더라도 한반도 만주 일대를 대표하는 신화로 정착되었다는 점을 고려해 본다면 단군 신화에 나오는 조선이라는 말이 전체 쥬신족을 대표하는 말로 자리 잡을 수 있었다고 할 수 있습니다. 사실 단군은 고조선 지역의 어느 지배적인 종족의 조상신(祖上神)에 불과할지도 모릅니다. 그러나 세월이 흐를수록 우리가 일반적으로 말하는 만주족의 조상이라고 보는 숙신계와 한국인들의 조상으로 보는 예맥계 모두가 공통의 조상신으로 숭배하게 된 것으로 보입니다.(천관우, 「고조선의 몇 가지 문제」, 『한국 상고사의 제문제』, 한국정신문화연구원, 1987)

경우에 따라서 단군을 선비족의 대영걸이었던 단석괴(檀石塊: 텡스쿼이(?), ?~181)로 보는 사람도 있습니다. 단석괴는 고구려의 영락대제(광개토대왕) 같은 분으로『후한서』나『삼국지』의 기록에 따르면, 대체로 2세기 중반 남으로는 허베이 등의 지역과 북으로는 정령(丁靈: 예니세이강 중상류로 추정), 동으로는 부여 등에 이르는 곳을 점령한 대정복 군주였습니다.

중국의 경우도 마찬가지지요. 『사기(史記)』에서는 요순(堯舜)의 시대나 하 나라·은 나라·주 나라의 조상은 모두 주(周) 나라의 조상신인 황제(黃帝)로 되어 있지요. 즉 중국이 조상으로 간주되는 신들은 복잡다기(複雜多岐)하지만 『사기』에서는 이들을 모두 통합하여 화하계(華夏系)인 주 나라의 조상신인 황제가 조상신으로 정착되고 있죠. 일본의 저명한 동양사가 가이즈카 시게키이(貝塚茂樹: 중국 사학계 교토 학파의 지도적 인물)는 황제가 중국 전역의 조상신으로 확대되는 시기가 전국 시대(BC 403~BC 221) 중기 이후라고 합니다. 대체로 보면 BC 3세기 이후가 되겠지요. 따라서 BC 3세기 또는 한 나라 이후부터 쥬신과 한족(漢族)의 경계를 분명히 하는 것이기도 합니다.

셋째, 조선이라는 명칭은 BC 7세기경에 저술된 『관자(管子)』에 나타나 있지만 숙신이라는 명칭은 그보다 200년 뒤인 BC 5세기경에 씌어진 『상서(尚書)』에 처음 나타납니다. 또한 춘추 시대의 민요를 모은 중국에서 가장 오래된 시집 『시경(詩經)』에는 주(周) 나라 선왕(宣王) 때 한후(韓侯)가 주 나라 왕실을 방문한 것을 칭송한 노래를 전하기도 합니다.(『詩經』「韓奕篇」) 이 한후를 조선 또는 고조선의 왕과 직접 연관시키기는 어렵지만 그 시의 내용을 보면 "주 나라 왕은 한후에게 추족(追族)과 맥족(貊族)까지 내려주어 북쪽의 나라들을 모두 맡아 그곳의 패자(覇者)가 되었다."고 하여 고조선과 무관하지는 않습니다. 이 기록은 지금부터 3,000년 전이라고 하는데 그것을 문자 그대로 믿을 수는 없지만 아무튼 웬만한 사서들보다는 오래된 기록입니다.

『관자』에는 "밝조선에서 생산되는 범 가죽(發朝鮮文皮 : 『管子』卷23「揆道篇」)"이라는 말이 있고 『상서』에는 "무왕이 동이를 정벌하자 숙신이 와서 이를 하례하였다.(武王伐東夷肅愼來賀 : 『尚書』「書序」)"는 기록이 있습니다. 『관자』의 말은 제 나라의 환공(桓公)이 관자에게 해내(海內)에 귀중한 일곱 가지 예물이 뭐냐고 묻자 관자는 그 가운데 하나로 밝조선의 범 가죽을 들고 있는 것이지요. 그러면서 밝조선이 조근(朝覲: 조공)하지 않는 것은 비싼 범 가죽과 태복을 예물로 요구하기 때문이라고 합니다.(『管子』卷24「輕重甲篇」)

넷째, 쥬신의 고유 영역이나 종족을 의미하는 알타이, 알탄, 아이신, 아사달, 아사타라, 아시나, 아사밝, 아사다께 등의 말에서 조선이 파생되는 과정은 유추하기 쉽지만 숙신은 다소 어렵습니다.

즉 숙신이라는 말에서 아사달이나 아사타라, 아시나, 아시밝을 유추하기는 어렵다는 얘기죠. 그러나 쥬신의 고유 영역이나 종족을 의미하는 말에서 쥬신 즉 조선이 나오고 이 조선이라는 말에서 숙신, 직신, 주신 등은 쉽게 나올 수가 있기 때문입니다.(말하자면 코리아(Korea)라는 말이 있으면 코레, 꼬레아, 코리 등의 말이 파생될 수 있다는 것이죠.)

다섯째, 조선과 숙신이 같이 나오는 기록이 없어 숙신은 조선의 다른 표현이라고 보는 것이지요. 즉 숙신은 한 나라 이전에는 허베이 지역과 남만주 지역에서 나타나고 있고, 한 나라 이후에는 흑룡강과 연해주를 중심으로 나타나고 있죠. 그런데 한 나라 이전의 숙신의 영역은 고조선의 영역과 대부분 일치합니다.

보다 구체적으로 보면 『좌전(左傳)』에 "숙신은 연박(燕亳)에 있으며 우리(한족)의 북쪽 땅"이라고 했는데 당 나라 때의 대학자인 공영달(孔穎達: 574~648)은 이 연박이라는 말이 베이징 부근이라고 했습니다. 그러면 결국 그 위쪽은 바로 고조선의 영역이죠. 따라서 이 둘은 서로 다르지 않다는 것을 알 수 있습니다.

그러면 여러 책에서 조선이라는 명칭이 나오는 경우, 숙신이 있는지 살펴보도록 합시다.

『사기』에서 보면 "연 나라는 북쪽으로는 오환, 부여, 동, 예맥, 조선과 진번과 이웃하고 있고(夫燕烏桓扶餘東濊貊朝鮮眞番之利: 『史記』卷 129 「貨殖列傳」)" "연 나라의 동쪽에는 조선과 요동이 있으며(燕東有朝鮮遼東: 『史記』 「蘇秦列傳」)" "진 나라 영토는 동쪽으로는 바다에 이르고 조선과 접한다(地東至海曁朝鮮: 『史記』 卷 6)" 등의 기록이 있습니다. 또한 『염철론』에서는 "연 나라가 동호를 기습하여 천 리 이상을 패주시켜 요동 땅에 이르렀고 다시 조선을 공격하였다.(燕襲走東胡地千

里度遼東而攻朝鮮: 『鹽鐵論』「伐攻篇」)"라고 합니다. 『전국책』에서는 "소진(蘇秦)이 연 나라 문후(文侯)에게 말하기를 '연 나라의 동쪽에는 조선과 요동이 있으며' …… (『戰國策』「燕策」)"라고 합니다. 또한 『산해경』에서는 "조선은 열양(列陽)의 동쪽에 있는데 바다의 북쪽이며 산의 남쪽이다. 열양은 연 나라에 속한다.(『山海經』「海內北經」)"라고 하고 있지요. 『회남자(淮南子)』에서는 진(秦) 나라가 북쪽으로는 요수와 만나며 동쪽으로는 조선과 국경을 맺는 장성을 쌓았다고 기록하고 있습니다. 결국 어느 곳에서도 조선과 숙신을 함께 사용한 흔적이 없습니다.

여섯째, 숙신과 조선이라는 말이 서로를 대신하는 말로 사용되고 있다는 것입니다. 『사기』에 "산오랑캐와 밝숙신, 이들을 일컬어 동북 오랑캐라 한다.(山戎發息慎(肅慎)謂之東北夷: 『史記』「五帝本紀」, 「本紀」 및 鄭玄集解註)"라는 기록이 있습니다. 여기서도 '밝조선'이라는 말 대신 '밝숙신'이 들어가고 있습니다. 아마도 한국인들은 이 말을 들으면 무척 화가 날 것입니다. 숙신을 오랑캐로 알고 있었는데 조선이 들어갈 자리에 숙신이 들어갔으니 말입니다. 소중화주의자들이라면 혼절할 일이죠.

일곱째, 조선과 숙신에서 파생된 말이 조선과 숙신과 유사한 말의 변화를 보인다는 점입니다. 즉 조선에서 숙신이라는 말이 나왔고 이 말에서 '직신', '주신', '식신' 등의 말이 나왔다면 이 말도 조선이 사용된 것과 유사한 형태가 있어야 한다는 말이죠.

그 예를 보면 『관자』에는 "밝조선에서 생산되는 범 가죽(發朝鮮文皮)"이라는 말과 유사하게 한 나라 때 대덕(戴德)이 편찬한 『대대례기(大戴禮記)』에는 "밝식신(發息慎)"이라는 말이 나옵니다. 뿐만 아니라 『사기』에 "북쪽에는 산오랑캐와 밝식신이 있다.(北山戎發息慎: 『史記』

「五帝本紀」)"는 기록이 있죠.

여덟째, 밝조선 이전에 조선이 성립될 정도로 조선이라는 말의 연원이 깊다는 것입니다. 즉 조선이라는 말이 숙신보다 오래전에 나왔음에도 불구하고 처음으로 나오는 조선이라는 말이 밝조선(發朝鮮)으로 되어 있죠? 이것은 조선의 강역(국경이라는 말이 아님)은 매우 넓었으며 밝조선이란 전체 조선의 일부에 불과하다는 것을 의미하지요.(마치 북조선, 남조선 하듯이 말이지요.) 물론 나머지 조선의 정확한 의미는 아직 알 수 없습니다.

일반적으로 밝식신이나 밝조선 등을 보면 밝(發)과 조선(朝鮮)이 다른 종류인지 하나를 말하는 것이지 정확히 알기는 어렵지만 이들이 동시에 나타나고 있기 때문에 밝+식신(조선) 등을 하나의 말로 봐야 합니다. 왜냐하면 밝이라는 말이 단독적으로 쓰인 예를 찾기가 어렵기 때문입니다. 그럼에도 불구하고 조선이라는 말은 독립적으로 사용되고 있죠. 따라서 조선이라는 개념은 밝조선보다는 훨씬 큰 개념으로 그 이전에 정착되었다고 볼 수 있죠.

아홉째, 쥬신계의 건국 신화를 보면 고구려와 숙신계의 건국 신화가 많은 공통성이 있다는 것입니다. 그래서 일부 학자들은 고구려의 주도 세력을 숙신으로 보기도 합니다.

이 점은 대단히 중요한 문제입니다. 좀 더 구체적으로 볼까요?

무엇보다 고구려의 건국 신화는 부여와 대동소이하지만 미묘한 차이가 있는데 이것이 숙신계에 가깝다는 말입니다. 만주의 역사를 오랫동안 연구했던 일본의 이나바 이와키치(稻葉岩吉: 1876~1940)에 따르면, 주몽이 군사들에게 쫓겨서 남쪽으로 내려갔지만 따르는 사람은 없고 도피처(흘승골(紇升骨))에 이르자 세 사람을 만나 이들과 합류하는데 바로 이 부분이 숙신계와 유사하다는 말이죠. 여기서는 삼(三)이라는 숫자가 열쇠입니다. 이규보의 『동명왕편』에는 이 세 사람이 세 여자로 되어 있습니다. 그리고 후금(청 나라)의 건국 신화에도 하늘에서 온 세 여자[天女]가 나타나고 있지요.

그러면 이제 다음과 같은 우리 민족의 명칭을 파악할 수 있게 됩니다.

① 쥬신의 고유 영역이나 종족을 의미하는 말(알타이, 알탄, 아이신, 아사달, 아사타라, 아시나, 아사밝, 아사다께 등)이 고유어로 존재

② 쥬신의 고유 영역이나 종족을 의미하는 말을 당시의 국제어인 한자(漢字)로 조선(朝鮮)으로 표기

③ 조선이라는 말에서 숙신(肅愼)이 파생

④ 조선 또는 숙신을 표현하기 위한 많은 말이 나타남. 예를 들면 '직신(稷愼)', '주신(珠申)', '식신(息愼)' 등

제가 보기엔 과거 한족의 압박으로 고조선이 몰락하고 허베이—요동—만주—연해주로 이동하면서 흩어져 가는 조선이라는 민족을 부르는 말이 숙신이었을 가능성이 가장 큽니다. 이 부분은 다음 장을 보면 더욱 명확해질 것입니다.

4. 아이신

조선에 대한 말의 어원을 안다고 해서 모든 문제가 해결된 것은 아닙니다. 왜냐하면 또 다른 의문이 생기기 때문이죠.

'조선(朝鮮)'에서 조(朝)는 '아침' 또는 '찬란한 태양의 영광', '불',

'아침 해처럼 빛나는 황금 또는 금속' 등의 뜻을 빌려온 것이라고 생각할 수 있지만 '선(鮮)'은 과연 어디에서 왔는가라는 생각이 들 것입니다.

여기에는 네 가지의 가능성이 있습니다.

첫째, 조(朝)와 선(鮮) 모두 한자의 뜻을 빌려온 경우. 조선이라는 말이 '장엄한 아침' 또는 '찬란한 태양의 영광', '불', '아침 해처럼 빛나는 황금 또는 금속의 아름다움' 등을 그대로 한역(漢譯)한 말일 수도 있습니다. 그런데 이 가능성은 매우 낮아 보입니다. 왜냐하면 조선이라는 말이 단순히 한역한 말이라면 다양하게 변형된 명칭이 나오기가 어렵기 때문이죠.

이와 관련하여 어떤 학자는 선(鮮)이 순록의 겨울 주식인 선(이끼)과 관련이 있다고 주장하기도 합니다. 그런데 이 견해는 한자(漢字)에 지나치게 집착해서 본 견해인 듯합니다. 뿐만 아니라 이 분석은 일부는 타당할지 몰라도 쥬신에 대한 이해가 부족한 견해로 전체 쥬신을 포괄적으로 부르는 명칭이 될 수가 없습니다.

왜냐하면 쥬신은 단순히 초기 동물 토템 단계의 미개한 유목민을 의미하는 말이 아니기 때문이죠. 어떤 종족이 자신의 이름을 부를 때 가장 자랑스러운 이름을 부르지 문화적으로 낙후된 유목민의 특성을 자신의 이름(그 연구가 예시하고 있는 이름은 수달, 너구리, 순록 등)으로 삼겠습니까?

쥬신이라는 말은 지금까지 우리가 본 대로 천손 사상의 표현 및 태양의 숭배와 당시에는 첨단 기술인 금속 제련과 관련된 말이라고 봐야 합니다. 요즘으로 말하자면 'IT Korea'라고나 할까요? 이 점을 좀 더 구체적으로 살펴봅시다.

둘째, 조(朝)는 뜻을 빌리고 선(鮮)은 어미의 음을 빌려온 경우. 알타이 산맥을 주변으로 하여 몽골 초원 지역이나 만주 지역까지 거주했던 민족은 자신들이 사는 지역이나 도읍을 오손(烏孫), 오논(몽골 지역), 아이신(만주 지역) 등으로 불렸는데 이 말은 모두 알타이 말인 '아사나'〔해 뜨는 곳(日本, 日出地)〕에서 나온 말이라고 합니다.(박시인, 『알타이 신화』) 그리고 금(金)을 의미하는 아이신, 알탄 등과도 관계가 있습니다.

여기서 조선이라는 말은 '아이신(金)'과 관련이 있는 듯합니다.(참고로 말하면 쥬신이라는 말을 가장 오랫동안 사용한 사람들은 만주 쥬신입니다.) 즉 오손·오논·아이신·아사나 등의 말은 '해가 뜨는 아침' 또는 '밝게 빛나는' 이라는 뜻을 가지고 있으므로 중국어에서 아침 또는 첫 빛을 의미하는 '조'를 따오고 '아이신'에서 신에 해당하는 말을 따온 것이 선이라고 것입니다. 그러니 결국 조선이란 '조(뜻을 빌려옴)+선(음을 빌려옴)'이 되는 것이죠. 이때 사용된 선이라는 말은 황금의 의미를 가지면서도 말을 아름답게 마무리하는 어미(語尾)가 됩니다. 우리말이나 몽골어에는 이런 경우가 많습니다.(여자를 의미하는 '니', 사람을 의미하는 '치' 등)

셋째, 조(朝)는 뜻을 빌리고 선(鮮)은 '산(山)'이란 음을 빌려온 경우, 아사달에서 조선(朝鮮)이 나왔으며 '아사'에서 조(朝)가 나오고 '달'에서부터 산(山)이 나오는데 이 산을 선(鮮)으로 잘못 사용했을 가능성이 있거나 선(鮮)이라는 글자가 산의 대용으로 사용되었을 수도 있습니다.

좀 더 구체적으로 본다면 '아사(阿斯)'는 중세 국어의 '아춤〔朝〕', 일본어의 아사〔朝〕에 해당되고, '달(達)'은 고구려어의 '달〔山〕'에 해당하지요. 결국 조선이라는 말은 아사달을 한역(漢譯)한 것이라는 말이고 아침처럼 밝게 빛나는 큰 산 즉 황금의 산 '알타이산'을 의미합니다.

〔그림 ②〕 유목민의 삶의 근거지 초원

어떤 의미에서는 철·구리와 같은 금속을 품은 산을 의미할 수도 있습니다. 실제로 쥬신족의 이동 경로와 철·구리·금 산지와는 상당히 일치합니다. 그러면 조선이라는 말은 앞에서 본 대로 쥬신의 성산(聖山)인 오환산(烏桓山: 선비), 붉은 산(赤山), 부르항산(몽골)과도 같은 의미가 됩니다.

그런데 산(山)을 선(鮮)으로 대신 사용한다는 것이 금방 납득이 되지 않죠? 이 해석을 지원하는 것으로는 BC 2세기경의 책으로 중국에서 가장 오래된 자서(字書: 고금의 문자 해설서)인 『이아(爾雅)』에 "동북에 있어서 아름다운 것으로는 척산의 범 가죽이다.(東北之美者 斥山之文皮: 「釋地篇」)"라는 말이 있습니다.

척산이 조선이라는 말이 들어갈 자리에 있지요? 그런데 이 척산의 발음이 츠샨[chìishān]입니다. 선(鮮—샨[xiān])과 발음이 거의 같습니다. 그래서 조선이라는 말이 척산에서 왔다고 하는 학자들도 있습니다. 이 해석은 선과 산이라는 글자가 서로 교환되고는 있지만 다른 부분과 연계되어 전체적으로 깨끗하게 해석되는 강점이 있습니다.

넷째, 조선(朝鮮)이 붉은 산의 다른 한자 표현일 경우. 쥬신의 성산을 오환산, 붉은 산, 부르항산이라고 하는데 이 가운데서 붉은 산[적산(赤山)]을 다른 한자 표현으로 나타낸 말이 조선(朝鮮)일 가능성이 있습니다.

무엇보다도 조선은 [cháoxian]이고 적산은 츠샨[chìshān]으로 발음이 나서 매우 유사합니다. 특히 조선이라는 말에 들어갈 자리에 있는 척산(斥山)의 발음이 츠샨[chìshān]으로 붉은 산(적산)의 발음인 츠샨[chìshān]과 거의 일치합니다.

또한 적산이라는 말은 아사달과도 의미상으로 같은 말로 쥬신의 성산을 나타내고 있기 때문에 원래 쥬신의 성산을 부르던 한자어인 적산에 대해 사정을 잘 모르던 한족의 사가가 다른 글자로 음차(音借)했을 가능성이 있습니다. 이 과정을 쉽게 표현해 보면 아사달→붉은산→적산(赤山)→조선(朝鮮) 등의 경로로 조선이라는 말이 나왔을

[그림 ③] 쥬신 이미지(아침-태양-금속 제련-황금)

것이라는 견해입니다.

결국 조선의 어원에 관한 위의 네 가지 분석 가운데 첫 번째 것을 제
외한 세 가지 중 어느 것을 택하든 간에 조선 또는 쥬신은 태양(하늘)
숭배와 금 제련술, 태양이 비치는 성스러운 산의 사람들, 새로운 역사
를 개척하는 민족(아침의 의미), 찬란히 빛나는 땅의 민족이라는 자부
심 등을 표현한 말이라는 것이지요.

어떻습니까? 쥬신이라는 말의 분명한 어원이나 실체는 우리가 아직
완벽히 알 수는 없더라도 조선이라는 말과 어떤 연관성이 있는지는 알
수가 있습니다. 그러나 아직 남아 있는 의문이 있습니다.

예맥을 대표하는 국가가 부여와 고구려였고 고구려는 그 후 여러 나
라에 의해 계승 발전했는데 그렇다면 고구려라는 말이 쥬신 전체를 포
괄하는 말이 되어야 하지 않는가 하는 것입니다.

5.
그리고 코리아,
태양의 아들

고구려를 맥이라고 표현한 것은 후한 이
후의 사서에서 나타나고 있습니다. 진 나라
이전에는 예와 맥은 각기 중국의 북방이나 요하 동쪽에 거주한 민족으
로 나타나고 있습니다.(三品彰英, 「濊貊族小考」, 《朝鮮學報》 4, 1953 ;
황철산, 「예맥족에 대하여」, 《고고 민속》 1963년 2월호)

『사기』에는 예맥이 확인됩니다만 대체로 맥은 중국 북방의 민족을
말하고 있습니다. 학자들의 연구에 따르면 맥이 의미가 확장되면서 예
와 결합하여 예맥이 된 것으로 보고 있지요. 그러니까 진(秦) 나라 이

전부터 요동에 있던 민족들의 범칭이라고 볼 수 있죠. 주로 허베이 지역에 살다가 중국의 동북방으로 밀려갔으며 이들이 다시 흑룡강 부근까지 밀려가서 부여를 건설하고 부여의 일파 가운데 한 무리가 남하하여 고구려를 건설했다고 볼 수 있습니다.

고구려의 건국 시조가 부여의 왕자 출신이라는 기록을 감안해 보면 고구려의 건국은 예맥의 집단적인 민족 이동으로 보아야 할 것 같습니다.

'고리' 또는 '구려'라는 말은 이전부터 나타나지만 고구려라는 명칭은 『한서(漢書)』에 처음으로 나타나는데(玄菟郡 武帝元封四年開 高句麗 莽曰下句驪 屬幽州 ……, 縣三 高句麗: 『漢書』 第 28(下) 「地理志」 玄菟郡) 그것은 한 나라가 위만 조선을 멸망시키고 나서 설치했던 4군(한사군) 중 하나인 현도군(玄菟郡)과 관련이 있습니다.(한사군 중 진번과 임둔은 실제로 없었던 군현으로 보고 있죠.) 후한 때의 학자인 응소(應劭)는 "현도군은 본래 진번국이었다.(『史記』 「朝鮮列傳」 註釋)"라고 썼으며 『한서』에서는 "고구려현은 옛 고구려 오랑캐(胡)이다.(『漢書』 「地理志」―현도군 고구려현에 대한 주석)"라고 씌어 있습니다.

이상의 기록은 현도군의 고구려현을 바탕으로 고구려가 생성되었음을 의미하고 있습니다. 대체로 고조선 서부 지역으로 추정되고 있습니다.

코리족(고리족 혹은 구리족)에서 기원한 고구려족은 고조선이 멸망(108)한 후 한족 세력들과 투쟁하면서 성장한 국가로 볼 수 있습니다. 고구려가 한족 세력을 몰아낸 것은 "현도군은 후에 이맥(고구려)의 침략을 받아 구려의 서북으로 옮겨갔다."라고 하는 진수 『삼국지』의 기록으로도 확인할 수 있습니다. 그런데 현도군이 압록강 중류 지방에서 쫓겨난 시기가 BC 75년경이므로 이 시기엔 이미 고구려가 하나의 국가로 존재했음을 암시하고 있습니다.

그러면 이제 고구려라는 나라 이름에 대해 구체적으로 살펴봅시다. 고구려 즉 고려는 오늘날 '코리아(Korea)'의 어원이 되는 말입니다. 어떤 면에서 보면 쥬신이라는 말보다도 '코리'라는 말이 반도 쥬신(한국인)에게는 더욱 연륜이 깊고 익숙하게도 들립니다.

고구려 또는 고려(Korea)라는 말을 당시에는 어떻게 불렀는지 알기는 어렵지요. 그동안에 '가오리', '가우리' 또는 '고구려', '고구리' 등으로 불린다는 분석이 있었습니다. 가장 큰 문제는 고구려라는 말이 애초에 뜻으로 사용된 말이 아니라 기존의 쥬신 말을 한자어로 표현한 것이라는 점, 중국어의 특징인 성조(聲調)는 쉽게 변할 수도 있다는 점입니다. 중국어의 성조(聲調)를 생각해 보면 2,000년 전의 고유 발음을 안다는 것은 사실상 불가능한 일입니다.

당시 쥬신의 호수였던 고구려인들은 스스로를 어떻게 불렀을지를 알기는 거의 불가능할 수도 있습니다. 그러나 여러 가지 단서가 있습니다.

먼저 고구려라는 말에서 구려는 '구리(銅)'를 한문으로 표기한 것으로 생각할 수 있습니다.(이 부분은 '똥고양이와 단군 신화'에서 충분히 검토했다고 생각합니다.) 왜냐하면 고구려가 고리(槀離國[까오리] 또는 [꾸리])에서 나온 것은 사료를 통해 확인된 사실이고 고구려가 '구리'에서 나왔을 경우 다른 부분도 쉽게 해명될 뿐 아니라 구리 등의 금속은 쥬신을 다른 민족과 구별하는 하나의 토템이기 때문입니다. 이 말은 청동기 시대나 철기 시대를 주도한 세력을 의미합니다.

구리나 철의 제련 기술은 당시 최고 첨단 기술입니다. 따라서 요즘 표현으로는 'IT 강국', '바이오(Bio) 강국', '최첨단 신무기 국가'라는 식이 될 것입니다.

이런 생각을 뒷받침해 주는 것이 바로 고구려에 대한 발음입니다. 중국의 『강희자전(康熙字典)』 등에는 '려(麗)'를 나라 이름으로 읽을 때는 '리'로 발음해야 한다고 적혀 있습니다. 그러면 고구려는 '고구리'가 되겠지요. 고구려 또는 구려(句麗)라는 말은 구리〔銅〕나 쇠〔金〕와 깊은 관계가 있습니다. 따라서 고구려에서 구려의 실제 명칭에 가장 가까운 것은 아무래도 구리라고 볼 수 있습니다. 또한 그 앞의 고(高)는 종족의 성씨나 또는 찬란한, 위대한 등의 의미로 천손(天孫)을 나타내는 수식어라고 볼 수 있습니다.

그러나 여전히 의문은 남습니다. 왜냐하면 과거 고려를 출입한 외국 상인들은 고려를 'Corea' 또는 'Korea'로 표기했는데 이 발음은 '고려' 또는 '고구려'에 가깝지가 않습니까? 우리와 언어적으로 밀접한 관계가 있는 일본의 경우에도 '려(麗)'는 'れい〔레이〕', 'うるわ〔우루와〕', 'うら〔우라〕' 등으로 발음됩니다.

그러나 여기서 간과할 수 없는 것이 있습니다. 하나의 명사가 시간이 지나면서 많은 의미로 확장되는 경우를 볼 수 있습니다. 특히 이 같은 현상은 영어나 한문에서 두드러집니다. 그 대표적인 예가 바로 '도(道)'나 '나라(國)' 같은 단어입니다. '도(道)'는 단순히 길(road)일 뿐 아니라 근원(origin), 방법(method), 인의(仁義), 덕행(德行) 등으로 발전하며 통하다, 말하다(speak)라는 의미까지도 가지고 있습니다.

나라(國)의 경우도 마찬가지입니다. 나라를 의미하는 국(國)이라는 것도 따지고 보면 경계〔口〕가 있고 창(戈)을 가지고 사람〔口〕이 지키는〔或〕 마을이라는 의미라고 생각되는데 이것이 오늘날 국가로 쓰입니다. 초기에는 원시 부락에서 스스로 지킬 수 있는 경계 정도라는 말로 사용되었겠지만 이것이 발전하여 제후의 영지가 되고 작은 국가가 되었을 것입니다. 예를 들면 삼국 시대 초기에는 경상도만 하더라도

수십 개의 나라가 있었다고 합니다. 요즘도 일본어에서도 국(國: く
に)이라는 말은 나라라는 의미로 사용되기도 하지만 '지방'이라는 말
로도 많이 사용되지요. 예를 들면 '유키구니(雪國)'라는 것은 눈이 많
이 내리는 지방입니다.

　이렇게 말의 뜻이 확장되는 것은 그 말이 주변 말과의 관계를 통해
진행된다고 봐야 합니다. 즉 고구리라는 말은 비슷한 발음이 나는 골
(마을)이라는 말과 연상 작용을 일으켜 '(구리족의) 고을' 또는 '(구리
족의) 나라'라는 의미로 확장될 수도 있다는 것이죠. 따라서 원래 구리
[銅]를 의미했던 고구리는 고을[村]을 의미하는 '골'이라는 말과 의미
적으로 상호 작용하면서 '구리족의 마을', '구리족의 나라'라는 의미로
사용되었을 것입니다.

　과거의 종족명은 시조의 이름에서 오는 경우도 있고 그들의 거주지
(나라)를 딴 경우도 많기 때문에 그 종족명이 바로 그 종족이 사는 고
을 또는 나라를 의미하기도 했기 때문입니다. 대표적인 것이 금(金)
나라죠. 금 나라 황제의 성도 금(金)씨이고 나라 이름도 금(金)입니
다.[참고로 단석괴(檀石塊) 시기에 모용(慕容)은 중부 대인(부락의 대
인)의 이름이었지만 후일에 이것이 성씨(姓氏)가 됩니다.(김한규, 『천
하국가』, 소나무, 2005) 흔히 역사책에 보면 모용씨의 침공이니 하는
말을 사용하기도 합니다.]

　따라서 고구려라는 발음이 구리와는 다소 다르게 코리어로 정착될
수도 있다는 이야기입니다. 뿐만 아니라 세월이 흘러 구리가 철기로
바뀌면서 구리라는 본래의 의미가 퇴색하고 천손 사상을 보다 강조한
것이라고 할 수 있습니다.(이것은 아래의 천손 사상을 중심으로 고구려
―고려를 분석해 보면 좀 더 확연해집니다.)

　여기서 잠시 생각 좀 하고 넘어갑시다. 가오리, 꾸리, 구리라고 하면

까마귀가 연상되기도 합니다. 즉 까오리(꾸리)는 마치 신(神: 태양)의 사자(使者)인 까마귀(烏)의 울음소리(鳴)로도 들리는군요. 전설에 따르면 세발 까마귀(三足烏)는 태양에 살면서 태양의 불을 먹고 사는 태양의 전령이라고 하지요.

그런데 세발 까마귀는 고구려의 쌍영총, 각저총, 덕흥리 고분(1~2호), 개마총, 강서중묘, 천왕지신총, 장천 1호분, 무용총, 약수리 벽화고분 등 대부분의 고구려 고분에 등장하고 있습니다. 그뿐이 아닙니다. 랴오닝성(遼寧省) 조양(朝陽)의 원태자(袁 台子) 벽화묘와 흉노족의 유물 그림에도 세발 까마귀가 그려져 있습니다. 원태자 벽화묘는 선비족(鮮卑族)의 한 갈래인 모용선비(慕容鮮卑)의 무덤으로 추정된다고 합니다.

세발 까마귀가 태양을 상징하는 동시에 구리나 황금과 같은 찬란히 빛나는 금속을 상징할 수도 있다는 점을 생각해 봅시다. 신화에서 세상이 생겨난 우주의 알은 흰색, 검은색, 붉은색 등의 세 가지 색이라고 합니다. 여기서 흰색은 하늘을 상징합니다. 쥬신이 흰색을 숭상하는 것도 그 이유입니다. 그리고 검은색은 땅과 북쪽을 상징하고 붉은색은 지하와 땅, 나아가 뱀을 상징합니다. 그런데 까마귀는 검은색이지만 세발 까마귀는 황금색입니다. 중국 신화에서는 세발 까마귀가 태양을 등에 지고 나르는 존재로도 나타납니다. 그래서 각종 유물에서도 세발 까마귀는 태양 속에 그려져 있지요.

고대인들은 태양이 땅에서 떠올라 하늘로 높이 오르는 것이라고 생각했습니다. 그런데 세발 까마귀가 태양을 상징하므로 지하에서부터 끌어올려져서 태양의 상징과 같이 귀한 존재가 되는 것, 그것이 바로 금속(구리나 황금)이 아니고 무엇입니까? 달리 말하면 금속은 땅 속의 태양입니다. 쥬신의 역사와 유물에 나타나는 구리 거울(銅鏡)은 결국 태양과 하늘의 상징이죠. 금속을 다룰 수 있다는 것은 바로 천손(天孫)의 표상일 수밖에 없습니다.

구리 거울, 방울, 칼 등이 쥬신의 고대 브랜드라는 것은 이미 잘 알고 있는 사실입니다. 구리 거울과 방울은 하늘과 태양을 상징하고 칼은 지상의 권력을 상징하는 것이니 쥬신의 칸(Khan)이 이것을 소유하는 것은 당연하지요. 단군 신화에서의 단군 왕검이란 바로 칸을 말하는 것이죠.

그러니 대장장이를 지칭할 때도 까마귀 오(烏) 또는 까마귀 울음소리 오(嗚)라는 글자가 따라다닙니다. 더욱 재미있는 것은 일본의 건국과 관련된 신(神)들에서도 까마귀[烏]라는 글자가 나타납니다.(이 부분은 '일본 신들의 고향, 경상남도 거창'에서 다시 다룹시다.)

그러면 중국인들은 고구려나 예맥을 얼마나 이해하고 있었을까요? 『맹자』에는 맥족의 맥(貊) 자는 과거 중국 동북 지방의 고유어인 백(白)·박(亳)·박(薄)과 같다고 하며 별칭인 박고(薄姑)란 밝다[明](또는 밝고)라는 의미라고 풀이합니다.(『孟子』「告子篇」章句) 『산해경』에서도 "맥이란 본래 우두머리가 되거나 하얗게(밝게) 만드는 것을 말한다.(貊字本作伯或作白:『山海經』「白民國」)"라고 되어 있습니다. 따라서 중국인들도 쥬신인들이 어떤 의도로 나라와 민족의 명칭을 정하고 있었는지 알고 있었다는 것이죠.〔참고로 말하면 한족들(중국인)은 발(發) 자를 사용하는 것을 좋아한다고 합니다. 예를 들면 새해 인사를 '꽁시화차이(恭喜發財 : 돈 많이 버세요.)'라고 합니다. 한족들은 아마도 그들이 좋아하는 글자를 오랑캐들에게 사용하는 대신 들고양이를 뜻하는 맥이라는 글자를 사용했을지도 모르겠군요.)〕

이들의 나라 이름 속에는 상당한 민족적 자부심이 표현되고 있다는 것을 상기할 필요가 있습니다. 이런 각도에서 보면 민족을 수달이나 너구리, 순록 등으로 정한다는 것은 상식적이지 못하다는 것입니다. 참고로 양주동 선생은 백제에 대하여 볽잣·볽재라 하여 광명한 성[光明城]·나라의 으뜸이 되는 성[國原城]·불과 같이 빛나는 성[扶餘城]의 뜻이 있다고 했습니다. 결국 고구려나 부여, 백제가 가지는 의미가 별로 다르지 않다는 것입니다.

이제 좀 다른 각도에서 고구려라는 말을 다시 살펴봅시다. 즉 고구려라는 말을 쥬신이 가진 보편적인 신앙이자 정치적인 이데올로기인 천손 사상(天孫思想)의 측면에서 보자는 것이죠.(이 분석은 앞의 분석과는 언어적으로 다소 차이가 있습니다. 그러나 민족이나 나라 이름은 수백 년 또는 수천 년에 걸쳐서 나타나는 것이기 때문에 하나의 경로로 해석하는 것이 오히려 이상할 수도 있습니다. 그래서 다양하게 보자는 것이죠.)

고구려—발해—고려에 이르는 '고구려'라는 이름을 가진 국가의 공통성은 그 왕들이 자신을 하늘의 자손이라는 생각을 견고하게 가지고 있었다는 것입니다. 『속일본기(續日本記)』에서는 발해 왕(대고구려 또는 후고구려)이 일본에 보낸 국서에 스스로를 고려국 왕이라고 칭하고 있고 스스로 하늘의 자손임을 말하고 있습니다. 여기서 말하는 천손 사상은 대체로 다음과 같은 구조를 가지고 있습니다.

하늘에 하늘나라[천국(天國) 또는 환국(桓國)]가 있고 그 구체적인 실체는 해와 달입니다. 쥬신족들은 조상이 하늘나라 임금(桓仁)의 아들[단군 신화에서는 환웅(桓雄)]과 하늘나라와 관련된 무리들이 지상 세계로 내려와 지상의 인간들을 다스립니다. 그리고 그들 스스로는 하늘나라에서 내려온 무리(與 또는 黎)라고 칭합니다.

하늘에는 태양이 있고 태양은 우주 만물의 근원입니다. 물론 요즘에는 태양 이외에도 많은 항성들이 있다고 밝혀지고 있지만 태양은 당시 사람들이 아는 우주에서 가장 중요한 존재였을 것입니다. 지금도 마찬가지지요. 그리고 이들은 스스로 하늘의 무리 또는 하늘의 백성이라는 생각을 합니다. 그러면 하늘 또는 태양을 의미하는 말에다 무리를 나타내는 말을 더하여 나라 이름으로 정했을 것이라는 점은 쉽게 추론할수 있죠. 이 점을 다시 하늘 또는 태양의 의미, 무리, 하늘 또는 태양+무리 등의 순서대로 추적합시다.

'하늘'이나 '태양'을 표현해야 하는데 쥬신족들에게는 문자가 없었습니다.(일부 사람들은 문자가 있었을 것으로 말하고 있지만 어쨌든 지금은 제대로 전해지지는 않고 있습니다.) 그러다 보니 중국의 한자를 빌려서 써야 했습니다. 태양을 표현하기 위해 사용된 글자가 바로 '高(고: 뜻을 빌림─높다)', '桓(환: 소리를 빌림─환하다)', '白(뜻을 빌림─빛나다)', '不(소리를 빌림─의미는 불(火))' 등이라는 것이죠. 여기에 무리를 나타내는 말은 '여(與)' 또는 '여(黎)'이므로 이것들을 조합함으로써 뜻은 대동소이하지만 다양한 나라 이름이 나올 수 있겠죠.

이제 하늘 또는 태양이라는 말과 무리를 붙인 말을 만들어 보면 '高黎(고려)', '不與(불여)', '不黎(불여)' 등이 있습니다. 그런데 그 뜻은 모두 하늘의 자손 또는 그 무리라는 의미를 가지게 됩니다. 한족들은 단지 쥬신들이 부르는 소리를 가지고 기록을 하기 때문에 '고여(高黎)', '고려(高麗)' 또는 '고리(高離)'라든가 '부여(扶餘)', '불이(不而)'나 '불여(不黎)' 등의 말이 나타나는 것입니다. 여기서는 한자 말이 가지는 의미는 중요하지 않습니다. 그저 '하늘나라에서 내려온 민족의 나라'라는 말이 됩니다.

그러면 우리는 고구려 또는 고려와 부여라는 명칭은 쉽게 나올 수 있다는 것을 알 수 있습니다.

고구려를 천손 사상으로 해석하든 구리로 해석을 하든 간에 태양(하늘)을 숭배하고 금속 제련에 능하며 새로운 역사를 개척하는 찬란히 빛나는 민족이라는 뜻으로 수렴이 됩니다. 다만 후기로 갈수록 구리라는 말보다는 천손이 강조되고 있다고 봐야 합니다. 그래서 구리를 의미하는 구려보다는 고(高) 자가 강조되는 것이죠. 그 후 고구려는 고려라는 이름으로 다시 지속적으로 계승됩니다.

그렇다면 '코리' 역시 쥬신을 의미하는 명칭이라는 사실을 쉽게 알 수 있습니다. 마치 현재의 우리가 조선, 코리아, 한국(汗國) 등의 말을 동시에 사용되는 것과 같은 이치입니다. 실제로 북한의 공식적인 명칭은 북조선 인민 공화국(DPRK)입니다.

이상의 논의로 보면 쥬신은 코리로 불러도 된다는 생각을 하게 됩니다. 그런데 한 가지 분명한 사실은 쥬신이나 코리나 결국은 그 의미가 동일하다는 것입니다. 모두 태양(하늘) 숭배, 금 제련술, 새로운 역사를 개척하는 민족(아침의 의미), 찬란히 빛나는 민족이라는 자부심 등을 표현하고 있다는 것이지요.

6. 쥬신의 나라

쥬신의 나라 이름에 대해 부분적이지만 체계적인 연구가 최근에 있었습니다. 좀 더 구체적으로 살펴봅시다.

2002년 공명성(북한 사회과학원 역사학연구소 근대사 실장) 박사는 『삼국사기』, 『고려사』, 『신증동국여지승람』, 『국조보감』, 『기자조선』 등 370여 권의 고문헌을 7년간 연구한 끝에 우리나라 역대 국호는 모두 같은 뜻을 가지고 있다고 제시했습니다. 즉 고조선 이내 한반도에 실존했던 역대 국가들의 나라 이름은 모두 같은 의미라는 것이지요.

월간 《민족 21》(2003년 11월호)에 따르면 공명성은 「조선 역대 국호 연구」(2003)라는 논문에서 우리 민족 역사에서 많은 나라들이 건국 시기와 이름은 서로 다르지만 그 이름에는 '동방의 해 뜨는 나라', '태양이 솟고 밝고 선명한 나라'라는 공통된 뜻을 담고 있다고 주장했습니다.

예를 들면 고조선의 아사달은 '밝게 빛나는 아침', '광명을 가져다주는 동방의 아침'을 뜻하며 여기에서 유래한 조선이라는 나라 이름도 '태양이 솟는 동방의 나라'라는 의미라는 것이죠. 부여는 태양, 불을 의미하며, 고구려는 태양을 뜻하는 '고(高)'와 성스러우며 크다는 '구려(句麗)'를 결합한 것으로 결국 '태양이 솟는 신비한 나라'라는 의미라는 것입니다.

또 옛말로 박달인 백제는 '밝은 산'을, 신라는 '새 날이 밝는 곳', '태양이 솟는 벌'을, 발해는 '밝은 해가 비치는 나라', '밝은 태양이 솟는 나라'를, 고려는 '태양, 신성하다, 거룩하다'라는 뜻을 담고 있다고 합니다. 공명성의 연구는 국호의 의미를 한자의 뜻으로만 해석하지 않고 각 나라 사람들의 시원(혈연적 계보), 건국 과정, 신앙과 염원, 고유 조선어 등을 통해 입체적으로 종합 분석한 것입니다.

그의 분석은 일단은 만주—한반도에 국한되어 있지만 지금까지 우리가 본 대로 몽골 및 일본 지역 역시 동일합니다. 알타이 지역에서 몽골 만주에 이르기까지 사람들은 자신이 사는 지역이나 도읍을 오손(烏孫), 오논(몽골 지역), 아이신(만주 지역) 등으로 불렀는데 이것은 모두 '해 뜨는 곳'을 의미합니다. 또한 '일본'이라는 말은 그 자체가 이미 '해 뜨는 나라'라는 의미로 오손, 조선, 부여, 백제, 구려와 다르지 않습니다. 특히 일본 말로 '아사(あさ)'라는 말은 아침이라는 말로 알타이어와 완전히 일치합니다.

이상하게 들리겠지만 '일본'이나 '조선'은 같은 의미의 말이라는 것입니다. 조선이란 '해 뜨는 밝은 아침' 또는 '아침 해〔朝陽〕', '동녘의 나라〔東國〕', '해 뜨는 나라〔日本〕'라는 의미로 해석되니까요.

금 나라(청 나라의 전신)의 역사서인 『금사』에는 다음과 같은 말이 있습니다.

(태조께서 말하시기를) 요 나라는 쇠를 나라 이름으로 삼았습니다. 쇠가 단단하기 때문이지요. 그러나 쇠는 세월이 흐름에 따라 삭을 수밖에 없지요. 그러나 세상에 오직 애신(금: 金)은 변하지도 않고 빛도 밝습니다. 우리는 밝은 빛〔白〕을 숭상하는 겨레입니다. 그래서 우리는 나라 이름을 아이신〔金〕이라고 합니다.(遼 以賓鐵爲號 取其堅也 賓鐵雖堅 終亦變壞 惟金不變不壞 金之色白 完顏部色尚白 於是國號大金: 『金史』2卷「太祖紀」)

이를 보면 쥬신족들은 알타이〔金〕라는 말이 가진 의미 즉 금(金)이나 쇠, 해 뜨는 곳 즉 동쪽〔東〕, 시작하다〔始〕, 밝다〔明〕, 하늘을 나는 새〔鳥〕 등의 의미를 토대로 나라 이름을 만들어 온 것을 알 수 있습니다.

**7.
요약
합시다**

지금까지 우리는 몽골—만주—반도(한국)—열도(일본) 등에 거주한 민족을 어떻게 불러야 하는가 그리고 그것이 '쥬신'이라는 말과 '코리(Korea)'라는 말과는 어떤 관계가 있는가 하는 점을 살펴보았습니다. 약간의 발음상의 차이는 있었지만

'쥬신'이나 '코리'라는 말은 결국 그 내용이 비슷하다는 것을 여러 각도에서 확인할 수 있었습니다.

그렇다면 왜 쥬신으로 부르는 것일까요? 지금까지 이야기한 것에서 보면 고구려(고려, 구려)는 구리족으로 원 쥬신에 해당되는 민족인데 이들로부터 몽골의 코리족이 나왔으며 또한 이들은 북위, 거란, 몽골 등을 건설한 민족으로 차라리 코리 또는 가오리, 고구리, 고구려, 구려, 구리 등이 범 쥬신(Pan-Jüsin)을 포괄하는 말로 사용되어야 하지 않는가 하는 말입니다.

분명히 이야기하지만 쥬신족을 코리족으로 불러도 전혀 문제가 없고 이 두 단어는 서로 바꿔 사용해도 전혀 상관이 없습니다. 즉 '쥬신'이라는 말을 쓰든 '코리'라는 말을 사용하든 간에 전혀 문제가 없다는 것입니다. 다시 말해서 몽골—만주—반도(한국)—열도(일본) 등에 거주한 우리 민족의 뿌리를 코리(가오리 또는 코리, 고구리, 고구려) 또는 쥬신(숙신, 조선)으로 불러도 된다는 이야기입니다.

물론 몽골—만주—반도—열도에 이르는 민족을 '쥬신'으로 부를 것인지 '코리'로 부를 것인지는 여기에서 결정할 수 있는 사안이 아닙니다. 그러나 문제는 이 두 개의 명칭 가운데 어떤 것이 이 지역 전체를 아우르는 민족의 이름으로 적합한가 하는 점입니다. 쉽게 말해서 범 코리안인가 범 쥬신인가 하는 점이죠.

이 점에서는 '쥬신'이 좀 더 적합하다고 생각합니다.

'코리'는 너무 '코리아(Korea)'에 치우쳐 이 지역 전체 민족에게 불필요한 오해를 살 수 있는 말이기 때문에 '쥬신'이 적합하다는 것입니다. 물론 쥬신이라는 명칭도 조선이라는 말과 매우 가깝게 들리지만 이 말은 만주족들이 늘 사용해 온 숙신 또는 주신, 제신 등의 말이기도 해서 별 부담 없이 다시 사용할 수 있는 말일 것입니다.

그러므로 몽골—만주—반도(한국)—열도(일본) 등에 거주한 우리 민족의 뿌리는 코리 또는 쥬신이며 앞으로 우리 뿌리의 역사를 전체적으로 다시 쓸 때는 이 점을 고려해야 합니다.

이제 중국 사서에서는 숙신이 어떤 변신을 거듭하여 오늘에 이르는지 살펴보도록 합시다.

9장

🐴 『고려사』에 보면 건녕 3년 왕융(王隆)이 군(郡)을 들어 궁예(弓裔)에게
   귀부하자 궁예는 크게 기뻐하여 왕융을 금성 태수로 삼았다는 이야기
가 있습니다. 그러자 왕융이 "대왕께서 만약 조선·숙신·변한의 땅을 통치하
는 왕이 되시려면 무엇보다도 송악에 먼저 성을 쌓으시고 저의 맏이(고려 태
조 왕건)를 그 주인으로 삼으시는 것이 가장 좋은 방책이라고 생각합니다."라
고 하자 궁예가 이를 따라 왕건을 그 성주로 삼았다고 합니다.(여기서 왕융은
고려 태조의 부친으로 후일 추존하여 고려의 세조가 되는 인물입니다.)

　〔原文〕乾寧三年 丙辰 以郡歸于裔裔大喜以爲金城太守 世祖說之曰 大王若欲王
朝鮮肅愼卞韓之地 莫如先城松嶽以吾長子爲其主 裔從之使太祖築勃禦塹城仍爲城
主 時太祖年二十(『高麗史』太祖紀)

🐴 여기에는 왕융이 궁예에게 "대왕께서 만약 조선·숙신·변한의 땅을
   통치하는 왕이 되시려면"이라는 구절이 있습니다. 여기서 말하는 변
한은 대체로 한반도의 중남부를 말하는 듯하고 조선은 고조선을 말하는 것으
로 베이징을 비롯한 북중국과 요동 땅을 말하는 것 같습니다. 왜냐하면 이때
는 이성계가 건국한 조선 왕조가 성립되기 무려 400여 년 전의 이야기이기
때문입니다.

또한 숙신이라는 곳은 과거 고조선 지역을 제외한 만주 전체 지역으로 봐

읍루의 함정, 그리고 카멜레온 숙신

야 할 것 같습니다.

그런데 문제는 그것이 아닙니다. 왕융이 궁예에게 한 말은 조선·숙신·변한을 하나의 범주로 두고 있다는 것입니다. 게다가 이러한 생각이 『고려사』나 『고려사절요』의 서두에 나올 뿐만 아니라 다른 사서에서도 많이 확인이 된다는 것이죠. 더욱 놀라운 것은 이 지역적인 범주를 일반적으로 현재의 한국을 의미하는 '삼한(三韓)'이라고 한다면 어떻겠습니까?

청 나라 때 편찬된 『흠정만주원류고(欽定滿洲源流考)』의 머리글에는 금사세기(金史世紀)를 인용하면서 숙신에 대하여 "한 나라 때는 삼한(三韓)이라고 하고, 위진 시대에는 읍루라고 하였으며 ……"라고 말하고 있습니다.(權兌遠, 「濊·貊文化圈과 肅愼 문제」, 《論文集》 43, 충남대학교 인문과학연구소: 1994)

고구려 때 요동의 북쪽에는 막힐부(鄚頡府)가 있었는데 이곳은 현재 랴오닝 성 창튜현(昌圖縣)에 위치하고 있습니다. 이 막힐부에 대한 기록이 매우 일관성 있게 나타나고 있어서 주목됩니다.

『신당서(新唐書)』에 이 막힐부는 부여의 옛 땅(扶餘之故地)이라고 합니다.(『新唐書』 「渤海傳」). 그런데 『요사(遼史)』에 따르면 막힐부라는 행정 구역은 고구려가 설치했고 발해가 이를 계승한 곳이라고 합니다. 그러나 이상한 것은 요 나라 때는 한주(韓州)로 이름을 바꾸었다는 것입니다.(韓州 …… 高(句)麗置鄚頡府 都督鄚·高二州 渤海因之: 『遼史』 「地理志」)

조선 시대에 청 나라 사절로 갔던 권이진(權以鎭)의 기록도 심상치가 않습니다. 즉 권이진은 조선 경종 2년(1722) 청 나라에 사은사(謝恩使)로 갔는데 그가 쓴『연행일기초(燕行日記草)』에는 "요동성에 있는 관왕묘(關王廟)에 삼한왕(三韓王) 아무개가 씀(某書)이라고 하고, 조대수(祖大壽)의 묘비(墓碑)에도 삼한 사람(三韓人)을 칭했는데 이것은 아마 요동 땅이 옛 고구려 영토였기 때문에 요동 땅 동쪽(遼東以東)을 삼한이라고 하는 것은 아닌지 모르겠다.(權以鎭,『有懷堂先生文集』卷 8, 記 燕行日記)"고 말하고 있습니다. 여기서 말하는 조대수는 청 나라 때 요동 사람으로 한군정황기(漢軍正黃旗) 총병(總兵)이라는 높은 지위를 가진 사람이라고 합니다.(『淸史』「列傳」78)

이상하죠? 요하(遼河)의 북쪽을 두고 한주(韓州)라고 하다니요? 그리고 요하의 동쪽도 삼한(三韓)이라고 하니 말이지요.

우리는 한(韓)이니 삼한(三韓)이니 하면 으레 한반도 남쪽을 이야기하는데 요하의 북쪽을 두고서 한주(韓州)라고 했다니 말입니다. 더구나 송 나라 때의 기록을 보면 한주가 삼한의 땅이라고 되어 있습니다(曾公亮,『武經總要』卷 16,「北蕃地理」)

더 오래된 기록인『한서(漢書)』에는 "북으로는 맥인과 연 나라 사람들이 매우 용맹스러운 기병〔효기(梟騎)〕을 보내와서 한 나라를 도왔다.(北貉燕人來致梟騎助漢:『漢書』「高祖紀」)"는 기록의 주석에 "맥은 (한 나라의) 동북방에 있으면서 삼한에 속한 것은 모두 맥족이다.(師古曰貉在東北方 三韓之屬皆貉類也 晉莫客反:『漢書』「高祖紀」)"라고 되어 있습니다. 즉 중국의 동북방을 삼한이라고 부르고 있는 것입니다.

사실 쥬신의 역사라는 관점에서 보면 전혀 이상한 일이라고 할 수는 없습니다. 그러나 '새끼 중국인'의 관점에서 보면 한없이 이상한 일입니다. 즉 이 기록 때문에 일부에서는 숙신은 읍루와는 달리 한 나라 때 예맥 문화권(쥬신 문화권)에 흡수 동화한 종족으로 볼 수가 있다고도 합니다만 그것은 잘못입니다.

지금까지의 이야기에서 보면 지극히 당연한 말입니다. 고려 시대에는 거란·금·고려를 아예 삼한(三韓)이라고 불렀다는 것이죠.(허흥식 編,『韓國全石全文』, 中世上, 亞細亞文化社: 1984, 崔思全 墓誌) 게다가 명·청 시대 사람들은 요동 지역을 아예 삼한으로 불렀다는 것이 고증에 철저한 청 나라 대학자의 저서에도 나오고 있습니다.〔顧炎武撰,『日知綠』卷31, 地理 三韓條(四庫提要, 子, 雜家類〕

그뿐이 아닙니다.『요사(遼史)』에는 아예 한주(韓州)가 바로 그 의문의 고리국(藁離國: 槀離·索離離)이라는 것이죠. 그리고 옛 치소는 유하현(柳河縣)이고 고구려 때에는 막힐부(鄚頡府)를 설치하고 발해는 이를 계승하였다고 합니다.(『遼史』「地理志」)

고리국은 바로 부여와 고구려의 시원(始原)이 된 나라입니다. 원조 고구려 (original Korea)이지요. 그것이 요하의 북쪽에 위치하고 있었다는 말입니다. 그러면 결국 예맥족(숙신·동호 포함)의 이동 경로는 허베이—요동—요하 북쪽(遼北)—부여 지역—고구려·몽골이라는 제 주장이 이제는 충분히 이해가 되실 것으로 생각이 됩니다.

1.
숙신, 안개 속의 그 이름

숙신이라는 명칭은 고대·중세 할 것 없이 중국 사서에 자주 나타납니다. 앞서 본 대로 숙신은 BC 5세기경 『상서』에 나타나고(武王旣伐東夷 肅愼來賀:「書序」)『죽서기년(竹書紀年)』에도 "순임금 25년 식신(숙신)이 와서 활과 화살을 바쳤다.(帝舜二十五年息愼來朝貢弓矢)"라는 말이 있습니다.

숙신은 그 후 물길(勿吉), 말갈(靺鞨), 읍루(挹婁) 등과 같은 의미로 쓰이는 경우도 있고 경우에 따라서는 이 종족을 바탕으로 하여 다른 종족이 나타나기도 합니다. 예를 들면 숙신에서 물길이, 물길에서 말갈이, 말갈에서 여진족이 나타나기도 하고 일부는 숙신—물길—말갈—여진 등의 순서를 따르지 않고 나타나기도 합니다. 따라서 숙신이란 같은 종족에 대해 한족의 사가들이 시대에 따라 읍루, 물길, 말갈, 여진 등의 명칭을 사용한 것이라는 점을 알 수가 있죠.

숙신의 명칭이 달라진다고 해서 복잡하게 생각할 필요는 없습니다. 동아시아에 있어서 하나의 민족에 대한 명칭이 달라지는 것은 이들 종족의 문제가 아니라 이들 종족에 대한 한족 사가들의 기록 태도의 문제이기 때문입니다. 애당초 한족들은 이들에 대해 자신들이 편한 대로 부르거나 동물 이름을 섞어서 비칭화했습니다. 뿐만 아니라 지역명과 그 지역에 사는 민족명을 혼동해서 부르기도 했습니다.

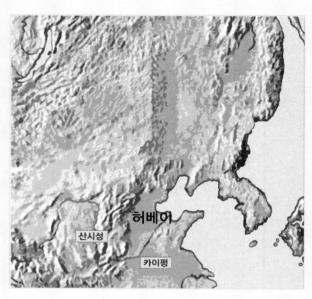

〔그림 ①〕 중국 허난성(河南省)
카이펑(開封) 부근

허베이

산시성

카이펑

　이제 숙신이라는 민족이 어떤 지역에 살았는지를 살펴봅시다.

　사마천『사기』의 자료로 알려져 있는『국어(國語)』에 "공자가 진 나라〔현재의 허난성(河南省) 카이펑(開封) 부근〕에 머물러 있을 때 싸리 나무 화살이 꽂힌 매 한 마리가 떨어져 죽자 공자가 '이 화살은 숙신의 것'이라고 했다."는 말이 있습니다. 이 사건의 사실 여부보다도 상당히 오래전에 숙신의 존재가 알려져 있다는 점, 죽은 새가 발견된 위치가 카이펑(開封) 부근이라는 점이 중요합니다. 이것을 지도로 살펴봅시다.

　현재의 개념에서, 이 매가 화살을 맞은 상태에서 비행 거리가 길지 않았을 것으로 본다면 멀리 잡아도 숙신은 현재의 산시(山西) 지방이나 허베이(河北)를 넘지는 않았을 것입니다. 이러한 기록은『사기』(卷47「孔子世家」)를 포함하여 전한(前漢) 때 유향(劉向)이 지은『설원(說苑)』(卷18「辨物篇」),『전한서(前漢書)』(卷27「五行志」) 등에서도 전하고 있습니다.

　그리고 『사기』에 "동방의 이족(夷族)과 함께 북방에는 식신(息愼)"을 들고 있는데(『史記』 卷1 「五帝本紀」 舜), 후한의 정현(鄭玄)은 이에 대하여 "식신(息愼)은 숙신(肅愼)이라고도 하는데 이들은 동북방에 거주하는 오랑캐이다."라고 주석을 하고 있습니다. 뿐만 아니라 "직신(稷愼)은 숙신(肅愼)이다.(『逸周書』 王會解篇)"라는 말도 보이고 한무제(漢武帝) 때의 조서에 숙신(肅愼)이라는 말이 나오는데 실제로 씌어진 조서에서는 肅眘(眘은 愼의 古語)로 되어 있습니다.

　그 후 숙신이라는 말은 236년경부터 554년까지 다시 등장합니다. 이 부분에 대한 연구자들은 숙신을 굳이 나눠 어떤 시대에 사용된 숙신이라는 명칭은 읍루이고 어떤 것은 물길이고 하는 식으로 분석하는 경우가 많은데 제가 보기에 이것은 잘못입니다. 이 숙신이라는 명칭은 특정 지역에 거주하는 사람들의 집단을 한족들이 편리한 대로 부른 것으로 보이기 때문입니다.

　여기서 잠시 정리 좀 하고 넘어가죠. 우리는 지난 장에서 '조선=숙신'임을 보았으므로 다음과 같은 관계가 성립된다는 것을 알 수 있습니다.

　　동북방 오랑캐＝조선＝숙신＝식신＝직신

　그동안 숙신을 포함하여 만주 지역의 민족에 대한 연구는 일본이나 북한, 러시아를 중심으로 많이 이루어졌습니다. 다만 북한 학자들은 중국인들이 아무렇게나 부른 말에 대해 지나치게 집착하여 특정 종족으로 인식하고 분석하는 경우가 많은데 이것은 잘못되었습니다.

　예를 들면 당 나라가 멸망하고 난 뒤에도 오랫동안 일본인은 중국인을 당인(唐人)으로 불렀고 베트남인은 오(吳)라고 부르기도 하기 때문입니다. 중국의 경우에도 일반적으로 부르는 말을 정하기란 쉽지 않지요. 지금은 한족으로 부르지만 일본의 경우 에도(江戶) 시대가 끝날 때까지도 중국인을 당인으로 불렀습니다.(시바 료타로,『몽골의 초원』, 고려원, 1992)

재미있는 것은 몽골어에서는 지금도 중국을 거란이라고 부른다는 것입니다. 몽골이나 거란은 둘 다 과거에 동호(東胡)로 몽골 쥬신에 해당하는 완전히 같은 민족인데도 서로 다르게 부르고 있죠.

거란은 8세기경에 일어나 10세기경에 요 나라를 건국한 민족으로 이들은 몽골과 별 차이가 없는데도 불구하고 몽골은 이들을 중국인과 동일시하여 경멸하는 말투로 불렀습니다. 아마도 요 나라가 지나치게 한화 정책(漢化政策)을 추진하였기 때문일 것입니다. 즉 초기에는 같은 민족으로 살다가 요 나라가 한화하면서 스스로를 한족들과 동일시했기 때문에 몽골인들이 이를 거부한 것으로 보입니다.

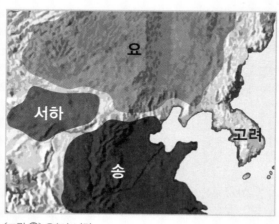

〔그림 ②〕 요(遼) 나라

참고로 고구려가 반도 부여(백제)를 경멸하여 '잔당(殘黨)'이라고 하면서 그들을 철저히 응징하려 했던 것도 부여(扶餘)가 지나치게 친중국 정책(親中國政策)을 추진하면서 한족과 연합하여 고구려에 끝없이 대항했기 때문입니다. 후일 이 같은 전통은 열도 부여(일본)에 그대로 전승되어 열도 부여의 지명(地名)들도 마치 중국의 지명처럼 부릅니다. 모방이 지나쳐 보기에 민망스러울 정도입니다.

2. 숙신, 카멜레온의 빛깔

숙신이라는 명칭은 554년까지 계속 사용되고 있었으며 물길(勿吉)이라는 명칭은 572년까지 사용되었고 이와 동시에 563년부터 말갈(靺鞨)이라는 명칭이 나타납니다. 그런데 이 말갈이라는 명칭이 사라지기도 전인 5대 10국 시대에도 여진(女眞)이라는 새로운 명칭이 나타나고 있습니다.(북한 사회과학원, 『발해국과 말갈족』, 중심, 2001)

다시 말해서 숙신―읍루―물길―말갈―여진 등의 명칭이 하나씩 나타났다가 소멸되는 것이 아니라 동시에 쓰이기도 하고 점차 사용되다가 없어지기도 한다는 것이죠. 마치 한국에서 중국인, 한족, 짱골라, 짱께 등이 동시에 사용되다가 없어지기도 하는 것과 마찬가지 이야기입니다.

그런데 어떤 경우에는 숙신이 물길이라는 명칭을 거치지 않고 바로 말갈이라는 명칭으로 사용되는 경우도 나타납니다.

제가 보기엔 여기에는 두 가지의 원인이 있을 수 있습니다. 하나는 한족 사가의 입장에서 보면 정확한 정보원(情報源)이 부족했기 때문일 수 있고 다른 하나는 이들이 유목민이기 때문에 정확한 이동 경로를 파악하기 어렵고, 독립적으로 생활하면서 이합집산이 심할 수도 있기 때문이죠. 유목민이라도 발전 수준이 조금씩은 다를 수도 있을 것입니다. 또한 각자의 환경에 적응하면서 살기 때문에 약간의 차이가 불가피하게 나타날 수밖에 없겠죠.

특히 소규모의 독립적인 비정착민(非定着民)들은 국가를 구성하기도 어려운 환경에서 주변의 종족과 극심한 경쟁 관계에 있기 때문에 동일한 민족이라도 상당히 적대적인 관계가 나타날 수도 있습니다. 부여와 고구려는 물론이고 몽골인들이 요 나라에 대해 가졌던 적개심이 대표적인 경우지요.

숙신은 시대에 따라서 읍루(挹婁〔이루우〕), 물길(勿吉, 우지 또는 와지), 말갈(모허) 등으로 나타납니다. 『진서』에 보면 "숙신씨는 일명 읍루라고 하기도 한다.(肅愼氏一名挹婁也: 『晋書』「肅愼傳」)"라고 되어 있하고 『후한서』에도 "위략에서 말하기를 읍루는 일명 숙신이다.(『後漢書』「孔融傳」의 주석)"라고 되어 있습니다.

읍루, 물길, 말갈 등의 발음이 고대에서는 정확히 어떤 식으로 나타나는지 알기 어렵지만 숙신이나 조선 등의 말과는 분명히 다르게 들립니다. 즉 숙신과 조선은 비슷한 소리로 파악되는데 읍루, 말갈, 물길은 상당히 다르게 느껴지거든요. 현재로서는 매우 어려울 것입니다.

그런데 한 가지 지적할 점은 한자 표기에 문제가 있다는 것입니다. 다시 말해서 숙신, 식신, 조선이라는 말과는 달리 읍루, 물길, 말갈 등은 발음도 차이가 나지만 상당히 비하적인 요소가 많다는 얘기입니다. 욕에 가깝지요. 읍루는 두레박과 유사한 의미를 보이고 '물길'은 '기분 나쁜 놈'이라는, '말갈'은 '버선과 가죽신 또는 두건을 쓴 놈'이라는 의미로 민족 이름으로 사용하기에는 적당하지 않은 욕설(비칭)들이죠. 따라서 그저 되놈, 짱꼴라 수준의 말로 이해하면 가장 적절할 겁니다.

3.
숙신
읍루와 결별하다

아가, 아가 언제나 우리에게 풍요를 주
시니 감사합니다.

—아나이족(아가는 물의 신)

『삼국지』에는 "한 나라 이래로 읍루는 부여에 속해 있었고 부여가
조세와 부역 부담을 가중하게 하여 황초연간(220~226)에 반란을 일으
켰다.(『三國志』「魏書」東夷傳)"고 기록하고 있습니다. 즉 읍루는 부여
의 정치권에 속하고 있습니다.

숙신의 위치는 대체로 보면 백두산 북쪽에 있고 동쪽은 바다에 면해
있다는 것으로 봐서 그 위치가 현재의 블라디보스토크나 우수리스크·
하바로브스크 등지로 추정됩니다. 참고로 『진서』에는 "숙신씨는 일명
읍루로 불함산 북쪽에 있다. 만약 부여에서 그곳까지 가려면 60일 정도
가 걸린다. 동쪽은 큰 바다에 면하여 있고 서쪽은 구만 한국에 접해 있
고 북쪽은 약수에 이른다. 그 영역은 수 천리이다.(肅愼一名挹婁在不咸
山北 去扶餘可六十日行東濱大海 西接寇漫汗國 北極弱水 其土界廣袤數千
里:『晋書』「肅愼傳」)라고 합니다.

그러나 여기서 말하는 숙신은 과거 숙신으로 기록된 백성들의 극히
일부에 불과한 것으로 보입니다. 왜냐하면 그 이전의 기록에는 "한족
이 황하 중류 유역의 좁은 지역을 근거로 할 당시에 이에 인접하여 있
는 종족이 숙신"으로 묘사되고 있기 때문이죠.(북한 사회과학원, 『발
해국과 말갈족』, 중심, 2001) 또한 숙신을 대신하는 물길이라는 이름은
요하 지역(요동·요서·요북)에서 나타난 말이기 때문에 읍루가 대신하
고 있는 숙신(블라디보스토크—하바로브스크—아무르강 하류)과는 상

당한 거리가 있죠.

따라서 숙신을 대신하는 읍루라는 것은 숙신인(쥬신인) 가운데서 현재의 블라디보스토크나 우수리스크 등지로 이동한 사람을 말하게 되지요. 그렇다면 현재의 지리 개념으로 보면 황하→요서→요동→북만주→연해주 등으로 숙신의 일부가 이동했다는 말이 됩니다. 그러면 읍루 지역에 거주했던 사람들은 궁극적으로 다른 민족이라기보다는 개발 정도의 차이에 따라 안정된 국가 권력을 형성하지 못한 숙신계(肅愼系)의 극소수의 비정착민들이 끊임없이 정치 경제적인 탄압으로부터 탈출해 간 경로라고 봐야 합니다.

여기서 쥬신의 역사에서 가장 골치 아픈 문제의 하나인 숙신과 읍루의 관계를 다시 생각해 봅시다.

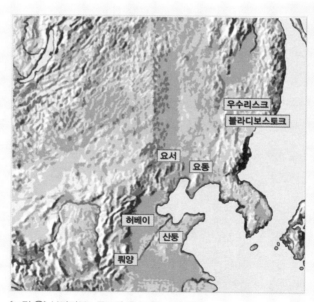

〔그림 ③〕 블라디보스토크와 우수리스크의 위치

읍루(挹婁)는 그 민족적 계열이 가장 혼란하여 동북아시아 전체사를 혼란에 빠뜨린 민족입니다. 이 부분을 해명해야만 쥬신의 비밀이 풀립니다. 이 읍루 부분이야말로 한족 사가들이 가장 큰 실수를 한 부분이며 그로 인해서 쥬신의 역사가 안개 속에 갇히게 되었습니다. 한국이나 일본의 사가들도 읍루의 함정에 걸려들어서 천 년 이상을 헤매고 있는 것이죠.

먼저 선사 시대 동아시아의 인종 분포를 살펴봅시다. 〔그림 ④〕는 현재 우리나라의 고교 역사 부도에 있는 지도입니다.

〔그림 ④〕에서 보면 읍루와 아이누의 지역이 일치한다는 것을 한눈에 알 수 있습니다. 이것을 좀 더 구체적으로 보면 읍루와 아이누의 발음이 거의 일치하고, 읍루와 아이누가 살고 있는 지리적인 영역이 일

〔그림 ④〕 선사 시대 동아시아의 인종 분포

치하며, 현대에 이르기까지 아이누의 생활(일본 지역은 제외)과 각종 사서에 묘사된 읍루의 문화와 습속 그리고 그 생활상이 일치하고 있다는 점입니다.

첫째, 읍루의 현대적 발음은 이루〔yilóu〕인데 이 말은 아이누 말인 '이르' 또는 아이누라는 말과 거의 일치합니다. 아이누의 말로 '이르〔ir〕'는 가족 또는 그보다 큰 범위의 친족을 가리킬 때도 사용한다고 합니다. '아이누'란 그들의 말로 사람이란 뜻이고 이들을 부르는 일본 말인 '에조, 에미시'도 아이누 말로 사람이라는 뜻이라고 합니다. 참고로 일본인들은 아이누를 '하이(蝦夷)', '이(夷: 중국 말로 동쪽 오랑캐)', '적(狄: 중국 말로 북쪽 오랑캐)'으로 적고 '에조', '에미시'라고 읽습니다. 열도 부여인(일본인)들이 지나치게 중국인 행세를 하면서 주변 민족을 부르고 있음을 보여 주는 대목이기도 하죠.

둘째, 지리적 영역에서 볼 때 읍루는 "동쪽은 큰 바다에 면하여 있고 서쪽은 구만 한국에 접해 있고 북쪽은 약수에 이른다. 그 영역은 수 천리이다."라는 표현과 〔그림 ④〕의 영역이 거의 일치하고 있음을 볼 수 있습니다. 『후한서(後漢書)』에서는 "읍루의 거주 영역의 북쪽 끝은 어디까지인지 알 수가 없다.(不知其北所極:『後漢書』「東夷傳」)"고 합니다.

셋째, 『후한서』에는 "읍루는 항상 혈거 생활(穴居生活)을 하는데 그 것이 깊을수록 귀하며 큰 집의 경우에는 무려 9층(아홉 개 계단)에 이르기도 한다.(常爲穴居 以深爲貴 大家至接九梯:『後漢書』「東夷傳」)"라고 되어 있습니다. 이 지역 즉 연해주에서 아무르강 하류 일대에 이르는 주민들은 정착 생활을 하면서 야산이나 삼림에서 수렵을 했습니다. 이들 정착민의 주거(住居)는 원칙적으로 반지하식이며 흙을 씌운 혈거(穴居)입니다. 이것은 근대에 이르기까지도 거의 변화가 없었습니다. 베링해에 가까운 지역에서 대부분 순록을 기르는 유목민인 것과는 약간은 대조가 됩니다.

생물학적으로나 언어학적으로 아이누족은 예맥이나 숙신과는 거리가 멉니다. 길랴크나 아이누의 언어는 고아시아 제어(諸語)에 속합니다. 따라서 알타이어 계통과는 다르지요. 언어적으로 보면 아이누 말은 문장 성분이 서로 뒤섞여 한 낱말처럼 보이는 집합어(polysynthetic language)에 속한다고 합니다.(즉 동사는 각종 의미를 갖는 일종의 접사와 낱말이 융합되어 구성이 복잡해져 매우 어렵습니다.) 유럽의 바스크 언어도 이와 유사한데 스페인 속담에 "하느님이 악마를 징벌하기 위해 내리는 가장 큰 벌은 그 악마에게 7년 동안 바스크 말을 공부하게 하는 것이다."라고 할 정도로 집합어는 말이 어렵다고 합니다.

아이누족은 눈에는 쌍꺼풀이 있고 귀는 큰 편이며 광대뼈는 크지 않습니다. 아이누는 머리 길이도 세계 인종 가운데 아주 큰 편(198.36밀리미터)이지만 머리의 폭은 아주 작은 반면 한국·몽골·만주 인종은 짧은 머리형에 속합니다. 알타이 계통이 아니지요. 뿐만 아니라 아이누에게서는 몽골 반점이 거의 나타나지 않습니다.

참고로 말하면 시베리아에는 다양한 민족이 살고 있지만 그들의 수는 매우 적습니다. 오늘날에도 시베리아 소수 민족의 비율은 채 10퍼센트가 되지 않으며 시베리아 지역에서 가장 많은 인구를 가진 민족은 부리야트족(몽골의 칭기즈칸족의 기원)·사하(야쿠트)족 등인데도 1990년대를 기준으로 봐도 40여 만 정도밖에 안 된다고 합니다. 일반적으로 말하는 퉁구스인들은 10만이 안 된다고 합니다.(물론 스스로를 퉁구스라고 부르는 민족은 없지요.)

이 종족을 살펴보면 에벤, 에벤크, 네기달, 나나이, 울치(오로치), 우데헤(러시아), 오로촌(중국) 등이 있습니다. 그리고 길랴크로 알려진 니브히, 에스키모, 코략, 유카기르 등의 소위 고아시아족이 있으며 과거에 사서에서 읍루라고 부르던 종족은 아무르강 하류에서 연해주에 이르는 곳에 살던 길랴크나 아이누 같은 고아시아족들로 판단됩니다.

시베리아 종족들의 인구는 하나의 종족이나 민족이라고 부를 수도 없을 정도로 적습니다. 대개의 경우 만 명도 안 되죠.(민족으로 분류하기도 어려울 정도입니다.) 〔그림 ④〕에서 일본은 북몽골이 아닌 것으로 나타나 있는데 이것은 반도 부여(백제)의 영향이 미치기 이전의 상황이기 때문입니다.

이런 점을 보면 우리가 지금까지 보아온 숙신과 아이누는 분명히 다르다는 것을 알 수가 있습니다. 그런데 왜 숙신을 읍루 즉 아이누라고 불렀는가 하는 의문이 생깁니다. 이것은 쥬신의 비밀을 찾아가는 하나의 중요한 열쇠이기도 합니다. 앞에서도 간단히 설명을 했지만 이 점을 좀 더 깊이 살펴봅시다.

이를 이해하기 위해서는 다음의 글을 먼저 읽어 볼 필요가 있습니다. 아래의 글은 바로 1920년대에 연해주 일대에서 살던 길랴크족의 모습을 묘사한 것입니다.(이 글에서는 길랴크라고 하고 있는데 큰 범주에서 보면 아이누 즉 과거의 읍루라고 보면 됩니다.)

러시아와 만주의 국경 일대에 사는 소수 민족인 퉁구스 고리드족과 길랴크족에게는 곰한테 죽은 사람의 시체는 그 곰을 잡을 때까지 그대로 둔다는 관습이 있었는데 …… 곰을 유인하겠다는 의도가 있었다. …… 북만주 일대의 삼림이나 황무지에는 길랴크나 고리드, 한민족(韓民族) 등 나라 없는 약소 민족들이 살고 있었는데 만주족은 그들을 박해하고 착취했다. …… 길랴크족은 늘 당하기만 했다.(김왕석, 「중국인과 길랴크족」, 『맹수와 사냥꾼』, 제5권, 스포츠서울, 1993)

대체로 이들의 거주지는 아이누—길랴크의 거주 영역과 일치합니다. 그런데 만주족(만주 쥬신)과는 다르게 묘사하고 있습니다. 계속 보시죠.

그 일대는 나무들이 울창한 원시림이었으며 그런 곳에 살 수 있는 사람들은 오직 길랴크족뿐이었다. 만주 땅에서는 어디를 가도 나타나는 마적들도 그곳엔 들어가지 않았다. …… 만주인들은 그들을 짐승 같은 야만인이라고 말했다.(김왕석, 같은 책, 121쪽)

이 부분의 묘사는 『삼국지』와 거의 일치하고 있습니다. 『삼국지』에는 "그들은 사람의 수는 적었지만 험한 산속에 살고 있었고 이웃 나라 사람들은 그들의 활과 화살을 두려워했기 때문에 끝까지 그들을 굴복시키기는 어려웠다.(『三國志』魏書「東夷傳」)"라는 기록이 있죠. 또한 『후한서(後漢書)』, 『진서(晉書)』에도 그대로 있습니다.

길랴크족은 사냥만으로 생활을 했다. 몽고족처럼 농업이나 상업을 경멸했으며 아무리 생활이 궁해도 그런 짓은 하지 않았다. 그래도 몽고족은 목축을 했으나 길랴크족은 그것도 하지 않고 오직 사냥만을 했다. …… 그들은 많은 짐승을 잡았으나 수입은 좋지 않았다. 만주인 상인들에게 착취를 당했기 때문이었다. 그들은 값비싼 짐승 털과 녹용, 웅담 등 약재를 헐값으로 만주인 상인들에게 팔아 상인들만 배부르게 만들어 주었다. 길랴크족은 돈이라는 것을 잘 몰랐고 저축이니 이자니 하는 것도 몰랐다. …… 그들은 짐승을 많이 잡아도 훈제로 만들어 저장할 줄 몰랐다. 많이 잡히면 이웃 마을 사람들이나 나그네들까지 불러 잔치를 벌여 다 먹어치웠다. 그래서 그들은 사냥이 잘되지 않으면 굶주렸다. 만주인들은 그럴 때 그들에게 돈을 빌려주

었는데 거기엔 터무니없는 이자가 붙어 있었다. 한 달에 2할 심지어
는 3할까지 붙는 경우도 있었다. 물론 만주인들이 돈을 꾸어줄 때는
땅이나 집 또는 처자식을 담보로 잡았으며 돈을 갚지 않으면 강제로
담보물을 빼앗아갔다.(김왕석, 같은 책, 120~121쪽)

이 부분에서 아이누—만주족(만주 쥬신)—한족의 비즈니스적 네트
워크의 연계 관계(supply chain in business)를 파악할 수 있습니다.
만주족(과거의 숙신: 만주 쥬신) 중의 일부는 이들과 깊은 거래 관계가
있어 왔음을 충분히 짐작할 수 있습니다. 그리고 한족이 쥬신의 일부
를 두고 읍루(아이누)라고 부른 이유도 충분히 짐작이 됩니다.

위에서 인용한 『맹수와 사냥꾼』의 글은 저자가 한국인 사냥꾼 박상
훈(朴尙勳, 함경도 출신, 1879~1945년(?), 소식 불명)이라는 사람의 경
험담을 바탕으로 쓴 글이라고 합니다. 이 글로 보면 당시 읍루의 생활
이 어떠했는지 충분히 짐작이 갑니다. 또한 이들과 만주인과의 관계를
알 수가 있지요. 이들의 수렵 생활은 그 특성상 긴 세월 동안 상당한
원형을 유지했을 것으로 생각됩니다. 저장할 줄도 몰랐다는 말은 신석
기 문화가 아직도 유지되고 있음을 의미하기도 합니다. 저자는 이들이
만주족이나 한족들과는 달리 이기심이나 교활성, 위선 등이 없었다고
말합니다.

『맹수와 사냥꾼』에서는 만주족과 읍루(아이누 또는 길랴크)와는 완
전히 다르게 보고 있습니다. 다시 말하면 우리가 만주족의 조상이라고
보는 숙신과 읍루(아이누)는 완전히 다르다는 것입니다. 이 점을 분명
히 알아야 쥬신의 뿌리가 해명됩니다.

그러면 이제 다시 사서의 기록으로 돌아가 좀 더 심층적으로 살펴봅
시다. 한족의 사가들은 숙신의 일부가 동부 지역으로 지속적으로 이동

하여 그 지역에 살면서 아이누족(길랴크족)과 (『수렵 야화』에서 보듯이) 상업적 거래를 위해 어울리는 것을 보고 아예 읍루(아이누)라고 불렀을 것으로 판단됩니다.

또 숙신의 일부가 아이누 지역까지 흘러 들어간 것을 마치 이들이 읍루로 합쳐진 양 묘사한 것으로 보입니다. 숙신이 연해주 쪽으로 흘러 들어가자 아이누의 일부는 다시 만주의 동북으로 올라갔겠고 후일 청 나라가 세워지면서 만주 쥬신이 대거 중국 땅으로 들어가자 다시 이들은 남하(南下)하였을 것입니다. 이 같은 요동이나 만주·연해주 일대의 사정을 한족 사가들이 제대로 알 리가 없지요.

따라서 숙신이 아이누가 아니듯이 아이누는 예맥이 아니고 또한 쥬신도 아닌 것이지요. 숙신 대신에 사용한 읍루가 아닌 아주 엄격한 의미에서 말하는 읍루는 예맥 계열이 아닙니다. 앞으로 읍루는 아이누로 보고 분석을 해야 합니다.

유전학적으로 보면 아이누에게 특이하게 나타나는 유전자인 DE-YAP(Y염색체 변이의 하나)는 한국이나 몽골 등 범 쥬신에게는 1퍼센트에서 2퍼센트도 나타나고 있지 않습니다.(Han Jun Jin & Wook Kim "Genetic Relationship Between Korean and Mongolian Population Based on the Y Chromosome DNA"『*Korean J Biol Sci* 7』139~144, 2003) 다만 DE-YAP은 일본의 경우에는 꽤 많이 나타나는데(『*Human genetics*』2003, Vol 114), 이것은 아이누가 일본 열도에 이미 많이 살고 있었고, 쥬신족이 일본 열도에서 아이누를 정벌하는 과정에서 많은 피가 섞인 것으로 판단됩니다.

그동안 읍루족의 기원은 ① 퉁구스족의 일파설(그 위치가 현재의 길랴크족의 분포와 가까우므로 길랴크[니브히(Niebuhr)]족의 선조로 보는 견해) ② 여진족의 선조설(각종 중국 측 사서에는 숙신의 별칭이자 후예로 여진족의 선조로 보는 견해) 등이 있지만 이제 읍루가 여진족의 선조라는 설은 확실히 틀렸다는 것을 아시겠죠?

읍루족이 아이누족이라고 볼 때 숙신의 이동으로 인해 다시 사할린 북쪽 아무르강 하류 입구 쪽으로 다시 밀려 올라갔을 가능성이 크므로 ①은 타당성이 있습니다. 길랴크는 연해주에서 북극해에 이르는 동시베리아 지역에 광대하게 분포하는 아이누의 영역 가운데 아무르강 하류에 거주하는 사람들이죠.

일부에서는 한국어가 길랴크족의 언어와 매우 유사한 측면이 있기 때문에 한국인과 길랴크족이 직접적으로 연관된 민족으로 보는 견해가 있는데 이것은 잘못입니다.(무엇보다도 지금까지 본 대로 유전자적인 분석에서 범 쥬신에게 있어서 아이누의 특성이 거의 나타나지 않

〔그림 ⑤〕 시베리아 일대의 종족 분포도

고 있죠.) 1955년 러시아의 크레이노비치는 길랴크족이 아무르강과 사할린보다 남부 지방에 거주했으며, 한국인 및 만주인과 긴밀했다고 보고 한국어 및 만주어와 길랴크어의 유사성을 찾아냈습니다. 그것은 두 언어에 보이는 유사한 낱말은 차용에 의한 것이지 결코 동일 계통에 속하는 근거가 되는 것은 아니라는 것입니다.(김방한, 『한국어의 계통』, 민음사, 1983 ; 장길운, 『국어사정설』, 형설출판사, 1993 ; 이기문, 『국어사 개설』, 탑출판사, 1972)

오늘날 많은 학자들이 아이누 말의 계통을 찾으려고 노력했지만 이 언어와 우리말과는 직접적인 연계를 밝히기는 어렵다고 합니다. 이 분야의 전문가에 따르면 아이누계의 언어를 일본어, 한국어, 알타이어, 심지어 인도 유럽어와 비교해 보았지만 어느 쪽도 확실한 결론을 내리지 못하고, 다른 언어와 상관이 없는 '고립어(isolated language)'로 보고 있습니다.

그러나 현대 한국어에 길랴크 말과 비슷한 어휘가 많다는 것은 숙신과 길랴크(또는 아이누족) 사이에 상당한 교류가 있었거나 정치적인 영향을 주고 받았음을 의미하는 것입니다. 길랴크족의 주요 거주지는 아무르강 하류 유역이고 아이누의 주요 영역은 아무르강 하류에서부터 두만강 하구에 이르는 태평양 연안 지역입니다. 아이누나 길랴크가 각각 숙신(만주 쥬신)과 한반도(반도 쥬신)에 경제적으로나 언어적으로 많은 교류가 있었던 것은 당연한 것이겠죠.

읍루 즉 아이누가 비슷한 시기에 동쪽으로 이동해 간 숙신인들과 교류한 것은 당연한 일입니다만 그 때문에 읍루(아이누)가 숙신의 후예인 만주족(만주 쥬신)의 조상이라고 하는 것은 큰 잘못입니다.

지금까지 보아온 대로 숙신—여진—만주는 쥬신으로서의 일관된 계보를 가지고 있는데 왜 갑자기 아이누와 하나의 종족이 된다는 말입니까? 물론 숙신의 일부 즉 한반도 및 연해주 동북부의 사람들과 교류가 있을 수 있겠지만 그것은 숙신의 큰 흐름의 일부에 불과한 것이지요.

숙신을 읍루와 혼동한 것은 그동안 사가들의 가장 큰 실수 중 하나라고 할 수 있습니다. 읍루에 대한 최초의 기록이라고 할 수 있는『삼국지』에 나온 "읍루는 과거 숙신의 나라이다.(古之肅愼氏之國也:『三國志』「魏書」東夷傳)"라는 기록으로 사가들은 숙신—읍루의 함정에서 빠져나오지 못하고 있습니다. 그러나 지금까지 본 대로 숙신은 예맥의 주요 흐름과 일치하는 민족이므로 읍루와 직접적인 관련이 없습니다.

사가들이 읍루의 함정에 빠진 것은 읍루 즉 아이누가 아무르강 상류에서부터 연해주까지 이동해 왔기 때문에 생긴 문제이기도 합니다. 일반적으로 아이누들의 남진(南進)은 정확한 원인을 알기는 어렵지만 아무르강 유역의 문화를 뽈체 문화라고 하고 아이누의 문화를 올가 문화라고 하는데 이 두 문화는 토기·철기·석기 등에 나타나는 유사성(토기의 형식, 문양 구성, 제작 기법 등)으로 보아 같은 문화로 보고 있습니다.(강인욱,『極東考古學要綱』, 2002, 53쪽)

아이누는 문화적으로는 많이 뒤떨어져 있지만 수렵을 하는 민족이므로 그 특성상 대단한 전투력을 가진 것으로 묘사되어 있습니다.『후한서』에 "아이누(읍루) 사람들은 배를 타고 노략질하는 것을 즐겼는데, 북옥저는 이들의 노략질을 두려워하여 매년 여름이 되면 번번이 바위굴에 숨었다가 겨울에 되어 뱃길이 통하지 않으면 이에 내려와 읍락에 거처하였다.(挹婁人憙乘船寇抄, 北沃沮畏之, 每夏輒臧於巖穴, 至冬船道不通, 乃下居邑落:『後漢書』「東沃沮」)"라는 기록이 있습니다.

아이누는 전문 수렵인이라 대부분 백발백중의 명사수였던 모양입니다.『삼국지』에서는 읍루인들은 사람의 눈을 쏘아 맞힐 정도로 활쏘기에 능하여〔善射〕"일단 활을 쏘면 모두 맞았다. 화살에 독을 발라서 사람이 맞으면 모두 죽는다.(射人皆入. 矢施毒, 人中皆死:『三國志』 「魏書」東夷傳)"라고 합니다. 그래서 부여는 여러 번 이들을 정벌하기 위해 나섰지만 산세도 험하고[所在山險] 사람들이 그들의 화살을 두려워해서 끝내 정복할 수 없었다[卒不能服也]고 합니다.(『三國志』「魏書」東夷傳)

그러면 여기서 읍루 즉 아이누와 교류를 가진 숙신의 일부 집단의 성격에 대해 알아봅시다. 범 쥬신(Pan-Jüsin)은 한족의 압박으로 인하여 허베이—요동—만주—연해주 등지로 지속적으로 이동하고 있습니다. 그 과정에서 연해주로 이동해 간 쥬신의 일부는 아이누와 교류를 했을 것으로 판단됩니다. 여기에는 보다 경제적인 이유가 있습니다. 요동과 만주의 범 쥬신 가운데 일부는 고래로부터 문피(호랑이 가죽)가 가장 주요한 특산물의 하나였습니다.('숙신이 조선에서 나온 아홉 가지 이유' 참고) 이 같은 고급 특산물의 가장 중요한 공급자가 바로 아이누였다고 볼 수 있습니다.

실제로 읍루의 문화 수준은 매우 열악했다고 합니다.『삼국지』에서는 "동쪽 오랑캐들은 대부분 예기(禮器)를 사용하는데 동쪽 오랑캐들 가운데 (유독) 읍루는 음식 예절이 없고 풍속이 엉망이었다.(東夷飮食類 皆用俎豆 唯挹婁不法 俗最無綱紀:『三國志』「魏書」東夷傳)"라고 하여 문화적으로 가장 미개할 뿐 아니라 장례법 또한 매우 미개한 것으로 묘사하고 있지요.

읍루는 자연 환경이 열악한 까닭으로 다른 종족과 문화적으로 격차가 심하여 제대로 어울리지 못했습니다. 숙신과 읍루가 제대로 융합하지 못하는 것은 마치 언어와 문화가 다른 쥬신과 한족이 제대로 어울릴 수 없는 것과 비슷합니다.

결론적으로 말하면 읍루는 쥬신이 아니며 연해주에서 아무르강 하류에 이르는 지역에 살던 아이누·길랴크(니브히) 같은 고아시아족을 이르는 명칭이었다는 것입니다. 그리고 일부 쥬신(숙신)이 이 지역과 연계하여 비즈니스 활동(Business Activities)을 함으로써 한족 사가들이 이들을 읍루라고 혼동했거나 아니면 숙신인지 알면서도 비하했던 것으로 보입니다.

4. 기분 나쁜 놈

숙신을 의미하는 말 가운데 물길(勿吉)이라는 이름을 살펴봅시다. 중국인들이 한자어로 표현한 것을 보면 한마디로 '기분 나쁜 놈'이라는 뜻이군요. 정말 듣기에 기분 나쁘군요.

물길은 발해 때 숙신의 한 갈래가 막힐부(鄭頡部)를 중심으로 먼저 물길을 칭한 것으로 나타나고 있습니다.

어, 다시 막힐부가 나오네요. 막힐부는 현재 랴오닝 성 창튜현에 위치해 있습니다. 막힐부는 고구려가 설치했고 발해가 계승한 곳으로 요나라 때는 한주(韓州)로 이름이 바뀝니다. 한주란 '한국인들이 사는 곳'이라는 의미입니다. 이것만 보아도 물길을 쥬신에서 빼어낸다는 것은 말이 안 됩니다.

사서들의 기록을 보면 숙신의 이름이 매우 다양하게 바뀌고 있습니다. 물론 물길, 말갈도 나타나지만(읍루도 나타나지만 이제는 제외시켜야겠지요.), 숙신이 어느 날 동시에 물길로 불린 것도 아니고 그들의 일부에 대해 물길로 부르거나 끝까지 물길로 부르지 않은 숙신도 있다는 것입니다. 마치 숙신은 카멜레온처럼 변화가 무쌍합니다.

숙신이라는 민족 이름의 변화는 다음과 같은 형태로 나타납니다.

① 숙신―숙신―숙신(일부의 숙신족은 그대로 숙신으로 부름)

② 숙신―읍루―읍루(일부의 숙신족은 읍루로 부름)

③ 숙신―읍루―물길(일부의 숙신족은 읍루·물길로 부름)

④ 숙신―숙신―말갈

⑤ 숙신―읍루―물길―말갈(일부의 숙신은 읍루·물길·말갈로 부름)

이상의 분석을 통해 알 수 있는 분명한 사실은 숙신이라는 종족이 물길, 말갈 등을 모두 포괄하고 있다는 것입니다.(읍루는 이제 제외합시다.)

위의 경우 가운데 일반적으로는 ⑤의 경우로 알려져 있지만 실제로는 그 경우뿐 아니라 다른 경우도 많다는 것을 볼 수 있습니다. 또한 ④의 대표적인 예를 들어보면 흑수말갈(黑水靺鞨)이 있습니다. 즉 흑수말갈은 물길로 불린 적이 없다는 말이죠.(북한 사회과학원, 『발해국과 말갈족』, 중심, 2001, 108쪽) 참고로 흑수란 현재의 흑룡강(또는 송화강)을 말합니다.

숙신이라는 종족의 명칭이 이렇게 다양해진 또 다른 원인으로 추정되는 것은 하나의 원집단(原集團)에서 그 집단의 세력이 약화되었을 때 그 통치권 하에 있던 부족 가운데 강력한 세력이 나타나 새로운 세력으로 부상한 경우도 생각할 수 있습니다.

말갈(靺鞨)의 어원에 대해서는 무엇보다도 고구려 때 요동의 북쪽에 막힐부가 있었는데 이 말에서 말갈이 나왔을 수도 있습니다. 막힐(모세[màoxié])이라는 말과 말갈(모허[mòhé])은 매우 유사합니다. ㅎ과 ㅅ은 자주 교환되니까 말이죠. 만약 현재 우리가 읽는 한자음이 고대

〔그림 ⑥〕 흑수(흑룡강: 헤이룽강)의 위치

음이라고 해도 〔막힐〕, 〔말갈〕로 비슷하고 만주어의 음이 반영된 현대 중국어의 음으로도 〔모세〕, 〔모허〕로 비슷하다는 말입니다. 그리고 부여의 정치 구조에 나타난 중앙 지배 집단의 하나인 마가에서 나왔다는 견해가 있습니다. 즉 부여는 5부족 연맹체였는데 그 5부족 가운데 하나가 마가(馬加)입니다.

이 외에도 말갈의 어원에 대한 견해는 여러 가지가 있는데 주요한 것만 소개하겠습니다. 현지인들이 흑룡강을 만구〔Mangu〕라고 했는데 이 말을 따 왔다는 견해도 있고 물길 또는 말갈은 만주어로 밀림 또는 삼림의 뜻인 '웨지(窩集〔Weji〕)' 또는 '와지'에서 나왔다는 견해도 있죠.

말갈이 막힐부 또는 마가(馬加)에서 나왔을 것이라는 견해를 제외하면(이 경우는 바로 부여, 고구려와 연관되므로 분석할 필요가 없지요.) '와지'라는 견해에도 주목할 필요가 있다고 생각합니다. 즉 '산골 사람' 또는 '숲의 사람'이라는 의미로 '와지'라는 말을 사용해 왔는데 그것을 중국인들이 한자로 받아 적을 때 같은 발음으로 '기분 나쁜 놈

[勿吉]'이라는 욕설로 쓴 것이죠. 정말 기분 나쁘군요. 그런데 '와지'라는 말은 여러 가지 면에서 중요합니다.

'와지'라는 말은 삼림이라는 의미 외에도 동쪽 즉 '해 뜨는 곳[日本]'을 의미하기도 하기 때문이죠. 숲이 우거진 곳에 사는 사람들은 숲에서 해가 뜨는 것을 보지 않습니까? 동쪽동(東: 木＋日)도 사실은 나무[木] 위로 떠오르는 태양[日]을 묘사한 말이죠. 알타이 연구에 평생을 바친 박시인 선생은 이 말을 옥저(沃沮)나 왜(倭)의 어원(語源)이라고 분석합니다. 즉 만주와 한반도 동부 삼림 지대에 사는 쥬신을 와지라고 칭했을 수가 있다는 말이지요.

앞으로 다른 장('왜, 한국인들의 이름')에서도 볼 수 있겠지만 왜라는 말이 시작된 것은 요동·만주 지역입니다. 이 부분은 일본 편에서 다시 분석하겠습니다.

어떻습니까? 그렇다면 물길, 말갈이 결국은 옥저나 동예 나아가 일본과 직접적인 관련이 있다는 것을 알 수 있습니다. 다시 말하면 숙신이 부여·고구려 지역은 물론이고 옥저·동예·한반도·일본까지 광범위하게 분포된 민족이라는 것을 알 수 있습니다. 따라서 숙신이나 물길은 동아시아의 쥬신(Jüsin)족에 대한 일종의 범칭이라고 할 수 있습니다.

그런데도 중국 학자들이나 한국의 사학자들은 물길을 확실히 오랑캐 종족으로 보고 있으며 물길을 이은 말갈(靺鞨[모허])도 일반적으로 돼지와 개 가죽과 관련이 있는 것으로 보고 있습니다. 조선의 대표적인 석학 정약용 선생(1762~1836)조차도 "내 생각이긴 하지만 말갈이라는 말은 그들이 돼지와 개 가죽으로 옷을 지어 입었기 때문에 그들을 말갈로 부른 것일 것이다."라고 했습니다.(丁若鏞, 『我邦疆域考』卷2)

그 밖에도 말갈이라는 말은 붉은색의 무릎 가리개를 의미한다는 설도 있습니다. 즉 말갈을 부르는 다른 말로 매갑(靺鞈[모거])이라는 말이 있다는 것이지요. 매갑이란 선비(鮮卑)의 세르비와 유사하게 붉은 색의 무릎 가리개를 의미합니다. 매갑은 말갈이라는 말과 발음이 매우 유사합니다.

말갈은 그 이전의 앙갈(軮羯)의 후예라는 견해도 있습니다. 앙(軮)이란 고삐를 말하고 갈(羯)이란 거세한 양을 의미하는 말로 양을 거세하여 고삐로 이리저리 끌고 다닐 수 있게 한 것이라는 의미죠. 이 갈족은 중국의 산시성을 중심으로 석륵(石勒)이라는 영걸이 나타나 후조(後趙)를 세워 중원을 지배한 적이 있는 민족입니다. 『동문선(東文選)』에 실린 최치원(崔致遠)의 견해에 따르면 "발해의 원류는 고구려가 멸망하기 전에 (고구려의 변방에) 혹처럼 붙어 있던 부락인 앙갈의 족속이다.(渤海源流 句麗末滅之時 本爲疣贅部落軮羯之屬)"라고 합니다. 최치원은 이들이 세력을 확장하여 발해를 건국한 것으로 보고 있지요.

분명한 것은 말갈이라는 말이 비록 음을 빌려서 사용한 것이라고 해도 예맥(濊貊)이라는 말처럼 욕설(비칭)이라는 것입니다.

그러므로 숙신은 만리장성 이북 지역에서 동북아시아에 걸쳐서 거주했던 민족을 부르는 일반적인 명칭이었다는 것을 알 수가 있습니다. 숙신은 물길, 말갈, 읍루 등으로 불렸으며 후일에는 여진, 만주족으로 불리기도 했습니다. 그 과정에서 이름들이 거의 욕설로 바뀌었습니다. 자신들의 글이 없다 보니 한족의 사가들에 의해 재단된 것이죠. 그러나 이 숙신이야말로 쥬신의 역사에서 가장 중요한 주체였습니다.

다음 장에서는 숙신이 현실적으로 어떤 국가에서 어떻게 변모되어 가는지 살펴봅시다.

10장

이제 유리에서 푸른 강의 은유는 끝났네.
물고기 산중에 매달려 있고
아침이면 가장 높은 곳으로부터
마른 북 울리며 늙은 소 물 마른 강가로 내려오네.
불길한 괘처럼 태양 속에 별이 뜨고
우리 딱딱한 혀는 얼마나 오래 유리의 은유를 견디는지.
스스로가 스스로에게 적인 유리 나무들 제 마른 팔 부러뜨리고
붉은 새 안간 힘으로 둥근 유리의 시간 빠져나가네.
그러나 여기 유리에는 외부는 없네.
마른 북 울리며 늙은 소 가장 높은 곳으로 올라가고
물 마른 강가 저녁 얼굴 가리고
부러진 나무 속에 갇혀 우리 불타네, 우우
유리에 가서 우리 불타네.

　　　　　　　　　　　　　　　　—노태맹, 「유리에 가서 불탄다」

'유리(羑里)'란 3,100여 년 전 은(殷)의 폭군 주왕(紂王)이 문왕(文王)을 가

쥬신의 실제 뿌리,
물길과 말갈

둔 감옥입니다. 문왕은 주(周)를 건국한 무왕(武王)의 아버지로 유리에서 복희(伏羲)씨가 그린 '팔괘(八卦)'를 처음으로 연역(演易)하였는데 이것이 주역(周易)의 시작이라고 합니다.

무왕은 은 나라를 멸하고 주 나라를 세웠습니다. 무왕과 그의 후예들은 쥬신의 손발을 묶어 빠져나올 길이 없는 유리에 가두었습니다. 그로부터 수천 년 동안 쥬신은 유리를 벗어나지 못하고 있습니다.

1.
숲의 사람

우리는 때로 고정관념의 틀에서 벗어나지 못합니다. 조금만이라도 그 관념의 틀을 벗어나 보면 금방 알게 되는 것들도 그 관념 속에서 헤매다가 그 관념 속에 함몰당하는 경우가 많습니다. 다른 경우도 많지만 우리 역사에서 대표적인 경우는 물길(勿吉) 또는 말갈(靺鞨)이라는 민족에 대한 것입니다.

말갈과 관련하여 몇 가지 먼저 알아둬야 할 것이 있습니다. 말갈은 고구려나 발해와도 깊은 관계가 있다는 것입니다.

중국에서의 '고구려·발해는 소수 민족 지방 정권'이라고 하여 한국사와는 무관한 중국사(中國史)의 일부로 보고 있습니다. 즉 발해는 '말갈족을 주체로 한 민족 정권인 동시에 당 나라 중앙 정권의 책봉을 받아 당 왕조에 예속된 지방 정권' 혹은 '소수 민족이 세운 지방 정권'이라는 것입니다. 중국 정부의 공식 입장을 대변하는 중국의 국정 교과서에는 "발해는 당현종(唐玄宗)이 발해군왕(渤海郡王)으로 임명한 속말부(粟末部)의 수령(首領) 대조영(大祚榮)이 세운 속말 말갈(粟末靺鞨)의 지방 정권'(중국 역사, 초급 중학 교과서)"이라고 합니다.

이것을 뒷받침하는 중국 학자들의 연구로 "고구려인은 여진족과 동일하다."는 주장(王健群, 「高句麗族屬探源」, 『學習與探索』, 1987)도 있습니다. 즉 고구려는 부여에서 왔고 부여는 숙신 계통의 통구스족 즉 후대의 여진족이므로 고구려인도 여진족과 동일하다는 것입니다. 뿐만 아니라 발해도 '고구려족(高句麗族)의 별종(別種)도 아니고 고구려의 후예도 아닌 중국 동북 지방에 예로부터 생활해 온 숙신족의 후예인 속말 말갈족(粟末靺鞨族)'이라는 연구(김향, 「발해국의 일부 민족 문제에 대하여」)가 있습니다.

위에 나타난 내용만으로 보면 왕건군이나 김향의 주장이 틀렸다고 볼 수 없습니다. 문제는 이런 당연한 이야기를 스스로 받아들일 수 없는 한국 사학계의 고질적인 '새끼 중국인' 근성입니다.

우리는 너무 오랫동안 숙신, 물길이나 말갈은 우리와는 다른 미개한 오랑캐로 고구려나 부여의 지배를 받은 민족이라고 생각해 왔습니다. 그러다 보니 동북공정에서 주장하는 바와 같이 고구려도 숙신 즉 후대의 여진족의 국가라고 하니 꼼짝없이 당하게 된 것입니다.

앞에서 보았듯이 숙신(물길·말갈)은 중국의 산시 지방에서 흑룡강 연해주 등지에 걸쳐서 거주한 민족의 범칭(일반적으로 두루 부르는 이름)으로 불려졌다는 것을 알 수 있습니다.

우리가 앞에서 본 대로 말갈이나 물길이란 만주어로 밀림 또는 삼림의 뜻인 '웨지〔窩集(Weji)〕' 또는 '와지'에서 나왔다고 합니다.(만약 부여의 마가(馬加)에서 나왔으면 더 분석할 필요도 없죠.) 즉 '산골 사람' 또는 '숲의 사람'이라는 의미로 특정한 권역을 가리키고 있지는 않지요. 또한 이 말이 '해 뜨는 곳〔日本〕'을 의미하여 쥬신의 일반적인 명칭을 따른 것을 알 수 있습니다.

일부에서는 물길이 부여나 고구려 계열과는 전혀 다른 종족이라는 근거로『위서(魏書)』「물길전(勿吉傳)」의 "물길의 말이 다른 동이의 그것과는 다르다.(『魏書』「勿吉傳」)"라는 기록을 들고 있습니다. 이것은 『위서』의 기록이 아이누(좀 더 엄밀하게는 아이누, 길랴크 등과 같은 고아시아족) 또는 아이누와 교류하는 일부 숙신인들을 지칭하면서 아이누의 언어와 숙신 즉 물길의 언어를 혼동하여 생긴 일로 보입니다. 그렇지 않을 경우에는 읍루 지역(고아시아족의 영역)에 살고 있던 숙신을 아예 읍루처럼 불렀던 것 같습니다.('읍루의 함정, 그리고 카멜레온 숙신' 참고)

그것은 바로 물길의 위치로 알 수 있습니다.『위서』에 따르면 물길의 대체적인 위치는 북류(北流) 송화강변이었습니다.(『魏書』「勿吉傳」) 이 지역은 현재의 하얼빈 동쪽 송화강이 북류하는 지역으로 하바로프스크에서 콤소몰스크(Komsomolsk)에 이르는 지역으로 추정됩니다.

그런데 앞 장에서 물길은 발해 때 숙신의 한 갈래가 막힐부를 중심으로 먼저 물길을 칭했다는 이야기를 했습니다.(북한 사회과학원,『발해국과 말갈족』, 중심, 2001) 구체적으로 보면 5세기경 물길이라는 이름을 가진 종족이 사서에 나타납니다. 그렇지만 현재까지 정확히 언제 이 물길이라는 명칭이 나타났는지 알 수는 없습니다. 다만 연흥 5년(475년) 물길의 을력지(乙力支)가 북위(北魏)에 사신으로 간 것이 기록되어 있으므로 그 이전의 시기로 볼 수는 있겠지요. 그리고 물길이 조공을 보낸 마지막 기록은 북제(北齊)의 무평 3년(572년)입니다. 물론 이것은 기록상의 이야기이고 실제로 물길이 이 기간에만 존속했다고 단정하기는 어렵고 다만 이 마지막 조공 후에도 일정하게 그 이름은 있었겠지요.

문제는 물길을 가장 먼저 칭한 막힐부의 위치가 현재 랴오닝성(遼寧省) 창튜현(昌圖縣)으로 추정된다는 것이죠. 이 막힐부는 고구려가 설치했고 발해가 계승한 곳이었죠. 이곳은 과거 고조선(古朝鮮)의 영역이자 동호(東胡)의 영역인 지역입니다.

〔그림 ①〕 물길의 영역

　그러면 『위서』「물길전」의 기록은 분명히 이상합니다. 〔그림 ①〕에서 보면 랴오닝성 창튜현의 위치는 요하(遼河) 북쪽입니다. 만주 서쪽 경계 가까이에도 물길이 존재하고 동쪽 끝부분에도 물길이 나온다는 말이지요. 그렇다면 만주 지역 전체에 해당되겠군요. 손오공처럼 동쪽 끝과 서쪽 끝을 구름을 타고 날아다닐 일은 없었을 테니 말입니다. 결국 물길의 영역은 요하에서 하바로프스크가 위치한 연해주 일대가 되어 결국 숙신의 영역과 다를 바가 없습니다. 차라리 범쥬신(Pan-Jüsin)의 영역이라는 편이 나을 듯한데요. 이것을 〔그림 ①〕로 확인해 보세요.

　그래서 『위서』「물길전」의 기록은 잘못된 것이고 이 책 역시 그동안 고질적인 문제인 숙신(물길)과 아이누를 혼동하여 보고 있죠. 그동안 이러한 기록을 한국이나 중국의 사학자들이 앵무새처럼 반복해 왔습니다. 그러니 숙신이나 물길의 실체가 보일 리 있나요? 다시 말하면 숙신의 일부가 읍루(아이누)와 접촉한 것을 두고 『위서』「물길전」은 숙신(물길)을 마치 읍루(아이누를 포함한 고아시아족)처럼 묘사한 것이라는 이야기입니다.

이와 같이 중국의 사서에서 쥬신에 대해 아무렇게나 기록하다 보니 하나의 민족이 여기저기서 서로 다르게 나타나는 것입니다. 여기에 '새끼 중국인'을 자처하는 한국의 사가들이 이것을 지속적으로 비판 없이 받아들여 사용하다 보니 쥬신의 역사가 자꾸 안개 속으로 밀려 들어가게 된 것이죠.

이제 물길에 대한 사료를 간단히 보고 넘어갑시다.

물길인들은 문화적으로는 뒤떨어져 있었으나 군사적으로는 매우 강대하여 부여를 멸망시킨 것으로 되어 있습니다.(『魏書』「勿吉傳」) 대부분의 사서에서 국가를 제대로 구성하지 못하고 만주 일대에서 살아가던 쥬신들은 강한 전투력을 가진 것으로 묘사됩니다. 따라서 이들 부족을 지배하기란 매우 어려웠을 것입니다. 어떤 의미에서 이들은 수많은 경제적 수탈과 정치적 압제 속에서 강한 전투력을 유지하면서 그 한계 상황에서는 과감히 도전하고 그들의 정치적 지배를 물리친 경우가 많습니다.

전체 물길인들 가운데 국가 구성에 동참하지 않은 물길인들은 전쟁이 벌어지면 부족을 중심으로 전쟁에 임했으며 전쟁이 끝나면 다시 원래로 돌아가 유목 생활을 하였습니다. 각 부족들은 우두머리가 있었지만 전체를 통솔하는 큰 우두머리는 없었습니다.(邑落各自有長 不相總一:『魏書』「勿吉傳」) 그것은 자연 환경과 유목과 수렵이라는 경제적 배경에 원인이 있겠지요.

물길은 정착 생활을 하기 힘든 상황이었기 때문에 중국과 달리 국가의 영역에 포함되는 사람들도 있고 그렇지 않은 사람들도 많습니다. 그렇다고 해서 이들이 숙신(물길)이 아닌 것은 아니죠. 우리가 모든 것을 단지 한족의 농경민의 시각에서만 보니 이상한 것이죠. 위의 설명(邑落各自有長 不相總一)에서 보듯이 한족과 같은 강력한 중앙 집권적 지배 체제 안에 속해 있지 않다고 해서 다른 민족으로 파악해서는 안 되죠.(참고로 한족의 통치 제도는 정착민을 바탕으로 한 철저한 수탈과 착취의 경제 구조를 바탕으로 하고 있습니다. 대부분의 한족 왕조들은 지나친 수탈과 사치로 패망합니다.)

그러다 보니 쥬신을 부르는 이름도 일관성이 없었던 것입니다. 한족의 입장에서는 국가 체제를 구성한 부족은 따로 분리하려 했고 나머지 사람들은 비칭(욕)으로 동북방에 거주하는 사람들은 숙신 또는 물길(말갈) 등으로 통칭하였던 것으로 보입니다. 물론 이것은 만주 지역의 문화적·지리적 특성과도 무관하지는 않겠죠. 인구가 극히 희박하고 부족의 단계에 머물러 수많은 씨족 또는 원시적 형태의 부족 국가가 존재하고 있었기 때문에 한족 사가로서는 판단하기에 어려웠을 수도 있습니다. 물론 관심도 없었겠죠.

예를 들면 『위서』「물길전」에 의하면 물길의 주변에는 대막루국(大莫婁國: 부여국이라고도 함), 복종국(覆鍾國), 막다회국(莫多回國), 고루국(庫婁國), 소화국(素和國), 구불복국(具佛伏國), 필려이국(匹黎尒國), 발대하국(拔大何國), 욱우릉국(郁羽陵國), 고복진국(庫伏眞國), 로루국(魯婁國), 우진국(羽眞國) 등의 12개 국이 있었다고 합니다. 이들은 고대 국가 체제가 아니라 부족 또는 원시적 부족 국가 정도의 단계로 생각됩니다. 그런데 이런 부족 국가들을 모두 서로 다른 민족으로 분류한다면 어떻게 되겠습니까?

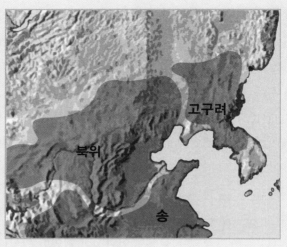

〔그림 ②〕 북위(北魏: 386~535)

　쉽게 말하면 쥬신은 주로 부족 연맹, 부족 연합 국가 등의 특성을 가지고 있는데 이것을 중앙집권적 구조를 맞춘 중국인의 사고로는 이해할 리가 없죠. 이러한 특성은 부여·고구려·백제·신라·몽골·금·후금(청)·일본 등에까지 지속적으로 나타납니다. 이 전통은 일부 지역에서는 이미 농경 생활이 정착되었음에도 불구하고 쉽게 사라지지 않았던 쥬신의 주요 특성입니다.

2. 지배층만 고구려인이라니?

　숙신(肅愼)은 남북조 시대를 거치면서 물길과 말갈로 불려집니다. 그동안 남한(南韓)에서 우리가 배우고 가르친 대로 동북방의 대표적 오랑캐지요.

지금까지 배운 대로 한다면 이들은 발해의 피지배 계층이라고 합니다. 쉽게 말해서 발해의 지배층은 고구려인이고 피지배층은 말갈이라는 것입니다. 그러나 아직도 물길과 말갈 역시 안개 속에 있는 민족입니다. 마치 쥬신의 역사가 안개 속에 있는 것과 마찬가지입니다. 그동안 북한(北韓)에서 요동과 만주 지역의 민족에 대한 연구를 지속적으로 해 왔습니다.

북한의 연구는 발해가 고구려 유민과 고구려의 전주민(前住民)에 의해 건국된 것이라고 보고 있습니다. 즉 북한 학자들은 발해 주민을 일률적으로 말갈로 부르는 것은 타당하지 않고 고구려의 유민(遺民)으로 보아야 한다고 주장합니다.(북한 사회과학원, 『발해국과 말갈족』, 중심, 2001) 따라서 고구려인들이 발해를 건국했거나 일부의 고구려인이 건국하고 다수의 말갈을 지배한 것이라고 보는 것이죠. 또한 통일신라 때 최치원은 발해가 갈족의 한 갈래인 앙갈(鞅鞨)에 의해 건국된 것으로 보았습니다.

그러나 제가 보기에는 남한이나 북한 모두 잘못 인식하고 있는 듯합니다. 말갈과 고구려 주민을 분리하는 것은 보다 정치적이고 문화적인 문제이지 민족적인 측면이라고는 보기 어렵습니다. 예를 들어 한국의 수많은 씨족 가운데 한 성씨인 전주(全州) 이씨(李氏)가 조선 왕조를 건국했다고 해서 그들이 전체 대다수 한국인들과 다른 집단이라고 볼 수 있습니까?

발해는 고구려 유민을 바탕으로 만주 일대에 광범위하게 존재했던 포괄적인 말갈인(만주 쥬신)에 의해 건국된 나라라고 보는 것이 타당합니다.

최치원은 중국에 조기 유학을 한 데다 중국에 너무 오래 살아서인지 발해와 말갈에 대해 비하하는 정도가 한족의 사가와 유사하고(그래서 여러 망발을 서슴지 않고 있습니다.), 북한의 연구는 지나치게 편협되어 (「발해사 연구를 위하여」, 《력사 과학》 1962년 1월호 ; 「발해의 주민 구성」 『발해사 연구론문집』(1992)) 그에 반하는 사료들이 많이 나타나기 때문 이죠.

예를 들면 『유취국사(類聚國史)』에 다음과 같은 기록이 있습니다.

> 발해국은 고구려의 옛 땅이다. …… 주현과 관역이 없고 곳곳에 마을이 있는데 모두 말갈인의 부락이다. 백성들은 말갈인이 많고 원주민(土人)들은 적다. 모두 원주민으로 촌장을 삼는다. 큰 마을은 도독, 그보다 작은 규모는 자사·수령으로 부른다. 날씨가 극히 추워 수전 농사가 안 된다.(渤海國者 高麗之故地 …… 無州縣館驛 處處有村里 皆 靺鞨 其百姓靺鞨多 土人少 皆以土人爲村長 大村曰都督 次曰刺史 其下百姓 皆曰 首領 土地極寒 不宜水田 : 『類聚國史』 卷193)

위의 글은 8세기 당 나라에 유학했던 영충(永忠) 스님이 보고한 것을 토대로 작성한 글이라고 하는데 "백성들은 말갈인이 많고 원주민(土人)들은 적다."고 적고 있습니다. 오히려 말갈인과 토인(土人: 원주민)이라는 말을 사용하고 있습니다. 같은 시대 사람이 같은 시대의 사정을 그린 것이고 비행기를 타고 다닌 것도 아닌 데다 여러 지역을 직접 통과하면서 적은 기록이니 비교적 정확하다고 봐야 합니다.

그런데 북한의 학자들은 영충이 발해의 변두리를 보고 온 데서 이 같은 말을 했다고 봅니다.(북한 사회과학원, 앞의 책, 143쪽) 하지만 영충 스님의 글은 특정한 지역에 대한 이야기라고 보기 어렵고 발해의 전반적인 상황으로 이해해야 할 것입니다. 즉 "백성들은 말갈인들이 많다."라는 것은 일반론적인 서술로 볼 수 있기 때문입니다. 오히려 전체 주민이 말갈이고 일부가 사정을 잘 아는 그 지역 토착민(정착민)으로 보고 있는 것이죠.

영충 스님의 글에서 보면 고구려인이라는 말은 어디로 가고 말갈과 토인만이 있어서 고구려인이라고 별도로 분리한다는 것은 무의미해 보입니다. 오히려 말갈이 고구려인과 동일하다는 의미로 해석할 수밖에 없는 상황입니다. 또한 여기서 말하는 토인(土人: 원주민)도 역시 쥬신(Jüsin)으로 일정한 정치 체제에 편입되지 않은 사람들로 판단됩니다.

이런 측면에서 보면 북한 학자들의 연구 방식도 결국은 '소중화 의식' 즉 '새끼 중국인'의 사고방식에 깊이 물들어 있음을 알 수 있습니다. 하기야 남한이나 북한이나 반도 쥬신(한국) 지식인들의 '새끼 중국인' 근성이 어디로 가겠습니까?

이런 식이니 과거 세종대왕(世宗大王)께서 친히 민중을 위해 한글을 창제하시는데도 사리사욕(계급적 이익)을 위해 반대할 수가 있는 것이죠. 세종대왕께서는 집현전 학사들의 간섭을 피해 왕자, 공주들과 비밀리에 한글을 만들어 기습적으로 반포하셨다고 합니다.(그래서 우리는 오늘날 세계 문화 유산이자 세계에서 가장 과학적이고 디지털 시대에 가장 적합한 아름다운 문자를 사용하고 있지요.) 이런 사람들을 어떻게 말리겠습니까? 한마디로 수천 년을 유리(羑里)에 빠져 있는 것이지요. 그래서 아직도 미망(迷妄)에서 헤어 나오지 못합니다.

아무리 갈 길이 멀어도 한 가지만 짚고 넘어갑시다. 이제 자가당착적인 '소중화의식' 즉 '새끼 중국인' 근성은 그만 버리자는 겁니다. 몽골·만주족과 우리의 뿌리가 같은데도 남북한 학자들은 아직도 모두 이들을 오랑캐 취급하고 민족사의 범주에서 제외시키려는 일들을 이제는 그만두어야 합니다. 그 과정에서 진실이 어둠 속에 갇히고 1900

년대 후반부터 시작된 중국의 동북공정(東北工程)을 자초한 것입니다. 결국 해결책도 제대로 제시하지 못하고 오히려 중국의 논리를 도와주고 있을 뿐입니다.

숙신(肅愼)·물길(勿吉)·여진(女眞) 등이 실제로는 고구려·발해와 같은 뿌리임에도 불구하고 시라토리 구라키치의 논문(1933)이 발표된 후 '발해의 지배층은 고구려의 유민'이라는 해괴한 논리로 역사를 해석하는 것이 유행하게 되었습니다. 아무리 시라토리 구라키치가 만주사(滿洲史)의 대부(代父)격이라 해도 비판할 것은 비판해야 하는데 남북한의 사학자들은 아직도 이 사고 범주에서 헤어나지 못하고 있습니다. 그러면서도 시라토리 구라키치가 식민사학〔植民史學: 만선사관(滿鮮史觀)〕의 대부(代父)라고 핏대를 높인 사람들도 남북한의 사학자들입니다.

발해의 지배층만이 고구려 유민이라니 그것은 말이 안 됩니다. 말갈이라는 명칭 자체가 중국인들이 중국의 동북방에 거주하는 사람들을 부른 말인데 '말갈인＝고구려인＝발해인'인 상태에서 누가 지배층이 되고 누가 피지배층이 된다는 말입니까?

영충 스님의 기록을 다시 봅시다. 그가 다녀간 곳은 과거 고구려 지역입니다. 또한 그 지역이 이제는 발해가 되었고 그 백성이 이전에는 고구려 백성이었던 말갈이고 나머지는 일정한 정체(政體)에 속하지 않았던 토착민이라는 것이죠.

고구려나 발해는 위·오·촉과 같은 정치적인 국가 명칭이고 말갈은 중국인들이 만주 일대에 거주하는 종족을 부른 이름입니다. 실제로 발해의 피지배층으로 알려진 말갈계 족장들도 수동적으로 지배를 받은 존재가 아니지요. 이들은 국제 무역은 물론이고 외교에 있어서는 독자적으로 참여하고 있습니다.(李成市, 「발해사 연구에서의 국가와 민족」,

『만들어진 고대』, 삼인, 2001)

　일반적으로 말갈인은 7개의 부로 나눠져 있었다고 하는데 고구려가 멸망한 후 일부 말갈인은 당 나라로 들어가고 일부는 세력이 미약하여 흩어졌으며 나머지는 발해로 들어갔는데 오직 흑수 지역의 말갈 즉 흑수 말갈만이 강력했다고 합니다.(『新唐書』 卷219 「靺鞨傳」)

　이 같은 분석에도 불구하고 기존의 사가들이 말갈인과 고구려 유민이라는 것에 아직도 집착한다면 다시 분석을 해 봅시다.

　만약 발해를 구성한 주민들을 고구려의 유민과 말갈인으로 본다면 이들 사이에 종족적, 문화적 차이가 있을지 냉정히 물어봅시다.

　발해에는 말갈인들을 위한 이원 체제가 구성되어 있지는 않았습니다. 이것은 말갈인과 고구려 유민 사이에 거의 차이가 없었다는 것을 보여 줍니다. 제가 보기엔 그 차이라는 게 도시민과 지방민 정도의 차이가 아닐까 합니다. 그리고 발해의 백성이 된 말갈인과 편입되지 못한 말갈인은 정착·비정착 단계의 차이 정도가 아니었을까 합니다.

　즉 발해의 지방 통치 제도는 5경 15부 62주가 있었을 뿐 이민족을 다스리는 별도의 부서나 제도가 없었다는 것은 고구려의 유민과 말갈인과의 차이가 거의 없다는 말이죠. 북한의 학자들은 이에 대해 "말갈인이 없었기 때문에 이원적 통치 구조가 없었다.(북한 사회과학원, 『발해국과 말갈족』, 중심, 2001)고 하는데 이것은 잘못된 생각입니다. 왜냐하면 여러 사서에서 발해의 민족 대부분이 말갈이라고 지적하고 있기 때문이죠. 따라서 발해에는 (대부분) 말갈인만 있었기 때문에 이원적 통치 구조가 필요 없었다는 것이 더 적절한 분석입니다.

　이상의 기록을 종합해 보면 한규철 교수의 지적과 같이 "말갈이란 어느 특정한 종족명이 아닌 넓은 지역 이민족을 통칭하여 부르는 범칭(한규철, 『발해의 대외 관계사』)"으로 일종의 욕설 같은 것입니다. 우리가 코쟁이, 쌍꼴라 등으로 외국인을 묘사하는 것과 비슷한 말이라는 것이죠. 그렇다면 이 범칭으로 부르는 말갈은 과연 어떤 공간적 범위를 차지하고 있을까요?

기본적으로 말갈의 영역은 지나치게 광대하여 지금까지 이야기한 범 쥬신(Pan- Jüsin) 영역을 대부분 포괄하고 있습니다. 6세기 말 수·당 시대 이후 많은 학자들은 발해 영역의 주민들을 말갈로 통칭했고 시라토리 구라키치도 "말갈이란 이름은 넓은 동북 지방의 여진 민족을 총칭하는" 것이라고 합니다.(白鳥庫吉,「塞外民族」,『東洋思潮』12, 1935 ;『白鳥庫吉全集』卷4)

다시 말해서 어느 정도의 차이는 있을 수 있지만 만주에서 한반도 북부에 이르는 지역에 거주하는 사람들을 부르는 말이 바로 물길 또는 말갈이라는 것이죠. 그런데 이 말이 옥저는 물론이고 일본에까지 영향을 미칩니다.

쉽게 말하면 물길(勿吉) 또는 말갈(靺鞨)은 쥬신(Jüsin)을 불렀던 명칭이라는 말입니다. 즉 과거에 숙신이라고 하다가 후에는(수 나라·당 나라) 요동·만주에 사는 주민들을 모두 물길 또는 말갈족으로 불렀다는 것이죠. 이 점은 쥬신족의 실체에 대한 것이므로 좀 더 구체적으로 살펴봅시다.

말갈에는 크게 7부가 있는데 이들에 대한 견해가 다소 복잡하고 논쟁도 심하지만 결국 이들이 예맥계(濊貊系)냐 숙신계(肅愼系)냐 하는데 국한되어 있습니다. 제가 보기에 이 논쟁은 지금까지 보아온 대로 아무런 쓸모가 없습니다.

왜냐하면 궁극적으로 숙신계와 예맥계의 차이가 없기 때문입니다. 예맥계든 숙신계든 간에 이들은 모두 말갈의 7부에 속한 민족입니다. 그러면 말갈로 부르면 되는데 무엇 때문에 이들을 나눕니까? 중국인

〔그림 ③〕 말갈의 7부

들은 이들을 포괄하여 그저 '말갈'로 부른 것이지요. 중국인의 입장에서는 '그놈들이 그놈'이라고 생각하여 '재수 없는 놈'이라는 물길로 한 것입니다.

　더구나 중요한 것은 예맥이라는 말은 말갈이 등장할 즈음에는 자취를 감추고 있습니다. 그렇다고 그 많은 예맥이 한순간에 증발했겠습니까? 뿐만 아니라 말갈계니 읍루계니 하는 말은 단기적이고 일관성이 없는 용어입니다. 따지고 보면 숙신(숙신＝예맥＝동호)이라는 민족은 그대로 있고 그들을 부르는 방식이 이리저리 바뀌고 있을 뿐인데 말입니다.

　흔히 말하기를 고조선과 고구려는 예맥계이고 발해의 주민은 말갈이라는 말을 합니다. 이것은 예맥과 숙신이 분명히 다르다는 말입니다. 그런데 지금까지 본 대로 무엇이 다른지 그 근거를 알 수가 없습니다.

러시아의 학자 엘 에르 콘체비치는 ①고대 조선족과 숙신(물길·말갈의 선민족)의 인구 분포가 사료와 지리상으로 일치하고 ②이들의 종족 형성 과정이 유사하며 토템이 공통적으로 새라는 점과 종족 발상지가 백두산(白頭山)이라는 점, ③그리고 이들을 묘사하는 말이 비슷하다는 점을 지적하면서 사실상 동일 종족임을 분명히 했습니다.

그리고 안호상 선생은 예맥·숙신·동호를 하나의 범주로 봅니다. 중국인 학자 슈이 이푸는 『삼국지』와 『후한서』를 분석한 후 중국 대륙의 동부에 거주했던 모든 민족은 동일한 기원을 갖고 있다고 결론지었습니다.(유 엠 부찐, 『고조선』, 소나무, 1997) 앞에서 살펴본 것처럼 숙신·조선·변한을 하나의 범주로 보는 것은 고려 시대까지는 일반적인 관행 가운데 하나였다고 볼 수도 있습니다.

3. 물길과 말갈, 고향과 형제의 이름

이상한 기록이 있습니다. 『삼국사기』에는 신라나 백제가 고구려와 접경지에서 말갈의 침입을 받았다는 말이 자주 나옵니다. 그런데 고구려가 아니라 왜 말갈이 침입하는 것일까요?

『삼국사기』「백제본기」의 무녕왕조에 보면 다음과 같은 기록이 있습니다.

502년 백제의 무녕왕은 고구려의 남쪽 경계를 공략했고 다음 해(무녕왕 3년) 5,000명의 군대로 마수책(馬首柵)을 불 태우고 고목성(高木城)으로 침입해 오는 말갈 군대를 물리쳤다고 합니다.(三年秋九月, 靺

鞨燒馬首柵, 進攻高木城. 王遣兵五千, 擊退之. 冬無氷) 506년 다시 말갈
이 침입하여 고목성을 파괴하고 600여 명의 주민을 죽입니다.(六年秋
七月 靺鞨來侵, 破高木城, 殺虜六百餘人) 507년에는 말갈 군대의 침입
에 대비하여 고목성 남쪽에 목책을 세우는 동시에 장령성을 축조합
니다.(七年夏五月 立二柵於高木城南, 又築長嶺城, 以備靺鞨) 그러자 그
해 겨울 고구려의 장수가 말갈과 함께 한성을 공격하기 위해 횡악에
주둔하자 왕이 군대를 보내 이들을 격퇴했다고 합니다.(冬十月 高句
麗將高老與靺鞨謀, 欲攻漢城, 進屯於橫岳下, 王出師, 戰退之)

우리가 일반적으로 알고 있는 말갈의 영역으로는 이해가 가지 않
죠? 그동안 배운 역사에서는, 말갈은 현재의 흑룡강변이나 하바로프
스크에 있어야 경기도 북부(현재 서울 지역)에 말갈이 왜 이렇게 자
주 나타나는지 말이죠.

그래서 정약용 선생은 이를 두고 말갈이 아닌데 말갈로 잘못 사용했
다고 하였습니다. 즉 동예(東濊)를 말갈로 착각하여 기록했다는 말이
죠. 현대의 사학자들도 이런 견해를 수용하거나 아니면 말갈이 고구려
의 속민 또는 식민지(부용국)이므로 백제나 신라의 정벌에 말갈이 등
장하는 것을 당연하게 생각하고 있습니다.

그런데 더 이상한 것은 고구려가 백제·신라와 한창 전쟁 중이던 거
의 100여 년 동안 『삼국사기』 어디에도 말갈에 대한 기록이 없다는 것
입니다. 말갈병의 전투력이 대단하므로 이때 오히려 더 많은 말갈병이
필요할 터인데 나오지를 않으니 더욱 이상하다는 것입니다. 마치 말갈
병들이 몽땅 증발한 듯이 말입니다. 도대체 왜 그럴까요?

이 분야의 전문가로 알려진 한규철 교수는 말갈이 사라진 것이 아니
라 변경 피지배 주민들에 대한 고구려의 인식 변화에서 나타난 현상이

라고 설명합니다. 즉 초기에는 단순히 피지배 계층(통치의 대상)으로만 보던 말갈을 후기로 갈수록 동일한 국가 구성원으로 보기 시작했다는 것이죠.

> 고구려 지배층들은 평소에는 변경의 피지배 주민들을 '촌사람'의 뜻을 갖는 '말갈'로 생각하다가, 삼국 항쟁의 위기 아래에서는 '고구려국인(高句麗國人)'에 그들을 포함하여 편제하였다는 것이다. …… 고구려는 지방에 대한 통치력을 많이 상실하게 되어 지방 세력가의 발생을 초래하게 되었으며, 이들은 대외적으로는 당과의 관계에 있어 반독립적인 활동을 전개하여 '말갈'이라는 이름을 남기었고, 대내적으로는 도시의 지배층으로부터 다시금 '말갈'의 변방 사람으로 존재하게 되었다. 이러한 이유로 『삼국사기』 편찬자는 598년부터 고구려 피지배 주민의 비칭이자 범칭인 '말갈'을 『수서』, 『구당서』 등에서 다시 차용하여 썼다고 생각한다. (한규철, 『발해의 대외관계사』, 신서원, 1994, 제1장)

즉 말갈이란 고구려의 주류와 다른 민족이 아니라 고구려의 지방민을 두루 일컬었다는 말을 하고 있는 것입니다. 다시 말해서 오래전에는 왕조와 도시 중심적으로 역사를 기록했고, 도시 사람과 시골(지방) 사람 및 지배자와 피지배자를 차별했기 때문에 고구려의 지방민을 '말갈'로 불렀다는 이야기입니다. 몇 가지를 제외하면 상당히 타당한 지적이죠?

이 같은 현상은 비단 고구려에만 나타나는 것이 아닙니다. 『남사(南史)』에 따르면 "신라는 그 풍속에 성을 '건모라'라 하고, 읍은 안쪽에 있는 것을 '탁평'이라 하고, 밖에 있는 것을 '읍륵'이라 하는데, 역시 중국의 말로 군현이라는 것이다. 나라에는 6탁평과 52읍륵이 있다.(其俗呼城曰健牟羅, 其邑在內曰啄評, 在外曰邑勒, 亦中國之言郡縣也. 國有六啄評·五十二邑勒: 『南史』「列傳」)"라고 하고 있습니다.

여기서 성이란 신라어로는 잔머라(健牟羅)이고 그 성 안을 쥬핀(啄評)으로 불렀으며 성 밖의 사람들은 이루(邑勒)라고 하는데 이 말은 읍루와 거의 발음이 같습니다. 아직까지 정확한 의미를 고증하기는 어렵지만 분명한 것은 중앙민과는 달리 지방민을 비하한 표현으로 '읍루(아이누) 같은 촌놈' 정도로 생각할 수 있습니다. 제가 어릴 때만 해도 '오로치 같은 놈(형편없이 무식하거나 촌놈)'이라는 말을 사용했습니다. 이때 오로치는 현재의 시베리아 오로치족(울치족)을 의미하는 말이지요.

이런 경우는 흔히 나타납니다. 즉 신라(新羅)가 경주(慶州)의 다른 이름으로 쓰이는 것이나 발해의 경우에도 국인(國人: 나라 사람들)이란 지배층을 의미한다는 말이죠. 그러니 결국 우리는 흔히 발해인을 구성하는 민족 대부분이 말갈인이었다고 하는데 발해인이 스스로를 말갈로 불렀다는 기록은 어디에도 없다는 이야기입니다.

한국의 사학계에서는 흔히 '발해의 지배층은 고구려인이고 피지배층은 말갈인'이라고 합니다. 이 말은 위의 논리대로 하면 결국은 '발해=고구려'라는 의미가 되지 않습니까? 발해의 지배층은 발해의 수도에 살겠지요? 그 수도에 사는 사람이 고구려인이죠? 그 나머지는 고구려 시대에나 발해 시대에는 역시 말갈인이었습니다. 따라서 발해라고 하지 말고 대고구려(대고려) 또는 후고구려(후고려)라고 해야 한다는 것입니다.

사실 과거로 갈수록 관존민비(官尊民卑)뿐 아니라 왕경(王京: 수도) 즉 중앙과 지방의 격차는 매우 심각했을 것입니다. 결국 도시 즉 왕경을 중심으로 국가가 운영되겠죠? 가령 고구려(또는 발해)에서 평양(상경)을 중심으로 할 터이고 그러면 평양 이외의 지역은 '고구려' 또는 다른 종류의 범칭(凡稱)이 필요하니 이것을 중국인들은 다소 욕설에 가까운 '버선발과 가죽신 입은 놈(말갈)'이나 '기분 나쁜 놈(물길)'으로 불렀다는 말입니다. 이 말이 가지는 뉘앙스는 한규철 교수의 지적대로 '(재수 더러운) 촌놈(상놈)'에 가장 가까웠을 것입니다. 단, 이러한 말은 고구려(또는 발해)의 입장이 아니라 중국의 입장이라는 것이죠.

그러나 한규철 교수가 간과하는 부분이 있습니다. 이 물길이라는 말 자체가 '촌놈'을 의미하는 말은 아니라는 것입니다. 즉 물길이나 말갈은 아무렇게나 나온 말이 아니라 범 쥬신 지역 사람들이 자주 사용하던 말 즉 '와지'라는 말에서 나왔다는 것입니다.

이 '와지'라는 말은 숲이나 삼림 또는 '해 뜨는 곳[日出地]'이라는 쥬신에게는 다소 성스러운 삶의 터전 또는 그 민족을 가리키는 말인데 한족(중국인)이 이것을 '재수 더러운 놈[勿吉]'이라는 욕설로 만든 것입니다. 기가 찰 일입니다. 결국 물길이라는 말은 우리가 사용하는 '짱꼴라' 또는 '코쟁이', '노스케'와는 비교할 수 없을 정도의 심한 욕설입니다.

중국의 입장에서 봅시다. 중국인들에게는 설령 고구려라는 거대 국가가 있다고 하더라도 그 정책과 의사 결정 과정에서 중요한 것은 결국 왕경(수도)이라는 말입니다. 왜냐하면 근대적 국가와는 달리 수도 지역을 제외한 나머지 지역민 즉 지방민이란 통치의 대상이 되는 사람들에 불과했으니까요. 따라서 실제로 중국인들과 이해 관계가 얽히고 설킨 사람들은 왕경인이라고 봐야 합니다. 그러면 나머지 사람들은 어떤 말로 대충 부르게 됩니다. 그래서 한족들은 고구려의 평양을 중심으로 하는 사람들을 고구려인으로 판단하고 그들을 고구려인으로 부르지만 나머지 사람들은 대충 '말갈'로 비하하여 불렀다는 이야기입니다.

그렇다면 이상하게 보였던 『삼국사기』에 나타나는 '말갈'이라는 표현이 잘못된 것이 아닐 수도 있다는 말이 됩니다. 즉 말갈이 침입했다는 말은 고구려의 지방군이 공격했다는 말이 된다는 것입니다. 결국 고구려군이 침입을 했다는 말입니다. 그러니 이후에는 말갈병이 침입한 것이 아니라 고구려군이 침입한 것이므로 기록에 남을 리가 없는 것이죠. 한규철 교수의 지적처럼 중앙과 지방민의 인식 변화라기보다는 통일 전쟁이 가속화되고 치열해짐으로써 중앙과 지방 사이의 군사적 협력과 연계가 강화되었기 때문에 나타난 현상으로 생각할 수 있습니다. 그 결과 중앙과 지방민의 인식도 바뀐 것이겠죠. 즉 순서가 틀렸단 말입니다.

정약용 선생의 경우도 말갈에 대해 너무 천한 오랑캐라는 편견을 가지고 이 문제를 분석했기 때문에 말갈이 백제를 침입했다는 것이 이상하게 보였던 것뿐입니다. 천하의 석학이라도 수천 년 동안 지나친 관념의 유리 속에 갇히면 어쩔 수가 없나 봅니다.

이것은 단순히 국호(國號)에만 나타나는 것만은 아닙니다. 과거에 노비도 그렇지요. 노비에게는 성(姓)이 없었고 이름도 단지 구별을 위한 것이었습니다. 요즘의 예를 들면 드라마 작가가 시나리오를 쓸 때 '행인 1', '행인 2', '포졸 1', '포졸 2' 등으로 해서 엑스트라들은 그저 구별을 위한 말만 필요한 것과 다를 바 없습니다. 큰눈이, 분이, 끝딸이, 분통이, 섭섭이, 점순이, 돌이 등등이 그 예입니다. 근대까지 일반인들은 성이 없이 살았던 것도 이와 같은 맥락입니다.

현대에도 마찬가지입니다. 봉건 왕조 체제와 유사한 북한을 보세요. 북한의 수도인 평양은 아무나 거주할 수 없는 곳이 아닙니까? 그뿐인가요? 남한도 서울 지역의 사람들은 은연중에 지방인들을 깔보는 경우가 많습니다. 서울에서는 인구 400만이 넘는 국제 항구 부산도 시골이라고 합니다.(부산 사람들 들으면 약이 올라 사흘 정도는 밥을 먹지 못할 일이죠.) 이것은 비단 한국만의 이야기가 아니죠. 프랑스도 파리 사람을 부르는 별칭이 있고 일본도 마찬가지지요.

4. 발해는 후고구려

　　앞에서 '발해=고구려'이므로 발해라고 하지 말고 대고구려(대고려) 또는 후고구려(후고려)라고 해야 한다고 이야기한 바 있습니다. 이 점을 좀 더 구체적으로 다시 봅시다.

숙신은 한 나라 때에 이르면 '읍루'라는 이름으로 나타나는데 진수의 『삼국지』에는 "사람의 모습은 부여와 비슷한데 언어는 고구려나 부여와 다르다."고 씌어 있습니다. 중국의 삼국 시대 말기의 기록에는 읍루가 또다시 숙신이라는 이름으로 등장하고 있습니다.(『三國志』「魏書」陳留王紀) 이것은 앞에서 본 대로 숙신이 읍루(아이누, 길랴크 같은 고아시아족)라는 말이 아니라 읍루와 교류를 하는 극소수의 숙신(또는 옛 읍루 지역에 사는 숙신들)을 의미합니다.

북위 시대에 숙신은 물길(또는 말갈)이라는 이름으로 중국과 교섭하고 있습니다.(『魏書』「孝文帝紀」) 『신당서』에는 발해가 강성해지자 말갈은 다시 발해에 종속된다고 되어 있습니다.(『新唐書』「黑水鞨鞨傳」) 이때는 흑수 말갈만이 따로 떨어져 존재합니다. 그러다가 다시 이들도 발해에 속합니다.(『金史』本紀 1) 그런데 대부분의 중국 사서에서는 발해는 말갈의 국가라고 적고 있죠.

제가 같거나 비슷한 말을 여러 번 반복하고 있는 듯이 보이는 것은 많은 사서들이 같은 민족을 이리저리 부르고 있기 때문이죠. 간단히 보면 물길·말갈·숙신은 같은 민족의 다른 표현이며 이들이 고구려와 발해의 국민이었다는 말입니다. 한마디로 '발해=고구려'를 좀 복잡하게 표현한 것뿐이죠. 사실 뻔한 얘기인데 사학자(史學者)들이 무슨 이유인지 너무 복잡하게 꼬아 놓아서 일반인들의 접근을 못하게 한 것으로 생각되기도 합니다.

표현이 복잡하든 말든 발해가 고구려를 계승했다는 것은 정치적 계승 의식과 통치 영역의 면, 인적 구성의 면, 문화적인 일체감 등에서 보더라도 분명히 알 수 있는 일입니다. 따라서 발해는 후고구려로 보는 편이 적당할 것입니다.

중국의 사서에도 도처에 "발해는 국토가 고구려와 일치하며 산물(産物)들도 고구려와 일치(『五代史』 卷74 「高麗傳」)"한다고 되어 있습니다. 발해의 국왕이 스스로 "고구려의 옛 땅을 회복하고 부여의 풍습을 그대로 간직했다.(『續日本記』 10 聖武天皇 新龜四年)"고 하고, "발해는 부여의 별종(『武經總要』 前16 下)"이라고도 하고 있습니다.

『구당서』나 『신당서』에도 "발해의 풍속은 고구려와 거란과 같다."고 되어 있습니다.(『新唐書』 卷219 「渤海傳」, 『舊唐書』 卷199 「渤海靺鞨傳」) 『속일본기』에서는 발해 왕이 일본에 보낸 국서에 스스로를 고려국왕(高麗國王)이라고 칭하면서 "고구려의 옛 땅을 수복하고 부여의 유속을 유지한다.(復高麗之舊居 有扶餘遺俗: 『續日本記』 卷10)"라고 하여 고구려를 계승한 나라임을 분명히 합니다. 일본에서도 그를 고려국왕으로 칭하는 것으로 보아 '발해=고구려'라고 보는데 하등의 이론이 있기 어렵습니다. 뿐만 아니라 발해의 시조 대조영은 고구려의 구장(新羅古記云 高麗舊將 祚榮姓大氏: 『三國遺事』)이라는 기록이 있습니다.

또한 발해 왕이 천손 사상을 가지고 있었으니(『續日本記』 卷23) 말입니다. 다시 말해서 발해는 스스로 고려라고 칭했을 뿐 아니라 중국에서나 일본에서도 '발해＝고구려'라고 인식하고 있었다는 말입니다.

이것은 발해가 정치, 경제는 물론이고 그 문화나 사회 전반에 걸친 이데올로기까지도 고구려를 완벽하게 계승했음을 보여 주고 있습니다. 뿐만 아니라 발해는 중국과 대등하게 독자적인 연호(年號)를 사용하고 국왕의 묘호(廟號)를 제정했다는 점에서 쥬신의 역사에서 중요한 몫을 차지하고 있습니다. 따라서 우리는 발해를 발해로 부르기보다는 후고구려(후고려 또는 대고려)라고 부르는 편이 더욱 타당할 것입니다.

그리고 발해는 아예 '발해 말갈'로도 지칭이 되는 나라입니다.(『구오대사(舊五代史)』, 『오대회요(五代會要)』, 『구당서(舊唐書)』, 『삼국사기(三國史記)』) 또 "발해는 본래 말갈이라고 불렸는데 고려(고구려)의 별종(『五代史』 卷74 「高麗傳」)", "발해 말갈은 본래 고려종(高麗種)(『五代會要』 卷30 「渤海」)", "고려의 별종인 대조영(『資治通鑑』 卷210)"이라고 합니다.

결국 고구려인과 말갈인을 구별하기란 매우 어렵습니다.

즉 예맥—조선—숙신—물길—말갈—고구려—발해—거란 등의 민족을 모두 하나의 범주로 포괄할 수밖에 없다는 말입니다.

당시의 발해를 북적으로 부르기도 합니다. 우리는 중국인들이 사방의 오랑캐를 부를 때 동이와 북적은 완전히 다른 것처럼 말하곤 했지요. 그러나 『삼국사기』나 『삼국유사』에서는 발해를 북적 또는 적국인(狄國人)으로 부르고 있습니다.

『삼국사기』나 『삼국유사』의 저자들이 임의로 쓴 말은 아닐 것이니 북적과 고구려·부여·읍루 등을 지칭하는 동이와의 차이를 찾기가 어

〔그림 ④〕 발해

려울 듯합니다. 쉽게 말해서 일반적으로 알려져 있는 동이를 북적으로
도 부르고 있으니 그것을 구별할 수 있겠는가 하는 것입니다.

　중국에서는 발해를 자신들의 지방 정권이라고 하며 중국사의 일부
라고 주장하고 있습니다. 그러나 당시의 사정으로 보면 발해와 통일신
라 사이에는 하나의 민족으로 보는 정신적 흐름이 분명히 발견됩니다.
통일신라는 발해를 북조(北朝) 또는 북국(北國)이라고 명백히 지칭하
고 있습니다.(『三國史記』卷10「新羅本紀」; 卷37「地理志」)

　즉 신라의 원성왕 때 "북국으로 사자를 보냈다.(『三國史記』卷10「新
羅本紀」元聖王 6年)"라는 기록이 있습니다. 여기서 발해를 명백히 북
국으로 보고 있지요. 또한 최치원이 올린 표문(表文)을 후대 사람이
사불허북국거상표(謝不許北國居上表)라는 이름을 붙여 기록하고 있는
데(『東文選』) 이때의 북국도 발해를 말하는 것입니다. 일본에서도 발
해의 사신을 북객(北客)이라고 불렀습니다.(『本朝文粹』9)

이와 같이 통일신라가 발해에 대해 북조라는 말을 사용한 것은 우리가 한반도 북쪽을 북한이라고 부르는 것과 다르지 않습니다. 즉 통일신라는 발해와 대립하고 있었지만 결국은 통일이 되어야 할 동족의 일부라는 의식을 가지고 있었다는 말입니다.

또한 후일 고려 사람들은 금 나라 사람들을 가리켜 북인(北人) 또는 북조(北朝)라고 하고 있습니다.(『高麗史』17)

이상의 분석을 토대로 보면 숙신 그리고 그의 다른 이름인 물길과 말갈은 만주 지역에 광범위하게 거주했던 사람들의 총칭이라는 것을 쉽게 알 수 있습니다. 이전에 있었던 예맥이라는 말이 없어진 자리에 숙신·물길·말갈 등의 명칭이 대신하고 있는 것이지요. 그것은 예맥은 소멸하고 물길이나 말갈이 성장한 것이 아니라 그 민족이 그 민족이라는 것이지요.

따라서 예맥과 숙신·동호는 무관한 것이 아니라 이들은 요동·만주 지역을 중심으로 끝없이 뭉치고 흩어진 하나의 역사 공동체이자 문화 공동체라는 말입니다.

우리는 쥬신의 뿌리를 찾아서 긴 여행을 하고 있습니다. 그 가운데서 예맥—동호—숙신 등에 이르는 민족에 대한 분석을 마쳤습니다. 쉽게 말하면 쥬신의 뿌리에 대한 총론(總論)을 마친 셈이지요. 동아시아 고대사의 영역 가운데 가장 어렵고 지루한 부분이 마무리된 것입니다.

이제부터는 보다 재미있고 역동적이면서 구체적인 쥬신의 모습을 찾아갑니다. 즉 쥬신의 신화와 고구려·백제·신라·몽골·금·일본 등의 나라들이 쥬신의 역사에서 어떻게 표현되고 있는가 하는 점을 살펴봅니다. 여기서는 고구려는 물론 백제와 일본의 건국 과정, 신라 이야기, 몽골과 금의 건국과 역사를 쥬신의 관점에서 살펴볼 것입니다.

11장

 어느 날 뉴스를 보는데 기자가 다음과 같이 알려줍니다.

우리 민족의 발상지로 가장 유력하게 알려져 있는 알타이. 끝없이 펼쳐진 숲과 멀리 만년설로 뒤덮인 산봉우리, 마을 입구에는 나무에 헝겊을 매달아 놓은 성황당이 보이고 베틀과 절구, 맷돌 같은 살림살이는 우리에게 아주 낯익은 것들입니다. 특히 신성한 곳에 흰 천을 매달고 제사를 지내는데 영락없는 우리의 서낭당입니다.

이어서 기자가 알타이 전통 가옥으로 들어가자 우리와 비슷하게 생긴 노인과 어린 손녀가 손님을 맞는데 부모 양쪽으로 수백 명은 돼 보이는 조상들의 이름이 깨알처럼 적혀 있는 족보를 소중하게 꺼내놓습니다. 알타이인들은 부모 양쪽으로 적어도 6대조까지는 알고 있어야 하는 전통이 있다고 합니다. 닭과 말은 우리말과 발음까지 똑같습니다. 기자는 다음과 같이 마무리합니다.

아빠와 삼촌, 밥과 옷 등 우리말과 같은 단어가 4,000여 개나 되어 같은 알타이어족임을 실감나게 합니다. 이곳 알타이에서 말을 타고 출발하면 우리 민족의 고대 영토였던 만주 일대까지 불과 2주 만에 도달할 수 있습니다. 먼 옛날 시베리아 벌판을 가로질러 한반도로 향했을 조상들의 흔적은 지금도 알타이 곳곳에 생생하게 남아 있습니다. (MBC 「뉴스데스크」 2004. 9. 7. '우리는 한뿌리', 최창규 기자)

주몽, 영원한 쥬신의 아버지

　맞습니다. 알타이 멀지 않지요. 러시아의 노보시비르스크나 몽골의 자르갈란트 쪽으로 가면 쉽게 갈 수 있는 곳이죠.

　쥬신의 뿌리였던 유목 사회는 씨족 사회를 근간으로 하기 때문에 공동 조상(한 아버지)에 대한 개념이 매우 뚜렷합니다.『몽골 비사』를 비롯한 수많은 몽골 문헌에서 칸(汗)의 가계도는 물론 각 부족의 자손들까지 일일이 기록하는 것을 봐도 알 수 있죠. 족보(族譜)는 원래 유목민의 유산이지 정주민의 유산이 아닙니다. 수많은 유교 경전 가운데 몽골에 전해 내려오는 것은 오직 효경(孝經)뿐이라고 합니다.(박원길,『몽골의 문화와 자연 지리』, 민속원, 1999) 그만큼 한족(漢族)과는 공통성이 없는 것이죠.

1.
알타이, 그 영원한 생명의 언덕

알타이, 오래전에 두고 온 우리들 '마음의 고향'입니다. 알타이 산맥은 고고학의 보고(寶庫)로 시베리아에서는 처음으로 5만 년 전에 현생 인류가 정착한 것으로 추정됩니다. 따라서 이들이 만든 구석기, 신석기, 청동기, 철기 등의 다양한 유물이 출토되고 있을 뿐만 아니라 각종 고분과 암각화, 미라, 동굴 유적 등이 수없이 발굴되고 있다고 합니다.

알타이산맥은 대표적인 한민족의 발상지 가운데 하나로 꼽히는 곳으로 흔히 '아시아의 진주(pearl)'라고 하지요. 이 산맥은 러시아로부터 몽골, 카자흐스탄, 중국 등의 국경 지대를 따라 대략 2,000킬로미터에 걸쳐 남동쪽으로 뻗어 있습니다.

한민족의 '알타이—사얀산맥 기원설'을 주장하고 있는 주채혁 교수에 의하면 이 지역에서는 알타이와 그 동쪽의 사얀산맥의 유목 민족이 만주 싱안(興安)령 쪽으로 이동했다는 이야기가 전해 내려오고 있다고 합니다.[2003년 1월, 아메리카 인디언도 알타이-사얀 지역에서 기원했다는 연구 결과가 나오기도 했지요. 일리아 자하로프 교수는 러시아 내 유목 민족과 아메리카 인디언의 미토콘드리아 DNA를 비교해 보고 "아메리카 인디언의 조상은 15만 년 전 아프리카에서 기원해 2만 5천 년~4만 년 전 시베리아 사얀 지방을 중심으로 서쪽으로는 알타이, 동쪽으로는 바이

칼호 일대에서 살다가 베링해를 건너갔다."고 주장합니다.(《동아일보》 2003. 7. 15.)〕

알타이 지역에 세계적으로 유명한 스키타이 유적인 파지리크 무덤이 있습니다. 이 무덤은 적석 목곽분으로 최몽룡 교수에 의하면 고신라(古新羅)의 것과 비슷하다고 합니다. 최몽룡 교수는 알타이 지역에 사는 투르크계와 몽골계 원주민은 우리 민족과 사촌 관계라고 단언합니다.

알타이 산맥을 중심으로 동쪽으로 뻗어 내려 형성된 대쥬신(Great Jüsin)은 지난 수천 년 동안 흉노 제국, 북위 및 고구려 제국, 몽골 제국, 금, 후금(청) 등과 같은 대제국을 건설하여 동아시아 대륙을 통솔하였습니다.

여기서 제가 굳이 알타이 동부라고 말하는 이유는 알타이 서부 지역인들은 유럽 쪽으로 이동했을 가능성이 크다고 보기 때문입니다. 물론이 부분에 대한 문제가 해결된 것은 아닙니다. 즉 유럽 세계를 뒤흔든 훈족이 몽골계인가 투르크계인가 하는 점 말입니다. 시라토리 구라키치 등은 언어적 연구를 통해 흉노가 투르크 계열이 아니라 몽골로 구분해야 한다고 주장합니다만 최근에는 몽골계라기보다는 투르크계라는 주장이 강해지고 있습니다. 몽골의 '왕후의 산〔노인 울라(Noin Ula)〕' 고분군 제25호에서 출토된 흉노의 인물 자수화는 흉노를 투르크 계열로 추정하는 주요한 증거로 제시되기도 합니다. 저는 흉노·돌궐·훈족이 초기에는 같은 형제였겠지만 알타이 서부 지역에서는 유럽으로 진출하고 알타이 동부 지역은 주로 중국이나 허베이—요동—요서—만주 등으로 진출한 것으로 보고 있습니다.

알타이산맥 주변 지역의 설화와 신화를 담고 있는 『알타이 이야기』(양민종 편역, 정신세계사)를 보면 이 지역의 신화나 설화가 우리의 그

것과 얼마나 많이 닮았는지를 보여 줍니다.

예를 들면 「소원을 들어주는 댕기」는 우리의 「나무꾼과 선녀」와 「금와왕(金蛙王) 이야기」를 합쳐놓은 것 같고 「하늘로 간 별이, 즐드스」 (한 여자 아이가 새엄마와 언니의 구박을 받다 죽지만 다시 환생한다는 이야기)는 「콩쥐 팥쥐」와 거의 유사합니다. 이 가운데 특히 주목할 만한 것은 「소원을 들어주는 댕기」로 이 이야기의 줄거리는 탄자왕(개구리왕이란 뜻)이라는 노인이 개구리의 생명을 구해 주고 보답으로 아내를 얻어 알타이의 후손을 넓게 퍼뜨린다는 내용입니다. 알타이는 '황금'을 의미하는 단어로 금와왕(金蛙王)＝황금 개구리왕＝알타이 개구리왕＝탄자왕 등으로 추정이 가능합니다.

2. 신화의 세계

20세기에 들어 신화에 대한 연구가 다양해져서 제의학(祭儀學: 제사 의식에서 신화를 보는 관점), 정신분석학, 상징주의, 비교신화학, 구조주의 등 여러 각도에서 다양하게 연구되고 있습니다. 이중 어느 한쪽으로만 신화를 보는 것은 오히려 신화의 실존적 의미를 알기 어렵기 때문에 종합적으로 고찰할 필요가 있습니다. 특히 쥬신과 관련된 신화를 이해하려면 말이죠.

엘리아데는 신화는 성스러움에 대한 탐구이며 신화적 진리는 신성하기 때문에 변하기 쉬운 학문의 진리보다 큰 구속력을 갖는다고 합니다. 신화도 여러 종류가 있겠지만 우리가 지금 이야기하려는 신화는 주로 건국 신화이므로 엘리아데의 신성(神聖)에 대한 체험으로서의 신화라는 관점은 중요한 개념입니다.

말리노프스키는 멜라네시아의 트리브리앙섬의 원주민 사회에 대한 현지 조사를 통해 신화는 모든 문명의 기본 요소 가운데 하나이며 사회 결속과 공동체 의식의 유지가 신화의 목적이며 기능이라고 주장했습니다.

융에 따르면 신화는 집단적 무의식의 산물로 영적 삶의 원형이나 구조를 보여 준다고 합니다. 여기서 말하는 원형이란 개인적 구원이나 형제간의 불화, 암흑 세계로의 모험, 우주의 형상 등 집단적 무의식을 이루고 있는 기본 구성 요소를 말합니다. 융은 이 같은 원형을 통해 구성원들은 과거와 미래를 이해하며 주변 세계와의 조화를 이루어 의식의 경직과 같은 정신 질환에 빠지지 않게 보호해 준다고 말합니다.

구조주의의 지평을 연 레비스트로스는 신화를 암호 체계로 보고 신화 연구는 이 암호 체계를 푸는 일이라고 생각했습니다. 즉 레비스트로스는 신화에서 암호의 단위를 분리하고 그 단위 사이의 관계를 규명하는 과정이라고 본 것이죠. 레비스트로스는 신화의 사건을 단문으로 축소하고 이것을 암호의 단위로 '신화소(mytheme)'라고 불렀지요. 이 신화소라는 개념은 쥬신의 신화 분석에 매우 유용할 뿐 아니라 쥬신의 일체성을 판정하는 데도 매우 중요합니다.

조셉 캠벨은 전 세계의 인류는 생물학적으로만 동일한 것이 아니라 정신적으로도 동일하다고 보고 신화 연구를 통해 (서로 다른 양식으로 나타나기는 하지만) 인류 공통의 정신적 구조가 있음을 증명하려 했습니다. 따라서 캠벨은 신화의 기원과 전파 과정, 신화들의 상호 작용 등을 주요한 과제로 보았습니다.

이 같은 신화의 이론들이 쥬신의 건국 신화와 신화의 전파 과정 및 그 변용 과정을 해석하는 데 도움이 될 듯도 합니다. 특히 말리노프스키, 융, 레비스트로스의 이론들은 쥬신 신화를 포괄적으로 이해하는

데 매우 유용합니다.

'쥬신을 찾아서'라는 주제에서 민족의 탄생에 관한 건국 신화에 초점을 맞추는 것은 당연합니다.

건국 신화는 여러 면에서 다른 신화와는 차이가 있습니다. 건국 신화는 그 민족의 뿌리와 관련되어 있어서 성스러운 면이 강하고 어떤 신화보다도 원형이 잘 유지되는 특징이 있습니다. 이것은 그 민족의 원형을 유지하려는 강한 의지가 있기 때문입니다. 또한 레비스트로스가 말하는 암호 체계의 속성을 많이 가지고 있습니다. 이 같은 점은 이미 단군 신화를 해석하는 과정에서 많이 나타났던 것입니다.

사학계 일부에서는 신화에 대해 부정적으로 봅니다. 가령 단군 조선이라는 것은 하나의 역사적 실체인데 신화나 전설의 수준으로 격하시키려는 식민 사학자들의 음모라는 것이지요. 그러나 반드시 그런 것만은 아닙니다. 신화를 통해 오히려 광범위하게 흩어져 사라져 가고 있는 쥬신의 뿌리와 실체를 찾을 수도 있기 때문이죠.

이제 쥬신의 건국 신화를 좀 더 구체적으로 분석해 봅시다.

현재를 기준으로 본다면 쥬신족 가운데 가장 알타이에 가까이 있는 사람들은 몽골 쥬신(몽골)입니다. 북방 유목민 가운데 오직 몽골만이 자신들의 역사를 기록한 책을 남겼는데 그것이 『몽골 비사』입니다.

칭기즈칸이 몽골 쥬신을 통일하기 전까지 몽골에는 기록되어 있는 신화가 없었습니다. 칭기즈칸이 몽골 쥬신을 통일한 후 그 손자인 원나라 세조(쿠빌라이 칸)에 의해 선조들 이야기가 기록되기 시작합니다. 그것이 바로 『몽골 비사』입니다.

『몽골 비사』에는 알랑—고아의 설화가 있지요. 알랑—고아는 코릴라르타이—메르겐의 따님이라고 합니다. 그 설화의 내용을 보시죠.

밤바다 밝은 금빛을 띤 사람이 겔(몽골인의 천막집)의 에루게(천막 위로 난 창문)의 창문을 통해 빛처럼 들어와 나의 배를 비치자 그 빛이 내 뱃속으로 들어왔다. …… 뱃속의 아이는 하늘의 아들이다. …… 이 아이가 우리 모두의 칸이 되면 일반 사람들은 이 아이의 내력을 알게 되리라.

이 이야기는 우리에게도 아주 익숙합니다. 바로 고구려의 유화 부인(버들꽃 아씨) 설화와 비슷합니다. 알랑—고아는 몽골 민족의 성녀(聖女)로 알랑 미인(美人)이라는 말입니다. '알랑'이란 우리가 자주 들어온 아랑 설화의 그 아랑과 같은 의미(아름답다)이고 '고아'는 곱다는 뜻입니다. 알랑—고아의 12대 손이 바로 칭기즈칸입니다.

알랑—고아의 아버지는 코릴라르타이—메르겐이라고 합니다. 이 뜻은 코리족의 선사자(善射者)라는 의미입니다. 선사자라는 말을 알기 쉽게 고치면 주몽(朱蒙) 즉 활의 명인이라는 뜻입니다. 다시 말해서 알랑—고아의 아버지는 고주몽(高朱蒙: 코리족의 명궁)이라는 말입니다. 어떤 학자들은 메르겐에서 신라의 마립간[麻立干: 마루(宗)＋칸(汗)]이 나왔다고 추정하기도 합니다. 다시 『몽골 비사』를 살펴봅시다.

코릴라르타이—메르겐(고주몽)은 사냥을 즐겼는데 이를 방해하는 사람들이 있어서 그들과 따로 떨어져 나와 코릴라르라는 씨족을 만들었다. 그리고 보르칸칼돈산은 사냥감이 많기 때문에 신치—바얀의 땅으로 이주할 수밖에 없었다. 그래서 코릴라르타이—메르겐의 딸인 알랑—고아는 아리ㄱ—오손(아리수)에서 태어난 것이다.(『몽골 비사』 9절)

〔그림 ①〕 칭기즈칸

몽골 학자 가담바에 의하면 코릴라르는 코리족에서 갈라져 나온 부족의 명칭이라고 합니다. 이 명칭은 주몽이 코리 부족에서 일단의 지지 세력을 이끌고 남으로 이동하여 나라를 세운 뒤 코리의 한 나라임을 나타내기 위해 국명을 고(高: 으뜸) 구려(Kohri)라고 부른 것과 거의 일치하는 내용입니다.

신기한 일입니다. 몽골의 건국 신화와 부여나 고구려, 백제의 건국 신화 내용이 거의 일치한다는 점이 말입니다. 나중에 분석하겠지만 칭기즈칸이 처음으로 받은 칭호가 바로 자오드 코리입니다. 코리족의 소족장이라는 뜻인데 이 말은 고구려 족장이라는 의미와 동일하다고 생각합니다.

물론 신화는 여러 민족이 공유할 수도 있습니다. 난생 신화(卵生神話)나 기아 신화(棄兒神話: 아기를 버림)는 세계 여러 지역에서 나타납니다. 예컨대 알랑—고아가 다섯 아들을 불러 앉힌 후 화살을 하나씩 주면서 분질러 보라고 했다는 신화(화살을 하나씩 주었을 때는 쉽게 분질러졌지만 다섯 개를 단으로 묶어서 차례로 분질러 보게 하니 능히 분지르는 아들이 없었다. 그러자 알랑—고아는 "너희 다섯은 이 화살과 같다. 따로 놀면 따로 꺾일 터이나 하나로 뭉치면 누구도 너희를 꺾을 수 없을 것이다."라고 가르쳤다는 이야기)는 다른 신화에서도 발견됩니다. 선비족의 이야기 가운데도 이와 같은 것이 있고 그리스 이솝의 이야기(BC 6세기)에도 있습니다. 뿐만 아니라 고구려의 왕자 유리가 기둥 밑에 감추어 둔 검을 찾아서 아버지 주몽을 찾아가는 내용은 중국의 신화(『搜神記』干將·莫邪說話)와도 유사하고 그리스 아테네의 건설자인 테세우스의 신화와도 비슷합니다.(『플루타크 영웅전』)

그러나 몽골의 기원과 관련이 있는 몽골의 이동 설화는 몽골 고유의 것입니다. 이 점을 좀 더 구체적으로 살펴봅시다.

『몽골 비사』에는 세 개의 몽골 기원 설화가 실려 있습니다. 맨 앞에 있는 늑대 설화는 돌궐의 것을 모방한 것이지만 나머지 두 개 즉 코릴라르타이—메르겐의 이동 설화와 알랑—고아의 설화는 몽골 고유의 설화라고 합니다.(박원길, 『북방 민족의 샤머니즘과 제사 습속』, 1998)

그런데 몽골 기원에 관한 몽골만의 신화가 부여·고구려의 그것과 같다는 것은 부여·고구려·몽골의 민족적 연계가 초기에는 대단히 견고했음을 의미합니다. 그리고 신화의 세계는 어떤 의미에서 보면 그 민족의 집단 무의식이 숨어 있는 공간이기도 하기 때문에 같은 형태의 집단 무의식을 공유한다는 것은 같은 민족인지 아닌지를 판정하는 매우 중요한 코드이기도 합니다.

앞으로 사용할 이 코드라는 말은 민족적 코드를 줄인 말입니다. 이 말은 레비스트로스의 '신화소(神話素: 신화의 사건을 단문으로 축소한 신화에 내재된 암호의 단위)'와 유사한 개념이지만 여기에서는 신화소의 주체로 사용하고 있습니다. 기호학(모든 사회 현상을 기호로 보고 그 의미를 파악해 내는 작업)에서 말하는 기호와 신화소의 중간적 개념이라고 보면 됩니다.

코드, 신화소, 기호 등의 용어는 가장 본질적인 용어로 표현되어 있지만 그 내면에는 실존적인 의미를 동시에 가지고 있습니다.

〔그림 ②〕 레비스트로스

　현실의 세계는 매우 복잡합니다.(연속적, 아날로그적, 실존적) 그러
나 그 현실을 묘사하는 언어의 세계는 매우 단편적이며 파편화되어 있
습니다.(분절적, 디지털적, 본질적) 현실의 세계 즉 '있는 그대로의 세
계'나 '존재 그 자체'를 인식의 한가운데로 끌어내기는 불가능합니다.
우리의 인식이나 표현의 도구에 한계가 있기 때문이죠. 이것이 실존입
니다. 그러나 우리는 항상 이 실존의 상태를 이해해야 하는 딜레마에
빠져 있습니다. 그래서 우리는 다시 언어라는 도구를 사용합니다.

　그런데 언어는 수치적이고 정량화되어 있기 때문에 '있는 그대로의
자연'을 묘사할 수는 없습니다. 그렇지만 우리는 모든 일상을 언어로
표현하다 보니 언어가 가진 함정에 쉽게 함몰될 수가 있습니다. 『노
자』에 나오는 "도(道)를 도(道)라고 하면 이미 도(道)가 아니다.(道可
道非常道)"라는 말과도 같은 맥락이죠.

　우리가 현실을 언어로 표현하는 순간 언어로 표현된 현실은 복잡하
고 실존적인 형태의 현실로부터 언어가 묘사하는 단편적이고 본질적

인 세계로 들어갑니다. 언어는 끝없이 바뀌는 것을 본질로 하는 현실의 세계(실존)를 언어가 묘사하는 단순한 세계(본질)로 다시 태어나게 함으로써 우리 주변을 안정적으로 이해할 수 있도록 해 주는 것이죠.

그렇지만 우리는 일상적인 언어 생활을 하면서는 현실 세계의 복잡성과 그것에 대한 언어적인 표현은 크게 다르다고 느끼지 못합니다. 대부분의 사람들은 언어로 묘사된 상황이 실존의 상황을 그대로 반영한다고 믿기 때문입니다.

그러나 아주 오래전 문자도 없는 상태에서 수천 년간 민족에게 전승되어야 하는 신화는 다릅니다. 문자가 없는데 민족의 뿌리에 대한 역사를 자자손손 기억하게 해야 하는 상황에서는 어떻게 될까요? 역사 공동체 구성원들에게 역사를 긴 문장으로 전달할 수 없으므로 함축적으로 표현하면서 모두가 쉽게 공감할 수 있는 언어로 전달한 것이 바로 신화라고 볼 수 있죠. 그러니 신화에는 그 민족의 집단 무의식이 투영될 수밖에 없는 것입니다.

쉽게 말해서 역사를 공동체의 구성원들이 모두 이해할 수 있도록 알기 쉽고 재미있는 이야기로 만들되 중요한 핵심을 심어 두는 것이죠. 그러면 다른 것은 바뀌어도 핵심은 바뀌지 않습니다. 씨앗을 품은 과일이라고 할까요? 이와 같이 어떤 신화 속에 숨어 있는 변하지 않는 민족적 상징물과 독특한 민족적 행동 양식을 '민족적 코드'라고 생각합니다.

이러한 코드가 다른 신화에서는 어떻게 나타나고 또 어떤 형태로 변형되는지를 살펴봄으로써 민족 간의 연계성을 파악하려는 것이지요. 뿐만 아니라 신화를 분석하여 민족의 이동 시기나 건국 시기도 추정할수가 있습니다.

그러면 쥬신의 신화를 좀 더 구체적으로 살펴보면서 이들 신화가 가진 공통점과 차이점, 그 변형 과정을 이야기해 봅시다.

3.
고주몽, 영원한 쥬신의 아버지: 쥬신 신화

쥬신의 신화를 보려면 단군 신화를 보고 그 다음으로는 부여를 중심으로 봐야 합니다. 고구려나 몽골이 결국은 부여를 기반으로 성립되었다고 추정할 수 있기 때문이지요.

먼저 부여의 건국 신화를 요약해 보았습니다.

옛날 북방에 고리라는 나라가 있었다. 그 나라 왕의 시녀가 임신을 하자 왕이 죽이려 하였다. 그러자 시녀가 말하기를 닭 알 크기의 기운이 (하늘에서) 내려와 아이를 가지게 되었다고 하였다. 시녀가 아이를 낳자 왕이 이 아이를 돼지 우리에다 버렸으나 돼지들이 따뜻하게 해 주었고, 마구간에 버렸는데도 따뜻하게 해 주어 죽지 않았다. 왕은 그 아이가 하늘의 아들이라고 생각하여 그 시녀에게 기르게 하였다. 그 아이의 이름은 동명(東明)이라고 했는데 동명은 활을 잘 쏘았기 때문에 왕이 이를 우려하여 그를 죽이려 하였다. 그래서 동명은 남쪽으로 몸을 피하여 시엄수(施掩水)에 이르러 활로 물을 치자 고기와 자라들이 떠올라 다리를 놓아서 무사히 건널 수가 있었다. 그러곤 고기와 자라들은 흩어졌고 동명을 추격하던 군대가 더 이상 추격할 수 없었다. 그 후 동명은 수도를 건설하고 부여를 다스렸다.(『三國志』「魏書」扶餘傳 주석)

위의 글은 『삼국지』에 배송지가 달아 놓은 주석의 내용입니다. 원래는 위 나라 명제 때 어환(魚豢)이 지은 『위략』에 나오는 것을 인용한 것이라고 합니다. 그리고 이 내용은 『위서』에 훨씬 더 상세히 나타나 있습니다.

고구려의 건국 신화는 여기저기에서 다양하게 나오는 데 반하여 부여의 건국 신화는 잘 나타나 있지는 않습니다. 서기 1세기경의 기록인 『논형(論衡)』의 부여 건국 신화에 따르면 '동명은 활을 잘 쏘았는데 왕이 나라를 빼앗길까 두려워 동명을 죽이려 하자 남쪽으로 몸을 피하여 엄호수에 이르렀는데, 활로 물을 치니 물고기와 자라가 떠올라 다리를 이루었고 그 후 동명은 도읍을 정하여 부여(扶餘)의 왕이 되었다고 합니다.'(『論衡』 2卷 吉驗篇)고 나와 있습니다. 그 외에도 3세기경의 책인 『위략』, 4세기의 『수신기(搜神記)』, 5세기의 『후한서(後漢書)』 등에도 비슷한 이야기가 나오고 있습니다.

부여의 신화를 구성하는 코드를 모아 보면 하늘(天孫族), 기아(棄兒: 아이를 버림), 활의 명인(주몽), 큰 물과 관련된 지지자들의 존재, 건국 등으로 요약됩니다. 다만 부여의 신화에서는 동명의 어머니에 대해 큰 의미를 두고 있지 않다는 것을 알 수 있습니다.

다음으로 고구려의 건국 신화를 보지요. 고구려의 건국 신화는 부여의 신화에 윤색을 가해 탄생됩니다.

고구려는 부여에서 나왔다. 스스로 말하기를 선조는 주몽(朱蒙)인데 주몽의 어머니는 하백(河伯)의 따님이었다. 하백의 따님은 부여왕에 의해 방 안에 갇혔는데 햇빛이 그의 몸을 비추어 이를 피하였지만 그 빛은 계속 그녀를 따라다녔다. 곧 그녀에게 태기가 있어 알을 하나 낳았는데 그 크기가 곡식의 닷 되 정도였다. 부여왕은 이 알을 버려 개에게 주었는데 개는 이 알을 먹지 않았고 돼지에게 주었으나 돼지도 먹지 않았다. 길거리에 내다 버렸으나 마소가 피해 다녔고 들에 버리자 새들이 이를 보호해 주었다. 마침내 왕은 그 알을 그녀에게 돌려주었다. 그녀는 알을 따뜻한 곳에 두었는데 아들이 태어났고 그 아이가 자라서 자(字)를 주몽이라고 하였는데 그곳 풍속에 주몽이란 활의 명인이라는 뜻이었다.(『三國史記』「高句麗本紀」)

위의 두 신화를 비교해 보면 고구려는 분명히 부여에서 나온 종족임을 알 수 있습니다. 또한 건국 신화 또는 출자 설화는 고대 국가에서 왕실(王室)의 정통성(正統性)에 직접적으로 관계가 있습니다. 부여·고구려의 건국 신화가 공통적으로 가지고 있는 이데올로기는 부계는 천제(天帝: 하느님)의 핏줄을 이어 왕실의 정통성을 확보한다는 것입니다. 그런데 고구려는 여기서 한발 더 나가서 모계는 경제적 풍요를 보장하는 물의 신 즉 농업신(하백녀)으로 나타나는데 여기에는 토착 세력과의 유대 강화 및 민족적 융합, 민족적 신성함의 고양과 같은 의미가 있을 것입니다.

고구려의 건국 신화가 실려 있는 책이나 자료는 한국 측 자료로는 『삼국사기』, 『삼국유사』, 『동명왕편』(『동명왕편』의 주석에 실려 있는 『구삼국사(舊三國史)』에도 고구려의 건국 신화가 있음.), 중국 측 자료로는 『위서』, 『양서(量書)』, 『주서(周書)』, 『수서(隨書)』, 『북사(北史)』 등이 있습니다.(오늘날까지 전하는 동명왕 신화의 기록들은 대부분 고구려에 관한 것이며 부여에 대한 기록은 거의 없습니다. 일반적으로 부여의 경우 북부여의 신화는 해모수 신화이고, 동부여의 신화는 해부루·금와에 관한 신화라는 정도만 남아 있습니다.) 그중에서 가장 일반적으로 고구려 건국 신화로 인식되는 『삼국사기』「고구려 본기」의 내용을 인용한 것입니다.

『삼국사기』의 주몽 신화는 이규보의 『동명왕편』에 인용되어 있는

『구삼국사』의 주몽 신화를 요약한 것인데『위서』와 거의 같습니다. 다만 주몽이 남으로 내려올 때『위서』에는 두 사람(오인·오위)이고『삼국사기』에는 세 사람(오이·마리·협보)이라는 등의 차이가 있습니다.

그러나 구체적인 내용으로 들어가면 중국의 사서와 한국의 자료가 다소 차이가 있습니다.

중국의 기록에는 다만 왕의 시비(시녀)가 하늘에서 기운을 받아 아이를 낳는다든가 하백녀가 햇빛에 의해 잉태되어 알을 낳는 형태로만 구성되어 있는 반면, 한국의 기록에는 해모수와 '버들꽃 아씨' 즉 유화 부인을 등장시킴으로써 건국 시조인 주몽의 부모를 더욱 신성하게 묘사하고 있습니다. 즉 해모수는 하늘나라의 아들이고 '버들꽃 아씨'(유화 부인)는 물의 신인 하백의 딸로서 유목민인 천손족과 지상의 토착민이 결합되는 과정까지 담고 있습니다. 이것은 후대에 내용이 다소 변형 보완되었음을 의미합니다.

구체적으로 보면『삼국사기』에는『위서』에 없는 내용인 해모수 신화(解慕漱神話)와 해부루 신화(解扶婁神話)가 있다는 것입니다. 즉『삼국사기』에는 부여왕 해부루가 자식이 없어 고민하다가 곤연(鯤淵)에서 금와(金蛙)를 얻은 후 동부여를 건국하는 해부루 신화와 유화 부인이 천제(天帝)의 아들 해모수와 관계하여 주몽을 잉태하는 해모수 신화가 나타나 있는데 중국에는 이런 기록이 없습니다. 이것은 사관(史官)이 이를 누락시켰거나 아니면 후대에 만들어졌을 가능성이 큽니다.

여기서 한 가지 반드시 짚고 넘어갈 것이 있습니다.『삼국유사』에는 "『단군기』에서 말하기를 단군께서는 서하 하백의 따님과 함께하여 아이를 낳으시니 그 이름이 해부루이다.(檀君記云 君與西河河伯之女要親有産子 名解扶婁:『三國遺史』卷1「高句麗」)"라는 대목이 있습니다. 바로 이 부분에서 단군 신화와 부여·고구려 신화가 연결되고 있음을 알 수 있습니다. 즉 유화 부인(버들꽃 아씨)과 함께한 천제(天帝)의 아드 님이 바로 단군이니 주몽(동명)은 단군의 자손이 되는 것입니다. 여기 서 해부루와 해모수는 『삼국사기』에 나타난 기록으로 보면 전후가 바 뀌기도 하고 기록이 왔다 갔다 하는 등 혼란스럽지만 단군과 고구려의 신화가 연계되고 있다는 사실이 중요합니다.

결국 주몽(동명), 대쥬신의 영원한 아버지는 바로 단군의 아들입니다.

따라서 우리는 단군 신화—부여 신화—고구려·몽골·백제 신화 등 이 하나의 범주로 통합되고 있음을 알 수 있습니다.

물론 단군이나 주몽(동명)이라는 개념이 왕건이나 이성계와 같은 하나의 실존 인물일 수도 있겠지만 단군이나 주몽은 실존 인물이 아니 라 쥬신의 집단 무의식의 일부일 것입니다. 즉 단군과 주몽(동명)은 쥬신의 집단 무의식에 내재한 민족적 정체성의 표상, 쉽게 말하면 쥬 신의 '한 아버지(공동의 조상)'라는 것이지요.

지금 우리의 관심은 부여와 고구려의 변용 과정이며 동시에 쥬신 역 사에서 어떤 형태의 일체성을 가지는지 찾아가는 것입니다.

고구려의 신화에서 기본적인 코드는 어떻게 변화하고 있을까요? 기 아(棄兒)와 활의 명인 등은 이전과 동일합니다. 그러나 하늘이 보다 분명한 햇빛으로 생생하게 묘사되고 있고, 주몽의 신변 위협이 더욱 커져 드라마와 같은 상황을 연출하면서 주몽 어머니의 역할이 훨씬 강 화되어 있습니다. 이것은 『위서(魏書)』나 『삼국사기』에 보다 분명히 나타나고 있습니다.

부여 사람들은 주몽이 사람이 낳은 존재가 아니므로 그가 역심을 품을 수도 있을 것이라고 보고 그를 죽이자고 청했으나 왕은 그 말을 듣지 않고 주몽에게 말을 기르도록 하였다. …… 그래도 부여의 신하들이 주몽을 죽이려 하자 주몽의 어머니는 '이 나라 사람들이 너를 죽이려 하므로 너는 지혜와 재주가 있으니 멀리 다른 곳으로 가서 업을 도모하도록 해라.'라고 했다.(『魏書』「高句麗傳」)

『삼국사기』에는 『북사(北史)』의 기록을 인용하여 고구려에서는 주몽과 하백녀는 신묘(神廟)가 있어 신성하게 섬겼다고 합니다. 즉 고구려의 건국 시조와 그 어머니인 '버들꽃 아씨(유화 부인: 하백의 따님)'가 시조신으로 숭배되고 있었다는 것이죠.

예를 들면 고구려가 멸망할 때 유화의 조각상에서 피눈물이 나왔다는 기록 등이 있는 것으로 보아 '버들꽃 아씨'는 나라의 수호신(守護神)으로 신성하게 모셔졌음을 알 수 있습니다. 뿐만 아니라 동맹이라는 국가적 제전에서도 수신제(水神祭: 수신을 수혈에서 모시고 나와 국내성 동쪽의 압록강으로 옮겨 물 위에 설치한 신좌에 두고 지내는 제사)가 있어서 동맹제의 한 축을 이루었습니다.(以十月祭天 國中大會 名曰東盟 …… 其國東有大穴 名隧穴 十月國中大會 迎隧神 還于國東〔水〕上祭之 置木隧於神坐:『三國志』「魏書」東夷傳 高句麗)

이와 관련해서 보면 오환(烏丸)의 경우에도 남자들이 어머니나 아내의 계책을 따랐다고 합니다. 다만 전투에 임해서는 독자적으로 결정하였지만 말입니다.(計謀從用婦人 唯鬪戰之事乃自決之:『後漢書』卷90「烏丸」) 그래서 여러분들이 칭기즈칸에 관한 영화를 봐도 아내나 어머니가 전체적인 전략을 제시해 주는 것을 자주 볼 수 있습니다. 이것은 한족과 달리 쥬신에게 있어서 어머니의 역할은 매우 실질적이며 중요한 요소라는 것을 알 수 있습니다. 그래서 『몽골 비사』에는 성모(聖母) 알랑—고아의 샤면적(예언자적) 성격도 강하게 나타납니다. 나아가 고대 몽골인들은 조상의 영혼도 자신이나 씨족을 지켜주는 능력을 지

니고 있다고 간주하여 경배했다고 합니다.(박원길, 『몽골의 문화와 자연 지리』, 민속원, 1999)

따라서 이 코드로 보면 우리가 앞에서 본 몽골 신화는 부여보다는 고구려에 훨씬 가깝다는 것을 알 수 있습니다. 결국 신화의 코드를 통해서 몽골은 부여에서 나왔지만 고구려와 비슷한 시기에 분화된 것으로 추정할 수 있습니다. 몽골의 시조신인 성모(聖母) 알랑—고아는 '버들꽃 아씨'의 몽골 버전(Mongol version)인 셈이지요.

물론 민족 신화가 다른 민족의 신화에 영향을 미치거나 전파되는 예는 많이 있기 때문에 신화만 가지고 동일한 종족이라고 보기는 어려울 수도 있습니다. 그러나 어떤 민족이든 아무런 이유 없이 이웃의 신화를 그대로 받아들이지는 않습니다. 특히 건국 신화의 경우는 민족적·정치적인 신화(ethnic and political myth)이므로 더욱 그러합니다. 어떤 신화를 나의 것으로 받아들인다는 것은 다른 형태의 계승 의식의 반영일 수도 있고 민족적 정체성(ethnic identity)의 구현일 수도 있다는 점에서 매우 중요한 부분이죠. 그리고 그것은 신화의 코드 속에 숨어 있습니다.

이 코드는 복잡한 현실 세계를 안정적으로 이해할 수 있도록 도와주면서 공동체를 유지하게 하는 중요한 문화적 기능을 합니다. 이 점에 있어서 신화는 모든 문명의 기본 요소 가운데 하나이며 사회 결속과 공동체 의식 유지가 신화의 목적이며 기능이라고 주장한 말리노프스키(Malinowski)의 혜안(慧眼)을 다시금 확인하게 되지요.

이런 관점에서 이제 몽골의 경우를 살펴봅시다.

몽골은 다른 민족의 신화 일부를 차용하기도 하지만 코릴라르타이—메르겐(고주몽) 신화와 알랑—고아 신화는 천 년 이상 벌판을 떠돌면서도 견고하게 가지고 다닌 것입니다. 자신의 뿌리와 관련된 것이기 때문에 그만큼 중요하게 생각한 것이지요. 마치 집을 떠난 어린 소년

이 엄마의 사진을 죽을 때까지 지니고 다니는 것과 다를 바 없지요. 이 것은 버리거나 잊어서는 안 되는 민족의 코드입니다.

그래서인지 몽골인들 대부분은 한국에 와 본 경험이 없으면 한국에 대해 매우 좋게 생각합니다.(한국에 와 보면 상황이 달라지지요. 한국인 들은 미국이나 중국 사람들에게는 얼마나 잘해 줍니까? 그리고 자기들보 다 조금 못하다 싶으면 얼마나 가혹합니까?) 또한 한국인을 몽골에서 갈 라져 나온 형제로 생각한답니다. 몽골은 중국을 무척이나 싫어합니다.

칭기즈칸의 후예로 알려진 바이칼의 부리야트족들은 바이칼 일대를 코리(Khori: Korea)족의 발원지로 보고 있으며 이 부리야트족의 일파 가 먼 옛날 동쪽으로 이동하여 만주 부여족의 조상이 되었고 후일 고구 려의 뿌리가 되었다고 믿고 있습니다. 정재승 선생에 따르면 이런 이야 기는 동몽골이나 바이칼 지역에서는 상식적인 전설이라고 합니다. 심 지어 동명왕을 코리족 출신의 고구려칸이라 부른다고 합니다.

다만 우리가 지금까지 본 대로 그 방향이 다른 것 같습니다. 즉 몽골 의 기원은 코리족의 바이칼 방향으로의 이동으로 봐야 할 것 같습니 다. 왜냐하면『몽골 비사』보다 수백 년 전의 중국 사서에는 코리족들 이 아리ㄱ 오손→오난강 쪽으로 이동한 것으로 나타날 뿐 아니라 고 올리 성터들의 유적이 그 방향에서 나타나고 있기 때문이죠.

여기서 다시 부여와 고구려로 돌아갑시다. 고구려가 부여와 동족이 었다는 것은 "동이들 사이에서 전해지는 옛말에 따르면 고구려는 부 여의 다른 일파이므로 대부분이 같았으나 의복(衣服)이나 기질(氣質) 이 달랐다.(『三國志』「魏書」東夷傳 高句麗)"라고 하는 부분에서 알 수 있습니다.

부여와 고구려의 신화를 보면 동명과 주몽에 대한 다소의 혼란이 있 는 것도 같습니다. 그 이유는 부여와 고구려가 같은 종족에 의해 세워

진 국가였기 때문인 듯합니다.

부여의 시조인 동명과 고구려의 시조인 주몽이 동일하게 취급되기도 합니다. 그런데 주몽은 동명성왕(東明聖王)이라고 하지만 주몽을 동명(東明)이라고 쓴 예는 없습니다. 즉 중국의 사서 가운데 「고구려전(高句麗傳)」이 있는 책(『魏書』, 『周書』, 『隨書』)은 고구려의 시조를 주몽이라고 합니다. 대무신왕(大武神王)의 경우 즉위 3년에 '동명묘(東明廟)'를 세우는데 이것은 주몽의 사당인 '시조묘(始祖廟)'가 아니라 부여족이 숭배하는 '동명(東明)'에 관한 사당으로 보인다는 견해가 있습니다.(李志映, 「三國史記 所載 高句麗 初期 王權說話 研究」) 즉 주몽과 동명은 다르다는 말이지요.

그러나 제가 볼 때는 주몽과 동명은 같은 의미로 사용된 말입니다. 비록 고구려 신화에서 주몽을 동명(東明)이라고 하진 않았지만 그보다 동명성왕(東明聖王)으로 더욱 높인 것으로 보아 부여의 신화에 나타나는 '동명'과 고구려의 신화에 등장하는 '주몽'이 외형적으로는 다르게 보일지 몰라도 결국은 같은 존재를 지칭하고 있다고 봐야 한다는 말입니다. 물론 부여의 건국 주체 세력과 고구려의 건국 주체 세력은 다르겠지요. 마치 왕건과 이성계가 다르듯이 말입니다. 그러나 부여나 고구려에 있어서 건국의 아버지가 지닌 표상은 동일하다는 말입니다. 그것은 바로 쥬신이라는 민족의 집단 무의식 속에 숨어 있는 건국 시조의 원형(archetype)에 대한 코드(ethnic code)라는 것입니다.

즉 『삼국사기』에는 부여의 왕실에서 서자로 태어난 주몽이 여러 가지 시련을 겪으면서 신변의 위협을 받다가 탈출하여 새로운 국가를 만드는 형태를 띠고 있지만(『三國史記』 「高句麗本紀」 第1) 그 신화의 구조는 부여의 동명 신화와 일치하기 때문입니다.

생각해 봅시다. 부여의 신화에 '동명은 활을 잘 쏘았기 때문에' 라는 말이 나오고 고구려 신화에서는 '그 아이가 자라서 자(字)를 주몽이라고 하였는데 그곳 풍속에 주몽이란 활의 명인이라는 뜻'이라고 합니다. 게다가 동명과 주몽의 삶의 역정은 거의 동일합니다. 따라서 주몽—동명—건국 시조 등은 마치 하나의 수레바퀴처럼 엮여서 돌아가고 있습니다.

고구려의 시조 주몽은 광개토대왕비에서는 추모(鄒牟〔저우무〕)로 나와 있고『위서(魏書)』고구려전(권100), 『주서(周書)』고려전(권49), 『수서(隋書)』고려전(권81)에는 주몽(朱蒙), 『삼국사기』신라 본기(문무왕 10년)와 『일본서기』 덴지(天智) 천왕 7년 10월조에는 주부(仲牟〔チュウボウ〕)로 되어 있습니다.

그런데『삼국사기』에 "고구려의 시조인 동명성왕은 성이 고(高)씨이고 이름이 주몽(朱蒙)이다.(『三國史記』「高句麗本紀」)라는 기록이 있습니다.(그러니 동명과 주몽은 동일한 의미입니다.) 이처럼 동명이라는 이름은 부여의 시조뿐 아니라 고구려 왕실과 백제의 시조에서도 사용한 흔적이 보입니다.(서병국, 『高句麗帝國史』, 혜안, 1997) 백제에서 시조의 묘를 동명묘(東明墓)라고 했다고 하죠. 그래서 저는 주몽이나 동명성왕은 쥬신이라는 민족이 의지하고 기대는 하나의 민족 기원의 코드라고 보는 것입니다.

제가 주몽과 동명을 같은 존재로 보는 또 다른 이유는 그 말이 가지고 있는 의미 때문이기도 합니다. 주몽이란 활의 명인이라는 의미이고 동명은 하늘의 자손 또는 개국(開國)을 한다는 의미를 지닙니다. 물론 외형적으로만 보면 그 뜻은 달라 보일 수도 있지만 주몽이란 개인적인 역량과 카리스마의 표현이고 동명이란 개국이라는 중요한 영웅적 행위를 표현하는 것으로 한 인물 속에서 체현될 수 있는 개념이기도 하고 고구려의 신화에서는 하나로 융합되어 나타나고 있기 때문입니다.

〔그림 ③〕 동명성왕릉(북한 소재)

참고로 동명(東明)이라는 말은 동쪽〔東〕, 밝음〔明〕 등을 뜻하는 것으로 하느님을 상징하는 말입니다. 우리는 앞에서 해모수, 해부루 등의 말을 보았는데 '부루(夫婁)'나 '비류(沸流)'도 동명(東明)과 마찬가지로 밝거나 신성함을 의미합니다. 일찍이 양주동 선생은 '볼(붉)'은 '광명(光明)·국토(國土)'의 뜻으로 '발(發)·벌(伐)·불(弗)·비(沸)·불(不)·부리(夫里)·화(火)·원(原)·평(平)·평(坪)·평(評)·혁(赫)·명(明)·백(白)·백(百)·백(伯)·맥(貊)·박(泊)·박(朴)·호(瓠)' 등의 글자를 빌려서 표현한다고 지적한 바 있습니다.

쥬신에게 있어서 불이란 신성함의 상징인 동시에 가계나 씨족의 번영을 상징하는 코드입니다. 몽골의 경우에도 "불씨를 꺼뜨리고 불을 없앤다."라는 말은 가장 흉악한 저주의 말로 가족의 씨〔種〕를 말린다는 의미이죠. 오늘날 한국에서 집들이를 할 때나 개업식을 할 때 성냥을 선물로 주는 것도 같은 이유겠지요.

한마디로 동명이란 태양을 숭배하는 천손족(天孫族: 범 쥬신족)의 대표적 코드(code)입니다. 그래서 고구려에서는 10월에 하늘에 제사를 지내는 국가적 행사를 동맹(東盟)이라고 불렀는데(『三國志』「魏書」東夷傳 高句麗) 이것을 『양서(梁書)』에서는 동명으로 전하고 있습니다.(『梁書』「高句麗傳」)

결국 동맹(東盟)이나 동명(東明)은 같은 말이라는 것이죠.

여기서 말하는 동명이란 태양을 숭배하는 천손족이 나라를 열어 하늘에 제사를 지내고 그것을 통하여 민족적 단합과 결속을 도모하여 민족 역량을 최대로 결집시키기 위한 국가적 행사라는 것입니다. 이것은 예맥의 전통 곧 쥬신의 전통을 그대로 계승하고 있음을 의미합니다.

쉽게 말하면 개천절(開天節) 행사를 국가적으로 성대하게 치른 것이 동맹이라는 말입니다. 오늘날 이 동맹의 원래 모습을 파악하기 위해서는 오늘날 몽골의 나담 축제를 보는 것이 좋을 듯합니다.

고구려와 근원이 같은 선비 탁발부(拓拔部)의 경우 이 같은 범민족적 행사에 참가하지 않으면 대인(大人: 부족장)을 처형하기도 했으니 고구려도 대동소이할 것입니다. 즉 각 부족들은 동맹이라는 국가적 제전에 반드시 참가해야 한다는 것입니다. 동맹은 국왕이 직접 주재하여 스스로가 천제와 물의 신의 후손으로 신성한 존재라는 것을 일깨움으로써 시조의 신성함이 국가적 행사를 주관하는 국왕에게 현재화(現在化)하고 국왕은 신성한 존재가 되어 통치의 정당성을 가지게 되는 것입니다.

즉 건국 신화(시조 신화)는 단순히 과거 사실을 객관적으로 전달하려는 목적으로 중시하는 것이 아니라는 말입니다. 건국 신화는 과거 지향적 기능이 아니라 현재의 정치적 이데올로기를 강조하고 그 사회가 앞으로 나아가야 할 방향을 제시하는 데 중점을 둔다는 말이지요. 쉽게 말해서 현재의 상황을 합리화하고 정당화하며 미래의 방향을 설정한다는 점에서 건국 신화는 고대 국가에서 매우 중요하게 인식됩니다.

이 모든 통치의 정통성과 정치적 이데올로기의 정당성의 한가운데 바로 동명성왕 고주몽(동명), 단군의 아드님, 쥬신의 아버지가 있는 것이지요.

여기서 잠시 천손(天孫)이라는 의미를 유목민의 시각으로 다시 한번 살펴봅시다. 사실 천손이라는 의미는 비단 유목민만이 강조하는 것은 아닙니다. 중국의 경우에도 황제를 천자(天子)라고 합니다.(중국의 황제(皇帝: 천자)는 단순히 하늘의 대리자를 의미합니다. 이에 비하여 쥬신은 하늘의 핏줄이죠. 중국의 황제는 하늘의 피가 섞일 필요까지는 없고 단순히 정치적인 아들인 셈입니다. 그래서 덕(德)이 중요한 것이죠. 쥬신은 이 덕보다도 하늘의 혈족임을 증명하는 것이 더 중요하죠. 이 부분은 뒤에 다시 분석합니다.)

그렇지만 자연을 개척하기보다는 오로지 자연에 순응하면서 살아가야 하는 유목민에게 있어서 하늘은 모든 권력이나 역량의 원천으로 인식됩니다.『몽골 비사』의 첫 구절은 "칭기즈칸은 이미 하늘로부터 그 운명을 타고 났다."로 시작합니다. 하늘에서 빛이 내려와 아기를 가졌다는 것도 같은 맥락이죠.

유목민에게 '하늘의 뜻〔天意〕'이라는 말은 사회적으로 공인된 도덕과 같은 것이지요. 예를 들어 쿠빌라이칸이 "당태종이 친히 정벌하고도 정복하지 못한 고려의 세자(世子)가 스스로 짐에게 귀의하다니 이는 진정 하늘의 뜻이로다.(『高麗史』)"라고 하는 등 쥬신은 유달리 하늘의 뜻을 강조하고 있습니다. 이것은 단순히 위엄을 높이기 위해 하늘과의 연계를 강조하는 중국인들과는 분명히 다릅니다.

몽골(몽골 쥬신)은 원래 반항적이지 않고 매우 복종적이라고 합니다. 복종이 미덕이지요. 이처럼 맹종하는 습속은 지금까지도 한국·일본·몽골 등에 그대로 나타납니다. 몽골은 여러 사람이 모여서 평등하게 둘러앉아 결정한 일에 대해서는 아무런 이의를 달지 않고 용인하는 전통이 있습니다. 이것은 바로 '하늘의 뜻'과 같기 때문입니다. 그러나 평화 제의를 거절당하면 중국인처럼 여러 가지 전략적인 행동으로 움직이지 않고 바로 무력 행동에 나섭니다. 그래서 참가자들의 대다수는 죽을 때까지 투쟁하며 항복하는 자는 극소수에 불과하다고 합니다.(박원길, 『몽골의 문화와 자연 지리』, 민속원, 1999) 마치 한국인이나 일본인들의 모습을 보는 듯하죠?

이제는 백제의 신화와 비교해 봅시다. 『북사(北史)』에서는 백제의 건국을 다음과 같이 얘기합니다.

색리(索離)라는 나라의 왕이 지방에 나간 사이에 궁중에 남겨진 시녀가 임신을 하였다. 왕이 돌아와서 그 시녀를 죽이려 하자, 시녀가 말하기를 '왕께서 아니 계시는 동안 달걀만 한 양기(陽氣)가 내려와 제 입으로 들어와 아기를 가지게 되었습니다. 왕은 수상하게 생각되었지만 그래도 시녀를 살려 두기로 하였다. 후에 시녀가 아이를 낳자 돼지 우리에 버렸지만 돼지가 입김을 불어 얼어 죽지 않았고 말 우리에 버리니 말도 입김을 불어서 죽지 않았다. 왕은 이 아기를 신이 보낸 것으로 여겨 주워 기르고 그 이름을 동명(東明)이라고 하였다. 동명은 자라서 활의 명수가 되었다. 왕은 동명을 두려워하여 다시 죽이려 하자 남쪽으로 몸을 피하고 도중에 엄체수(淹滯水)라는 강에 이르러 활로 강물을 때리니 물 속에서 고기 떼, 자라 떼가 떠올라서 다리를 만들었다. 동명은 그 다리를 건너 부여에 이르러 왕이 되었다. 동명의 후손에 구태(仇台)라는 사람이 있었는데 그는 어질고 신의가 깊어 따르는 사람들이 많아 대방(帶方) 땅에 나라를 세우고 공손도(公孫度)의 딸을 아내로 얻어 동이들 가운데 큰 세력을 떨치게 되었다. 처음에 백(百) 집의 사람을 거느리고 강을 건넌〔濟〕 까닭에 백제(百濟)라고 한다. 동쪽에는 신라와 고구려가 있고 서쪽에는 바다가 있다.(『北史』卷94「百濟」)

백제의 건국 시조에 대한 기록은 여러 군데 나타나고 있습니다. 한국 자료로는 『삼국사기』(卷23 百濟本紀 1)와 『삼국유사』(卷2 奇異 2, 南夫餘), 중국 자료로는 『주서(周書)』(卷49「列傳」百濟傳), 일본 사서로는 『속일본기(續日本記)』(卷40, 桓武天皇 9年 秋七月) 등이 있습니다. 백제의 건국 과정에서 상세히 분석하겠지만 여기서는 쥬신 전체의 신화와 어떤 연계성이 있는지 살펴보겠습니다. 다만 특이한 것은 일본 사서에 백제의 건국 신화가 등장한다는 점을 기억해 둡시다. 『속일본기(續日本記)』에는 "백제의 태조(太祖)가 도모대왕(都慕大王)이었다."는 기록이 보입니다.

백제의 건국 신화는 부여·고구려와 대동소이하지만 유심히 보면 동명(東明)이라는 말을 사용하는 것으로 보아 훨씬 부여적(扶餘的)이라는 것을 감지해 낼 수 있습니다. 뿐만 아니라 전체적인 내용도 부여의 신화를 거의 복제해 낸 것입니다.

건국 시기를 본다면 ①고리(original Korea)→②부여→③고구려→④백제 등의 순서일 터인데, 그 신화는 부여와 고구려는 조금 다르고 백제의 신화는 오히려 부여의 복제품이라는 사실이 다소 이상할 수도 있습니다.

이 안에는 많은 비밀이 숨어 있습니다.

백제의 건국 신화에는 부여의 신화를 구성하는 코드 즉 하늘, 기아(棄兒), 활의 명인, 큰 물과 관련된 지지자들의 존재 등이 그대로 있으며 주몽이라는 이름이 아니라 동명이라는 이름을 사용함으로써 고구려와는 차별화하면서 보다 '부여의 재생(再生)'에 역점을 두고 있습니다. 백제를 남부여 또는 반도 부여라고 칭하는 이유 중의 하나죠. 그러면서 동명의 후손으로 구태(仇台)를 등장시킴으로써 혈통적으로는 부여에 더 가까우면서 실질적으로 건국의 시조가 되는 새로운 인물이 등장한다는 점에서 고구려와는 분명히 다릅니다. 이것은 부여가 더욱 강력하게 부활하기를 염원하는 것을 의미하기도 합니다. 그리고 고구려에서 강화된 어머니의 역할이 다시 감소되고 맙니다.

결국 같은 기원의 신화라도 미묘한 코드의 차이나 변용이 나타나고 그것은 실제적인 민족의 분열과 대립을 보여 주는 바로미터(barometer)가 된다는 것입니다.

물론 백제의 건국 신화와 그 건국 과정은 쥬신의 다른 신화나 건국 과정에 비해 아직도 해결되지 않은 문제가 많습니다. 여기에서는 우선 백제의 건국과 시간적인 거리가 가장 가까운 『북사(北史)』의 기록을 인용한 것입니다. 백제의 시조에 대해서는 동명설(東明說), 온조설(溫祚說), 비류설(沸流說), 구태설(仇台說), 도모설(都慕說) 등 복잡하기 이를 데가 없습니다.(부여에서 지속적으로 여러 무리가 반도 쪽으로 내려온 것을 알 수가 있죠?) 이 부분은 '백제는 없었다'에서 충분히 다루겠습니다.

부여—고구려·몽골—백제의 건국 신화를 보면 코드의 변용은 있었지만 결국 전체적인 코드는 대동소이하며 이것은 민족적 일체성을 보여 주고 있습니다. 쉽게 말해서 이들 건국 신화는 민족의 일체성을 암시하는 많은 코드가 있으며 그것으로 판정해 보면 부여—고구려·몽골—백제 등은 하나의 민족으로 봐도 무관합니다. 왜냐하면 이러한 종류의 신화는 명백히 한족에게서는 나타나지 않기 때문입니다.

4. 쥬신의 코드, 활

쥬신의 신화에서 공통적으로 나타나는 코드가 있습니다. 하나는 태양 즉 하늘에서 내려온 빛에 의해 회임(懷妊)한다는 것이고 다른 하나는 건국 시조들이 대부분 활의 명인이라는 것입니다.

먼저, 하늘 또는 그 하늘의 자손이 하늘에서 내려왔다는 것은 단군 신화의 환웅만이 아니라 부여의 해모수(解慕漱), 일본의 니니기(瓊瓊杵) 등에서도 나타납니다. 또한 햇빛에 의해 건국 시조가 태어난 예를 들면 부여의 동명과 부여계의 신화들, 고구려의 주몽, 신라·일본의 아메노히코(天日槍), 몽골의 알랑—고아 신화, 거란의 야루아버지(耶律阿保機: 야율아보기), 선비의 투바귀(拓跋珪: 척발규) 등이 있습니다.

이와 같은 천손이 하늘에서 내려온다는 것은 쥬신 신화의 가장 일반적인 코드입니다. 단군 신화가 그 전형적인 예이지요. 그런데 단군의 계승자인 주몽의 신화는 단군 신화와는 달리 보다 땅 위에 사는 인간을 중심으로 묘사된 것이 다릅니다. 그래서 어머니의 역할을 더욱 강화한 것이지요.

그렇지만 천손이 하늘에서 내려온다는 것은 알타이계에서 일반적으로 나타나는 코드입니다. 이것은 신령스러운 산, 신령스러운 나무 등과 더

불어 북방 유목 민족의 수직적인 세계관을 그대로 반영한 것이기도 합니다.(Uno Harva, 田中克彦 譯, 『シヤマ二スム』, 東京: 三中堂, 1971)

다음으로 건국 시조들이 활의 명인이라는 점을 살펴봅시다. 부여나 백제의 동명이나 고구려의 주몽(동명성왕)이나 몽골의 메르겐(Mergen) 등을 봅시다. 활은 쥬신 신화의 대표적인 코드죠. 그렇다면 이 코드를 풀어야만 이 신화가 가지는 의미를 알 수 있겠죠?

쥬신의 신화에 나타나는 기본적인 내용은 쥬신족들은 활의 명인을 매우 우대하고 칭송하는 관습이 있다는 것을 보여 줍니다. 즉 활의 명인들이 나라를 건국하는 것이죠. 이런 점에서만 보면 한반도의 조선(朝鮮)의 건국도 마찬가지입니다.(조선의 태조 이성계는 대표적인 명궁이죠.) 도대체 왜 그럴까요?

넓은 초원을 무대로 살아가야 하는 쥬신족들에게 활은 생명의 동아줄 같은 것입니다. 수렵과 유목으로 삶을 유지하는 사람들에게 활은 매우 중요한 삶의 도구가 될 수밖에 없지요. 아무리 그렇다고 활만 잘 쏜다고 그저 왕으로 삼아요? 좀 지나친 것은 아닐까요?

지나친 것이 아닙니다. 쥬신에게 활과 화살은 단순히 사냥을 위한 살상용 무기만이 아닙니다. 화살은 사회적 맹약, 왕의 권위, 명(命)의 전달자로서 사절(使節)의 불가침성(不可侵性), 소유권의 표시, 부족 내의 통일과 평화 등의 상징으로 사용되는 대단히 신성한 것이죠.(박원길, 『유라시아 초원 제국의 샤머니즘』, 민속원, 2001) 간단히 말하면 활은 바로 쥬신의 상징입니다. 요즘도 반도 쥬신(한국인)은 활로 세계를 정복하고 있지요. 한국에서 양궁 선수가 되는 것이 올림픽에서 금메달을 따는 것보다 어렵다고들 합니다.

활의 기능을 제대로 이해하기 위해 재미있는 사례를 들어봅시다.

진수의 『삼국지』에는 오르도스 지역 쥬신족 장수 여포(呂布)가 유비

(劉備)와 원술(袁術)의 부하 장군인 기령(紀靈)의 싸움을 말리기 위해 자신이 화극(畵戟: 창)의 작은 가지에 활을 쏘는 장면을 이렇게 기록하고 있습니다.

여포는 '내가 저 창끝에 있는 작은 가지를 한 번 쏘아 명중시키면 전쟁을 중단하고 아니면 계속 싸우시오.'라고 하더니 활을 쏘았다. 여포가 쏜 화살은 창끝의 작은 가지에 명중하였다. 그러자 여러 장수들은 놀라서 '장군께서는 하늘의 위세를 갖추고 있소이다.'라고 경탄하였다.(『三國志』「魏書」呂布傳)

현실에서는 일어나기 힘든 마치 황당한 무협지의 한 장면처럼 들립니다. 나관중『삼국지』에서 이 장면을 읽었을 때는 지어낸 이야기로 확신했습니다. 그런데 이 내용이 그대로 진수의 정사인『삼국지』에 있어서 매우 놀랐던 기억이 있습니다.

참고로 여포는 무예의 명인이었고 그것을 기반으로 차이나드림을 이루려 했으나 한족(漢族) 문화에 대한 이해 부족과 인맥(人脈) 구축의 실패로 비운(悲運) 속에 생을 마감한 사람이었죠.(김운회, 『삼국지 바로 읽기』, '여포를 위한 아리랑' 참고)

위의 기록을 보면 여포가 화살을 사용한 것은 흔히 나관중『삼국지』마니아들이나 한족이 생각하듯이 무예를 뽐내기 위한 것이 아니었습니다. 화살은 평화의 상징으로 사용되고 있으며 하늘로부터 어떤 신령스러운 힘이 활의 명인에게 내려 평화를 이룩한다는 것을 행동으로 보인 것입니다.

따라서 활은 하늘과 인간을 이어 주는 주요한 매개체이며 활의 명인이란 결국 하늘의 뜻을 실행하는 그 대리자와 같은 존재라는 것입니다. 하늘은 궁극적으로 평화를 원하고 그 평화를 이룩할 수 있는 자가 바로 천명을 받은 자입니다. 주몽(동명성왕)은 바로 그런 분이며 칭기즈칸의 조상입니다.

이 같은 사고는 바로 천손 사상으로 연결되기 때문에 활로 적을 공격하여 죽이더라도 그것은 천명에 의한 것으로 정당화될 수도 있는 이데올로기적인 요소를 가지고 있습니다. 그래서 원 나라 때도 서양 사람들은 '천하의 도살꾼'으로 알았던 몽골인(몽골 쥬신)들을 직접 보고서는 그들의 부드럽고 겸손하며 순박하고 소탈한 성품에 많이 놀랐다고 합니다. 칭기즈칸의 원(元) 나라는 세계를 정복한 후 철저하게 교통로를 보호하여 상인들을 안전하게 지킵니다. 세계 역사에서는 전무후무한 일이죠.

세계의 어떤 민족과 정부도 원 나라만큼 동서양의 교역을 아무 탈 없이 유지한 경우는 없습니다. 초기에는 아시아에 팔과 다리가 여러 개인 괴물들이 산다고 믿어 가기를 꺼리던 유럽인들이 원 나라 이후에는 헤아릴 수도 없이 울란바토르―대도(大都: 현재의 베이징)까지 들어옵니다. 세계가 비로소 하나로 통합되는 이른바 '세계화 시대(The Age of Globalization)'가 인류 역사상 처음으로 열린 것입니다. 이것은 쥬신의 역사에서 가장 위대한 업적으로 평가됩니다. 뿐만 아니라 세계의 역사에서도 가장 위대한 업적이기도 합니다.

다시 쥬신의 상징인 활로 돌아가 봅시다.

쥬신에게 활이 중요한 것은 현실적인 이유 이상의 활과 관련된 쥬신 특유의 집단 무의식이 있기 때문입니다. 쥬신에게 활은 악령을 제거하는 신성한 도구이기도 했습니다. 기독교에서 십자가가 악령을 물리치는 것이라면 쥬신에게 활은 악령으로부터 쥬신을 보호하는 기능을 한다는 것이죠.(박원길, 『유라시아 초원 제국의 샤머니즘』, 민속원, 2001)

〔그림 ④〕 몽골의 전사(원나라 때 비단에 그린 그림)

결국은 쥬신에게 있어서 활의 명인은 자연스럽게 정치적인 군장과 종교적인 수장을 겸할 수 있는 자격 요건을 가질 수 있습니다.〔단군왕검도 종교 수장(단군: 샤먼)과 정치적 군장(왕검)을 함께 나타내는 말이지요.〕 이것이 활과 활의 명인이 가지고 있는 코드(code)의 내용입니다.

이 같은 샤머니즘이 가장 극명하게 나타난 쥬신의 왕조가 최초의 정복 왕조라고 할 수 있는 거란(契丹)이었습니다. 『요사(遼史)』에 따르면 요 나라의 태조는 "(천명을 받은 군주는 마땅히 하늘을 섬기고 신을 경배한다.(受命之君 當事天敬神: 『遼史』「耶律倍傳」)"라고 하여 샤머니즘을 아예 국교(國敎)로 숭상한 나라라고 할 수 있습니다.(島田正郎, 『遼朝官制の研究』, 1979)

이상의 분석을 통해 부여—고구려·몽골—백제의 건국 신화를 보면 코드의 변용은 있었지만 결국 전체적인 코드는 대동소이하며 이것은 쥬신이라는 하나의 민족적 일체성을 보여 주고 있습니다. 씨족 사회를 근간으로 하는 유목 사회는 공동 조상에 대한 개념이 매우 뚜렷하다는 점을 다시 한 번 상기하기 바랍니다.

이전까지 저는 중국의 사서를 고증하거나 현대 생물학적인 방법으로 부여—고구려·몽골—백제 등이 하나의 민족이라는 것을 증명했습니다. 이제 신화를 통해 이를 다시 검증해 보았습니다.

간단히 말해 건국 신화는 민족의 일체성을 암시하는 많은 코드들이 있으며 그것을 분석해 보면 부여—고구려·몽골—백제 등은 하나의 민족이라는 것입니다. 이번 이야기가 여러분들이 범 쥬신(Pan-Jüsin)을 폭넓게 이해하는 기회가 되었기를 기대합니다.

이제 열도 쥬신(일본)의 신화에 대해 이야기해 봅시다.

12장

🐎 연오랑·세오녀(延烏郎細烏女)는 금슬 좋은 부부의 아름다운 사랑 이 야기입니다. 한국에서는 이 이야기가 일본의 건국 신화라고 하지만 일본인들은 그렇게 생각하지 않습니다.

동해 연안에 연오랑·세오녀 부부가 살았다. 하루는 연오랑이 바다에서 해조를 따는데 홀연 바위 하나가 나타나 이것을 타고 일본으로 건너갔다. 일본국 사람들이 그를 범상한 인물이 아니라고 여겨 왕으로 모셨다. 세오녀는 남편이 돌아오지 않음을 이상하게 여겨 그를 찾다가 남편이 벗어놓은 신발을 보고, 그 바위에 올라타니 역시 일본으로 갔다. 세오녀를 본 일본 사람들이 놀라 왕에게 바치니 부부가 상봉하여 세오녀는 왕비가 되었다. 이때부터 신라에서는 해와 달이 빛을 잃었다. 천문을 맡은 자가 아뢰어 말하기를 '해와 달의 정기가 우리나라에 있다가 이제 일본으로 간 까닭에 이러한 변괴가 있는 것입니다.'라고 하였다. 그래서 신라 왕은 사신을 보내어 두 사람을 돌아오게 하였으나 연오랑이 말하기를 '우리가 여기에 온 것은 하늘의 뜻이니 어찌 돌아갈 수 있겠소. 그러나 나의 아내가 짠 가는 명주를 줄 터이니 이것을 가지고 하늘에 제사하면 빛을 찾을 수 있을 것이오.'라고 하였다. 일본으로 간 사신이 신라에 돌아와 왕에게 아뢰었다. 왕이 그 말에 따라 제사를 지내니 해와 달이 옛날같이 빛났다. 그 명주를 어고에 두어 국보로 삼고 그 창고를 귀비고(貴妃庫)라 하고, 제사 지낸 곳을 영일현(迎日縣)이라 하였

일본 신(神)들의 고향, 경상남도 거창

다.(『三國遺事』卷1, 奇異 延烏郎細烏女)

이 이야기는 신라 8대 임금 아달라(阿達羅)왕 4년 때의 일이라고 하는데 일월 신화(日月神話), 건국 신화와 포항 지역의 영일(迎日)이란 지명과 뭔가 관련이 있을 것 같기는 합니다. 원래 이 이야기는 박인량의 『수이전(殊異傳)』에 있었던 것으로 『삼국유사』에 실려 전하고 있는데 우리나라에서는 문헌에 전하는 거의 유일한 천체 신화(天體神話), 일월 신화(日月神話)라고 합니다.

위의 이야기에서 "해와 달이 빛을 잃었다.(日月無光)"는 말이 있는데 이것을 일식(日蝕) 현상이라고 보면 아달라왕 13년 춘정 월조에 일식 기록을 비롯하여 고구려 차대왕 4년(149), 13년(158), 20년(165)과 백제 개루왕 38년(165), 소고왕 5년(170) 등에 나타나고 있습니다.(신영식, 『삼국사기 연구』, 일조각, 1981, 200~204쪽) 대체로 2세기 중후반임을 알 수 있습니다. 물론 '해와 달이 빛을 잃었다.'는 것은 상징적인 표현일 것입니다.

지금 영일만(포항)의 호미(虎尾)곶에는 연오랑과 세오녀가 상봉하는 장면이 아름다운 조각으로 만들어져 있습니다.

마치 견우와 직녀가 만나듯이 가슴 아픈 사랑과 그리움을 담고서 서로 부둥켜안기 직전의 모습입니다. 로미오와 줄리엣의 만남이 이보다 더 아름답고

[그림 ①] 연오랑 세오녀(포항 호미곶)

감동적이었을까요?

　세오녀가 일본으로 떠나자 태양이 빛을 잃었다고 했습니다. 그러면 이 이야기에서 말하는 태양신은 여자일까요? 일단 그렇게 볼 수 있겠네요. 그런데 재미있는 것은 일본 신화에 나오는 태양신 아마테라스오오미가미(天照大御神)도 여성입니다. 이 아마테라스오오미가미가 세오녀와 아무런 관련이 없을까요?

　이와 유사한 일본의 이야기에 신라의 왕자 아메노히보코[천일창(天日槍)]의 아내가 일본에 건너가자 자신도 일본으로 갔다는 내용이 있습니다. 즉 해의 정기를 받은 처녀가 알을 낳습니다. 그런데 아메노히보코가 이 알을 빼앗자, 그 알(태양의 정기)이 처녀로 변합니다. 그래서 아메노히보코는 그녀(알에서 나온 처녀)와 함께 살았는데 아메노히보코가 그녀를 함부로 대하자 그녀는 일본으로 와 버립니다. 그러자 아메노히보코도 일본으로 따라서 건너온다는 이야기입니다.

　아메노히보코란 '하늘의 자손이라고 주장하는 천손족(天孫族)으로 태양신(日)을 믿는 창(槍)을 든 사람'이라는 뜻으로 풀이할 수 있고, 일본에 철기를 전해 준 신라의 왕자라는 것입니다. 천일창은 신라에서 이즈모(현재 일본의 시마네현)를 거쳐 타지마(현재 일본의 효고현) 지역으로 이주하여 원주민의 땅을 빼앗아 정착했다고 합니다.

아메노히보코의 이야기는 연오랑·세오녀와 거의 비슷한 내용 같기도 하지만 부부 사이는 좋지 못합니다. 이제 비밀도 많고 복잡한 일본의 신들과 일본의 역사를 살펴봅시다.

1.
일본 신들의 이야기

일본의 건국 신화는 다른 신화에 비하여 매우 복잡하고 난해합니다. 도무지 무슨 소리인지 알 수가 없지요. 그래서 일반인들은 제대로 접근하기가 거의 불가능합니다. 대부분의 신화는 누구나 알기 쉽게 씌어져 있는데 유독 일본 신화만큼은 난해하기 이를 데가 없습니다. 아마 그만큼 많은 비밀이 숨겨져 있겠지요. 어쩌면 일본 신화만 제대로 해독해도 동북아시아 역사의 많은 부분을 해명할 수 있을지도 모릅니다.

일본의 건국 신화가 기록된 책은 『고사기(古事記)』와 『일본서기(日本書紀)』입니다. 먼저 신화의 내용을 살펴봅시다. 이름이 너무 복잡하니 같은 레벨(level)의 이름에 ⓐ, ⓑ 등으로 표시하고 대부분 간단하게 약칭하겠습니다. 가령 아마테라스오오미가미(天照大御神)는 '아마테라스'로 스사노오노미고토(建速須佐之男命)는 '스사노오'라는 식으로 말입니다.

먼저 『고사기』를 보겠습니다.

하늘과 땅이 처음 생겼을 때 다카마노하라[고천원(高天原)]에 나타난 신은 ⓐ아메노미나카누시노가미(天之御中主尊)입니다. 이어서 ⓑ이자나키노가미(伊耶那岐神)라는 남신(男神)과 ⓑ이자나미노가미(伊耶那美神)라는 여신(女神)이 생겨납니다. 남신인 이자나키가 왼쪽 눈을 씻을 때 태어난 신의 이름은 아마테라스오오미가미(天照大御神), 오른쪽 눈을 씻을 때는 스쿠요미노미고토(月讀命), 코를 씻을 때는 스사노오노미고토(建速須佐之男命) 등의 신이 나타납니다.(『古事記』弟 1, 弟 2)

『일본서기』는 약간은 다르지만 훨씬 상세하게 묘사되어 있습니다.

혼돈 속에서 하늘과 땅이 생기고 그 가운데 일물(一物)이 생겼는데 갈대싹[葦牙]과 같았습니다. 그런데 이것이 문득 변하더니 신이 됩니다. 이렇게 변한 신을 ⓐ구니도코다시(國常立尊)라 불렀고 두 신이 더 나와 세 신이 생깁니다. 다음으로 4대의 여덟 신이 생겼는데 그 마지막이 ⓑ이자나기(伊奘諾尊)·이자나미(伊奘冉尊)였지요.

그런데 이자나기는 이자나미와 결혼합니다. 이자나기와 이자나미는 다카마노하라〔고천원(高天原)〕에 앉아서 "어디 마땅한 나라는 있을까?" 하면서 옥으로 된 창〔天瓊矛〕으로 이리저리 긋더니 섬을 얻었습니다.(『日本書紀』神代 上 1~3)

그 후 이자나미는 곡식의 신, 바람의 신, 항구의 신, 바다의 신을 낳지만 불의 신을 낳다가 타 죽고 맙니다. ⓑ이자나기는 아내를 찾아 죽음의 나라까지 갔다가 도망쳐 나왔는데 그때 부정한 몸을 씻기 위해 목욕을 하니 왼쪽 눈을 씻을 때, ⓒ아마테라스오미가미(天照大神)라는 태양의 여신이, 오른쪽 눈을 씻을 때 ⓒ츠쿠요미노미고토(月讀命)라는 달의 여신이, 코를 씻을 때 ⓒ스사노오노미고토(素戔嗚尊)라는 바다의 남신(男神)이 생겨납니다.(『日本書紀』神代 上)

그런데 남신인 ⓒ스사노오노미고토는 난동을 부리다가 추방됩니다. 스사노오는 진흙으로 만든 배를 타고 이즈모노쿠니(出雲國)로 내려가 사람들을 괴롭히던 머리가 여덟 개 달린 큰 뱀을 죽이고 나라를 세웠다고 합니다.(『日本書紀』神代 上 8) 그 후 ⓒ스사노오의 직계 후손인 ⓓ오쿠니누시노카미(大國主命)는 다른 형제들이 물려준 나라까지 다스리게 되었습니다.

그런데 하늘에서는 지상 세계는 천손(天孫)이 다스려야 한다고 하여 ⓓ오쿠니누시의 아들에게 나라를 요구하며 '태양 신'의 손자인 ⓔ니니기[니니기노미고토(瓊瓊杵尊)]를 내려 보냈고 그의 직계 증손자인 ⓕ와카미케누노미고토(若御毛沼命)가 까마귀[烏 또는 鳴]의 인도를 받아 가시하라(橿原)에 나라를 세우고 일본의 초대 천황인 진무(神武) 천황이 되었다고 합니다.(『日本書紀』神代 下)

외형적으로 보면 일본 신화는 쥬신의 다른 신화들과는 두 가지 점에서 차이가 납니다.

첫째, 일본 신화는 앞부분은 중국 신화 내용의 일부를 끌어다 차용한 듯이 보인다는 것입니다. 즉 중국 신화에 나타나는 천지개벽(天地開闢)과 반고(盤古) 식의 이야기와 비슷하게 들립니다.(혼돈 속에 음양이 있다가 갈라져서 싹이 되고 그 싹은 반고라는 사람이 됩니다. 반고가 죽어서 만물이 생성되지요.) 이것은 일본의 신화가 인위적으로 만들어졌거나 중국 문화가 동아시아에 보편적인 문명으로 확장이 되는 과정에서 만들어졌음을 의미하는 것이지요. 그만큼 늦게 만들어졌다는 말입니다.(그렇지만 중국 신화의 흐름과 일본 신화의 흐름은 완전히 다릅니다. 중국 신화는 철저히 인간 중심적인 신화이지요.) 그리고 일본 신화는 어떤 신화에서도 보기 힘들 정도로 대단히 치밀합니다. 한치의 오차도 없이 전후의 흐름을 깔끔하게 마무리하고 있지요. 이것은 이 신화를 만든 주체가 일본의 토착 세력이 아니라 이미 상당 수준에 이른 문명의 건설자들이 이주했음을 의미합니다.

둘째, 이전의 쥬신 신화와는 달리 토착민(또는 선주민, 선이주민)들의 신화가 먼저 나타난다는 점입니다. 그러나 니니기(瓊瓊杵尊) 이후에 전개되는 과정은 단군 신화와 유사한 성격을 가지고 있습니다.(뒤에서 상세히 분석합니다.) 이것은 일본 초기의 지배 세력과 후기의 지배 세력이 다르다는 것을 말하고 있습니다.

셋째, 일본의 신화는 쥬신의 다른 신화와 달리 건국 관련 지역이 '신라(新羅)'라고 하여 그 지명이 매우 구체적으로 나타나고 있다는 점이지요.

여기에서 잠시 중국 신화를 간략히 보고 넘어갑시다.

혼돈 상태〔태역(太易)〕에서 맑고 가벼운 것은 위로 올라가 하늘이 되고 흐리고 무거운 것은 가라앉아 흙이 되었다. 하늘과 땅의 기운이 어우러져 사람이 되었다.(『列子』「天瑞」第 1) 이 사람의 이름은 반고(盤古)인데 그가 죽어서 온갖 만물이 되었다.(五運歷年紀)

하늘에는 오궁(五宮)이 있고 그 왕은 태일(太一)인데 천극성(天極星: 북극성)에 있다.(『史記』卷 27「天官書」)

땅의 북쪽 끝에는 천지(天池)라는 바다가 있고 그곳에는 몇 천 리가 되는 큰 고기 곤(鯤)이 살고 바다가 움직이면 곤이 변해서 붕(鵬)이 되어 남쪽 끝 바다로 날아간다.(『莊子』「逍遙篇」)

천지개벽 후 사람이라고는 복희씨와 곤륜산의 여와(女媧) 두 남매뿐이었다. 이들은 남매라서 결혼하기가 부끄럽지만 연기로 화합하는 방법으로 결혼하여 사람의 씨를 퍼뜨려 사람들이 세상에 퍼지게 되었다.(『淮南子』「覽冥訓」 및 당 나라 이용(李冗)의 『獨異志』를 徐亮之, 『中國史前史話』, 香港: 1954, 132쪽에서 인용)

중국의 신화를 보면 쥬신의 신화와 비교해 볼 때 그 구성이나 흐름이 전체적으로는 많은 차이를 보입니다. 철저히 인간 중심으로 세상을 보고 있지요. 그러니까 일본 신화가 중국 신화를 일부 모방하기는 했지만 전체 흐름은 많이 다르다는 것을 알 수 있습니다.

참고로 말하자면 천신(天神)이 이자나기에게 세상을 창조해 보라고 보석으로 장식된 마법의 창을 줍니다. 그래서 이자나기는 창으로 바다 속을 휘저어 바닷물 몇 방울이 응결되었고 이것이 오오야시마(おおや し ま)가 되었고 현재의 일본 열도라는 것이지요. 이자나기는 아내인 이자나미와 더불어 다른 섬들을 낳는데 이것이 혼슈(本州), 시코쿠(四國), 규슈(九州) 등의 다른 섬들을 이루었다고 합니다.

이제 일본 신화의 세계를 좀 더 깊이 분석해 봅시다.

2. 일본 신들의 고향, 경남 거창

『일본서기』에 가장 먼저 나오는 중요한 지명이 있습니다. "이자나기와 이자나미는 다카마노하라[고천원(高天原)]에 앉아서"라는 대목을 보면 다카마노하라는 태초의 일본 신들의 고향이라는 것을 알 수 있습니다. 『일본서기』에 이자나기와 이자나미 등의 신들이 태어난 후 그들이 살고 있는 곳으로 처음 나타나는 말이니까요. 따라서 다카마노하라는 최초의 일본 신들이 상정하는 하늘나라인 셈이지요.

그런데 재미있는 것은 이 고천원의 위치를 연구하는 사람들은 대부분 고천원은 하늘나라가 아니라 실재하는 땅으로 한반도의 어느 산간 분지로 이해하고 있다는 것입니다.

국어학자 김종택 교수(한국지명학회 회장)는 이 고천원이 한국 경남 남도 거창의 가조면(加酢面, 加召面)이라고 단언합니다.

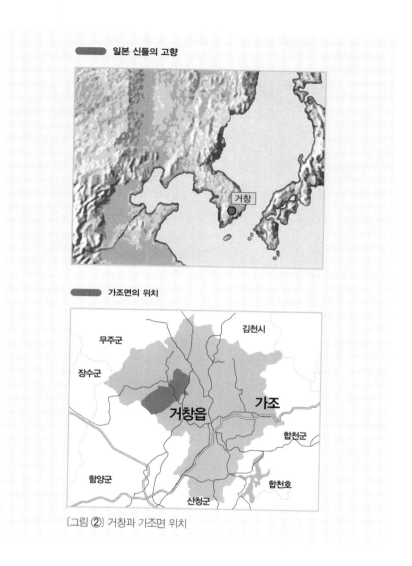

━━━ 일본 신들의 고향

━━━ 가조면의 위치

무주군

김천시

장수군

거창읍

가조

합천군

함양군

합천호

산청군

〔그림 ②〕 거창과 가조면 위치

김종택 교수는 고천원(高天原)이라는 지명이 아직도 이 지역(거창)
에서 쓰이고 있고, 가조의 옛 이름이 ᄀᆞᆺ벌인데 이 말은 가시하라(橿原)
또는 가시벌과 같은 의미라는 점, 아직도 가조에는 궁궐터가 있고 그것을 나타내는 지명(궁배미)이 있다는 점 등을 들어서 거창의 가조 지역이 바로 다카마노하라이라고 보고 있습니다.(김종택, 「일왕가의 본향은 경남 거창 가조」, 《신동아》 2004년 10월호)

실제로 거창을 가 보면 이상하리만큼 편안한 느낌을 줍니다. 요즘은 사방으로 고속도로가 뚫려 있지만 거창은 해발 고도도 높은 고원 분지 지역입니다. 마치 티벳 같다고나 할까요? 산세도 험하여 만약 과거에 이곳에 나라를 세웠다면 다른 종족이 침략하기 매우 어려운 지역이었을 것입니다. 그러나 한반도 남부 지역에서는 중앙에 위치하고 있기 때문에 남부의 다른 지역으로는 쉽게 갈 수 있는 곳이라고 볼 수 있습니다.

다카마노하라는 일단 이 정도로 해두고 다시 『일본서기』로 돌아가보면 이자나기의 소생들인 ⓒ아마테라스오미가미(天照大神)라는 태양의 여신, ⓒ츠쿠요미노미코토(月讀命)라는 달의 신, ⓒ스사노오노미고토(素戔嗚尊)라는 바다의 남신(男神) 등이 있는데 ⓒ스사노오(素戔嗚尊)는 난동을 부리다가 추방된 후 이즈모노쿠니(出雲國)로 내려가 사람들을 괴롭히던 머리가 8개 달린 큰 뱀을 죽이고 나라를 세웠다고 했지요? 그런데 여기서 말하는 한편 이즈모노쿠니에 대해 『일본서기』는 다음과 같이 첨부합니다.

스사노오의 행실이 좋지 못해 여러 신들이 그를 벌하여 쫓아내니, 스사노오는 아들들인 50여 명의 날래고 용감한 신(猛神)들을 데리고 신라국(新羅國)으로 가서 소시모리(曾尸茂梨)에 있다가 진흙으로 만든 배를 타고 이즈모노쿠니(出雲國)의 파천(簸川) 상류에 있는 조상봉(鳥上峯)으로 가서 사람을 잡아먹는 뱀을 죽였다.(『日本書紀』 神代 上 8)

바로 이 대목에서 오랫동안 대부분의 연구자들이 스사노오가 일본에서 신라를 정벌하러 갔다는 근거로 제시하기는 했습니다만 지금까지 본 대로 그것은 아니지요. 다만 여기서 스사노오의 행실이 좋지 못해서 여러 신들이 그를 벌하여 쫓아내는 과정을 좀 더 깊이 살펴봅시다.

『일본서기』에 따르면 스사노오의 행실에 화가 난 아마테라스는 하늘나라의 바위굴(天石窟)로 들어가 버립니다. 태양신이 동굴로 들어가 버렸으니 세상은 온통 암흑 천지가 되었죠. 그래서 하늘나라 모든 신들이 아마테라스가 나올 궁리를 꾸미는데 오모히가네는 수탉들을 모아서 길게 울게 하여 아마테라스를 밖으로 나오게 하고 스사노오에게 머리털과 손톱, 발톱을 뽑고 쫓아 버립니다.

그런데 바로 경남 거창 가조면에 닭뫼 즉 비계산(飛鷄山: 해발 1126미터)이 있다는 것이지요. 그런데 이 지역은 수탉이 날개를 펼치고 동북쪽으로 나는 산세 때문에 왕기(王氣)가 일본 쪽으로 갔다고 합니다.

문제는 언제 이 거창 지역을 떠나 일본으로 갔는가 하는 점입니다. 이 부분은 『일본서기』 해석의 가장 골치 아픈 부분 중 하나입니다. 다시 『일본서기』로 들어가 추적해 봅시다.

위에서 인용한 글에서는 스사노오가 신라국의 소시모리에 있다고 말하고 있지요. 그리고 스사노오의 다음 행로는 진흙 배로 이즈모노쿠니(出雲國)로 향했다고 하는 것으로 보아 아마도 이즈모노쿠니는 신라와 가까운 일본 지역이었겠지요. 이 점을 좀 더 구체적으로 볼까요?

먼저 신라는 사로, 서라벌, 계림 등으로 불리다가 307년 신라 15대 기림왕 때에 이르러 신라를 국호로 삼기 시작했으며 신라가 국호로 확정된 것은 지증왕 4년(503년)의 일입니다. 이러한 이유 때문에 김종택 교수는 스사노오가 신라에 도착한 시기를 대체로 4세기 이후라고 보고 있습니다.

그러나 제가 보기엔 이보다 훨씬 이전인 1~3세기경에 신라—일본으로 갔을 가능성이 더 큽니다. 왜냐하면 4세기 후반이면 이미 반도 부

〔그림 ③〕 비계산의 전경(거창 가조면)

여(백제)의 근초고왕이 이 지역을 정벌하고 영향력을 확대합니다. 일본 열도에서도 반도 부여(백제)와 가야 연합 세력이 4세기 후반부터 본격적으로 열도 정벌에 나서게 되지요. 그렇다면 그 이전에 이미 한반도의 상당한 세력들이 일본 쪽으로 진출해 있었다는 말입니다. 『일본서기』에서 비록 사로(斯盧)라든가 하는 신라의 옛말은 나오지 않지만 『일본서기』가 편찬될 당시에는 같은 지역 이름인 신라라는 말을 사용했을 수도 있기 때문이죠. 보세요. 저도 지금 3세기~4세기의 이야기를 하면서 7세기경에 나온 말인 일본이라는 말을 사용하고 있지 않습니까?〔참고로 일본이라는 국호를 사용한 것은 『일본서기』 교토쿠(孝德) 천황 원년(645)에 고구려로 보낸 일본 왕의 교서에 "명신인 천하를 다스리는 일본 천황(明神御宇 日本天皇)"이라고 지칭한 곳에서 처음 사용되고 있습니다.〕

『일본서기』에 따르면 근초고왕은 마한(馬韓)을 경략하고 가야를 정벌할 때 일본에서 온 장군 아라다와케(荒田別), 목라근자(木羅斤資) 등과 함께했으며 치구마나히코(千熊長彦)는 근초고왕과 함께 벽지산(현

재 전북 김제로 추정)에 올라 맹세했다고 합니다.(『日本書紀』神功 49)
여기에 나오는 목라근자의 아들인 목만치(木滿致)는 구이신왕(久爾辛
王) 때 전권을 장악한 사람입니다. 목만치는 백제가 정복한 가야 땅의
지배자이기도 했습니다.(이도학, 『새로 쓰는 백제사』, 푸른역사, 1997)
이것은 4세기 중반 이후에 나타난 일이므로 이미 4세기 이전에 반도
부여(백제)와 가야 연합 세력이 일본 열도로 진출했음을 의미합니다.
그렇다면 이들보다 선주민인 스사노오는 1~3세기 이전에 일본 열도
로 이주했을 것이라는 얘기지요.

　그런데 스사노오는 어떤 갈래의 사람들이었을까요? 이 시기를 전후
로 하여 거창 지역의 정치 세력을 살펴보면 알 수 있습니다. 당시 이
지역은 가야 연맹이 있었던 지역입니다. 낙동강을 경계로 하여 낙동강
의 동쪽은 사로국(후일 신라), 서쪽은 가야 연맹이 있었습니다. 당시
거창의 남부에는 금관가야(김해)와 고령 가야(진주)가 있고 북부에는
대가야(고령)가 있었습니다. 따라서 거창에도 가야 연맹의 소국이 있
었지요. 가조 가야 또는 갓 가야라고 할까요? 가야 연맹은 2~3세기에
는 금관가야(金官伽倻)를 중심으로, 5세기에는 대가야(大伽倻)를 중심
으로 번성합니다. 따라서 스사노오는 가야계(伽倻系)이긴 하지만 주류
가 아닌 방계임을 알 수 있습니다.

　스사노오는 흔히 '우두천왕(牛頭天王: 소머리 천왕)'이라고 불립니
다. 그런데 이 말은 소시무리(曾尸茂梨)와 유사하지요. 그렇다면 소머
리산 즉 우두산(牛頭山)을 신라 지역에서 찾으면 상당한 비밀이 밝혀
지겠죠? 그 우두산이 있는 곳이 바로 경남 거창의 가조이지요. 한국의
영남 땅에서 우두산이라고 부르는 곳은 가야산밖에는 없습니다. 가야
산(伽倻山)은 예로부터 소의 머리와 모습이 비슷하다고 하여 우두산
(牛頭山)이라고 불렀으며 주봉을 우두봉(牛頭峯) 또는 상왕봉(象王峯)

이라고 합니다.

왜 이 산을 가야산이라고 부르는지 그 이유는 잘 알려져 있지 않지만 이곳은 옛날 가야국이 있었던 곳이고 이 산이 가야국에서 가장 높고 훌륭한 산이었기 때문에 자연스럽게 가야의 산, 가야산이라 불린 것이 아닌가 추정하고 있답니다. 특히 가야산의 야(倻)라는 글자는 우리나라에서만 쓰는 한자로 가야국 즉 나라 이름에 사용하고 있다고 합니다.

국어학자인 김종택 교수는 소시무리를 다음과 같이 분석합니다.

소시(sosi)는 원형과 방언의 중복 표기로 봅니다. 즉 앞의 말이 고어이거나 외래어일 경우 그 다음 말에 고유어를 붙여 말을 강화한다는 것입니다. 따라서 소(so)는 쇼[牛]로 중앙어이자 고어인데 남부 사투리(남부 지역 고유어)인 시(si)를 덧붙인 것이라는 이야기입니다. 일본어로 소를 우시(usi)라고 합니다. 쉽게 말해서 소라는 원래 말에다가 한반도 남부 사투리 또는 같은 계통의 일본어인 우시가 붙어서 소시(sosi)가 된 것이라는 말이죠. 그리고 무리는 뫼[山]의 선행 형태이므로 결국 소시무리는 쇠뫼[牛山]로 해독이 됩니다. 아직도 그곳 사람들은 쇠산, 소산으로 부른다고 합니다.(김종택, 「일왕가의 본향은 경남 거창 가조」,《신동아》2004년 10월호)

그렇지 않다면 쇠머리를 하나의 글자로 표현하기가 어려우니 풀어서 소시머리라고 했을 가능성도 있지요. 어떤 경우라도 쇠머리 또는 쇠머리 산을 나타내는 말임에는 틀림이 없을 것 같습니다.

문제는, 『일본서기』에 따른다면 이 소시머리가 신라국에 있어야 하는데 거창에 가깝다니 다소 난감하기도 하죠? 그렇지만 『일본서기』가 편찬될 당시에는 한반도 전체가 신라(통일신라) 땅이었으니 꼭 경주가 아니라도 틀린 분석은 아닐 수도 있습니다.

스사노오의 이동로에 대해 분석하기 위해 일단 『일본서기』를 봅시

〔그림 ④〕 고천원으로 추정되는 거창 가조면 전경(상)과 가조 거창 우두산의 모습(하)

다. 누나인 아마테라스에 의해 쫓겨난 스사노오는 다시 아마테라스에게 갑니다. 그러자 아마테라스가 나라를 빼앗으러 왔다고 매우 화를 내니, 스사노오는 "저는 본래 사심이 없습니다. 저는 멀리 근국(根國)을 가려고 합니다. 누님을 뵙고 싶어 구름 안개를 헤치고 왔는데 이렇게 누님께서 화를 내실 줄은 몰랐습니다.(『日本書紀』神代 上 6)"라고 합니다. 바로 이 대목에서 스사노오는 현재의 부산 쪽인 김해를 통해 일본으로 가려고 했는데 아마테라스에게 쫓겨 가야산에 잠시 있다가 그 후 경주(신라) 쪽으로 이동한 것으로 보입니다.(신라에 투항했다는 말일 수도 있죠. 뒤에서 다시 분석합니다.)

이 과정을 좀 더 역사적으로 살펴보면 아마테라스는 당시 가야 연맹의 맹주인 금관가야(金官伽倻) 세력이고 이들의 세력이 2~3세기 거창 지역으로 확장되면서 거창 지역의 가조 가야인(스사노오)들이 금관가야

(아마테라스)의 세력에 패배하여(그러니 스사노오의 행실이 나빠서 추방된 것으로 표현되고 있죠.) 부산(김해)으로 경주로 이리저리 몰려다니다가 결국은 신라에 투항했다가 영일현(포항) 쪽에서 일본으로 이주한 것으로 보입니다.(여기서 제가 스사노오를 가조 가야인으로 표현한 것은 그런 기록이 있어서라기보다는 이해를 돕기 위해 편의상 붙인 이름입니다.)

금관가야는 기원 전후로 김해를 중심으로 성장한 가야 연맹의 한 국가로 대가야(大伽倻), 구가야(舊伽倻), 남가야(南伽倻), 본가야(本伽倻)라고도 합니다. 1세기경 수로왕이 김해 지방의 여러 부족을 통합하여 금관가야를 건국했으며 2~3세기경에 낙동강 유역에 널리 퍼져 있던 작은 나라들을 통합하여 가야 연맹체를 결성했습니다. 스사노오의 이야기는 바로 이 시기의 일로 가조 가야(스사노오)는 이 금관가야(아마테라스) 연맹에 흡수되기를 거부한 세력으로 보입니다.

그렇다면 결국 스사노오는 ㉠거창(居昌)을 떠나 김해(金海: 부산)로 갔다가 아마테라스에게 쫓겨 ㉡가야산을 거쳐 다시 경주로 간 것으로 보입니다. 그 후 포항(浦項)에서 진흙배(진흙으로 방수 처리한 배로 추정)로 ㉢이즈모로 가게 된 것으로 추정할 수 있습니다. 이 이즈모는 현재 ㉣일본(日本)의 시마네 현에 있죠. 일단 『일본서기』에 나타난 스사노오의 이동 경로를 요약해 봅시다.

㉠다카마노하라(고천원(高天原): 거창 가조(?)]→㉡신라국(新羅國) 소시모리(曾尸茂梨)→㉢이즈모노쿠니(出雲國)→㉣네누쿠니(根國)

여기서 말하는 이즈모노쿠니나 네누쿠니는 일본 내의 지역을 말하는 것으로 추정됩니다. 이즈모노쿠니는 지금도 이즈모시라는 이름으로 일본의 시마네현(島根縣)에 있습니다. 이 시마네(島根: 엄청나게 큰 섬이라는 의미)의 한자를 보세요. 섬의 뿌리라는 뜻으로 근(根) 자가 나오지요? 최근 독도가 일본 땅이라고 조례를 정하여 한국 전체를 시끄럽게 만든 바로 이곳입니다. 신기하고도 아이러니한 이야기가 아닐 수 없습니다.

스사노오와 아마테라스의 갈등은 포상팔국(浦上八國)의 난과도 관련이 있을 수 있습니다. 왜냐하면 이 사건은 가야의 소국들 사이에 발생한 대표적인 갈등이기 때문입니다. 쉽게 말하면 이 전쟁은 이 지역에서 세력 확장을 추진하던 금관가야(김해)와 이에 반발하는 골포국(마산·창원), 고사포국(고성), 칠포국(칠원·진동) 등 포상팔국(해변지역) 사이의 전쟁이었습니다. 스사노오가 바다의 신이라는 점을 생각해 보면 더욱 그러합니다. 즉 스사노오는 이들 포상팔국의 연합 세력을 의미할 수 있다는 말이지요.

포상팔국의 난은 『삼국사기』에는 209~212년까지 전쟁으로 기록되었습니다. 가야 연맹의 맹주인 금관가야는 위기를 맞아 이들을 제대로 물리치지 못하고 갈팡질팡합니다. 그런데 이 부분은 『일본서기』에 "스사노오의 행실에 화가 난 아마테라스는 하늘나라의 바위굴로 들어가 버린다."라는 표현과 관계가 있겠지요.

그래서 가야 연맹은 신라에 구원을 요청합니다. 『일본서기』에는 "세상은 온통 암흑 천지가 되어 하늘나라 모든 신들이 아마테라스가 나올 궁리를 꾸미다가 수탉들을 모아서 길게 울게 하여 아마테라스를 밖으로 나오게 하고 스사노오에게 머리털과 손톱과 발톱을 뽑고 쫓아 버렸다."라고 하고 있습니다.

여기서 닭 울음이라는 말을 생각해 보세요. 계림(鷄林) 즉 경주(신라)를 상징하지요. 신라의 도움으로 사태를 수습한 금관가야는 그 후 왕자를 신라에 인질로 보내야 했고, 신라는 손쉽게 경상도 지역의 패권을 장악합니다. 당시 포상팔국의 군대는 해로(海路)를 통해 울산까지 진출했다고 합니다.

[그림 ⑤] 시마네현의 위치(일본 시마네현 홈페이지 소개 자료)

이 포상팔국의 난은 여러 가지 정황으로 보면 스사노오와 아마테라스의 갈등과 일치하는 부분이 많습니다. 스사노오가 신라 방면으로 들어간 것은 스사노오(포상팔국) 세력의 일부가 신라에 귀부(歸附)한 것으로 판단됩니다.

3.
연오랑(延烏郎)·
세오녀(細烏女)

스사노오와 관련하여 『삼국유사』에는 신라 동해안에 살던 연오랑·세오녀 이야기가 있습니다. 연오랑·세오녀가 바위를 타고 일본으로 가서 왕과 왕비가 되었다는 이야기죠.

주의 깊게 보세요. 연오랑·세오녀라는 말에는 계속 까마귀를 나타내는 '오(烏)' 자가 나옵니다. 그런데 이 까마귀와 관련된 사람들이 왕이 되었다는 것은 언뜻 봐서는 이해할 수 없습니다. 스사노오도 마찬가지지요.

사실 아무나 왕이 되는 것은 아니죠. 왕이 되려고 수십만, 수백만을 죽이는 경우도 있습니다. 그만큼 왕이 되기는 어려운 일이라는 것입니다. 천운(天運)이 있어야 되겠지요. 이 의문을 한번 풀어봅시다.

연오랑·세오녀의 신화에는 까마귀[烏], 해[日]에 대한 제사 의식 등이 나타납니다. 까마귀는 쥬신의 숭배 대상인 태양의 사자이자 샤먼의 조상입니다. 또한 까마귀는 죽은 사람의 인육(人肉)을 먹기 때문에 새들의 왕으로 생각되기도 합니다. 원래 인간의 생명은 하늘에서 새를 통해 내려온 것이고 육신이 죽고 나면 영혼이라도 고향으로 돌아가야 하겠지요.(김병모, 『고고학 여행』)

진수의 『삼국지』에 다음과 같은 말이 있습니다.

변진(弁辰: 변한과 진한)의 사람들은 죽으면 큰 새의 날개를 같이 묻는데 이것은 죽은 사람들이 날아갈 수 있도록 하기 위함이라고 한다.(『三國志』「魏書」弁辰)

다시 말해서 사람이 죽으면 그들의 영혼이 원래의 고향이었던 하늘로 돌아갈 수 있도록 새의 날개를 같이 묻었다는 의미가 됩니다.

옛날부터 동양에서는 태양 속에 세 발 달린 검은 까마귀 즉 삼족오(三足烏)가 살고 있다는 믿음이 있죠. 이 삼족오는 앞에서 말한 대로 황금빛 까마귀입니다. 이런 까닭으로 풍수에서도 금오(金烏)는 태양(太陽)을 상징하고 제왕(帝王)을 은유하는 말입니다. 까마귀[烏]의 어원은 곰[烏]으로 추정되는데 이 말은 신(神)을 의미하는 곰[神]과 발음이 거의 같습니다. 그런데 우리가 앞에서 분석한 대로 태양의 자손들(천손족)＝철의 제련 기술을 가진 민족이라고 본다면 결국 신의 메신저(messenger)인 까마귀도 철의 제련 기술을 가진 민족 전체를 상징하는 코드일 수도 있겠지요.

그렇다면 연오랑·세오녀가 일본의 왕이 되었다는 말은 어떨까요? 제철 기술을 가진 쥬신족들이 일본으로 건너가서 일본 열도에 새로운 나라를 건설했다는 말은 아닐까요? 그렇다면 이 스사노오나 연오랑·세오녀는 결국 같은 무리가 될 것입니다. 스사노오에 나타난 '오(嗚:口＋烏, 까마귀가 우는 소리)'라는 말이 자꾸 눈에 걸리지 않습니까?

일본의 고어 사전에 보면 '존(尊)'은 미고토[mikoto]라고 읽는데 '명(命)', '신(神)'과 같은 의미로 사용됩니다. 스사노오는 결국 까마귀의 신을 의미하죠.[김종택 교수는 미고토란 본향(本鄕), 본국(本國)을 의미하는 순 우리말인 밑(本)＋곳(所 또는 國)이라고 말합니다.] 실제로 법화경언해에 "믿고대(本鄕) 잇더니"라는 구절도 있지요.

철이란 매우 귀한 금속일 뿐만 아니라 최강의 첨단 무기이기 때문에 이것을 잘 관리하는 것은 부족(민족)의 번영에 직접적으로 영향을 미칩니다. 철을 만드는 과정은 마치 밀교(密敎)처럼 그 후계자들에게 전수되었다는 것이죠. 물론 그 후계자들은 그 사회의 지도자들입니다. 힛타이트(Hittite)의 수도인 하투사(Hattusa)의 궁전에서 철을 녹이던 용광로가 발견된 것으로 보아 철은 왕이 직접 관리했던 것을 알 수 있습니다. 유재원 교수는 석탈해왕, 가락국의 시조인 김수로왕도 대장장이라고 단언합니다.(유재원, 「신화를 통해 본 그리스 선사 시대 대장장이 부족」)

사정이 이와 같으니 초기의 금속 제조 기술에 대한 진보는 대단히 느리게 진행됩니다. 그래서 철을 생산할 수 있는 민족들이 이웃 민족을 쉽게 정벌할 수 있었을 것이고 그 민족의 우두머리가 왕이 되는 것은 당연한 일이지요.

실제로 금관가야(아마테라스)는 해상 교통의 중심지에 위치하고 있었으며 철이 풍부하여 중국이나 일본에 수출하거나 중개 무역을 통해 성장한 나라라는 것은 널리 알려진 사실입니다. 이들의 세력이 신라의 성장과 함께 반도 부여(백제)와 연합하고 결국은 일본으로 이주해 간 것입니다. 결국 일본은 초기에는 가야(가야 마이너 그룹)·신라 세력에 의해, 후기에는 가야(가야 메이저 그룹)·반도 부여(백제)의 연합 세력에 의해 건설되는 나라가 됩니다.

천 년 이상 한국과 일본 양국 역사의 '뜨거운 감자'가 되어 온 임나일본부(任那日本府)는 바로 이 반도 부여(백제)·가야 연합을 지탱하는 임시 행정 관청이나 연락 사무소(또는 요즘 식으로 말하면 대사관·영사관)였던 셈이죠. 쉽게 말해서 성장해 가는 일본 가야와 사실상 와해되고 있는 본국 가야(금관가야·대가야)와 강력한 대륙 세력으로 한반도에 남하한 반도부여(백제)를 연결하는 임시 행정 기관이라는 말입니다.

그러면 왜 임나일본부와 같은 조직이 필요했을까요? 그것은 수백 년의 천적(天敵) 관계인 고구려·백제의 갈등과 신라·가야의 세력 다툼 때문입니다. 이 시기에는 고구려가 점점 강대해지고 신라도 가야 연맹의 갈등을 이용하여 강성해지기 시작합니다. 결국 백제(반도 부여)와 가야는 고구려와 신라 세력이 강대해짐으로써 그 긴밀도가 매우 깊어져서 결국은 하나의 형제 왕조와 같은 형태로 발전하게 됩니다.

당시의 상황을 본다면 고구려는 한족 세력을 한반도와 요동에서 축출(313)하는데 이로 인해 남해의 가야국들과 중국 문화의 연결 고리가 없어집니다. 그리하여 가야의 중심이 대가야(성주·고령) 쪽으로 이동합니다. 특히 광개토대왕이 5만의 대군을 파견하여 가야·왜 연합군에게 침략을 받던 신라를 구했고 고구려는 '임나가라'(김해, 고령)의 성을 빼앗고, '안라(함안)'를 격파합니다.(400)

다시 연오랑·세오녀의 문제로 돌아갑시다. 이들이 왕이 되었다는 것은 이들의 정체가 바로 대장장이라고 볼 수 있죠. 겉으로 보면 연오랑·세오녀는 아름다운 선남선녀로 보이지만 사실은 금속을 잘 다루는 부족으로 결국 강한 생산력의 소유자들이라는 것을 알 수 있습니다.

철의 생산과 관련된 비밀이 대장장이 집단에 의해서만 은밀히 전수되었기 때문에 철을 만드는 과정이 천 년 이상 비밀스럽게 유지될 수 있었을 것입니다. 그리고 철 자체가 워낙 귀중한 물건으로 바로 돈이 아닙니까? 요즘으로 말하면 휴대폰이나 디지털 TV라고 보시면 됩니다. 철 광맥을 발견한다거나 용광로에서 철을 녹이는 매우 위험한 작업을 하기 전에는 하늘이나 수호령(守護靈)에게 제사를 지내는 일은 가장 기본적인 의례가 되니 자연스럽게 '대장장이＝왕＝샤먼'과 같은 형태를 띠게 됩니다. 결국 단군왕검도 이 같은 대장장이 왕이자 샤먼임을 의미하는 것이지요. 이 부분은 '똥고양이와 단군 신화' 편에서 충분히 다루었다고 봅니다.

연오랑·세오녀에 대해 제사를 지낸 곳은 영일현(현재의 경북 포항시)입니다. 이곳에는 오천(烏川)이라는 곳이 있습니다. 처음에는 왜 까마귀 이름을 가진 땅 이름이 있는지 의아했지요. 이를 보면 땅 이름은 함부로 바꾸어서는 안 된다는 생각이 듭니다. 이 땅 이름이라는 게 수천 년을 살아 있군요.

더욱 재미있는 것은 『신증동국여지승람(新增東國輿地勝覽)』(卷 23)에 따르면 영일(迎日)의 옛날 이름은 오량우(烏良友) 또는 오천(烏川) 또는 근오지현(斤烏支縣)이라고 합니다. 여기서 근오지현이라는 말은 '큰 까마귀 마을'이라는 뜻이죠. 그러면 이 말은 철 제련 기술을 가진 사람들이 많이 모여 살던 곳이라는 의미도 함께 가질 수 있겠지요. 놀랍게도 여기엔 세계 최고의 제철소(POSCO)가 자리 잡고 있습니다.

결국 스사노오는 거창을 출발해서 김해로 내려갔다가 아마테라스에게 쫓겨 경주와 영일(현재의 포항)을 거쳐 일본으로 갔다는 말입니다. 무얼 찾아서요? 바로 새로운 다카마노하라를 찾아서 말입니다. 다시 말해서 ㅈ벌(橿原:ㄱㅅ벌, 또는 가시벌) 또는 가시하라를 찾아서 말입니다.

김종택 교수에 따르면 『고사기』, 『일본서기』에서는 결정적인 순간마다 ㅈ벌(橿原)을 말한다고 합니다. 그런데 이 가시벌은 다름이 아닌 가조(경남 거창 가조면)의 옛 이름이라는 것이죠. 스사노오는 새로운 거창을 찾아서 일본으로 간 것이고 그곳에서 새로운 가조가야(거창가야)를 만든 것이지요.

그런데 왜 하필이면 스사노오가 영일 쪽으로 와서 일본으로 갔느냐는 것입니다. 상식적으로 보면 김해를 거쳐 쓰시마(對馬島)를 경유하여 규슈로 가면 훨씬 빠르고 안전할 텐데 말입니다.

그것은 아마도 김해를 거쳐 부산 방면으로 빠져나가기는 어려웠기 때문이겠죠. 왜냐하면 스사노오는 다른 신들과 사이가 극도로 나빴기 때문입니다. 즉 스사노오의 ㅈ벌가야(거창)는 대가야(고령), 성산가야(성주), 금관가야(김해), 고령가야(진주), 소가야(고성), 아라가야(함안) 등의 가야 연맹으로부터 따돌림을 당하고 있었기 때문에 가야 연맹을 통해 한반도를 빠져나갈 수 없었을 것입니다. 이것이 확인이 될까요? 물론입니다. 다시 『일본서기』를 봅시다.

스사노오가 풀을 엮어 도랑이 삿갓을 하고 여러 신에게 잘 곳을 빌려고 하였지만 여러 신(神)들이 '너는 행실이 나빠서 쫓겨 다니는 주제에 어떻게 우리에게 잠잘 곳을 마련해 달라고 하느냐.'라고 모두 다

거절하였다.(『日本書紀』神代 上 7)

이 시기에는 장마가 심해서 스사노오가 당하는 고통은 이루 말할 수가 없었다고 합니다.

그래도 또 문제가 발생합니다. 아무리 과거지만 영일 쪽에서 일본 쪽으로 가는 항로(航路)가 있는가 말입니다.

당시의 항로를 분석한 논문을 보면 이 항로가 일본으로 가는 주요 항로 중의 하나라고 합니다. 이 분야에 탁월한 윤명철 교수의 글을 보면 이 점이 확연해집니다. 오래전에는, 반도(한국)와 열도(일본)는 험난한 자연 조건 때문에 대규모의 주민 이동이나 군사력의 진출이 어려웠을 것입니다. 윤명철 교수는 한반도의 정치 세력들은 통합되어 있지 못했기 때문에 장기적이고 대규모적인 진출 활동이 쉽지 않아서 초기에는 점령보다는 자발적 이주에 의한 개척의 성격이 강했을 것으로 단언합니다. 지역별로도 항해자들이 여러 가지 다양한 정치적·경제적 특성을 가지면서 열도로 이동했으며 가야계·백제계·신라계·고구려계가 지역적 특성을 가지면서 형성되었을 것이라는 말입니다.

그래서 가야계는 규슈 북부(남해 동부—쓰시마 경유—규슈 북부 항로)를 중심으로, 신라계는 혼슈 중부 이남(동해 남부 출발—혼슈 중부 이남 항로)을 중심으로, 백제계는 초기에는 규슈 서북부 지역(남해 서부—규슈 서북부 항로)이었으나 점차 북부 지역으로, 고구려는 혼슈 중부 지역으로 정착 발전한 것으로 보입니다.(윤명철, 「고대 동아시아의 역사상에 있어서 해양의 문제—고대 한일 관계를 중심으로」,《인문 연구 논집》제2집(1997. 3.) 89~121쪽)

위에서 말하는 것을 본다면 스사노오의 항로는 신라계의 항로로 추정됩니다. 즉 동해 남부를 출발하여 일본 혼슈 중부 이남의 항로 말입

[그림 ⑥] 일본 신들의 이동 경로와 관련된 지도

니다. 즉 포항(영일) 또는 울산 지방에서 동해의 해안에 연한 혼슈 남단의 이즈모(出雲)와 중부의 스루가(敦賀) 등을 잇는 항로입니다.(中田勳, 『古代韓日航路考』, 倉文社, 1956)

재미있는 것은 현재까지도 포항·영일 지역 사람들의 옛말에 "왜(倭: 일본)로 가는 배 같다."는 말이 있습니다. 이 말은 옛날에 폭풍우에 대비하여 줄줄이 배를 엮어서 일본으로 간 것을 뜻한다고 합니다. 최근 노성환 교수(울산대 문화인류학)는 우리나라 동남 해안에서 표류한 100여 건의 사례를 분석한 결과 대부분의 경우 일본 시마네현으로 가는 것으로 나타났다고 합니다.(홍하상, 『진짜 일본 가짜 일본』, 비전코리아, 2001)

그러면 가야 계통의 스사노오는 일본에서 성공적으로 진출했을까요? 그렇습니다. 그것을 어떻게 아냐고요? 이 부분은 해석이 매우 어렵기도 하거니와 고대 일본 역사의 비밀을 밝히는 데 매우 중요하죠.

이 비밀을 찾아가는 열쇠는 바로 스사노오가 이즈모노쿠니(出雲國)로 내려가 사람들을 괴롭히던 머리가 8개 달린 큰 뱀을 죽이고 궁궐을 지었다는 기록입니다.

스사노오는 이즈모노쿠니의 국신(國神)인 노부부가 소녀를 가운데

놓고 울고 있는 것을 봅니다. 그래서 노부부에게 그 사연을 물었습니다. 노부부는 딸이 여덟이 있었는데, 머리와 꼬리가 여덟 개 달린 뱀이 매년 잡아먹어 이제는 딸이 하나만 남았다고 했습니다. 이 딸의 이름이 나다히메(奇稲田姫)인데 이 아이마저 뱀이 잡으러 오니 그게 서러워 운다는 것이었습니다. 그래서 스사노오는 큰 항아리 여덟 개에 독주를 담아 뱀을 취해 잠들게 하여 단칼에 뱀을 죽입니다.

스사노오가 죽인 이 뱀의 정체는 무엇일까요? 이 뱀은 이즈모(이즈모노쿠니) 사람들을 괴롭히고 있던 홍수로 인한 강물의 범람 등으로 볼 수 있습니다. 그 때문에 큰 경제적 손실이 있었다는 것이지요.

왜 그럴까요?

비밀은 스사노오가 살려준 아가씨의 이름인 이나다히메(奇稲田姫) 속에 숨겨져 있습니다. 홍수가 매년 빼앗아간 것은 이즈모 사람들이 추수한 벼[稻]였다는 것이지요.

그런데 가장 드라마틱한 일은 그 다음에 벌어집니다. "뱀 꼬리 부분에서 보검(寶劍)이 발견되었다."는 대목입니다. 이 뱀은 매우 거대하여 마치 용처럼 생겼다고 합니다. 『일본서기』에는 "뱀이 나온 곳이 여덟 개의 언덕과 여덟 개의 골짜기"라고 되어 있습니다. 그런데 그 꼬리 부분에서 칼이 발견되지요.

스사노오는 홍수를 다스리기 위해(여덟 개의 작은 댐을 만들면서 상류로 올라간 것 같습니다.) 골짜기까지 갔다가 광산을 발견한 것으로 보입니다. 어떻게요?

『고사기(古事記)』에 그 단서가 있죠. 『고사기』에는 "그 뱀의 몸에는 넝쿨나무와 노송나무가 돋아나 있고 …… 그 배를 보면 언제나 피가 뚝뚝 떨어지고 있다."라고 되어 있습니다. 즉 산화된 철이 물기에 스며 밖으로도 붉게 나타나고 있다는 말이지요. 철의 전문가인 스사노오가 이것을 지나칠 리가 있겠습니까?

『일본서기』에는 스사노오가 "그 뱀을 죽이니 칼날에 이가 빠졌고 그 안에서 칼이 나왔는데 이것이 천총운검(天叢雲劍: 하늘나라에서나 있을 법한 보검)이다."라고 되어 있습니다. 스사노오의 칼날은 당시로는 첨단 제품이었을 텐데 날이 상하다니 말이죠.

그러니 그만큼 고급 철이 발견되었다는 말이지요. 이에 스사노오는 "이는 신비스러운 칼이구나. 내가 함부로 사용할 수가 없구나." 하더니 천신(天神)에게 헌상합니다.

그런데 그 다음에 나오는 말이 걸작입니다. 이 칼 이름은 "이른바 초치검(草薙劍)"이라고 합니다.(故割裂其尾視之 此所謂草薙劍: 『日本書紀』神代 上 8) 초치검이란 말은 '풀 베는 작은 칼' 즉 '낫'을 말하는 것이지요.

이 복잡한 이야기는 결국 스사노오가 이 지역에서 질 좋은 철광산을 발견하여 그것으로 낫을 만들어 다시 대륙으로 수출했다는 말일 수도 있습니다. 쉽게 말해서 이렇게 만들어진 낫을 자급용으로 쓴 것이 아니라 상품으로 대량 생산하여 한반도나 중국 쪽에 내다 팔았다는 말이지요. 이것은 중국과 한반도 남부 지역의 농업 생산력에 큰 기여를 했을 것이 분명합니다.

이것을 보면 스사노오는 세계적인 비즈니스맨(business man)의 기질을 갖추고 있었습니다. 다 따지고 보면 한국과 일본이 세계적인 무역 대국이 된 것도 다 이 가야 신들의 핏줄을 이어받았기 때문이죠.

여기서 연오랑·세오녀가 신라를 떠난 후 "해와 달이 빛을 잃어 일본으로 사람을 보내 두 사람을 돌아오게 하였다."는 말을 다시 생각해 봅시다.

당시 신라의 입장에서는 북으로는 고구려의 위협이 증대되고 남으로 금관가야의 세력이 다소 약화되었다고는 해도 항상 신경이 쓰이는 상태이니 신라는 또 다른 곤란에 빠지게 된 것으로 생각됩니다. 그런 상황에서 신라를 도울 수 있는 세력 하나가 일본으로 가버린 데에 대한 우려를 나타내는 것이라고 볼 수 있습니다.(아니면 철 생산자들의 이탈로 인한 경제적 군사적 손실이 컸겠지요.) 일본의 연오랑·세오녀가 명주를 준 것은 아직도 신라와의 관계가 견고하다는 것을 상징적으로 나타낸 것이라고 볼 수 있습니다. 참고로 현재까지도 시마네현의 이즈모 지역은 야스기의 금속, 이즈모·마스다의 방직 등이 유명한 지역입니다.

지금도 시네마현 이즈모시 해안에는 히노미사키(日御崎) 신사(神社)가 있고 신사의 산 정상에는 등대가 있습니다. 그 등대 옆에 작은 신사가 있는데 이곳이 바로 스사노오의 무덤이라고 합니다. 스사노오는 이곳의 사다 마을(町)에서 세상을 떠났다고 합니다.(홍하상, 앞의 책)

이 마을 사람들은 지금부터 3,000년 전에 스사노오가 한산(韓山: 한국의 어느 산간 지대)에서 왔다고 합니다. 이 마을 사람들은 스사노오를 신라(新羅)의 신이라고 믿는데 사실은 가야(伽倻)의 신이지요. 어쨌든 고단하고 파란만장한 스사노오의 삶의 여정은 여기서 끝이 납니다.

4.
초기엔 신라·가야,
후기엔 반도부여(백제),
결국은 쥬신의 신화

그러면 스사노오와 그의 직계가 일본을 지속적으로 다스리나요? 그것은 아닙니다. 다시 신화를 봅시다.

『일본서기』에 따르면 하늘에서는 지상 세계는 천손(天孫)이 다스려야 한다고 하여 오쿠니누시의 아들에게 나라를 요구합니다. 그래서 '태양의 신' 즉 아마테라스의 손자인 ⓔ니니기를 내려 보냈고 그의 직계 증손자인 ⓕ와카미케누노미고토(若御毛沼命)가 까마귀의 인도를 받아 가시하라(橿原)에 나라를 세우고 일본의 초대 천황인 진무(神武)가 되었다고 합니다.(『日本書紀』神代 下)

즉 스사노오의 직계가 일본을 다스리고 있는데 후일 아마테라스의 손자(니니기)가 다시 하늘(가야 지역)로부터 일본으로 내려가서 왕권을 달라고 합니다. 이 아마테라스의 직계가 일본을 정벌하고 새로이 나라를 세웁니다.

같은 가야 지방 사람들이라도 스사노오는 훨씬 이전에 열도로 가서 보다 평화적으로 통치했고 그 후 아마테라스는 강력한 군사적인 힘으로 일본을 정벌했다는 것을 알 수 있습니다. 『일본서기』에서는 스사노오계가 아마테라스계로부터 아무 일 없이 권력을 이양한 듯이 묘사하고 있지만 역사적으로 보면 그 실상은 참으로 처참합니다. 이 부분은 일본 편에서 다시 서술하겠습니다.

그런데도 스사노오는 악신(惡神)으로 묘사되어 있고 아마테라스는 부드럽고 평화적으로 묘사되어 있습니다. 신화의 세계도 결국은 승자(勝者)의 기록이 될 수밖에 없나 봅니다.

'태양 신'의 손자인 ⓔ니니기의 존재를 보면 일본은 분명히 태양의 아들 즉 천손(天孫)이 건국했다는 말인데요. 이것은 다른 쥬신의 신화와 맥을 같이 하고 있습니다. 이 건국 과정을 『고사기』와 『일본서기』를 통해 좀 더 자세히 살펴봅시다.

㉮ 하늘에서 ⓒ아마테라스의 손자인 ⓔ니니기를 땅으로 내려 보냄.→땅에서 다스리고 있던 오호쿠니누시(스사노오의 후손)에게 왕위를 물려 달라고 요청함.

㉯ ⓔ니니기는 땅에서 미인(아다쓰히메)과 결혼하여 세 아들(호느스소리·히코호호데미·호노아카리)이 태어남.→ⓕ 히코호호데미는

바다 신의 딸(도요다마히메)과 결혼하여 ⑧나기사다케가 태어나고 그는 이모와 결혼하여 네 아들을 낳음.

⑭ 나기사다케의 네 아들 가운데 막내인 ⓗ이하레히코는 바다를 건너 구마노(熊野)에 도착했는데 ⓒ아마테라스가 (꿈에 나타나) 까마귀(야다가라스)를 보내어 인도하여 소호고호리에 도착하여 가시하라에 서울을 세우고 이하레히코가 첫 나라님이 되셨다. 이 분이 일본의 초대 임금(야마도 왕조)이신 진무천황(神武天皇)이시다.(『日本書紀』神代 下 요약)

⑦~⑭의 과정은 부여·고구려의 건국 신화와 그 구조가 완전히 일치하고 있습니다. 즉 하늘의 아들이 물의 신, 즉 해신(海神)의 딸과 결혼을 해서 아이를 낳고 그 후손이 여러 가지 역경을 이기고 나라를 건국하고 있습니다. 강이나 바다를 건넌다는 표현이 바로 그것을 암시하고 있습니다. 다만 고구려의 신화에서는 강의 신의 딸인 유화 부인(버들꽃 아씨)이 여기서는 바다의 신으로 둔갑한 정도겠지요. 일본이 섬나라인 점을 감안한다면 당연한 일입니다.

특히 니니기의 강림 부분을 보세요.

아마테라스의 손자인 니니기를 흔히 호노니니기(天孫)라고 하는데 이는 하늘의 자손이라는 뜻입니다. 니니기는 아마테라스의 지시에 따라 옥구슬, 거울, 신검 등의 신령스러운 물건 세 가지를 들고 천상에서 지상으로 내려오는데 일본 사람들은 이를 천손강림(天孫降臨)이라고 합니다.

어떻습니까? 단군 신화와 완전히 같은 내용이 아닙니까?

일본 남부 규슈로 내려온 호노니니기는 꽃을 뜻하는 미녀인 고노하나(木花)와 그녀의 언니인 추녀 이와(岩: 바위라는 뜻)라는 두 여인을 사랑하나 결국은 아름다운 고노하나(木花)를 택함으로써 영생의 존재가 되지 못했다고 합니다. 꽃은 열흘을 붉지 못하는(花無十日紅) 유한

한 존재이기 때문이지요. 그래서 일본의 천황(덴노)은 신이면서도 영원히 살지 못하는 존재가 되었다고 합니다.

호노니니기와 고노하나의 손자인 우가야 후키아에즈는 그의 이모와 결혼하여 네 아들을 두는데 그 막내아들이 바로 일본 초대 천황인 진무(神武)입니다. 그로부터 현재의 125대 천황인 아키히토 덴노(1989년 즉위)까지 2,600여 년이 이어졌고 열도 쥬신(일본) 사람들은 이를 만세일계(萬世一係)라고 합니다.(사실은 2,600년은 아니지요. 대략 1,600년~1,700년 정도일 것입니다.

일본 신화의 특이한 점은 형제간의 갈등이 묘사되어 있어서 오히려 백제 신화의 영향도 깊이 받았음을 보여 줍니다. 즉『일본서기』를 보면 위의 ⑭ 부분에서 형제간의 갈등이 나타납니다.

여기서 우리가 주목해서 봐야 할 부분은 소호고호리나 가시하라 등의 일본 건국과 관련된 지명입니다. 박시인 선생에 따르면 이 말은 서울이나 부여와도 다르지 않다고 합니다.

즉 진무천황이 처음으로 나라를 세운 소호고호리는 소호리→수리와 같으며 이 말은 해 뜨는 곳 즉 서라벌, 시벌, 새벌〔東扶餘〕과 같은 말이라고 합니다. 요즘으로 말하면 서울이지요. 그리고 가시하라(橿原)와 부여의 가섭벌도 다 같이 가시벌, 아시벌(始林), 새벌〔東野 또는 東扶餘〕 등과 같은 말이라고 합니다.(박시인,『알타이 신화』, 307쪽)

위에서 말하는 이하레히코〔盤余彦 : 진무천황(神武天皇)〕가 까마귀〔야다가라스(頭八咫烏)〕의 인도를 받아 나라를 세웠다는 문제도 전체 쥬신 신화의 맥락에서 다시 검토합시다.

고구려의 시조인 주몽이 나라를 세우려 이동할 때 함께 갔던 오인(烏引), 백제의 시조인 온조와 비류가 나라를 세우러 갈 때 함께 갔던 오간(烏干), 신라의 박혁거세가 세운 나라의 임금들을 섬긴 대오(大

鳥)와 소오(小鳥) 등에도 모두 까마귀가 나타나고 있지요? 박시인 선생은 이것이 바로 태양의 전령사인 샤먼이라고 주장합니다.(박시인, 같은 책, 279쪽)

결국 일본의 신화는 단군 신화＋부여(고구려·백제)·가야 신화이며 그 부여계가 가야 지역까지 진출해서 일본으로 가서 건국했음을 강하게 암시하고 있습니다. 결국 일본의 신화도 전체 쥬신의 큰 흐름에서만 보다 정확하게 이해될 수 있는 것이지요.

5. 다시 연오랑·세오녀로

지금까지 일본의 신화를 통해서 보면 고대 일본의 건설은 가야인과 반도 부여인(백제인) 들의 주도로 이루어졌음을 알게 됩니다. 초기에는 스사노오(가야 마이너 그룹)가 주축이 되어 동해를 건너 시마네(島根)의 이즈모노쿠니(出雲國) 등에서 일본 초기의 야요이 문화(彌生文化)를 주도했으며 후기에는 반도 부여인(백제인)·아마테라스(가야 메이저 그룹)들을 중심으로 규슈를 정벌하고 그 여력을 몰아서 내해의 세토나이카이 지역 동쪽으로 정벌해 나아가 야마도 시대를 열어 갑니다. 사실 가야계는 제대로 된 거대 국가를 만들어 본 경험이 없으므로 후에 백제계가 일본의 건국을 주도한 것은 당연한 일이지요.(일본에 대한 상세한 분석은 '일본 편'에서 다시 하겠습니다.)

이로써 일본의 역사는 ① 죠몬 문화(繩文文化) →② 야요이 문화(彌生文化) →③ 고분 시대(古墳時代) →④ 아쓰카 문화(飛鳥文化: 스이코조) 등으로 발전합니다. 이 가운데 관련된 부분만 구체적으로 봅시다.

야요이 문화(BC 200년~AD 300년)는 일본의 농경 문화가 시작된 것을 말합니다. 기원전 3세기경 한반도로부터 북부 규슈에 전래된 벼농사와 금속기 문화는 열도에 큰 영향을 미치면서 나라가 출현하기 시작하죠. 이전의 죠몬 토기를 대신해서 야요이 토기가 이용되었으므로 이 시대를 야요이 문화라고 합니다. 야요이 중기가 되면 군 단위 정도 크기를 가진 100여 개의 작은 나라들이 생겨납니다.(한반도에서 많은 사람들이 옮겨갔겠지요.) 이 나라들이 이합집산하여 30여 개 국이 되는데 이 나라들의 우두머리가 야마타이국의 여왕 히미코(卑彌呼)를 맹주로 추대하여 연맹 왕국이 탄생합니다. 히미코 여왕은 239년 중국의 위에 사자를 파견하여 위의 황제로부터 친위왜왕이라는 칭호와 금인자수와 동경 100매를 하사받기도 합니다.

그 후 3세기 말에서 7세기 초까지의 시대를 고고학에서는 고분 시대(古墳時代)라 부르고, 문헌학상으로는 야마토(大和) 시대라고 합니다. 이 시대에는 이상할 정도로 세토나이카이(瀬戸內海) 내의 각 지역에 고분이 출현한 후 전국적 현상으로 나타납니다. 초기 대부분의 고분은 전방후원분이라는 독특한 형태를 가지면서 그 규모도 점차 거대화되어 왕권이 얼마나 강력했는지 보여 줍니다.(그만큼 정치적인 압박과 인명의 희생이 있었다는 말이지요.) 이전과는 판이하게 다르지요.

신화로만 이야기하자면 스사노오는 야요이(彌生) 시대를 주도했으며 반도 부여(백제)·아마테라스는 고분 시대(야마도 시대)를 주도하는 것이죠.

아마테라스의 손자인 니니기(瓊瓊杵尊)의 강림 신화(천손 강림 신화) 부분은 단군 신화와 유사할 뿐 아니라 그 구체적인 내용은 가야의 신화와 흡사합니다. 마치 단군 신화와 가야 신화를 합쳐 놓은 형태로 볼 수 있을 정도입니다.

예를 들면 "니니기가 하늘로부터 다카치오(高千穗) 산의 구지 후루다케(久土布流多氣) 봉우리에 내려왔다 …… '여기에 나라가 있는가.'라고 물어보자 그곳의 우두머리가 '나라가 있으니 천손께서 마음대로 하십시오.'라고 대답했다. …… (『日本書紀』神代 下 9)"라고 하는데 가야 신화에서는 "구지봉(龜旨) 봉우리에서 이상한 소리가 나서 사람들이 몰려들었다. '여기에 누가 있느냐.'라고 물으니 몰려든 사람들은 '저희들이 여기 있습니다.'라고 하였다."고 되어 있습니다.

김해 김씨의 족보(族譜)에 따르면 2세기경 김수로왕의 왕자 열 명 가운데 일곱 명이 구름을 타고 떠났다는 기록이 있는데, 같은 시기에 남부 규슈 가고시마(鹿兒島) 유적에 시치구마라는 곳에 일곱 명의 지배자가 웅거했다는 유적이 있다고 합니다. 이곳에는 가야신(伽倻神)을 모시는 일곱 개의 신사(神祀)도 있는데 이 지방에서는 옛날 가야국의 일곱 왕자가 이곳으로 와서 세력을 뻗었다고 합니다. 그리고 일본왕가의 사학자 미카사노미야 다카히토 씨는 "일본 신화는 가야 신화와 흡사하며 연고가 깊다."라고 지적을 하고 있습니다.(최성규, 「가야인의 진출」, 《부산일보》, 2000)

이제 일본 신화에 대해서 조금은 아시겠습니까? 물론 제가 분석한 것이 충분하지는 않을지라도 고대 일본과 반도 쥬신이 어떤 방식으로 교류가 있었는지는 충분히 아셨으리라 봅니다.

여기서 연오랑·세오녀의 문제를 다시 한 번 보고 넘어갑시다.

『삼국유사』에는, 연오랑이 먼저 간 후에 세오녀가 갔다고 되어 있습니다. 이들은 부부(하나의 부족)였지요. 그런데 일본에 전해져 온 아메노히보코〔천일창(天日槍)〕의 이야기에는 부부의 사이가 좋지 않았다고 나와 있습니다. 마찬가지로 연오랑과 세오녀도 부부 사이가 좋지 못했기 때문에 남편이 아내를 떠난 것으로 볼 수 있겠지요. 다시 일본 신화로 돌아가 봅시다.

아마테라스와 스사노오는 원래 남매지만 사이가 나빠서 스사노오가 추방당하여 일본으로 갑니다. 한참 후에 다시 아마테라스와 반도부여인의 후손들이 일본으로 가서 왕권을 장악합니다. 이 과정은 스사노오를 대신하여 연오랑을 집어넣고 아마테라스 대신에 세오녀를 집어넣으면 거의 내용이 일치합니다.

결국 우리는 『일본서기』와 연오랑·세오녀의 설화를 통해 일본의 고대 왕국이 어떻게 건국되었는지 알 수 있게 된 것이죠. 그래서 결국 연오랑·세오녀의 이야기는 젊고 아름다운 부부의 깊은 사랑 이야기가 아니라 형제간의 처절한 피의 전쟁을 그린 이야기라는 것이지요.

최근 저는 호미곶에 들렀습니다. 호미곶의 대표적인 브랜드인 연오랑·세오녀의 아름다운 조각상을 보았죠. 그래서 사진도 찍고 동해의 바다 바람을 느껴 보기도 했습니다. 그리고 저 멀리 바다 건너 일본을 생각했습니다. 우리와는 한없이 가까운 나라인데 멀게만 느껴지는 나라 일본을 말입니다.

그런데 일본이라는 말이 떠오르자 연오랑·세오녀의 아름다운 사랑을 그린 조각상을 보면서도 참담하고 서글픈 생각이 들었습니다. 오늘이 암담한 쥬신의 역사를 생각하면서 말입니다. 아름답게만 그려져 있는 연오랑·세오녀의 사랑 이야기 속에 얼마나 많은 피의 냄새가 묻어 나오는지 말입니다.

결국 연오랑·세오녀의 이야기는 몽골·고려 연합군의 일본 침공(1274, 1281), 임진왜란(1592), 병자호란(1616), 한국전쟁(1951)과 같은 처절한 동족상잔을 그린 이야기일 뿐입니다. 먼 훗날 한국전쟁, 임진왜란과 병자호란도 언제 아름다운 사랑 이야기로 둔갑할지 누가 압니까?

13장

옛날 금강산 기슭에 한 나무꾼이 어머니를 모시고 살았습니다. 생활이 어려워 나무를 해다 팔아서 살아가고 있었습니다. 어느 날 나무꾼이 쫓기던 사슴을 구해 주자 사슴은 그 보답으로 선녀와 혼인하는 방법을 일러 줍니다. 나무꾼은 사슴이 알려준 대로 구름을 타고 내려와 목욕을 하고 있는 선녀의 옷을 감춥니다. 그러자 선녀는 하늘로 올라가지 못했고 나무꾼은 선녀와 결혼하여 행복하게 살았습니다. 사슴이 나무꾼에게 아이를 네 명 낳기 전에는 선녀 옷을 돌려주지 말라고 했지만 나무꾼은 선녀가 간청하는 바람에 아이 셋을 낳았을 때 날개 옷을 보여 줍니다. 그러자 그 옷을 입은 선녀는 아이들을 양팔과 두 다리 사이에 끼고 하늘로 올라가고 맙니다. 슬픔에 잠겨 있던 나무꾼은 사슴의 도움으로 금강산 연못에서 목욕물을 길어 올리는 두레박을 타고 하늘로 올라가 아내와 아이들을 만나 행복하게 살았습니다. 하늘로 올라간 나무꾼은 지상에 두고 온 어머니를 보고 싶어합니다. 그래서 선녀의 만류에도 불구하고 용마(龍馬)를 타고 땅으로 내려와 어머니를 만납니다. 선녀는 나무꾼에게 "절대 용마에서 내리지 말라."고 부탁합니다. 그런데 나무꾼은 어머니가 끓여 준 호박죽을 먹다가 용마의 잔등에 엎질렀고 깜짝 놀란 용마가 펄쩍 뛰는 바람에 말에서 떨어져 죽고 맙니다. 용마는 하늘로 날아가 버리고 나무꾼은 죽어 수탉이 되었다고 합니다.

이 설화는 「나무꾼과 선녀」입니다. 이 설화는 여러모로 우리의 상상력을

사라진
'영원한 신라'의 꿈:
Millennium Shilla

자극합니다. 남자들이라면 누구나 한 번은 꿈꾸어 보았을 이야기이기도 하겠지요. 마치 여자가 '신데렐라 신드롬'을 가지고 있듯이 남자도 '온달 신드롬'이나 '나무꾼 신드롬'을 가지고 있을 것입니다.

「나무꾼과 선녀」에는 이 세상에서 보기 힘든 아름다운 하늘의 여자가 나옵니다. 그런데 이 아름다운 여자가 알몸으로 물에서 멱을 감음으로써 남성들의 성적(性的) 자극은 말할 것도 없고 성적인 유혹의 클라이맥스를 이루고 있습니다. 그래서 이 광경을 보고 참을 수 없었던 나무꾼이 옷을 감춤으로써 하늘의 여자를 아내로 삼게 됩니다.

이 설화는 오랫동안 문학에서 연구의 주제가 되었고 끝없이 사람들의 입에 오르내립니다. 「나무꾼과 선녀」의 주요 연구 주제는 지상과 하늘나라의 사랑 문제, '금기(禁忌)'를 지키지 못한 나무꾼의 심리적 문제, 여성을 붙잡아 두고 싶은 남성의 욕망 등입니다.

그런데 「나무꾼과 선녀」에는 이상한 점이 있습니다.

첫째, 선녀라면 최고의 여자이고 나무꾼은 지위가 낮은 천민입니다. 그런데 이 두 사람이 결혼을 해요? 신분이나 지위의 차이가 너무 심하게 나는 게 아닐까요? 마치 요즘 세계적 재벌의 귀한 딸이 날품팔이와 결혼하는 것이라고나 할까요?

둘째, 하늘나라의 선녀라면 상당한 힘과 지혜가 있어야 하는데 너무 맥없이 나무꾼의 장난에 놀아납니다. 선녀는 그저 나무꾼이 하자는 대로 합니다.
셋째, 「나무꾼과 선녀」에 나타나는 선녀의 이미지는 우리가 기존에 가지고
있던 것과 달리 그저 평범한 주부의 모습으로 나타나고 있습니다. 이 선녀가
나중에 하늘로 올라가지 않았다면 우리 이웃의 아줌마나 다름이 없었을 것입
니다. 모르죠. 결혼하기 전에는 모두 선녀였다가 결혼한 후에는 그저 평범한
아줌마나 '바가지꾼'이 되는 것이 여자의 운명인지도요.(백마 탄 왕자가 '배
불뚝이 아저씨'로 변하듯이 말이죠.)

「나무꾼과 선녀」이야기는 우리 민족의 기원과 관계가 있는 바이칼 호수
부근에 사는 부리야트족(칭기즈칸의 종족)에서부터 비롯되었다는 말이 있습
니다. 그들의 설화에는 옛날 사냥꾼이 새를 잡으러 갔다가 호수에서 깃옷〔羽
衣〕을 벗고 여자가 되어 헤엄을 치고 있는 백조 세 마리를 보고 깃옷 하나를
감추어 백조로 변하지 못한 여자와 함께 삽니다. 아이를 여섯이나 낳고 살던
어느 날 아내는 술을 빚어 남편을 취하게 한 후 깃옷을 얻어 다섯 아이들을
데리고 하늘로 날아갔다고 합니다. 물론 이런 유형의 이야기는 비단 바이칼
이나 한반도에만 있는 것은 아닙니다. 유럽에도 널리 퍼져 있죠.
그런데 이 이야기는 엉뚱하게도 민족 기원과 관련된 신화입니다. 즉 부리
야트의 신화에서는 백조가 지상에 딸 하나를 남겨두고 하늘로 가지요? 바로
이 딸로부터 부리야트족이 시작된다는 것입니다. 몽골 부리야트족의 신화를
다시 한 번 봅시다.

호리이도는 노총각으로 외롭게 살고 있었다. 어느 날 바이칼 호수의 경치
에 흠뻑 취해 있는데 예쁜 백조 한 마리가 호수로 내려와 아름다운 선녀로
변하여 옷을 훌훌 벗더니 목욕을 하였다. 이 광경을 보고 있던 호리이도는
살금살금 다가가 선녀의 옷을 숨겼다. 잠시 뒤 목욕을 마친 선녀는 옷이 없
어 하늘나라로 올라가지 못하고 울고 있었다. 호리이도는 그녀에게 다가가
위로하고 그녀를 데리고 자신의 집으로 가서 살았다. 그런데 알고 보니 이
선녀는 칭기즈칸의 손자인 쿠빌라이칸의 미희(美姬)였던 텡거리 고아〔天美〕
가 변해서 된 여자였다. 호리이도와 선녀는 호리라는 성을 가진 11개 부족의

선조가 되었다.(그도리야프체프, 『부리야트 蒙古民族史』, 東京: 1943)

우리가 앞서 본 알랑—고아가 민족 전체의 시조 여신을 의미한다면 부리야트 부족의 전설은 그 하위의 씨족 시조에 대한 것으로 볼 수 있습니다. 이런 점에서 보면 「나무꾼과 선녀」는 매우 성스러운 건국 신화 또는 민족 기원 신화였군요. 그런데 그동안 우리는 너무 선정적(煽情的)으로만 이 신화를 보아왔습니다.

그 원인은 한반도에 뿌리 깊이 박혀 있는 '새끼 중국인' 근성 때문입니다. 쥬신의 신화를 오랑캐의 신화로 비하하는 사회적 분위기가 원인이었을 것입니다. 툭하면 발해의 지배층만 고구려인이라고 하지를 않나 만주 쥬신을 북적(北狄)이라고 하지를 않나 말입니다. 사정이 이러하니 '새끼 중국인' 근성에 푹 빠져 공맹(孔孟)의 도(道)를 배우고 익힌다는 선비라는 작자들이 (세상에서 가장 과학적인 글인) 한글을 오랑캐의 글이라고 천시한 것도 어쩌면 당연한 일이지요.

앞에서 부여—고구려·몽골—백제—일본 등의 건국 신화를 보면 코드의 변형은 있었지만 결국 전체적인 코드는 대동소이하며 이것은 쥬신이라는 민족의 일체성을 보여 주고 있다고 했습니다.

신화의 세계는 그 민족의 '집단 무의식'이 숨어 있는 공간이기도 합니다. 같은 형태의 집단 무의식을 공유한다는 것은 같은 민족인지 아닌지를 판단하는 매우 중요한 코드입니다. 여기서 사용하는 코드라는 말은 민족의 코드를 줄인 것으로 레비스트로스의 '신화소(神話素: mytheme)'와 기호학(Science of Signs)에서 말하는 기호(sign)의 중간적 개념이라고 보면 됩니다.

참고로 기호학이란 모든 사회 현상을 기호로 보고 그 의미를 파악해 내는 작업입니다. 사실 우리가 하는 행위 중 '무의미한' 것이란 없습니다. 매사에 어떤 의미를 부여한다는 것이죠. 그래서 우리가 부여하는 기호는 우리가 가진 의미의 표상이라는 이야기입니다. 내가 만든 기호가 무의미하다는 것은 나의 존재가 무의미하다는 의미가 될 수 있고, 나라는 존재 자체를 거부하는 것일 수도 있다는 말이지요. 거꾸로 말하면 그 기호 속에는 내 존재의 정체성을 밝힐 수 있는 의미가 숨어 있다는 것입니다.

1.
선녀 코드의 비밀

「나무꾼과 선녀」 이야기의 핵심적인 코드는 무엇보다도 선녀(仙女) 즉 천녀(天女)입니다. 이 천녀(선녀)가 의미하는 바가 무엇인지를 알아낸다면 「나무꾼과 선녀」 설화도 쉽게 해석할 수 있을 것입니다.

민족의 시조 신화 또는 건국 신화와 관련하여 천녀가 나오는 이야기는 아무래도 고구려와 민족적 기원이 같다고 하는 북위(北魏)의 신화입니다. 『북사(北史)』에는 다음과 같은 이야기가 있습니다.

성무황제[聖武皇帝: 북위의 시조인 신원황제(神元皇帝)의 아버지]가 사냥을 나가 산 속 호숫가에 있는데 하늘에서 천녀가 내려왔다. 천녀는 천제(天帝)의 명으로 성무황제와 인연을 맺기 위해 왔다고 하였다. 이에 성무황제는 천녀와 하룻밤을 함께 지냈다. 다음 날 천녀는 하늘로 올라가면서 다음 해 같은 날 같은 곳에서 만나기로 약속한다. 약속한 날이 되자 천녀는 하늘에서 내려와 아들을 맡기면서 '이 아이는 장차 왕이 될 것'이라고 말하고 다시 하늘로 올라갔다. 이 아이는 자라서 후일 위(북위) 나라 시조 신원황제가 되었는데 이름을 역미(力微[리웨이(?)])라고 하였다.(『北史』卷1 魏本紀 1)

위의 신화는 북위의 건국 신화입니다. 북위는 고구려와 근본이 같은 쥬신 계열의 국가인데 요즘은 완전히 한족(漢族)의 정권으로 생각하고 있습니다. 이른바 민족 사학자라고 자부하는 이들도 대부분 북위를 한족 정권으로 규정합니다. 이것은 북위에 대한 이해가 부족한 탓도 있고 북위에도 책임이 있습니다. 조선 왕조처럼 북위는 지나치게 중국화(中國化) 정책을 추진했기 때문이죠. 그렇다고 북위가 중국 역사의 일부라고 할 수는 없습니다. 그러면 결국 조선 왕조도 중국사의 일부가 되기 때문입니다.

북위의 신화를 보면 우리가 지금까지 보아온 쥬신 신화와 달리 남녀의 역할이 바뀐 형태로 나타나고 있습니다. 즉 이전까지의 쥬신 신화는 하늘을 상징하는 존재가 남성적이었는 데 반해 북위의 신화는 천녀가 등장하고 있다는 것이지요.

그렇지만 북위의 신화는 전체적으로는 천손 사상(天孫思想)을 강조하는 쥬신의 큰 흐름은 그대로 지니고 있습니다. 그리고 여기에서 나타나는 천녀는 고구려 고주몽의 어머니와 몽골 성모 알랑—고아와 사실상 거의 같은 성격을 지니고 있습니다. 건국 시조의 어머니 즉 민족의 시조모(始祖母)라는 점에서 말입니다. 일본 신화의 경우에도 아마테라스오미가미(天照大神)라는 태양의 여신이 건국을 주도합니다.

천녀(선녀)를 시조모라고 생각한다면 그것은 무슨 의미일까요?

제가 보기엔 여신(女神)이 종족신이 되는 것은 그만큼 가부장제(家父長制)의 성립이 늦었을 수도 있다는 말인데요. 이 점을 좀 더 구체적으로 살펴봅시다.

선사 시대에는 여성이 남성보다 더 우월한 위치를 차지했으며 모계 중심의 사회였습니다. 실제로 고대 그리스 로마 지역에서는 여신 숭배의 전통이 강했습니다. 예를 들면 그리스 최초의 신도 대지의 여신인

가이아(Gaia)이지요. 그러나 제우스가 등장하면서 여신들은 주체성을 상실하고 남신들의 연인이나 배우자 혹은 딸의 자리로 밀려납니다. 즉 가부장 사회가 되면서 여신들이 힘을 잃게 된다는 말입니다.

이 분야의 대표적인 저서는 메를린 스톤(Merlin Stone)의 『신이 여자였을 때(*When God was a Woman*)』(NY: A Harvest / HBJ Book, 1976)라고 할 수 있습니다. 우리가 일반적으로 생각할 때 위대하고 강력한 태양신은 남성으로, 감정과 사랑의 상징인 달은 여성일 것 같지만 이 책은 그것이 고정관념이라고 말합니다. 메를린 스톤 자신도 처음에는 그런 식으로 생각했는데 연구를 하면 할수록 전혀 다른 결과가 나와서 많이 놀랐다는 것이지요. 그녀의 말을 직접 들어보시죠.

〔그림 ①〕 대지의 여신 가이아

매우 놀라운 일이지만 나는 가나안(Canaan), 아나톨리아(Anatolia), 아라비아(Arabia), 오스트레일리아(Australia) 등의 지역에서도 태양 신이 여신으로 기록된 사실을 발견하였다. 그리고 에스키모인, 일본 인, 인도의 카시스인 사이에는 여신인 태양신이 달로 상징된 부하 형 제들을 거느리고 있었다는 사실도 알게 되었다. …… 최초의 인류뿐 만 아니라 하늘나라는 물론이고 땅 전체를 낳은 것으로 믿어지는 신 들은 바로 여성 창조주들이었다. 이러한 여신들에 대한 기록들은 수 메르, 바빌론, 이집트, 아프리카, 오스트레일리아, 중국 등에도 남아 있다.

즉 인류 역사에 나타난 최초의 신들은 대부분 여성이라는 말입니다. 이것은 선사 시대가 모계(母系)를 중심으로 한 사회였기 때문일 것입 니다. 인류 초기의 역사에서는 모두 집단혼(集團婚)이나 군혼(群婚)이 었으므로 어머니는 분명한데 아버지는 알 수 없었기 때문에 모계 사회 가 된 것이죠.

현재 폴리네시아라든가 일부 신석기 시대의 문화 수준에 머물러 있 는 종족들의 생활상으로 유추해 볼 때 신석기 시대인들은 모든 행위가 공동 생산·공동 소유·공동 분배에 기초를 두고 이루어졌을 것으로 생 각할 수 있습니다. 생산 활동에 있어서도 여성의 역할이 커서 자연히 모계(母系) 씨족 사회에 바탕을 둔 사회 조직체로 운영되었을 것으로 추정됩니다. 왜냐하면 대부분의 원시 부족들의 혼인 및 가족 제도가 모계(母系)이기 때문입니다. 이러한 모계 사회는 농경이 본격화하는 신석기 시대 말기부터 남성의 역할이 커짐에 따라 부계 사회로 넘어갔 을 것으로 추정하고 있습니다.

그렇다면 유화 부인(버들꽃 아씨)이나 알랑—고아 나아가 웅녀(熊

女)도 가이아와 같은 존재에서 그 지위를 지속적으로 상실해 갔다고 생각할 수 있겠군요.

이 분야에서 탁월한 이론을 전개하고 있는 조현설 교수의 글을 보면 이 점이 대단히 명쾌해집니다. 조현설 교수에 따르면, 유화 부인이나 웅녀는 원래 어떤 집단의 시조신이었으나 고조선이나 고구려의 건국 신화 속으로 재구성되어 들어오면서 시조신으로서의 지위를 부분적으로 상실하고 아울러 자신의 신화도 제거당했다고 봅니다. 따라서 신화의 원래 모습을 보려면 이렇게 모습이 바뀌기 이전의 신화를 봐야 할 필요가 있다는 것이지요.

건국 신화는 시조 신화가 국가 권력의 이념으로 변형되면서 재구성된 서사(敍事)라는 것, 그리고 이 건국 신화는 온 나라가 함께 즐기는 축제의 장에서 서사시의 형식으로 음송(吟誦)되고 음송의 결과가 구전(口傳)됨으로써 그 이념과 당위가 신화 공동체 속으로 내면화된 서사라는 것, 그리고 무엇보다도 이 건국 신화를 구성한 것은 남성 권력이라는 것이 그 인식의 내용이다.(「건국 신화의 형성과 재편에 관한 연구」 동국대 박사 논문: 1997)

결국 우리가 건국 신화에서 남성 지배의 제도화(공식화)를 연구의 대상으로 삼아야 한다는 말입니다. 그리고 그러한 남성 지배의 제도화 이전의 신화의 원형을 탐구하는 작업도 민족의 정체성을 밝혀내는 데 매우 중요한 부분입니다. 이것은 앞으로 쥬신의 신화학(神話學)에 남겨진 숙제입니다.

신화도 역사와 마찬가지로 그 승리자들의 기록입니다. 신화는 모계 사회로부터 가부장 사회로 발전해 가는 과정에서 내부적 투쟁을 하지

〔그림 ②〕 남성의 상징 제우스와 그의 아내 헤라

만 외부적인 공격으로 인해 하나의 부족이 다른 부족에 정치 경제적·
문화적으로 흡수되면서 그 원래 신화로서의 지위를 상실하고 설화 수
준으로 지위가 격하되어 여기저기 떠돌다가 이런저런 책에 수록되거
나 다른 신화를 장식(粧飾)하는 데 사용됩니다.

결국 어떤 신화를 가진 집단이 정치적이나 역사적으로 계속 패배하
여 그 역사적 실체가 소멸된다면 그들의 신화조차도 사라져 간다는 것
입니다. 이것이 신화의 운명이자 그 민족의 운명이라는 것입니다.

그래서 우리는 어떤 경우라도 쥬신의 신화를 발굴하고 그 신화의 원
형을 유지할 수 있는 정치적 실체(political entity)를 유지해야 한다는
것입니다.

여러분들이 중국의 철학과 신화와 소설에 열광하는 사이에 우리의 신화는 우리로부터 자꾸 멀어져 갑니다. 그리고 우리의 민족적 정체성도 사라져 가는 것이지요. 마치 미국에서 오랫동안 살아온 교포 3세나 4세들이 그 피부 거죽만 한국인이고 그 안의 모든 구성물은 한국의 말이 통하지 않는 미국인이듯이 말입니다.

이제 다시 「나무꾼과 선녀」 이야기로 돌아갑시다. 선녀(천녀)의 혈통은 하늘의 사람이지만 하늘의 신처럼 강한 카리스마와 물리력을 소유하고 있지는 못합니다. 즉 선녀의 출신은 하늘이지만 힘을 갖고 있지는 못하죠. 그렇다면 선녀는 천손족(天孫族)이기는 해도 그 일부이거나 아니면 주류가 아니라 방계 그룹이라는 것을 알 수가 있습니다.

즉 북위나 앞으로 볼 몽골, 만주의 신화에 나타나는 선녀(천녀)라는 말이 가진 의미는 원래의 천손 사상을 가진 민족 집단의 일부가 토착민과 융합하는 과정에서 발생한 것일 수도 있고, (천손족의 국가가 소멸되었을 경우) 원래 문명이 높은 천손족의 유이민(流移民)이 극심한 물리력의 충돌 없이 흘러 들어와 서서히 권력을 장악했거나, 천손족의 방계 그룹이 흘러 들어와 권력을 장악했을 경우 등으로 볼 수가 있겠습니다.

물론 이런 경우가 아니라도 모계 사회의 전통이 깊이 남아 있을 경우도 있으며, (여성이 귀하므로) 여성의 지위가 상대적으로 높은 유목 사회의 문화가 반영되었을 수도 있고 가부장 사회의 성립이 늦었을 경우 등으로 추정할 수도 있습니다.

이것이 선녀(천녀)라는 코드가 가진 의미입니다. 따라서 북위의 선녀 신화도 결국은 북위의 모태가 된 세력 즉 고조선 또는 부여·고구려의 방계 그룹이 이동해 와서 이룩한 국가를 의미할 수도 있다는 것입니다.

2.
나무꾼과 선녀:
영원한 신라의 꿈

앞에서 「나무꾼과 선녀」가 부리야트의 시조 신화라는 이야기를 했습니다. 그러나 「나무꾼과 선녀」가 시조 신화로서 가장 체계적이고 종합적으로 구성된 것은 바로 만주 쥬신(만주족)의 신화입니다.

만주 쥬신이 세운 금 나라와 청 나라의 건국 신화를 살펴봅시다. 만주 쥬신의 신화는 다소 길기 때문에 그 내용을 소개하면서 동시에 분석하도록 합시다.(아래의 전설은 『청실록(淸實錄: 中華書局 影印本)』, 『태조실록(太祖實錄)』, 『청사고(淸史稿)』, 장기탁(張其卓)·동명(董明)의 『만족삼노인고사집(滿族三老人故事)』과 이마니시 하루아키(今西春秋)의 『滿和對譯滿洲實錄』(1권), 박시인의 『알타이 신화』 등에 있는 내용을 순서에 맞게 요약 정리한 것입니다.)

옛날 하늘 위에 세 명의 아리따운 압캐 살간[선녀(하늘의 여인: 天女)] 즉 선녀 세 자매가 살았다는데 언꾸룬(恩固倫), 정꾸룬(正固倫), 뿌꾸룬(佛固倫)이었다. 세 선녀는 하늘 생활이 싫증나 있었는데 지상에 궤리만싸엔아린[果勒敏珊延阿林山: 만주어로 장백산(長白山: 백두산)을 가리킴)]에 천지(天池)가 있어 그 연못은 물이 맑고 온갖 꽃들이 피어 있다는 말을 듣고 그곳에 가서 놀고 싶어했다. 막내 선녀 뿌꾸룬은 총명하여 흰 구름으로 깃털을 만들고 깃털을 걸친 팔을 날개로 삼아 몸을 흔드니 한 마리 새하얀 백조로 변했다. 두 언니도 그녀를 따라 천지 옆으로 내려갔다. 그런데 이 광경을 사냥꾼 삼 형제가 목격하고 백조들을 따라 갔는데 백조는 선녀 세 자매로 변하여 옷을 벗고 천지의 물 속으로 뛰어 들어갔다.

위의 글은 만주 쥬신 신화의 첫 머리입니다. 몽골의 부리야트 신화와 거의 일치한다는 것을 알 수 있습니다.

그런데 이 첫 대목에서 두 가지 중요한 코드가 있습니다. 하나는 선녀 즉 천녀이고 다른 하나는 장백산(백두산)이라는 쥬신의 영산입니다.

이미 말한 대로 장백산은 쥬신의 제2의 발상지라는 점에서 매우 중요한 산입니다. 위에서 나오는 궤리만싸엔아린이란 만주어인 궤리만(長: 크거나 길다) 싸엔(白: 희다)이라는 말에 아린(山)을 합친 것으로 이를 과륵민산연아림산(果勒敏珊延阿林山)이라는 한문으로 표기한 것입니다. 즉 장백산은 '큰 흰 산(긴 흰 산)'이라는 말입니다.

여러 기록을 종합해 보면 알타이산과 더불어 장백산은 모든 쥬신의 성산(聖山)인 부르항산 가운데 가장 위대한 산이라고 할 수 있습니다. 장백산은 요동과 만주를 터전으로 하는 쥬신에게 있어서 가장 신령스러운 산으로 숭배의 대상이 됩니다. 원래 쥬신의 시원(始原)은 알타이지만 세월이 흐른 뒤 장백산을 중심으로 다시 민족 부흥이 지속적으로 이루어지고 있으니까요. 따라서 시조 신화가 시작되는 장소가 쥬신의 영산(靈山)인 장백산(백두산)이라는 것은 어쩌면 당연한 이야기겠지요.

여기서 한 가지 짚고 넘어갑시다. 앞으로 가급적 백두산이라는 말보다는 장백산(長白山) 또는 태백산(太白山)이라는 말을 사용해야 합니다. 아니면 '큰 흰 산'이라고 불려야 합니다. 도대체 무슨 까닭으로 민족의 성산에 '대머리 산' 또는 '머리가 허옇게 센 늙은이 산' 또는 '벼슬이 없는 백수건달의 산'이라는 의미인 백두산(白頭山)이라는 이름을 붙였는지 알 수가 없군요.

장백산(태백산)은 요동·만주 쥬신(만주족)이나 반도 쥬신에게 모두 성산입니다. 이것은 금 나라나 후금(청) 모두 다를 바 없습니다. 만주 쥬신들이 공식적으로 장백산에 신성한 이름을 부여한 것은 금 나라 때

(1172)로 알려져 있습니다.

『금사(金史)』에 따르면 "1172년 장백산을 '흥왕의 땅(興王之地)'으로 높이고 나라를 흥하게 하는 신령스러운 왕(興國靈應王)이라는 작위를 주고 사당(廟宇)도 세웠다.(大定十二年 有司言 長白山在興王之地 禮合尊崇 議封爵 建廟宇 十二月 禮部 · 太常 · 學士院奏奉勅旨封興國靈應王 卽其山北地建廟宇: 『金史』「禮志」長白山神條)"라고 되어 있습니다.

그뿐이 아닙니다. 요(遼) 나라 때에도 요 나라 황실은 장백산신(長白山神)을 백의관음(白衣觀音)이라 하여 황실(皇室)의 수호신(守護神)으로 삼았다고 합니다.(박종성「동아시아의 창세 신화 연구 — 만족 · 몽골 · 한국 창세 신화의 양상과 변천」)

이렇게 장백산 하나만 보더라도 요 나라, 금 나라 그리고 한반도의 쥬신들이 서로 다르지 않음을 보여 줍니다. 우리는 요 나라나 원 나라를 동호(東胡) 계열로 보고 만주 쥬신을 숙신 계열로 서로 다르게 보았습니다. 그러나 민족적인 고증을 해도 그렇고 신화나 장백산에 대한

〔그림 ③〕 만주 쥬신과 반도 쥬신의 성산인 장백산

신앙을 봐도 별 차이가 없습니다.

지금도 장백산(태백산)에는 이 선녀들이 목욕한 장소로 알려진 곳이 있습니다. 소천지(小天池)가 바로 그곳이죠.

다시 만주 쥬신의 신화로 돌아갑시다.

삼 형제가 선녀들의 옷을 감추어 버리자 목욕이 끝난 선녀는 울기 시작하였다. 그러자 사냥꾼 큰 형은 자신의 옷을 벗어 언꾸룬의 몸에 걸쳐 주었고, 둘째는 정꾸룬의 몸에 걸쳐 주었으며, 막내는 뿌꾸룬의 몸에 걸쳐 주었다. 그래서 세 형제는 세 자매를 데리고 각자 자신의 작은 움막으로 갔다. 세 자매는 인간 생활이 즐거워 아예 눌러 앉아 살게 되었고 그 사이 2년이 흘렀다. 그러자 선녀 세 자매는 하늘의 벌이 두려워 남편이 숨겨 놓은 옷을 찾아 각자 어린 핏덩이(세 아이)를 놓아둔 채 다시 하늘로 올라가 버렸다. 이 세 아이들은 자라서 송화강(松花江)을 따라 목단강(牡丹江)과 만나는 곳까지 가서 정착했고 후손들이 번성하여 모두 자신의 성(姓)이 있어 세 가지 성으로 나뉘었다. 그래서 이 지방을 '삼성〔三姓: 지금의 헤이룽장성(黑龍江省) 이란 현(依蘭縣)〕'이라고 불렀다.

이 내용은 우리나라의 「나무꾼과 선녀」와 거의 같은 내용인데 이 세 아이가 원(原) 아리수〔헤이룽강(黑龍江)〕 쪽으로 이동해 갔다는 말을 하고 있습니다. 원 아리수가 주요 근거지였다는 말인데요. 즉 하늘의 피를 이어받은 어린아이가 북으로 이동하여 삶의 터전을 잡은 것이죠. 그러나 좀 깊이 생각해 보면 망국의 백성들이 다시 뿔뿔이 흩어져 부족 상태로 돌아간 것을 은유적으로 표현한 것일 수도 있습니다. 왜냐하면 조선이 망했을 때도 많은 사람들이 고향을 버리고 만주로 이동했

〔그림 ④〕 장백산 소천지의 모습

습니다. 고구려, 신라나 발해 등이 망했을 때도 역시 마찬가지겠죠. 계속 보시죠.

한편 하늘로 간 세 선녀는 땅에 두고 온 아기와 인간 세상의 생활이 그리워 신장(神將)의 수비가 삼엄하지 않을 때를 틈타 구름으로 깃털을 만들어 세 마리 백조가 되어 궤리만싸엔아린(장백산) 위에 도착했다. 하지만 남편과 아이를 찾았으나 모두 보이지 않아 쉴 새 없이 눈물을 흘리며 송화강(松花江)을 따라가다가 삼성(三姓)이라는 곳에 사는 사람들이 후손(後孫)임을 알았다. 그런데 삼성의 후손들은 천성이 싸우는 것을 좋아해서 칼부림이 나고 원한이 깊어져 있었다. 이 문제를 고민하다가 선녀들은 목욕을 했는데 막내 선녀는 까치 한

마리가 하늘에서 날아와 입 안에 물고 있던 것을 그녀의 옷에 뱉는 것을 보았다. 옷소매 위에는 잘 익은 붉은 열매가 놓여 있었는데 선녀는 그것을 입에 물고 있다가 그만 삼켜 버렸다. 그러자 막내는 몸이 무거워서 날 수가 없었다. 나머지 선녀들은 먼저 하늘로 올라갔다. 막내 선녀는 목이 마르면 천지의 물을 마시고, 배가 고프면 짐승을 잡아먹고 열매를 따먹었으며, 추우면 불을 피우고 하여 12개월이 지나 눈썹이 짙고 눈이 큰 아이를 낳았는데 이 아이는 낳자마자 바로 말을 하고 며칠이 지나자 17~8세의 아이처럼 되었다.

신화만으로 본다면 선녀들이 2차로 강림하고 있음을 알 수 있습니다. 즉 선녀들의 1차 강림으로 주류 만주 쥬신이 형성되었지만 이 나라는 다시 멸망하고 민족은 뿔뿔이 흩어져 민족의 장래가 불투명한 상태에서 2차 강림이 이루어집니다. 이것은 분열된 민족을 새롭게 통일하는 자의 등장을 나타내는 것이죠. 그렇지만 신화에서 같은 선녀들이 내려온다는 것은 1차 강림 때의 천손족이나 2차 강림 때의 천손족이 그 근본은 서로 다르지 않다는 것을 보여 줍니다.

다시 말해서 우리가 흔히 알듯이 똑똑하고 문명화한 천손족(天孫族)이 무지랭이에 가까운 만주족(滿洲族)을 규합한 것이 아니라 스스로를 천손이라고 인식하고 있는 만주 쥬신들을 같은 천손의 아들이 와서 화합과 통합으로 이끌었던 것입니다. 이것은 단군(檀君)과 웅녀(熊女)의 결혼과는 분명히 차원이 다른 이야기입니다.

그런데 이 부분은 사마천의 『사기』에 나타나는 은 나라 시조인 설(契 또는 卨)의 탄생 신화와 일치합니다.

즉 『사기』에는 설의 어머니가 두 사람과 같이 목욕하러 갔다가 현조(玄鳥)가 알을 떨어뜨리는 것을 보고는 그것을 주워 삼켜 임신을 해서

설을 낳았다(『史記』殷本紀)고 되어 있습니다. 은 나라가 쥬신의 국가라는 것은 이미 잘 알려져 있습니다.(殷曰夷周曰華:『史記』) 이렇게 본다면 만주 쥬신은 쥬신 신화의 원형을 매우 오랫동안 간직하고 있다는 것을 알 수 있습니다.

은(殷) 나라는 수도인 은허(殷墟)를 중심으로 번성했던 나라입니다. 그런데 은허는 현재의 허난성(河南省) 안양현(安陽縣)에 위치하고 있었습니다. 현재의 뤄양(洛陽)에 가까운 곳으로 중국 중부 지역에서 베이징(北京)으로 나가는 길목입니다. 그렇다면 쥬신은 은 나라 때인 대략 BC 10세기 이전에 뤄양(洛陽) 부근에서 터전을 잡았다는 말이 되지요. 그런데 이 신화의 원형을 가진 만주 쥬신들은 이미 원 아리수(헤이룽강)와 장백산으로 광범위하게 퍼져 있습니다. 이를 통해 보면 쥬신이 대체로 어떻게 이동했는지 알 수 있습니다. 이것은 이미 앞에서 분석한 쥬신의 이동 경로와 일치합니다.

그뿐만 아니라 위의 글에서는 대단히 중요한 민족적 특성이 나타나고 있습니다. 일관된 정치 조직이나 통치 질서가 없이 부족 연합처럼 살아가는 만주 쥬신들은 부족 간에 분쟁이 많이 발생하고 그것이 이들의 가장 심각한 문제임을 보여 주고 있는 것이지요. 결국 이들은 서로 간에 이해가 얽혀 있기 때문에 한족의 이이제이(以夷制夷) 전략에 항상 놀아날 수밖에 없지요. 계속 보시죠.

그래서 막내 선녀는 이것은 분명 하늘의 뜻이라고 생각하고 아이에게 말했다. '애야, 네 성은 아이신자오뤄(愛新覺羅: 만주어로 금)로 하렴.' 선녀는 인간 세상에서 가장 귀한 것이 금(金)인 줄을 알고 있었다. 그녀는 또 눈앞에 펼쳐진 뿌꾸리(布庫里) 산을 보며 말했다. '네 이름은 뿌꾸리융순(布庫里雍順)이라고 하자.'(여기서 융순은 용손

(龍孫) 즉 용의 아들을 의미합니다.) 그녀는 온종일 싸우고 있는 삼성 (三姓) 사람들을 안타까워하면서 아들에게 '하늘이 너를 낳은 것은 네가 무기를 가지고 싸우는 것을 그만두게 하고 백성들을 통솔해 평화롭게 살게 만들려는 거야. 알겠니?'라고 하였다. 선녀 엄마는 아들에게 송화강을 가리키며 '이 강을 따라 내려가거라!'라고 한 후 한 마리 백조로 변해 하늘로 날아갔다.

여기서 중요한 대목은 아이신자오뤄라는 성 즉 '김씨(金氏)' 성이 등장하고 있다는 점입니다. 이 김씨라는 성은 박씨(朴氏), 고씨(高氏), 해씨(解氏), 부여씨(扶餘氏), 진씨(眞氏) 등과 더불어 쥬신의 가장 근본이 되는 성씨입니다. 여기에 나타난 아이신자오뤄는 금(金) 나라나 후금(後金) 즉 청 나라 황제의 성(姓)인 '아이신자오뤄(愛新覺羅)'입니다. 이 말의 의미는 '신라(新羅)를 사랑하고〔愛〕 잊지 말라〔覺〕.'는 의미입니다. 이 말은 원래 우리가 보아온 '아이신' 즉 금(金)을 뜻하는 알타이어이지만 그 말을 '신라를 사랑하고 잊지 말자.'라는 한자음을 빌려서 표현한 것입니다. 결국 이 말의 음과 뜻을 합쳐서 해석해 보면 '경주(慶州) 김(金)씨'라는 의미가 됩니다.

금 나라의 시조에 대한 기록은 금 나라의 실록인 『금사(金史)』에서는 "금 나라 시조는 그 이름이 함보이다. 처음 고려에서 나왔다.(金之始祖諱函普初從高麗來: 『金史』本紀第一「世紀」)"고 합니다. 그리고 이와 같은 내용이 남송(南宋) 때 저술된 북방사(北方史)인 서몽신(徐夢莘)의 『삼조북맹회편(三朝北盟會編)』("여진의 시조 건푸는 신라로부터 나와 아촉호에 이르렀다.")에도 있고 남송 때 금 나라 견문록인 홍호(洪皓)의 『송막기문(松漠紀聞)』에는 "금 나라가 건국되기 이전 여진족이 부족의 형태일 때 그 추장은 신라인인데 완안씨라고 불렀다. 완안이란 중국어로 왕이라는 뜻.(女眞酋長乃新羅人號完顔氏 完顔猶漢言 王也: 洪皓『松漠紀聞』)"이라고 전하고 있습니다. 한국의 자료인『고려 사(高麗史)』에도 같은 내용이 있습니다.

1778년 청(淸) 나라 건륭제(乾隆帝) 때 황명(皇命)으로 펴낸『만주 원류고(滿洲源流考)』에는 "금 나라의 시조 합부〔哈富: 또는 힘보(函 普)〕께서는 원래 고려에서 오셨다.『통고(通考)』와『대금국지(大金國 志)』를 살펴보건대 모두 이르기를 시조께서는 본래 신라로부터 왔고 성은 완안씨라고 한다. 고찰하건대 신라와 고려의 옛 땅이 서로 섞여 있어 요(遼)와 금(金)의 역사를 보면 이 두 나라가 종종 분간하기가 어 렵기 때문이다.(金之始祖諱哈富〔舊作函普〕 初從高麗來按通考及大金國 志 皆云本自新羅來姓完顔氏考新羅與高麗舊地相錯遼金史中往 往二國呼 稱不爲分別:『欽定滿洲源流考』卷7, 部族7 完顔)"라고 합니다.

그런데 왜 하필 금(金)일까요? 물론 쥬신의 대표적인 브랜드가 금입 니다. 그렇다고는 해도 그것으로만 설명하기에는 조금 부족한 감이 있 죠. 일단 당사자이신 금 나라 태조(아골타)의 말씀을 직접 들어봅시다.

(태조께서 말하시기를) 요 나라는 쇠〔鐵〕를 나라 이름으로 삼았습니 다. 쇠가 단단하기 때문이지요. 그러나 쇠는 세월이 흐르면서 삭아 갈 수밖에 없지요. 그러나 세상에 오직 아이신(금: 金)은 변하지도 않고 빛도 밝습니다. 우리는 밝은 빛〔白〕을 숭상하는 겨레입니다. 그 래서 우리는 나라 이름을 아이신〔金〕이라고 합니다.(遼 以賓鐵爲號 取 其堅也 賓鐵雖堅 終亦變壞 惟金不變不壞 金之色白 完顔部色尙白 於是國 號大金:『金史』2卷「太祖紀」)

즉 금이 영원히 변하지 않는 것처럼 영원히 사라지지 않는 국가(만주의 '영원한 신라')를 건설하겠다는 의지의 표현으로 나라 이름을 금(金)이라고 했다는 것입니다. 마치 로시터(Rossiter)나 포콕(Pocock)의 지적처럼 미국인들이 '영원한 영국(England)'을 건설하기 위해 아메리카 대륙으로 건너왔듯이 말입니다.

금·후금의 황실이 신라를 유난히 강조하면서 신라 왕의 성을 족성(族姓)으로 삼은 데에는 천년왕국 신라의 부활을 꿈꾸었기 때문일 것입니다. 기록에는 때로는 고려, 때로는 신라로 나타나 있는데 그것은 신라는 이미 망해서 없어졌고 고려가 남아 있었기 때문에 나타난 혼동일 뿐입니다. 따라서 금 나라의 시조는 신라의 망국민(亡國民)이라는 것을 알 수 있습니다.

그런데도 의문이 생깁니다. 대부분의 사람들은 나라가 망하고 다른 나라가 세워지면 대체로 적응하면서 살아갑니다. 특히 같은 민족이 건국했을 경우는 더욱 그러하지요. 신라에서 고려로 바뀐다고 해서 무슨 큰 차이가 있겠습니까? 그럼에도 불구하고 김함보라는 분은 굳이 고려를 떠나고 그 후손들은 나라 이름을 금(경주 김씨)이라고 합니다. 이분이 신라의 왕성(王姓)과 그 원형을 지켜야 한다는 어떤 사명감을 가진 듯합니다. 그래서 제가 보기엔 이분이 신라의 왕족이었거나 귀족이었을 것이라고 판단할 수 있습니다. 이분의 일대기에 나타난 것으로 봐서 상당한 학식의 소유자인 듯한데 당시의 상황에서 본다면 귀족 이상의 계급이 아니고서는 불가능한 일이겠죠.

만약 귀족이라면 왜 고려를 떠나야 했는가 하는 문제도 남아 있습니다. 신라의 귀족들이 평화적인 정권 교체를 통해 고려의 호족화(豪族化)하는 과정에서도 굳이 고려를 떠나야 할 어떤 사정이 있었던 것으로 보입니다. 특히 이분의 형님은 승려가 됩니다. 이것은 또 다른 의미에서 김함보의 신분이 높고 고려에는 적응하여 살아가기 힘든 상황이라는 것을 짐작하게 합니다.

비슷한 시대의 기록인 홍호(洪皓)의 『송막기문(松漠紀聞)』에 "금 나라가 건국되기 이전 여진족이 부족의 형태일 때 그 추장은 신라인인데 완안씨라고 불렀다. 완안이란 중국어로 왕이라는 뜻(女眞酋長乃新羅人 號完顔氏 完顔猶漢言王也)"이라는 기록이 있는데 이 기록은 김함보가 신라 왕족이었음을 강하게 암시하고 있습니다.

사정이 이러하다 보니 만주 쥬신은 반도 쥬신과도 강한 형제애를 가지고 있었다는 것입니다. 금 나라의 태조가 고려에 보낸 국서에는 다음과 같은 말이 있습니다.

형인 대여진금국황제(大女眞金國皇帝)는 아우인 고려 국왕에게 글을 부치노라. 과거 우리의 조상은 한 조각 땅에 있으며 거란을 대국이라 하고 고려를 부모의 나라라 하여 공손히 하였다.(『高麗史』)

여기서 말하는 여진(女眞)이 바로 쥬신에 가까운 발음이 나는 말입니다.

뿐만 아니라 고려 사람들도 금 나라 사람들을 가리켜 북인(北人)이라고 하고 있습니다.(『高麗史』卷17) 이것은 고려 사람들도 금 나라를 전혀 다른 민족이나 그들과 무관한 오랑캐 집단으로 보고 있지 않았다는 것입니다. 앞에서 보았듯이 신라는 발해를 명백히 북국(北國)으로 지칭합니다. 같은 얘기지요.

이와 같이 만주 쥬신은 '영원한 신라의 꿈(Millennium Shilla)'을 꾸고 있는 것이지요. 즉 처음에 천년의 제국 신라가 망할 때 정처 없이 떠도는 유민들은 영원한 신라를 꿈꾸었겠지요. 마치 스사노오가 '영원한 가야(Millennium Kaya)'의 꿈을 꾸었듯이 말입니다.

아무튼 만주 쥬신들은 유달리 자기들은 신라와 관계가 있음을 강조하고 있습니다. 오히려 이것을 거부하고 중국만을 짝사랑하는 반도 쥬신이 문제지요. 일단 계속 신화를 봅시다.

아이신자오뤄뿌꾸리융순(愛新覺羅布庫里雍順)은 99일의 표류를 거쳐 삼성 지방에 도착했다. 뿌꾸리융순은 마을 사람들에게 '나는 선녀가 낳은 천동(天童)인데 당신들을 다스리러 왔소.' 하고 자기를 가장 먼저 발견한 물 긷던 처녀와 결혼하였다. 몇 명의 목곤달(穆昆達: 만주어로 족장)의 주도로 그날로 혼례를 치르면서 마을 사람들이 모두 모여 예를 올리고 밤새도록 노래하고 춤추었는데 이때 이후로 다시는 싸우지 않았다. 뿌꾸리융순은 삼성 지방에 정착하여 살면서 사이좋게 지낼 수 있도록 노력하였고 씨족끼리 분쟁이 발생하면 그를 통해 화해하여 모두들 화목하고 즐겁게 살았다. 사람들은 그를 부락의 우두머리로 추대하였다. 뿌꾸리융순은 삼성 지방의 사람들을 인솔하여 어뚜리성(鄂多哩城)을 건설했다.

바로 아이신자오뤄뿌꾸리융순(愛新覺羅布庫里雍順)이 만주족의 조상입니다. 먼 훗날 청 나라를 건설한 태조 아이신자오뤄누르하치는 이분의 직계 후손이라고 합니다. 즉 『청조실록』에는 뿌구리융순이 "너희는 내게 복종하라. 나는 천녀의 아들이고 성은 아이신자오뤄 이름은 뿌꾸리융순이다. 하늘이 나를 낳게 한 것은 그대들의 난을 평정하기 위해서이다."라고 말했다고 합니다. 그리고 그는 부족들의 난을 평정하고 나라를 세우고 그 이름을 만주라 했고 누르하치는 바로 그의 직계 후손이라는 것이지요.〔『청실록(淸實錄)』(中華書局 影印本); 태조실록(太祖實錄)〕

이 내용은 『청사고(淸史稿)』의 내용(姓愛新覺羅氏, 諱努爾哈齊. 其
先蓋金遺部. 始祖布庫里雍順母曰佛庫倫相傳感朱果而孕. 稍長, 定三姓
之亂, 衆奉爲貝勒, 居長白山東俄漠惠之野俄染里城, 號其部族曰滿洲,
滿洲自此始:『淸史稿』)과도 대동소이합니다.

즉 이 기록들이 청 태조의 선조들은 모두 금 나라의 후손이라는 것
을 말하고 있습니다. 만주 쥬신들에게 있어서 장백산은 야루(鴨綠: 압
록강), 훈퉁(混同), 아이후(愛滸) 등 세 무렌(강)의 근원이며 만주 구룬
(國: 나라)의 선조는 장백산 동쪽 보구리의 볼후리 호숫가에서 태어났
다고 합니다. 뿌구런이라는 이름의 압캐 살간(하늘의 여인: 天女)의 자
손들이죠.

만주 쥬신의 시조는 특이하게도 강력한 카리스마나 물리력이 있었
다기보다는 부족 간의 갈등을 완화시키고 화합을 도모할 수 있는 능력
을 가진 분이라는 것을 알 수 있습니다. 그런데 이 이야기는 단지 신화
로 그치는 것이 아니라 금 나라의 건국 시조인 김함보의 일대기와 거
의 일치합니다. 금 나라 역사서인『금사』를 보시죠.

금 나라 시조는 휘(황제 또는 왕의 이름을 높여 부르는 말)가 함보(函
普)이고 원래는 고려로부터 왔는데 나이가 이미 60세였다. 시조(함
보)의 형님인 아고내(阿古逎)는 불교에 심취하여 고려에 남으려고 하
면서 '먼 훗날 자손들이 다시 만나는 자리가 있을 것이니 나는 가기
가 어렵겠네.'라고 하였다. 그래서 시조는 아우인 보활리(保活里)와
함께 갔다. 시조는 혼돈강〔混同江: 지금의 헤이룽강(黑龍江)〕의 완안
부(完顔府)로 들어가 복간수(僕幹水)에 자리를 잡으시고 보활리는 야
라에서 살았다. 그 후 호십문(쥬신의 10여 부족)이 갈소관으로써 태조
(아골타)에게 귀부하여 스스로 말하기를 '그 선조 세 분이 서로 이별

하여 떠났는데 자신은 대략 아고내의 후손이고 석토문(부족명)과 적고내(부족명)는 보활리의 후손'이라고 하였다.(金之始祖諱函普, 初從高麗來, 年已六十余矣兄阿古乃好佛, 留高麗不肯從曰 后世子孫必有能相聚者, 吾不能去也 獨與弟保活里俱 始祖居完顔部僕幹水之涯, 保活里居耶懶 其后胡十門以曷蘇館太祖, 自言其祖兄弟三人相別而去, 盖自謂阿古乃之后 石土門迪古乃 保活里之裔也:『金史』本紀第一「世紀」)

여기서 보면 금 나라의 시조이신 김함보의 형제가 세 분인 것을 알 수 있습니다. 즉 신화에서는 하늘로 올라갔던 세 선녀들이 다시 내려왔다가 두 언니는 그대로 올라가고 막내 선녀만 아이신자오뤄뿌꾸리융순을 낳는 장면만 나오지요. 이것은 김함보의 형제들 가운데 김함보만이 강력한 의지를 가지고 삼성(三姓)의 땅으로 들어간 것을 의미할 수도 있습니다. 물론 신화가 현실을 정확히 반영하고 있지는 않겠습니다. 신화에서는 시간의 압축이나 변형도 자주 일어나죠.

여기서 다시 "아이신자오뤄뿌꾸리융순(愛新覺羅布庫里雍順)은 자기를 가장 먼저 발견한 물 긷던 처녀와 결혼하였다."는 대목을 살펴봅시다. 이것은 금 나라의 시조 김함보가 혼돈강의 완안부로 들어가 그 지역의 현녀(賢女)와 결혼한 사실과 부합됩니다. 물론 신화에서 결혼한 사람은 물 긷는 처녀인데 역사서에 나타난 실제의 사실은 환갑이 넘은 노처녀입니다.

『금사(金史)』에는 "부족에 한 현숙한 여인이 있어 나이가 60이 되도록 시집을 가지 않았으니 마땅히 서로 배필을 삼아서 같은 부족이 되겠다고 하니 시조가 좋다고 허락하였다.(部有賢女 年六十而未嫁 嘗以相配 仍爲同部 始祖曰諾:『金史』本紀第一「世紀」)"라고 되어 있죠. 그렇지만 아무래도 이상한 면이 있긴 합니다.

과거에 민족적 영웅의 그릇을 가진 사람은 어린 처녀와 결혼하는 것이 문제가 되지 않는데 이미 60이 넘은 노파와 결혼을 했다는 것은 현녀가 샤먼이자 강력한 정치 세력을 가지고 있었다고 생각할 수 있습니다. 김함보는 이 세력을 발판으로 하여 흩어진 부족을 통합해 내는 힘을 가지게 된 것으로 보입니다.

현녀와 결혼한 후 김함보는 드디어 여러 부족들의 염원대로 부족들의 현안 문제인 부족 간의 갈등을 수습하기 시작합니다. 삼성의 사람들은 비록 용감하지만 화목하지 못하여 그 전쟁이 매우 처절하였다고 합니다. 특히 이들은 전투력이 강하여 어느 한 부족이 압도적으로 이겨내기가 어려웠습니다. 그러다 보니 피해가 날로 커질 수밖에 없었죠. 이 과정에서 부족 통합의 분위기가 나타나고 이 시기에 김함보가 송화강으로 들어간 것입니다. 신화에서는 같은 형제들 간의 싸움을 안타깝게 여긴 만주 쥬신의 성모(聖母) 뿌구런께서는 자신의 아들이자 천손인 아이신자오뤄뿌꾸리융순을 보내어 이 문제를 수습하려 합니다.

그렇다면 실제로는 어떻게 되었을까요?『금사』에는 이 과정이 매우 상세히 묘사되어 있습니다. 이 대목은 매우 중요한 부분이므로 상세히 보도록 하죠.

시조가 완안부에 이르러 거처한 지 오래되었는데 그 부족 사람이 서로 죽였고 이로 말미암아 두 부족이 서로 미워하여 싸움이 도무지 풀릴 기미가 없었다. 부족에 한 현숙한 여인이 있어 나이가 60이 되도록 시집을 가지 않았으니 마땅히 서로 배필을 삼아서 같은 부족이 되겠다고 하니 시조가 좋다고 허락하였다. 이에 스스로 가서 깨우쳐 말하기를 '한 사람을 죽여서 싸움이 풀리지 않는다면 손상이 더욱 클 것이다. 사건을 일으킨 주모자 한 사람을 죽이는 데 그치고 부내에 있는

재물로서 보상을 하면 싸움도 없이 득이 되지 않겠는가.'라고 설득하
니 피해자 집에서도 이에 따랐다. 그래서 '무릇 사람을 살상한 자는
그 집에서 사람 1명, 말과 소 각 10마리씩, 황금 6량을 징발하여 피해
자 집에다 보상하면 이내 양측은 화해해야 하고 사사로이 싸워서는
안 된다.'고 하였다. 여진의 풍속에서 살인하면 말 30마리로 보상하는
것이 여기서 비롯된 것이다.(始祖至完顏部, 居久之, 其部人嘗殺它族之
人, 由是兩族交惡, 哄鬥不能解. 完顏部人謂始祖曰 若能爲部人解此怨使
兩族不相殺, 部有賢女, 年六十而未嫁, 嘗以相配, 仍爲同部. 始祖曰諾
乃自往諭之曰 殺一人而斗不解, 損傷益多. 曷若止誅首亂者一人, 部內以
物納償汝, 可以无斗 而且獲利焉怨家從之. 乃爲約曰 凡有殺傷人者, 徵其
家人口一, 馬十偶, 牸牛十, 黃金六兩, 與所殺傷之家, 卽兩解, 不得私鬪.
曰謹如約, 女直之俗, 殺人償馬牛三十, 自此始:『金史』本紀第一「世紀」)

이렇게 금 나라 시조는 살인 사건으로 깊어진 부족 간의 갈등을 물
질적인 보상을 통해 해결함으로써 비로소 부족 통합의 기회가 열리게
됩니다. 금 나라의 시조이신 김함보는 쥬신의 다른 영웅들과 달리 평
화(平和)의 중재자로서 부족 통합의 길을 열었다는 점에서 매우 위대
하고 중요한 역사적 의의를 가지게 됩니다. 이 때문에 강력한 카리스
마를 가진 남성신(男性神)보다는 부드러운 여성신(女性神)이 필요했
던 것은 아닐까요?

이 과정은 신화에서 말하는 "뻐꾸리융순은 삼성 지방에 정착하여 살
면서 사이좋게 지낼 수 있도록 노력했고 씨족끼리 분쟁이 발생하면 그
를 통해 화해하여 모두들 화목하고 즐겁게 살았다. 사람들은 그를 추
대하여 부락의 우두머리로 추천하였다."라는 말과 거의 일치하는 내용
이 됩니다.

그리고 바로 이런 점에서 만주 쥬신은 매우 신라적(新羅的)인 특성을 가지고 있다고도 할 수 있습니다. 신라는 고구려나 백제에 비하여 정치적으로 문제를 해결하는 데 상대적으로 익숙한 편인 데다 타협을 통해 문제를 해결하려는 성향이 강합니다. 신라의 신화나 역사를 보거나 각기 다른 성(姓)의 왕들이 평화롭게 정권 교체를 한다든가 가야 세력과 쉽게 융합하는 등의 과정을 보면 이 점이 명확합니다. 일단 하나의 민족으로 융합되었다고 판단할 경우에는 차별이 거의 없어집니다.(이것은 유목민의 특성이죠.)

삼국 통일의 주역인 김유신(金庾信) 장군도 그 근본은 가야 세력입니다. 그럼에도 불구하고 김유신 장군은 백제 정벌군·고구려 정벌군 총사령관에 임명되기도 합니다.(참고로 청 나라 황제들은 몽골 왕공의 딸을 후비로 삼고 공주와 왕자들은 몽골 왕공의 자제들과 결혼합니다.) 뿐만 아니라 김유신 장군의 조카(김법민: 문무왕—김유신 장군의 누이인 문명왕후의 소생)가 바로 신라 왕(新羅王)이 되지요. 그리고 김유신 장군은 흥덕왕 때 흥무대왕으로 추존됩니다. 이처럼 외부에서 온 사람을 이만큼 출세시켜 주는 왕조가 또 있겠습니까? 이런 점들은 한마디로 유목민적인 특성입니다. 물론 같은 천손족(天孫族)이라는 의식이 있으니 가능한 일이겠지요.

이 같은 현상은 농경민인 중국에서는 결코 나타나기 힘듭니다. 오히려 오랑캐로 찍혀서 경계 대상 1호가 될 뿐 아니라 고선지 장군과 같이 여차하면 모함하여 죽여 버릴 것입니다. 뒤에서 몽골 쥬신이나 만주 쥬신, 환국(桓國)과 한국(韓國: 汗國) 등을 분석할 때 좀 더 상세히 말씀드리죠.

그러므로 북위—금 나라—후금(청)의 신화에 이르는 과정이 쥬신(Jüsin)이라는 민족적 특성을 가지면서 확장·발전하고 있다는 것을 알 수 있습니다. 금 나라와 후금의 황제들은 영원한 금의 제국 즉 '영원한 신라'를 꿈꾸고 있었고 그것이 금 나라, 청 나라의 건국으로 나타난 것이지요. 뿐만 아니라 금 나라는 신라와 마찬가지로 여성을 중시하는 유목민의 전통을 그대로 가지고 있죠. 사실 당시 삼국(고구려·백제·신라) 가운데 여왕(女王)이 나라를 다스린 곳은 신라뿐이었습니다.

3.
신라인 김함보에서
청태조
(아이신자오뤄누르하치)까지

만주 쥬신의 시조이신 김함보는 금 나라 태조(阿骨打)의 조상으로『대금국지(大金國志)』,『만주원류고(滿洲原流考)』에는 신라에서 왔다고 기록하고 있습니다.

그리고 사실 여부와는 상관없이 김함보가 신라의 마지막 왕인 경주(慶州) 김씨이자 안동(安東) 김씨의 시조인 경순왕(敬順王: 김부)의 후예라고 많이 알려져 있기도 합니다. 신라의 마지막 왕이었던 경순왕의 후손들이 일부는 금강산으로(마의태자 이야기) 또는 강원도 철원 땅으로, 일부는 장백산으로 들어가서 후일을 기약했다는 이야기가 많이 있지요. 시기적으로 봐서는 신라 부흥 운동이 실패하자 잔여 세력들이 장백산으로 만주로 이동해 갔을 것으로 추정할 수도 있지요.

결국 금 나라와 후금(청)의 건국 신화는 신라에서 장백산을 거쳐 만주로 들어간 김함보라는 신라 왕손(?) 또는 신라 귀족(?)의 일대기와 유사함을 알 수 있습니다. 뒤에 나오는 세 선녀는 결국 김함보의 형제를 말하고 아이신자오뤄뿌꾸리용순이 만난 물 긷는 처녀는 바로 환갑이 넘은 현녀(賢女)였던 것이지요.

신화에 따르면 이 처녀는 김함보의 배(작은 뗏목)가 좌초된 것을 가장 먼저 보고 마을로 달려가 마을 사람들에게 알렸습니다. 또한 김함보는 무력이나 카리스마보다는 깊은 학식으로 부족의 문제를 해결하고 화합을 이루는 데 큰 공헌을 했습니다. 그래서 삼성 지역의 만주 쥬신들은 김함보를 부족장으로 추대합니다.(衆奉爲貝勒: 『淸史稿』本紀一) 이러한 화합의 힘이 이 분을 만주 쥬신의 시조로 만든 것이지요.

김함보는 12세기 초 금 나라를 건국한 금 나라 태조(아골타)의 직계 조상입니다.

금 나라 태조는 완안부를 중심으로 만주 쥬신을 규합하여 금 나라를 세웠고 세력을 확장하여 한족과 가까웠던 요 나라와 북송을 차례로 멸망시키고 남송과 대치합니다. 13세기 초에 원 나라는 금을 멸망시키지만 그들의 풍속을 최대한 존중합니다. 15세기 초에는 명 나라가 만주 쥬신의 분포 지역에 384개의 위소(衛所)를 설립합니다. 금 나라가 멸망(1234)한 후 청 나라가 건국(1616)될 때까지 상당한 시련이 이들 만주 쥬신을 엄습합니다. 명 나라 때 만주 쥬신은 크게 건주(建州—건주 여진), 해서(海西—해서 여진), 동해(東海—동해 여진) 등의 3부로 나누어졌고 이 가운데 장백산(태백산: 백두산) 주변을 근거지로 삼은 건주 여진은 괄목할 만한 발전을 이룩합니다. 그러나 16세기 중엽까지도 이들 사이에는 참혹한 전쟁이 빈번하게 일어납니다. 그래서 만주 쥬신들 사이에는 또다시 민족 통합의 염원이 일어납니다.

이 과정을 신화는 어떻게 묘사할까요? 이마니시 하루아키(今西春秋)는 다음과 같이 요약합니다.

아이신자오뤄뿌꾸리융순은 장백산 동쪽 밝은 벌판의 어뚜리(鄂多

理)라는 성을 서울로 삼았다. 그러나 여러 대가 지나자 한[王]들이 백성을 학대하므로 백성들이 반란을 일으켜 왕족을 모두 죽였다. 그런데 오직 반차라는 한 아이만이 까치의 도움으로 목숨을 건진다. 이때 이후 만주 구룬의 한[王]은 까치를 수호신이라고 보호하여 죽이지 않는다. 그 후 반차의 후손인 아이신자오뤄누르하치가 한[王]이 되어 구룬(나라)의 이름을 아이신(금)이라고 했다.(今西春秋, 『滿和對譯滿洲實錄』,최학근 대역, 서울: 1975. 1권)

여기서 말하는 금 나라는 흔히 뒤에 나왔다고 해서 후금(後金)이라고 합니다. 즉 후금을 건국(1616)한 청 나라 태조(아이신자오뤄누르하치＝김누르하치)는 금 나라의 멸망(1234) 후 400여 년간의 민족 분열과 한족의 이이제이(以夷制夷) 정책을 이겨내고 마침내 통일 대업을 완수합니다. 그런데 이 부분에서도 쥬신 신화의 일반적인 특성이 그대로 나타나고 있습니다. 이 점을 살펴봅시다.

청 나라의 건국 신화에 나타나는 쥬신 신화의 일반적인 특성은 땅의 지배자와 하늘과의 연계 즉 천손 사상과 새 토템 사상이 그대로 나타나고 있습니다. 천손 사상은 다만 남성과 여성의 역할이 바뀌고 있는데 이것은 앞서 분석한 천녀(선녀) 신화로 충분히 이해되었으리라 봅니다. 또한 새 토템 사상으로 나타나는 까치는 만주와 한국 어느 곳에서도 길조(吉鳥)입니다.

참고로 현재 경주(慶州)를 상징하는 새는 까치입니다.『삼국유사』에는 까치(또는 까마귀)와 신라 왕가(王家)의 관계를 말해 주는 이야기들이 나타나고 있습니다. 대표적인 것은 신라 소지왕(炤知王)이나 석탈해(昔脫解)의 이야기입니다. 신라 21대 소지왕은 비빈(妃嬪)이 중과 내통하여 자기를 암살하려고 하는데 까마귀(또는 까치)가 왕을 인도하여 목숨을 건집니다. 석탈해의 탄생 신화에도 까치가 나옵니다. 석탈해(昔脫解)의 석(昔) 자가 바로 까치 작(鵲)에서 나온 글자지요.

청 나라(만주 쥬신: 만주족)의 건국 신화는 여러 면에서 중요합니다. 왜냐하면 우리는 그동안 동호 계열의 몽골과 숙신 계열인 만주족은 같은 민족이 아니라고 배우고 가르쳐 왔는데 신화를 보면 북위(동호계)의 신화와 몽골의 신화가 융합하여 만주 쥬신의 신화가 되고 있음을 볼 수 있기 때문입니다.

그리고 유달리 만주 쥬신의 신화가 통합을 강조하고 있는 점도 눈여겨봐야 합니다. 그만큼 통합하기 힘든 것이 유목 민족이기 때문이겠지요. 유목민들은 (삶 자체가 훈련이라고 하듯이) 농경민과는 달리 무장 군인(武裝軍人) 그 자체이기 때문에 물리력으로 복종시킨다는 것은 매우 어렵습니다. 그런데 한족의 시각에서 보면 유목민들의 바로 이런 특성으로 인하여 여러 개의 서로 다른 민족으로 보이게 됩니다. 하나의 나라가 되었다가 이내 해체되기도 하고 또 서로 피비린내 나는 전쟁을 되풀이하기도 하니 이해가 될 리가 없겠죠.

유목민들이 통합을 강조하는 측면은 만주 쥬신의 창세 신화(創世神話)에도 그대로 반영되어 있습니다. 만주 쥬신의 창세기를 요약해 봅시다.

태초에 물거품 속에서 아부카허허가 탄생한 후 그의 몸으로부터 땅의 신 바나무허허와 태양의 신 와러두허허가 생겨났다. 두 번에 걸쳐 인간 세상에 대홍수가 일어나고 이어 남신인 아부카언두리가 등장하는데 그는 사람을 만들어 지상(地上)에 가서 살도록 보냈다. 날씨가 매우 추웠기에 인간들이 살아갈 방법이 없었다. 그래서 아부카언두리는 그 도제들에게 네 개의 태양을 만들게 했으나 그들이 아홉 개를 만들어 대지가 메마르게 되었다. 그때 와지부(窩集部)의 산인베이지가 있었다. 그는 장백산 주인(長白山主人)의 아들이라고도 하는데 아부카언두리가 하늘에 제사를 지낼 때 아름다운 술을 마시고 술에 취해 지상의 인간과 관계하여 난 아들이다. 산인베이지는 아홉 개의 태양에게 한 개만 남고 가라고 하지만 오히려 자신이 이 과정에서 큰 부상을 입고 장백산 부왕에게 도움을 청한다. 산인베이지는 부왕이 일러준 대로 물의 신(河神)과 땅의 신의 도움을 얻어 드디어 여러 태양을 없앤다.(傅英仁 搜集整理,『滿族神話故事』, 北方文藝出版社, 1985)

이 신화는 천신 예(羿)의 신화와 동이족(東夷族)의 조상으로 알려진 유궁국(有窮國) 군주인 활의 명인 후예(后羿)의 신화와 대부분 일치하는 내용입니다. 여기서 태양을 활로 떨어뜨린다는 내용을 구체적으로 어떻게 해석해야 하는지 알 수는 없습니다. 그러나 만주 쥬신의 창세 신화에 나타난 여러 개의 태양으로 인하여 서로 다친다는 말은 하나의 민족이 여러 개의 부족으로 난립하여 서로 싸우는 것을 의미하는 것으로 보입니다.(즉 같은 천손족들끼리 난전을 벌인다는 것이죠.) 그래서 산인베이지가 이들을 통일한다는 내용이죠. 그런데 이 과정에서 하늘과 닿아 있는 장백산신(長白山神)과 물의 신 즉 하백(河伯)의 도움을 받고 있습니다.

만주 쥬신은 하늘─장백산─하백의 도움 등으로 여러 부족을 통합하고 부족 간의 화합으로 발전해 가고 있음을 볼 수 있습니다. 이 과정에서 하늘과 장백산을 연결하는 매개체가 바로 선녀(천녀)입니다. 그 선녀(천녀)의 후손이 바로 아이신자오로 즉 경주 김씨 집안입니다. 경주 김씨는 후에 금태조(아골타)─후금태조(누르하치)로 이어져 중국을 정벌하여 쥬신 천하를 열게 됩니다.

금 나라와 청 나라 황실(淸皇室)은 유난히 정신적으로 신라(新羅)와 가까웠습니다. 금 나라라는 이름 자체가 금 나라 시조인 김함보가 꿈꾸던 '신라 영생의 꿈(Millennium Shilla)'을 끝없이 현실에서 이루려 했다는 하나의 뚜렷한 증거로 볼 수 있죠.(자손들은 할아버지의 이야기를 들으면서 성장합니다.) 마치 일본의 스사노오가 '영원한 가야(Millennium Kaya)'를 꿈꾸고 아마테라스·니니기가 '영원한 부여의 꿈(Millennium Puyou)'을 꾸었듯이 말입니다.

그러나 지금 만주 지역에서는 한족과 만주족의 구분이 거의 불가능합니다. 호적을 봐야만 '만인(滿人)'이라는 표시가 있을 뿐이지요. 만주 말과 글도 사라지고 있습니다. 만주의 말이나 글은 공식적으로 사용할 수 없습니다. 배울 수도 없지요. 중국 정부는 외부적으로는 만주어를 보존하고 있다고 강변하지만 만주어를 가르치는 곳은 단 한 곳뿐입니다. 그것도 만주 시골 벽촌에 낡고 초라한 초등학교에서 너덜너덜한 시험지 교재로 열 명 남짓한 아이들에게 가르치는 수준입니다.〔KBS 특별 기획 「위대한 여정 한국어」(2004)〕 그러면서 중국 정부는 만주 문화를 보존한다고 떠들어 댑니다. 쥬신(Jüsin)의 말과 글 그리고 문화 전체를 말살하려는 이 같은 만행(蠻行)은 세상에서 그 유래를 찾아보기 어렵습니다.

만주 쥬신이 꿈꾸어 온 찬란한 '천년 신라'의 꿈도 이제 사라져 갑니다. 수천 년을 지켜온 전통이 이렇게 하루아침에 물거품이 되어 가고 있습니다. 그런데도 한국에서는 침묵합니다.

여기서 잠시 거란(契丹)의 시조 신화도 간단히 보고 넘어갑시다.

옛날에 한 신인(神人)이 백마(白馬)를 타고 마우산(馬盂山)에서 토하(土河)를 따라 동으로 내려가고 아가씨 하나는 청우차(靑牛車)를 타고 황하를 따라 내려왔다. 목엽산(木葉山) 아래 두 강이 만나는 곳에서 신인과 아가씨가 만나서 부부가 되었고 이들은 여덟 명의 아이를 낳았다. 그 후 이 자손들이 번성하여 거란의 8부가 되었다. 거란 사람들이 전쟁이나 봄과 가을의 제사 때 백마와 청우를 제물로 바치는 것은 자신의 뿌리를 간직하기 위함이다.(『遼史』 卷37 「地理志」)

이상이 거란의 시조 신화인데 외형적으로 보기에는 그저 평범한 결혼 이야기 같지만 백마(白馬)와 청우(靑牛)라는 코드(code)가 숨어 있습니다. 박시인 선생에 따르면 백마와 청우는 오랜 옛날부터 알타이 어족이 하늘과 땅에 제사를 지낸 짐승이라고 합니다. 그리고 백마는 신남(神男), 청우차(靑牛車)는 천녀(天女)가 탔다는 것입니다.(박시인, 『알타이 신화』, 344쪽) 이 분야 전문가의 말에 따르면 거란이란 바로 쇠[鐵]를 의미한다고 합니다.(愛宕松男, 『契丹古代史の研究』,京都大, 1959)

이상의 신화를 보면 부여―고구려·몽골―북위·거란―금·후금 등의 것들이 한데 어우러져 분리하기조차도 힘든 상태라는 것을 알 수 있습니다. 다시 말하면 이들의 신화를 보더라도 숙신(만주)―예맥(요동 만주)―동호(몽골)가 분리할 수 없을 정도로 강한 연계성을 가진 건국 신화를 가지고 있다는 것을 알 수 있습니다. 또한 북위의 신화와 몽골의 신화가 융합하여 만주 쥬신의 신화가 되고 있음을 볼 수 있는 것이지요. 그 바탕에는 고구려·부여·신라는 물론이고 단군 신화가 흐르고 있음을 다시 확인할 수 있습니다.

그러므로 우리는 고리국―부여―고구려·몽골―백제―거란―일본 등에 이르는 여러 쥬신들의 신화가 결국은 하나의 뿌리에서 나왔으며 신화를 통해서 보더라도 이들(몽골 쥬신·만주 쥬신·반도 쥬신·열도 쥬신)은 하나의 민족이라는 것을 쉽게 알 수 있습니다.

신화를 공유하는 것이 하나의 민족(쥬신)이라는 범주로 끌어들이는 필요 충분 조건은 아니라 할지라도 한족이 중심이 된 민족적 정체성을 강조하는 동아시아 역사의 특수성을 감안한다면 고조선·부여·고구려를 중심으로 한 종족을 범 쥬신(Pan-Jüsin)이라는 하나의 범주로 통합하는 데 무리는 없는 것이지요.

　　이제 기나긴 쥬신 신화의 분석도 끝이 났습니다. 원래 이 부분은 역사학계나 국문학계에서 다루고 있지만 제가 보기엔 사학계는 신화적인 특성에 대한 분석이 불충분하고 국문학계는 역사 의식이 결여되어 있어서 신화의 참모습과 묘미를 제대로 살피지 못하였습니다. 그래서 할 수 없이 제가 새로이 분석을 시도하였습니다. 쥬신 신화에 대한 많은 이해가 있으셨기를 기대해 봅니다.

14장

중국인들은 과연 한국을 어떻게 생각할까요? 중국 전문가로 잘 알려진 외교부 고위 인사가 최근 중국 관련 책을 냈는데 원래 중국어로 썼던 것을 한글로 번역하여 다시 출간한 것이랍니다. 이 책의 중국어판은 중국에서 꽤나 팔렸다고 합니다. 그런데 이 책에서는 한국인의 본류가 중국에서 건너왔으며 중국인과 뿌리가 같다는 논리를 펴고 있습니다. 한국인들의 뿌리를 찾아보면 중국인이 조상인 경우가 많고 한국인들이 중국을 동경하는 이유 중에는 많은 한국인의 조상이 옛날에 중국에서 건너왔다는 혈통적 요인이 있는 것도 사실이라 합니다. 그 근거는 한국인과 중국인의 성(姓)이 대부분 일치하기 때문이라는 것이죠.

그렇지 않아도 동북공정으로 세상이 시끄러운데 중국 전문가인 고위 외교관이 이 같은 논리를 펴고 있으니 중국으로서는 이보다 다행한 일이 없겠지요. 그러나 한국인들과 중국인들의 성이 같은 것은 당시 한국인들에게 문자가 없어서 한자를 빌려 사용했기 때문입니다.

그런데 만약 어떤 사람이 일본에 대해서 이런 책을 썼더라면 아마 귀국도 못하였을 것입니다. 한국인들은 정말 '중국의 머슴살이'를 무의식적으로 좋아하는 것은 아닐까요? 그렇지 않으면 왜 이토록 알아서 기는지 알 수가 없군요. 한국의 사학자들은 중국이 욕설로 뱉은 말도 금이야 옥이야 하더니 말입니다.

일본도 마찬가지입니다. 무엇이든지 일본의 역사를 중국과 연계시키려고 합니다. 한국과 일본 양국에서 나타나는 이 같은 '새끼 중국인' 근성을 보면서 저는 한없이 처량해집니다. 일본은 실질적으로는 한반도로부터 대부분의 문물

황하 문명의 주역,
쥬신

을 받아들였으면서도 이것을 인정하려 하지 않습니다. 여기에는 분명 한국의 책임도 있습니다. 한국은 한국대로 중국을 뺀 나머지는 모두 오랑캐라는 식입니다. 이 같은 한국과 일본의 모습을 보면서 중국은 과연 무슨 생각을 할까요?

그렇지만 중국도 요즘 때로 한국에 짜증을 내기도 합니다. 생각보다 잘하는 것도 꽤 많거든요. 과거에는 그저 개·돼지 같은 오랑캐나 잘 되어봐야 머슴 정도였는데 이제는 가끔 주인(중국)과 맞먹으려고 하니 배가 아프기도 할 겁니다.

2002년 월드컵은 이 같은 중국의 태도를 적나라하게 보여 준 계기가 되었습니다. 당시 한국이 우수한 성적을 거두자 중국 언론 대부분이 "이탈리아 선수들의 옷을 잡아당기면서 일궈낸 한국 축구의 8강 진출은 아시아의 치욕", "우리는 하룻밤에 졸부가 된 한국 사람들을 칭찬할 수 없다"라고 떠들어 대었던 것 기억나십니까? 그뿐만이 아니죠. 얼마나 많은 한국인들이 중국에서 봉변을 당했습니까?

많은 한국인들이 봉변을 당하자 우리 정부는 이를 숨기기에 급급했습니다. 한국인으로 살아가다 보면 도대체 한국의 외교부(外交部)가 왜 있는지가 의심스러울 때가 많습니다.

중국 대부분 공중파 방송과 언론이 이 지경인데도 당시 일부 사람들은 이렇게 말했습니다.

"뭐 그 정도 가지고 그래, 중국 정부의 공식적인 입장도 아니잖아?"

허어, 그렇습니까? 그러면 이름 없는 일본 시골의 일개 현의 조례에 "독도는 일본 땅"이라는 말에는 왜 거품을 물고 혈서(血書)를 씁니까?

1.
축소 지향의 한국인

우리가 '민족'에 대한 보편 타당한 개념을 규정하기는 불가능할 것입니다. 민족은 공통된 체질적 특성·언어·문화 전통·역사·영토를 공유하는 사람들의 집합체(集合體)라고 일단 해 둡시다. 인류학적 측면에서 보면 민족은 'ethnic group' 또는 'ethnicity'라고 할 수 있습니다. 그래서 한 나라 때를 기점으로 하여 중화주의가 강화되는 시점을 기준으로 쥬신이라는 민족을 분석하는 것입니다.

이번에는 조금 더 시대를 거슬러 올라가서 이야기를 해 볼까 합니다.

앞에서는 우리의 뿌리를 찾는 작업을 알타이어족에서 떨어져 나온 예맥의 실체를 더듬어 가는 것으로 시작했습니다. 그러다 보니 "그러면 인간은 모두 아담과 이브의 자손이지."라고 비아냥하시는 분들이 더러 있었습니다. 그렇지요. 그러면 제가 그런 분들께 묻고 싶은 게 있습니다. 한족(漢族)은 13억이라고 하는데 왜 그런 말은 문제 삼지 않는가 말입니다. 제가 보기엔 한족은 5억 정도도 안 될 것 같은데 말이죠.

대개의 경우 한족은 작은 차이는 내버려 두고 크게 비슷한 것을 하나씩 통합해 가는 '구대동존소이(求大同存少異)'식으로 중국의 역사를 정리해 오고 있습니다. 그런데 한국의 사학계는 예맥조차도 그 차이를 분석하는 등 미세한 차이까지 다 찾아내어 같은 민족도 나누려는 시도를 해 왔습니다.

예를 들면, 예와 맥은 서로 다른 종족으로 예족과 맥족은 화북 지방(華北地方)에 따로 거주하다가 점차 동쪽으로 이동했고 예의 일부가 맥족에게 흡수되어 새로운 종족인 '예맥(濊貊)'이 성립되었고 이것이 바로 고구려족이라는 식입니다.(이옥, 『高句麗民族形成과 社會』, 교보문고, 1984) 천관우의 경우에는 한국 상고사의 전개 자체를 '한(韓)계〔조선계(朝鮮·眞番·三韓 등)〕'와 '예맥계〔부여계(高句麗·扶餘 등)〕'의 양계가 지역과 시기를 따라 때로는 분리되고 때로는 서로 결합하는 과정의 역사라고 보았습니다.(千寬宇, 「箕子攷」, 《東方學志》(1974) 15 ; 千寬宇, 「三韓攷(第一部): 三韓의 成立過程」, 《史學研究》(1975) 26)

그러나 북한 지역의 연구는 남한과 다소 차이를 보입니다. 리지린 선생은 '1960년대 초반에 이미 예와 맥은 한 개 족속의 두 갈래이며 한(漢) 나라 이전부터 동호(東胡)를 맥(貊)'이라고 보았습니다. 그래서 맥은 처음부터 예의 지역 북방에 거주하여 늦어도 BC 5세기경에는 '맥국(貊國)'을 건설했다고 보았습니다. 또한 예가 '고조선족'이라고 파악했습니다. 부여는 BC 3세기 맥족의 일부가 예인의 나라인 '불여지국(不與之國)'을 정복하고 세운 나라라고 합니다.(리지린, 『고조선 연구』, 평양: 과학원출판사, 1963)

손영종은 고조선·부여·고구려 사람들이 다 같은 '고대 조선족'의 여러 갈래였던 만큼 굳이 고조선 주민을 예족, 고구려 주민을 맥족 그리고 선주민인 예족을 정복하고 세운 맥족의 나라를 부여 등으로 분별하여 인식할 필요가 없다고 주장했습니다. 이것은 북한학계의 입장을 반영하는 말이기도 합니다.(손영종, 『고구려사』 평양: 과학백과사전종합출판사, 1990) 이것은 이 책에서 지금껏 서술한 바와 동일합니다.

그러나 남북한 모두 고구려의 역사는 우리 역사라고 하면서 고구려 이전이나 이후의 역사에서는 고구려 유민들이 지배층이라고 하거나 대부분의 역사를 우리의 역사에 넣지 않고 무시해 버립니다. 쉽게 말해서 '고구려만이 우리 역사'라는 식입니다. 남북한 양쪽 모두에 '새끼 중국인' 근성이라는 고질병이 얼마나 암(癌)처럼 깊이 퍼져 있는지를 알 수 있습니다.

그래서 어느 분은 한국의 역사 교과서에서 배운 대로 하면 고구려가 UFO를 타고 온 외계인일 것이라고도 하기도 합니다. 그렇지 않고서야 고구려 전후사가 어떻게 해석이 됩니까? 어떤 분의 말씀처럼 "고구려인들이 하늘에서 떨어진 것도 아니요 망한 다음 모두 땅속으로 꺼진 것도 아닐진데" 말입니다.

참고로 1970년대에 김철준 교수는 한국의 상고사를 독자적 단위 세력 집단으로 존재한 부여족의 분열과 이동이라는 측면에서 파악했습니다. 즉 북부여(北扶餘)는 송화강(松花江) 유역의 부여(扶餘)로, 동부여(東扶餘)는 동예(東濊)로, 남부여(南扶餘)는 백제(百濟)로 파악한 것이지요.〔金哲埈, 「韓國古代政治의 性格과 中世政治思想의 成立過程」, 《東方學志》(1969) 10 ; 金哲埈, 「百濟社會와 그 文化」, 《武寧王陵發掘調查報告書》(1973)〕

이 견해가 전적으로 옳지는 않지만 상당 부분 역사를 보는 영감을 준 견해라고 보고 있습니다.

그러나 쥬신의 역사를 통시적으로 보면 부여보다는 고구려의 역할이 더욱 중요합니다. 왜냐하면 부여는 어떤 의미에서 한족과의 연계를 통해 동족인 쥬신을 압박했기 때문에 다소 부정적인 요소도 있습니다. 이런 점에서 당 나라와의 야합을 통해 고구려와 백제를 멸망시킨 신라도 그 역사적 비난을 면하기 힘듭니다.

이상의 논의를 보면, 한국의 일반적인 역사 인식과 논리의 가장 큰 문제점은 '축소 지향'이라는 것입니다. 가급적이면 중국에게 아부하고 우리 역사를 숨기며 영역도 한반도 내로 축소하여 안주(安住)하려고 합니다. 조선 시대 최고의 석학으로 추앙을 받으시는 정약용(丁若鏞: 1762~1836) 선생조차도 가급적이면 우리의 강역을 한반도에 국한시키려고 온갖 노력을 하셨습니다. 그러다 보니 쥬신은 한족들에게 대부분의 영토와 문화, 민족의 정체성마저도 빼앗기고 이제는 한반도와 일본에 겨우 매달려 있는 형국입니다.

　과거에는 쥬신이 항상 앞서 가고 그 넓은 중국도 대부분 경영했지만 시간이 흐를수록 한족이 점점 많아져서 이젠 13억이나 되고 있는데 쥬신은 지속적으로 줄어들어 몽골·한국·일본에만 2억 남짓 남아 있습니다. 몽골 인구는 한국의 대구나 인천 정도에 불과합니다. 따라서 쥬신이 남아 있는 곳이라고는 사실상 한반도와 일본 정도에 불과합니다.

　수천 년 이상 정체성을 갖고 있던 막강한 쥬신족은 현재 최대의 위기를 맞고 있습니다. 민족 사학을 하는 사람들조차도 쥬신 전체를 보지 못하고 막연히 고대의 영광에만 안주하거나 '고구려의 영광'만을 강조하는 데 그치고 있습니다. 그래서 오히려 위기라고 말하는 사람을 뭔가 모자라거나 정치·외교와 세상을 잘 모르는 사람들로 몰아가고 있습니다. 차라리 한족이 되어 버리면 좋겠다는 생각을 무의식적으로 하고 있는 것이 아닐까요?

　우리가 언제부터 스스로를 한반도에만 묶으려 했는지는 분명하지는 않지만 '새끼 중국인' 근성이 극심하게 자리 잡은 조선 시대 이후가 아닌가 생각합니다.

　사실 고려 말기에서 조선 시대에 이르는 기간은 한반도가 중국화하기 위해 몸부림을 친 시기였습니다. 한편으로는 부끄러운 일이지만 다른 한편으로는 국제 정치 질서의 형편으로는 불가피한 선택일 수도 있다고 봅니다.

다만 지나쳐서 문제인 것이지요. 만주와 몽골 그리고 열도의 동족들을 오랑캐로 몰아붙이면서 극심한 한화 정책을 강행한 것은 지나치다는 말입니다. 그렇게까지 하지 않더라도 얼마든지 국체(國體)를 유지했을 텐데 말입니다.

그러나 조선 초기에는 그나마도 쥬신적인 사고방식이 있었던 것 같습니다. 조선 시대 초기 예종 때의 일입니다. 성리학이 만연하기 이전의 일이지요. 한 고위 신하가 임금에게 올린 상소문에 다음과 같은 내용이 있습니다.

우리나라는 주(周) 나라가 신하로 예속시키지 못했고 수 나라의 대군이 대패하였고 당 나라가 빈국(賓國)으로 대우하였습니다. 송 나라가 섬겼으며 금 나라가 부모의 고향으로 불렀으며 원 나라가 조카〔甥〕와 장인〔舅〕의 나라로 삼았습니다.(『朝鮮王朝實錄』「睿宗實錄」)

이때까지는 조선의 지배층들이 소중화주의에 사로잡히지는 않은 듯합니다.

위의 상소문은 당시의 고위 인사가 왕에게 올린 글로 당시 지도층들의 인식을 엿볼 수 있는 있습니다. 여기서 말하는 우리나라는 명백히 고구려를 포괄하고 있음을 알 수 있습니다. 그리고 금 나라에 대해서도 과장이나 미화 없이 '있는 사실 그대로'를 말하고 있고 원 나라와 한반도의 관계도 얼마나 돈독했는지, 금 나라나 원 나라를 오랑캐로 보고 있지 않는다는 점도 알 수 있습니다.

그나마도 조선 초기에는 어느 정도 자주 의식이 있어서 단군 숭배가 자주적인 입장을 강화하는 논리로 작용하기도 했지만 대부분은 기자 조선에 대한 찬양 일색이었습니다. 즉 같은 고조선이라도 기자 조선에 대한 숭배는 한화 정책의 강화를 의미하고 단군 조선의 숭배는 자주 의식을 강화하는 논리지요. 이 같은 한화의 강화는 이미 고려 숙종 초에 기자의 사당에 제사를 지내면서 "우리나라의 교화(敎化)와 예의(禮義)는 기자(箕子)로부터 비롯되었다.(『高麗史』卷63 禮志)"는 기록으로서도 충분히 확인이 됩니다. 이 같은 점을 본다면 한반도의 쥬신족들이 쥬신의 대표성을 가지기에는 무리라는 생각이 듭니다.

그러나 이제 더 이상 남아 있는 쥬신이 없기 때문에 반도 쥬신(한국)과 열도 쥬신(일본)이 이 역할을 떠맡지 않으면 안 됩니다. 선택의 여지가 없는 것이지요. 쥬신이라는 민족 전체가 계속 이 지구상에 살아 있든가 아니면 소멸하든가 하는 기로(岐路)에 서 있기 때문입니다.

참고로 단군을 민족사의 시작으로 보는 관념은 일반적으로 고려 시대에서 비롯되었다고 합니다. 물론 고구려의 경우에도 단군 신화를 포용하려고 합니다.(『三國遺事』王曆篇, 고구려 벽화 각저총)〔참고로 『삼국유사』에는 고구려 시조 주몽을 아예 단군의 아들이라고 하고(『三國遺事』王曆) 있고 고구려 부분에서는 단군기(檀君記)를 인용하여 "단군이 하백의 딸과 결혼하여 부루(夫婁)를 낳았다는 기록이 있으니 주몽과 부루는 배다른 형제가 아닐까."라고 추정하고 있습니다.(『三國遺事』高句麗) 각저총 「씨름도」에서도 씨름하는 두 사람 옆에 신단수로 보이는 나무가 있고 그 아래에는 곰과 호랑이가 앉아 있어 단군 신화를 상징적으로 그린 것으로 보입니다.〕 그러나 신라의 경우에는 별 다른 관심을 보이지 않습니다. 신라가 대동강 이남 지역을 점령한 후 북방에 대한 관심이 소멸하여 단군의 이야기가 사람의 입에 오르내릴 이유가 없었던 것이죠. 신라는 축소 지향의 본보기를 보여 준 셈입니다.

2.
황하 문명이라?

중국을 흠모해 온 사람들은 모든 문명의 근원이 중국인 것처럼 이야기합니다. 한족들은 세상의 모든 문명이 한족으로부터 나왔다고 생각합니다. 소중화주의자들은 볍씨 한 톨에서부터 모든 문명이 중국에서 온 것처럼 말합니다. 동양학 하면 으레 『사서삼경』과 한족의 역사이고 이것을 모르면 마치 사람의 도리를 모르는 듯이 이야기합니다.

저도 고교 시절에 대학 입시를 준비하느라 『사서삼경』의 중요 부분은 물론 중국의 아름답고 장쾌한 시(詩)와 유명한 부(賦)를 외운다고 두세 해의 여름, 겨울 한철을 다 보내기도 했습니다. 그렇지만 어렵게 외운 수십 편의 한시(漢詩)를 한번도 제대로 써먹지 못하고 말았습니다. 다만 『삼국지 바로 읽기』를 쓰면서 『적벽부(赤壁賦)』 한 번 인용한 정도였습니다.

디지털 시대에 이르러서도 한국의 지배층들은 시대에 뒤떨어진 유교적·가부장적 사회 질서와 기존의 제도를 철저히 옹호하는 논리를 아는 것이 교양인 나라를 만들지 못해서 안달입니다. 마치 이것을 몰라서 충효(忠孝)를 못하는 듯이 말입니다.

충효(忠孝)라는 것은 이런 방식으로 강요해서 될 문제가 아니지요. 나라를 이끌어 가는 사람들이 모범을 보이면 저절로 나라에 충성하려는 마음이 생기는 것입니다. 계백 장군이나 화랑 관창 같은 분들이 나라 일을 한다면야 누가 애국자가 안 되겠습니까? 그런데 지금 실상은 어떻습니까? 장관이라고 뽑으려고 보니 경력이 성한 사람이 별로 없습니다. 과거사를 청산한답시고 떠들어대던 사람들의 경력이 더욱 의심스러워지기도 했습니다. 그러더니 결국 흐지부지되고 말았습니다.

한국에서 꽤나 사는 사람이나 권력을 가진 사람치고 미국에 집 없는 사람도 없고 미국인 자녀를 한둘씩 안 둔 사람도 별로 없지요.(국제 결혼을 한 것도 아닌데 말이죠.)

이렇게 노블레스 오블리주(noblésse oblíge: 사회 지도층 인사에게 요구되는 높은 수준의 도덕적 의무. 흔히 노블리스 오블리제라고 영어식으로 발음함.)가 없는 나라에서 충효만 강조하는 것은 일종의 '기득권을 옹호하기 위한 수단'에 불과합니다. 그저 복잡하게 생각하지 말고 자기 말만 잘 들어라 이런 말이지요.

그렇거나 말거나 '새끼 중국인'들이 중국을 아는 것이 세상의 진리를 아는 것인 듯 떠들어 대니 일단 중국에 대한 이야기를 해 봅시다.

황하 문명(黃河文明)은 황하(黃河)의 중·하류와 그 지류에서 발생한 문명입니다. 중국은 황하 문명이 마치 모든 문명의 근원인 듯이 세상에 알리려 합니다. 여기에 부화뇌동하는 소중화주의자들도 가세하여 중국 문화야말로 가장 위대한 듯이 떠들어 댑니다. 그것은 결국 황하 문명의 주역인 한족의 사상과 전통을 숭상하는 방향으로 길을 잡게 됩니다.

하지만 제 생각은 많이 다릅니다. 새끼 중국인들에게는 미안한 말이지만 세계 4대 문명의 하나인 황하 문명을 연 민족은 바로 쥬신입니다. 즉 세계 4대 문명의 하나인 위대한 황하 문명도 쥬신의 주도로 한족이 함께 만든 작품이라는 말입니다.

먼저 〔그림 ①〕을 봅시다. 이 그림은 유목 지대와 농경 지대를 표시한 것으로 어떤 역사 부도나 지리 부도를 보더라도 쉽게 확인할 수가 있습니다.

〔그림 ①〕에서 보면 특이한 점이 나타납니다. 즉 문명은 유목민과 농경민의 충돌 지점에서 발생했다는 것이죠.

그런데 〔그림 ①〕을 보면 또 이상한 점이 눈에 띕니다. 즉 중국에는 매우 풍부하고 다양한 신석기 문화가 나타난 화중 지방(華中地方: 산둥, 안후이, 장쑤, 허난, 허베이)이나 양쯔강(洋子江)에서는 왜 고도의 문명이 발생하지 않았을까 하는 의문을 갖게 합니다.

사실 황하는 양쯔강에 비하면 조건이 형편없이 열악합니다. 황하는 진흙과 모래가 많은 하천인 데다 자주 범람합니다. 1950년대 이전까지만 해도 하류의 제방이 터지고 범람한 횟수가 500여 차례나 된다고 합니다. 하도(河道) 즉 강의 물길이 바뀐 것만도 20여 차례에 이릅니다.(류제헌 『중국 역사 지리』, 문학과지성사, 2004)

이와 같이 황하는 양쯔강에 비해 토지도 비옥하지 못하고 기후도 좋지 않기 때문에 문명이 발생하기에는 적당한 곳이 못됩니다.

구체적으로 보면 황하는 대홍수가 나서 자주 범람하고 기후 조건도

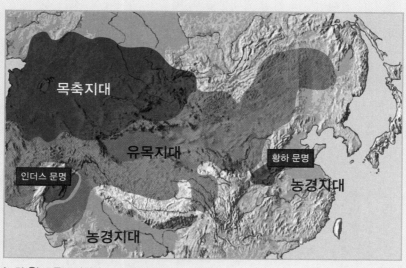

〔그림 ①〕 유목 문화권과 농경 문화권

나빠 여름에는 무덥고 겨울에는 아주 춥습니다. 하지만 장강(長江) 즉 양쯔강은 자주 범람하지도 않고 토질도 좋으며 기후도 곡식이 자라기에 적합합니다. 그래서 한족과 중화 사상이 극성했던 송 나라 이후 양쯔강은 중국 최대의 곡창으로 한족을 먹여 살린 것이죠.

그러면 마땅히 양쯔강 유역이나 산둥 반도 등 화중 지방에서 고도의 문명이 발생해야 할 것입니다.〔화중 지방을 지적하는 이유는 이 지역이 '사실상' 중국의 원류(原流)라고 보기 때문입니다. 한 나라를 제외하면 동진(東晉)—남조(南朝)—송(宋)—명(明) 등이 모두 강남을 기반으로 형성되었죠.〕그런데도 보다 발달된 문명이 발생하지 못합니다. 그래서 학자들은 양쯔강이 신석기 시대에는 현재보다 기온이 높고 강수량이 많아 저습지에 크고 작은 호소(湖沼)가 여기저기에 있는 데다 삼림이 무성한 상태여서 개발이 어려웠을 것이라고 말합니다. 이에 비해 황하 유역은 대륙성 기후로 건조한 데다가 비옥한 황토가 퇴적하여 황토 지대를 형성했고 이것을 문명 발생의 원인으로 보는 것이 지금까지의 정설입니다.

글쎄요. 과연 그럴까요? 제가 보기엔 좀 앞뒤가 맞지 않군요.

중국의 양쯔강 문화는 북부의 황하 문화와 함께 중국 고대 문화를 형성했다고 합니다. 그러나 최근 중국 정부는 양쯔강 문화가 12,000년까지 올라가는 세계에서 가장 오래된 문화라고 열을 올리고 있습니다. 어쨌든 황하 문명보다 훨씬 오래된 것은 사실이겠군요. 그렇다면 중국 문명의 원류는 양쯔강 문화이겠네요. 그런데도 신석기 문화로 정체되었다니 잘 이해가 안 되는군요.

어쨌든 이 사실 하나만 보더라도 양쯔강이 살기가 나빠서 고도의 문화가 형성되지 않았다는 그동안의 분석은 앞뒤가 맞지 않습니다.

BC 3000년경, 양쯔강에는 이미 벼농사를 바탕으로 신석기 문화를 꽃피웠는데, 대계 문화(大溪文化: BC 4000년), 굴가산 문화(屈家山文化: BC 3000년), 청룡천 문화(靑龍泉文化: BC 2000년)가 그 대표적인 예입니다. 이 문화는 벼농사 중심의 농경 문화로 2, 3모작이 가능했으며 후에 춘추전국 시대의 오(吳) 나라·월(越)나라·초(楚) 나라의 문화적 기초가 된 문화입니다.

전문가들에 따르면 무엇보다도 밀에 비해 쌀은 같은 양으로 인구를 부양하는 능력이 크다고 합니다. 즉 벼농사 지대는 밭농사 지대보다 인구를 많이 부양할 수 있기 때문에 문명을 만드는 조건으로는 오히려 유리하다는 것이지요.(佐藤洋一郎(靜岡大學), 「長江文明發掘記座談」, 《文藝春秋》, 日本, 2005년 4월호)

또한 이 양쯔강 문화의 전성기는 BC 3000년경으로 가장 오래된 문명일 수도 있는데 BC 2000년경에 까닭도 없이 쇠퇴해 버렸고 이 시기에 황하 문명이 발흥했다는 것입니다. 따라서 기후 변화(한랭화)가 영향을 준 것으로 보기도 합니다. 그러면 양쯔강 문화의 쇠퇴는 더욱 이해하기가 어렵군요. 한랭화(寒冷化)되면 양쯔강 지역은 황하보다 더욱 유리한 게 아닌가요? 황하는 더욱 살기 어려워지겠고요. 그런데 양쯔강 문화는 쇠퇴하고 황하 문명이 더 크게 발전한다는 것은 이해하기가 어렵군요.

양쯔강 유역과 이를 기반으로 한 화중 지방에서 왜 고도의 청동기 문명이 발생하지 않았는가 하는 것은 그동안 관련 학자들 대부분이 가진 의문일 것입니다.

그래서 최근 일본 학자들과 중국 학자들이 연합하여 양쯔강 중류 지역을 대대적으로 발굴했습니다.(「長江文明發掘記座談」, 《文藝春秋》, 日本: 2005년 4월호 ; 《월간 중앙》 2002년 5월호) 구체적으로 이 지역은 동정호 주변 허난성(湖南省) 청터우산(城頭山)이었는데 여기에는 양국

학자들의 나름대로의 목적이 있었습니다.

일본인들의 목적은 야요이(彌生) 문화가 한반도가 아니라 중국에서 왔다는 것을 입증하려고 했고, 중국인들은 세계 벼 문화의 출발점이 중국이라는 것과 세계에서 가장 오래된 문명이 중국에서 시작되었다는 것을 입증하려 한 것으로 보입니다.

결국 양쯔강 유역에서는 이미 BC 5000년에 고도의 벼농사 문화가 형성되었다는 것이 밝혀졌습니다. 그런데 재미있게도 일본은 이 결과에 크게 고무된 것 같은데 중국 측의 반응은 별로였습니다.

이것은 무엇을 의미할까요? 양쯔강 유역은 황하 문명 훨씬 전에 신석기 문화가 고도로 발달해 있었지만 그것이 더 높은 단계의 청동기 문화로 발전하지는 못했다는 것입니다. 그래서 결과는 엉뚱하게도 중국은 자신들의 원류 지역인 양쯔강과 화중 지방에서는 독자적으로 청동기 문화를 발전시킬 수 없었다는 것만 입증하고 만 셈이 되었지요.

중국인들이야 으레 그렇다 하더라도 같은 쥬신으로서 열도 쥬신(일본) 학자들의 이 같은 행태는 부끄러운 일이 아닐 수 없습니다. 도대체 왜 한국과 일본 양국에서 사학이나 고고학을 한다는 이들이 이토록 쥬신을 거부하고 '새끼 중국인' 근성을 가지고 있는지 슬픈 일이기도 합니다. 또 이것이 오늘날 쥬신 지식인 사회의 현실이기도 합니다. 자기의 이익을 얻으려고 머리를 굴려서 한다는 일이 항상 그저 중국인들의 손아귀에 놀아나고 있는 것이지요.

제가 보기엔 한일 양국의 학자들이 마치 중국에 잘 보여서 눈도장이라도 찍으려는 것 같습니다. 장강(양쯔강)의 벼농사 문화가 일본으로 건너갔다고 한들 그것이 무슨 의미가 있습니까? 그것이 열도 쥬신(일본)의 자존심을 높여 줍니까? 또 한반도에서 일본으로 벼농사 문화를 가지고 갔다고 해서 그것으로 쓸데없이 우쭐거리면서 동족(同族)을 오랑캐로 부르는 반도 쥬신의 태도도 심각한 문제입니다. 그러고서 무슨 한·일 두 나라의 화합(和合)이 이루어지겠으며 동족 의식(同族意識)이 생기겠습니까?

그리고 언제까지 이런 식으로 학문을 왜곡시켜야 되겠습니까? 열도 쥬신이나 반도 쥬신의 '새끼 중국인'들도 이젠 사실을 제대로 보고 연구하는 풍토를 가져야 합니다. 왜 자기의 전공도 아닌 많은 사람들이 역사학에 대하여 간섭합니까? 다른 분야에 이런 경우가 있습니까? 뭔가 알면 알아갈수록 학교나 교과서에서 배운 것과 너무 다르니까 그러는 것입니다. 이 점을 아직도 깨닫지 못하고 매너리즘에서 헤어 나오지를 못하고 있습니다.

3. 황하 문명의 주역, 쥬신

중국의 양쯔강 유역에서 고도의 신석기 문화가 있었다는 것은 확인되었지만 왜 그 이상의 문화로 발전하지 못하고 정체되었는가 하는 것은 여전히 의문으로 남습니다. 다시 〔그림 ②〕를 살펴봅시다.

〔그림 ②〕는 어느 책에서나 흔히 볼 수 있는 지도로 『고교 역사 부도』에 나타난 자료를 한 곳에 모아 본 것입니다.

〔그림 ②〕를 보면 과거의 중원 땅은 주로 석기(신석기) 문화의 유적지가 많고 북부로 갈수록 청동기 유적들이 많음을 한눈에 알 수 있습니다. 그런데 한눈에 봐도 보다 발달된 청동기 문화는 지금까지 보아 온 대로 쥬신의 영역에서만 나타나고 있음을 알 수 있습니다. 그렇다면 중국이 자랑하는 황하 문명이라는 것도 무엇인가 '쥬신의 냄새'를

풍기고 쥬신의 코드가 느껴집니다.

　이제 다시 양쯔강 유역에서 왜 고도의 문명이 발생하지 않았는가 하는 물음으로 돌아갑시다. 중국 문명을 분석하는 연구자들은 쥬신을 고려하지 않았기 때문에 사실을 보지 못하고 있는 것입니다.

　신석기 문화만 보더라도 쥬신과 한족은 판이하게 다르다는 점을 먼저 알아둡시다. 이 분야의 전문가인 정수일 교수에 따르면 쥬신의 대표적인 신석기 토기인 즐문 토기(櫛文土器: 빗살무늬 토기—comb marked pottery)는 시베리아에서 몽골을 거쳐 한편으로는 흑룡강과 송화강 유역을 지나 두만강 쪽으로, 다른 한편으로는 요하(遼河)를 지나 한반도 서북부로 유입되었다고 합니다.(정수일, 『고대 문명 교류사』, 사계절, 2001) 〔그림 ③〕은 신석기 시대의 문화권을 나타낸 것입니다.

　〔그림 ③〕을 보면 석기 문화조차도 쥬신과 한족은 전혀 상관이 없다

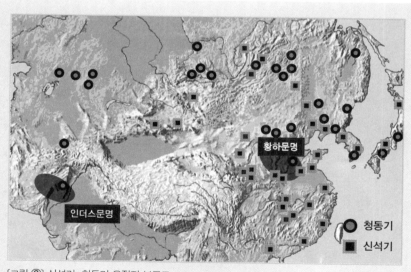

〔그림 ②〕 신석기·청동기 유적지 분포도

는 것을 알 수 있습니다. 한족의 경우 허난성(河南省)의 양샤오(仰韶)에서 최초로 채도(彩陶: design pottery)가 발굴되었는데 채도는 주로 그리스, 이라크, 이란, 인디아의 하라빠 등지에서 나타나고 있어서 이들의 문화가 남방에서 인디아를 거쳐 중국으로 전래된 것으로 보고 있으나 중국은 아직도 중국에서 독자적으로 발생했다고 주장합니다. 이 부분은 아직도 논쟁 중입니다.

어쨌든 분명한 것은 한반도의 신석기 문화와 한족과는 별 상관이 없다는 것입니다. 따라서 왜 쥬신과 한족이 궁극적으로 다를 수밖에 없는지 알 수가 있는 것입니다.

중국 고유의 벼농사 문화의 중심지에서 보다 발달된 문명이 나타나지 않은 이유는 역으로 문명이 발생한 지역을 보면서 양쯔강이나 화중 지방에서 고급 문명이 나타나지 않은 것을 추론하는 것이 더욱 수월할

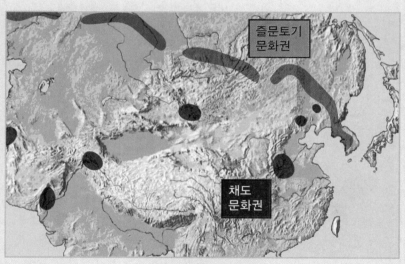

[그림 ③] 즐문 토기 문화권

것입니다.

제가 보기엔 문명이 발생한 곳은 유목 문화와 농경 문화의 충돌 지점이고 그것은 청동기를 비롯한 금속 문화와 관련이 있습니다.

금속의 제련과 가공은 당시로서는 최첨단 국가 산업입니다. 요즘으로 보면 정보 통신 산업에 해당되는 것이죠. 이 부분은 그동안 충분히 검토했다고 생각합니다. 일단 중국의 '사실상 최초의 왕조'인 은 나라부터 살펴봅시다.

은 나라는 중국 최초의 청동기 국가로 일반적으로 상(商) 나라라고 불리는 중국 고대 왕조라고 하는데 대체로 BC 1600년경에서 BC 1000년경까지 존속한 것으로 알려져 있습니다. 그 수도의 이름을 따라 통상 은 나라로 부르고 있습니다. 하(夏)·상(商)·주(周) 등 3대의 왕조가 잇달아 중국 본토를 지배했다고는 하지만 하 왕조는 고전(古典)에만 기록되어 있을 뿐 전설적인 왕조입니다.

그렇다면 은 나라의 수도인 은허에서 나타나는 청동기 유물들은 그 초기의 원형에서부터 시기별로 그 발전 과정을 볼 수 있는 유물들이 출토될 것입니다. 중국은 청동기 문화도 중국에서 독자적으로 발생했다고 우기고 있으니 말입니다.

그런데 문제는 은허에서 발굴된 청동기는 이미 발달된 것밖에 없다는 것입니다. 정수일 교수에 따르면 중국의 안양(安陽), 은허 등지에서 나타나는 청동기는 그 성형법이나 소재, 문양 등을 보건데 이미 상당히 발달된 청동기로 여러 가지 측면에서 유라시아 청동기나 서아시아 청동기와 유사하다는 것입니다.(정수일, 앞의 책)

결국 은 나라의 청동기 문화는 다른 지역으로부터 은 나라 쪽으로 전파되었다는 말입니다. 만약 은 나라에서 청동기 문화가 발생했다면 초기 청동기 흔적은 물론이고 그 중간 과정의 형태나 가공품들이 다수

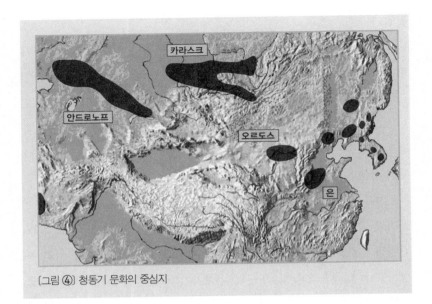

〔그림 ④〕 청동기 문화의 중심지

출토되어야 합니다.

　그래서 은허의 유물들을 보면 중국인들이 주장해 왔듯이 청동기 가
공 기술이 중국에서 독자적으로 나왔다는 것은 터무니없는 거짓말이
었다는 말입니다. 이와 같이 중국은 '모든 것은 중국에서 발생했다.'는
식으로 이리저리 늘어놓은 거짓말이 많다 보니 나중에는 앞뒤가 맞지
않는 경우가 많습니다.

　청동기 야금술은 코카스서, 아르메니아, 이란 고원 등지의 유목민에
의해 개발되었다고 합니다.(정수일, 앞의 책) 결국 은 나라가 없었더라
면 중국은 『삼국지』 시대까지도 마제 석기(간석기)로 농사를 짓고 있
었을지도 모릅니다. 변한이나 요동·만주에서 수입을 했어야 할 테니
까요.

　정수일 교수가 제시한 그림을 다시 한 번 살펴봅시다. 〔그림 ④〕는

청동기 문화의 중심지를 그린 그림입니다.(원래 그림에서 정수일 교수가 제시한 연대는 최근에 여러 유적이 발굴되고 있어서 제외했습니다.)

〔그림 ④〕에서 보면 청동기 문화는 중국의 원류(화중 지방)와는 거리가 멀다는 것을 알 수가 있습니다. 단지 은허를 중심으로만 분포되어 있을 뿐입니다.

그렇다면 은 나라가 설령 중국이라고 해도 청동기가 중국의 중남부 지방에서 하늘에서 뚝 떨어졌을 리는 없고 안드로노프, 오르도스, 카라스크, 요동 또는 한반도 등지에서 이동해 왔음을 알 수 있습니다. 참고로 오르도스 청동기 문화의 전기(前期)는 은 나라·주 나라와 같은 시대로 추정되며 시베리아의 카라스크 문화와 동류에 속하고 은 나라 문화와도 관련이 있습니다.(정수일, 앞의 책)

이 분야의 연구자들에 따르면 유라시아의 초원 지대에서는 BC 8세기경부터 철의 야금술이 도입되어 초원 지대의 민족들이 유목 기마 민족화되었다고 합니다. 현재의 남부 러시아 지역의 유목 민족인 스키타이족(Scythian)의 철기 문화는 강철 제조 기술에 기반을 두고 발달하여 소아시아·앗시리아·중국 북부에 이르는 광범위한 기마 민족 문화를 형성하게 했다고도 합니다. 중국의 경우에는 전국 시대인 BC 4세기 초에 철로 무기가 제작되기 시작했습니다.(전송림, 『중국 산업 지리』, 백산출판사, 2001) 결국 중국에서 철기 문화가 발전할 때까지는 상당한 시간이 걸린 것이죠. 참고로 스키타이족은 BC 6세기~BC 3세기경에 남부 러시아의 초원 지대에서 활약한 최초의 기마 유목 민족으로 알려져 있습니다.

여러 가지 기록을 보더라도 은 나라 때부터 중국 땅에서는 청동기·철기 등의 금속이 사용되었습니다. 이남규 교수에 따르면 은 나라 때부터 철로 만든 도끼(鐵刃銅鉞)나 철과 구리를 섞은 창(鐵援銅戈)이 제작되기 시작하지만 이 같은 극소수의 무기형(武器形) 의기(儀器)에 이용된 철은 자연철인 운철(隕鐵)이라고 합니다. 쉽게 말해서 자연 상태로 있는 철을 대충 사용했다는 말이지요. 이로부터 본격적으로 인공적인 철기가 생산되기까지는 상당한 시간이 소요되었다고 합니다.

철제 무기가 등장한 것은 전국 시대 중후기부터이지만 그것도 중국이 자랑하는 뤄양을 비롯한 중원 지역이 아니라 쥬신의 영역인 요동에 있던 연(燕) 나라에서 나타납니다. 게다가 엉뚱하게도 당시에는 중국의 영역이 아닌 초(楚) 나라 방면에서 철로 만든 긴 칼(鐵製長劍)이 소수 출토되었다는 것입니다.(李南珪, 한국 고대 사학회 제12회 학술토론회 발표 요지.「韓半島 古代國家 形成期 鐵製武器의 形成과 普及 — 中國과의 比較的 視角에서」) 그나마 그 시기도 춘추 말기나 전국 시대 초기이니까 황하 문명이 발생한 지 한참 뒤의 일이지요.

결국 이리저리 아무리 살펴보아도 청동기 문화는 쥬신 문화권에서 가장 풍부하고 다양하며 아름답게 꽃 피웠다는 것을 알 수 있습니다.

유목민이 청동기를 발달시킬 수 있었던 이유에 대해 정수일 교수는 "숙명적으로 방목하면서 부단히 이동하고 농경 민족과 전쟁을 해야 하는 그들로서는 청동기가 필수적인 생존 수단"이라고 말합니다. 따라서 중국이 주장하는 것처럼 이들이 문자가 없다고 선사 시대의 범주라고 생각하면 곤란하다는 것이죠. 이들은 이미 발달된 청동기를 소유했으며 철기나 금붙이도 일찌감치 사용했습니다.(정수일, 앞의 책) 그래서 이들에게는 청동기와 철기의 구분도 모호합니다. 즉 청동기와 철기 문화는 따로 발전하는 것이라기보다는 청동기와 철기를 묶어서 금속 문화가 발전했다고 보는 것이 타당합니다.

그렇다면 농경 사회에서는 제대로 된 금속 문화가 발달할 수 없다는 것일까요?

호미를 만드는 기술과 관우나 장비가 사용하는 전투용 대검을 만드는 기술이 같겠습니까? 유목민들이 귀금속 가공 및 제련 기술이 탁월했다는 것은 잘 알려진 사실입니다. 따라서 금을 가공하거나 전쟁 무기로 개발되는 야금술과 저급한 철로 만드는 농기구의 가공 수준과는 비교할 수가 없는 것이죠.

예를 들어 금속 전문가들에 따르면 섭씨 1200도 정도에서 농기구를 만든다면 칼(강철)은 최소 섭씨 1500도 이상의 고열에서 탄소를 제거하는 공정이 필요하다고 합니다.

결국 유목민들에 의해 철기가 보급되자 농업 생산력이 급성장하게 되었고 그로 인해 농경 사회는 광대한 국가적 역량을 갖게 됩니다. 농경민들은 그 힘을 바탕으로 유목민들과 대등하게 경쟁하기 시작한 것이죠.

그 후 중국의 춘추전국 시대에는 야철(冶鐵) 기술이 발전했고 철기가 광범위하게 보급됩니다. 이로써 농기구가 크게 발전했고 여기에 우경(牛耕)이 시작됨으로써 농업 생산이 비약적으로 증대했습니다. 이와 함께 농경지도 크게 늘어나고 사전(私田)이 대대적으로 나타나 전통적인 토지 제도인 정전제(井田制)를 붕괴시켰다는 것이죠. 참고로 『국어(國語)』에는 관중(管中)이 제(齊) 환공(桓公)에게 "청동은 칼이나 창으로 만들어 개나 말을 자르는 데 사용하고 철은 호미로 만들어 땅을 파는 데 사용한다.(美金以鑄劍戟試諸狗馬 惡金以鑄鋤夷斤 試諸壤土:『國語』「齊語」)"는 내용이 있습니다. 이로 보면 이미 춘추 시대 이전에 농기구의 보급이 상당히 이루어졌음을 알 수 있습니다.

지금도 청동기 등 금속 문화의 흔적을 추적해 볼 수 있습니다.

〔그림 ⑤〕는 현대를 기점으로 하여 주요 철과 금·구리 산지를 나타

[그림 ⑤] 철과 금·구리 주요 생산지

낸 것입니다. 그런데 이상한 점은 과거 청동기 문화의 유적지와 쥬신이 다녔던 길목에 철이나 금 또는 구리의 대규모 생산지가 지금까지도 남아 있다는 것입니다. 물론 현재의 철산지와 과거의 철산지가 반드시 일치하는 것은 아니겠지만 대체로 과거 쥬신의 흔적이나 청동기 유적지와 철이나 구리 등의 대규모 산지가 서로 관계가 있다는 것입니다. 여기에 기타의 비철 금속(아연, 주석, 텅스텐 등) 산지까지 포함하면 이 점은 더욱 확연해집니다.(전송림,『중국 산업 지리』, 백산출판사, 2001)

따라서 문명의 여명기에 은(殷) 나라가 어떻게 중국의 청동기 문화를 이끌어 갔는지 알 수가 있습니다.

그런데 은 나라는 누구나 알듯이 바로 쥬신 계열의 국가입니다. 잘 알려진 바와 같이 사마천의『사기』에는 "은 나라는 오랑캐(夷)의 나라이고 주 나라는 화하족(華夏族)의 나라(殷曰夷周曰華)"라고 되어 있습니다. 여기서 사용된 이 오랑캐라는 용어로 사용한 '이(夷)'가 바로 쥬신을 나타내는 말입니다.

은 나라 당시 서경(西境)의 산시성에 있던 주 나라 민족은 제후로서 은 왕조에 복속되어 있었다고 합니다. 주 나라는 중국 민족의 기원인 화하족(華夏族)의 나라지요. 다시 말하면 쥬신 계열의 유목민들이 우수한 금속 문화를 바탕으로 농경민들을 지배하는 구조가 바로 사실상 최초의 중국 왕조라는 것입니다.

은 나라는 동물의 뼈를 태워서 점을 치는 문화가 발달했는데 이는 북방 유목민적인 특징입니다. 한족으로 대변되는 남방의 농경민적 세계에서는 찾아보기 힘듭니다. 은 나라의 왕은 점복(占卜)으로 하늘의 뜻(神意)을 받아서 백성을 통치하는 종교적인 우두머리였습니다. 마치 단군(檀君)처럼 말이죠.

더구나 은 나라는 부여(扶餘)와 습속이 거의 같다고 합니다. 다시 말해서 은 나라는 동이족의 나라(殷曰夷)라는 『사기』의 말과 같이 은 나라는 쥬신의 나라였다는 얘기죠. 예를 들면 은 나라는 부여와 같이 흰색을 숭상했으며 하늘에 제사를 지내거나 군대를 일으킬 때 점을 쳤다는 것이지요. 그리고 부여는 은 나라 역법을 사용했다는군요.(이형구, 『한국 고대 문화의 비밀』, 김영사, 2005)

그렇다면 중국의 황하 문명은 그동안 알려진 바와는 다르게 금속 문화를 전문적으로 다루던 쥬신의 주도에서 탄생했다는 것을 알 수가 있습니다. 그러니 "재주는 곰이 넘고 돈은 중국 놈들이 번다."는 속담이 생겼는지도 모르겠습니다. 쉽게 말해서 유목민(쥬신)들이 농경민(한족)들을 정복하면서 금속 문화를 전파한 과정이 바로 황화 문명의 발생 과정이었다는 것입니다. 그 후 중국의 대규모 농경 문화는 쥬신의 금속 문화의 도움 없이는 성립될 수 없다는 것이지요.

신화적으로 본다면 원래는 뱀이었던 한족에게 쥬신 즉 천손족의 대표적인 브랜드인 사슴의 뿔을 달아서 용(龍)을 만들어 주고 쫓겨난 것이지요.

지금까지의 논의를 보면 쥬신의 이동과 청동기의 유적 분포 및 현재의 철을 포함한 금속 산지가 대체로 일치한다는 것을 알 수가 있습니다. 나아가 유목 문화와 농경 문화가 만나는 지점에서 황하 문명이 발생했다는 것도 쉽게 알 수 있습니다. 그런데 그 사실을 우리에게 보여 준 것은 우리가 흔히 보는 지도였다는 것이지요. 그래서 우리가 항상 보던 지도라도 발상을 전환하여 다른 각도에서 살펴본다면 새로운 사실을 볼 수가 있지요.

이런 과정에서 금속 문화를 수용한 농경 문화가 광범하게 형성되면서 화하족(중국의 한족)이 쥬신과 대등하게 겨루기 시작했다는 것입니다. 즉 농경민들이 유목민들과 그 끝없는 전쟁을 시작하게 되었다는 말입니다. 그동안 농경민들은 유목민들의 오랜 지배를 벗어나기 위해 몸부림을 쳤을 것입니다.

치우천황(蚩尤天皇)과 황제(중국인의 조상)의 싸움은 그것을 말하는 것이겠죠. 여기에는 화하족(한족의 원류)의 민족적 각성도 한몫을 했습니다. 그 주역이 바로 공자, 맹자, 동중서, 가의, 유방 그리고 그의 후손들이었던 것이지요. 결국 우리가 존경하는 중국의 성인도 실상은 '한족들의 성인'일 뿐인 것입니다.

그 과정에서 황하 문명을 연 쥬신은 허베이→베이징→요동→만주·몽골→한반도·일본 등으로 밀려나게 됩니다. 그리고 은 나라는 쥬신 세력을, 주 나라는 중국 민족을 대표하는 것인데, 주 나라 무왕이 은 나라 주왕을 폭군으로 몰아서 천하를 빼앗은 것은 원시적인 형태나마 황하 유역에서 중화주의가 태동하고 있었음을 의미하는 것이지요. 그러나 쥬신은 강력한 군대를 몰아 중국 정벌을 단행하여 중원 천하는 쥬신과 한족의 공격과 반격의 역사를 되풀이한 것입니다.

쥬신은 금속을 떠나서는 설명할 수 없습니다.

아침 해(태양)나 쇠[鐵] 또는 금속은 대표적인 쥬신의 토템이죠. 앞에서 말한 대로 이 금속 토템은 쥬신의 '상징과 표식이자 신(神)'입니다. 토템은 구성원들을 단단히 결속시키고 부족의 역량이 흩어지지 않도록 합니다. 박시인 선생은 다음과 같이 쥬신의 토템에 대해 말합니다.

> 거란이란 이름이 의미하는 쇠[빈철(賓鐵)]도, 금 나라의 쇠[金]도 다같이 '새 아침'의 새[新]라는 말에서 온 것이며 몽골이란 이름이 의미하는 은(銀)도 쇠의 일종이다.(박시인,『알타이 신화』)

오늘날 반도 쥬신(한국)이나 열도 쥬신(일본)이 세계 최고의 철강 회사를 가진 것이나 최첨단 산업인 정보 통신 기술(IT)의 선두 주자라는 것도 분명히 이것과 관련이 있습니다.

이제 고구려, 백제, 일본, 몽골, 만주 신라 등에 대해 이야기해 봅시다.

대쥬브를 찾아서 1

초판 1쇄 2006년 3월 6일
초판 9쇄 2014년 11월 15일

지은이 | 김운회
펴낸이 | 송영석

펴낸곳 | (株)해냄출판사
등록번호 | 제10-229호
등록일자 | 1988년 5월 11일

121-893 서울시 마포구 잔다리로30 해냄빌딩 5·6층
대표전화 | 326-1600 **팩스** | 326-1624
홈페이지 | www.hainaim.com

ISBN 978-89-7337-733-6
ISBN 978-89-7337-732-9(세트)